中国语言资源保护工程

浙江方言资源典藏　编委会

主任

朱鸿飞

主编

王洪钟　黄晓东　叶　晗　孙宜志

编委

（按姓氏拼音排序）

包灵灵　蔡　嵘　陈筱妁　程　朝　程永艳　丁　薇
黄晓东　黄沚青　蒋婷婷　雷艳萍　李建校　刘力坚
阮咏梅　施　俊　宋六旬　孙宜志　王洪钟　王文胜
吴　众　肖　萍　徐　波　徐　越　徐丽丽　许巧枝
叶　晗　张　薇　赵翠阳

教育部语言文字信息管理司
浙 江 省 教 育 厅　　指导

中国语言资源保护研究中心　　统筹

中国语言资源
保护工程

本书由浙江省财政资助出版

浙江方言资源典藏

云和

雷艳萍　著

ZHEJIANG UNIVERSITY PRESS
浙江大学出版社
·杭州·

图书在版编目(CIP)数据

浙江方言资源典藏. 云和 / 雷艳萍著. — 杭州 ：
浙江大学出版社，2024.6
ISBN 978-7-308-25035-1

Ⅰ. ①浙… Ⅱ. ①雷… Ⅲ. ①吴语—云和县 Ⅳ.
①H173

中国国家版本馆 CIP 数据核字(2024)第 104117 号

浙江方言资源典藏·云和

雷艳萍 著

策　　划	张　琛　包灵灵	
丛书主持	包灵灵	
责任编辑	田　慧	
责任校对	仝　林	
封面设计	周　灵	
出版发行	浙江大学出版社	
	(杭州市天目山路 148 号　邮政编码 310007)	
	(网址：http://www.zjupress.com)	
排　　版	杭州朝曦图文设计有限公司	
印　　刷	浙江省邮电印刷股份有限公司	
开　　本	710mm×1000mm　1/16	
印　　张	18	
插　　页	4	
字　　数	200 千	
版 印 次	2024 年 6 月第 1 版　2024 年 6 月第 1 次印刷	
书　　号	ISBN 978-7-308-25035-1	
定　　价	68.00 元	

浙江大学出版社市场运营中心联系方式：0571-88925591；http://zjdxcbs.tmall.com

云和梯田,2018 年,孙晓峰摄

云和仙宫湖,2018 年,孙晓峰摄

云和小吃煎雀,2021 年,雷艳萍摄

云和方言发音人招募与遴选,2017 年,吴永年摄

云和方言调查现场一,2017 年,吴永年摄

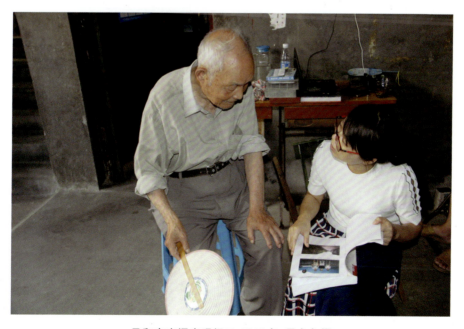

云和方言调查现场二,2017 年,吴永年摄

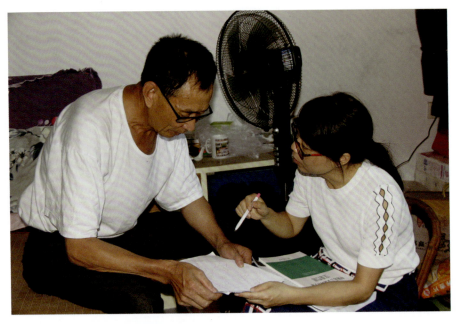

云和方言调查现场三,2017 年,吴永年摄

云和方言调查现场四,2017 年,吴永年摄

云和方言调查现场五,2017 年,吴永年摄

云和方言调查现场六,2017 年,吴永年摄

云和方言摄录现场一，2017 年，吴永年摄

云和方言摄录现场二，2017 年，吴永年摄

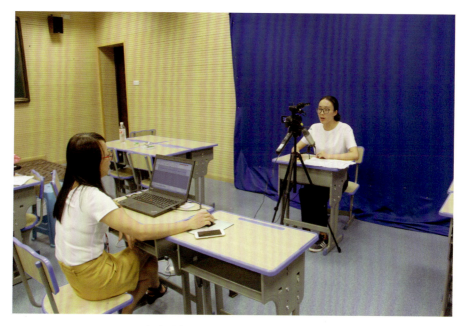

云和方言摄录现场三,2017 年,吴永年摄

云和方言摄录现场四,2017 年,雷艳萍摄

云和方言摄录现场五,2017 年,雷艳萍摄

云和方言发音人证书颁发仪式,2018 年,吴永年摄

序

　　浙江省的方言资源具有丰富性、濒危性和未开发性的特点,急需开展大规模的全面深入的调查研究。几十年来,浙江省方言研究人才辈出,但很多专家都在省外工作。浙江方言的调查研究一直缺乏总体规划和集体行动,故而除了一些个人自发的研究以外,很少有成系列的调查报告和研究成果,与一些兄弟省(区、市)相比,反而远远落在了后面,这不能不说是一件十分遗憾的事。

　　近年来,随着语保工程的深入开展,浙江方言调查迎来了一个高潮。在浙江省教育厅、浙江省语言文字工作委员会办公室统一有力的领导下,在全省方言专业工作者的共同努力下,浙江省的语保工作开展得有声有色,成绩斐然,很多方面都走在了全国的前列。如省财政的配套支持、《浙江语保》杂志的出版、"浙江乡音"平台的建设、人才队伍的整合等方面,从全国来看都是具有创新性或领先性的。仅从人才队伍来说,经过这几年的持续培养锻炼,一大批年轻的方言工作者迅速成长。2018 年年底,浙江省语言学会方言研究会成立,当时会员人数已达到 60 多人,可以说是浙江省历史上方言研究力量最为强盛的时期。

　　这次"浙江方言资源典藏"丛书的编写出版,就是浙江省语保工程成果的一次大展示。全省 88 个方言调查点,一点一本,每本包含概况、语音、词汇、语法、话语、口头文化,体系已相当完备,同时还配有许多生动的图片和高质量的音像语料,显示出该丛书与时俱进的一面。尽管篇幅还稍显单薄,话语材料也没有全部转写成音标,但各个方言调查点(其中包括许多从未报道过的方言调查点)的基本面貌已经呈现出来了,这无疑给今后更加详细深入的研究奠定了一个很好的基础。特别值得一提的是,"浙江方言资源典藏"丛书是全国首个以省为单位编写出版的语言资源成果。

我最近提出了浙江方言工作的四大任务:队伍建设、调查研究、保护传承、开发应用。这四个方面的工作有的处于起步阶段,有的尚处于基本空白的状态,可谓任重道远。方言及其文化的濒危和快速消亡无疑是令人痛心的,对方言的保护是时代给我们方言工作者提出的一项不可推卸的课题。从调查研究的角度,可以说我们赶上了一个大有可为的历史机遇。只要抓住机遇,脚踏实地去干,我们一定能够共同书写出一部浙江方言文化的鸿篇巨制,为后人留下一笔丰厚的非物质文化遗产。在此,我也预祝浙江省的方言工作者能够继续推出更多更好的研究成果。

是为序。

曹志耘

2018 年 12 月

前　言

　　"浙江方言资源典藏"丛书是"中国语言资源保护工程·浙江汉语方言调查"项目的成果汇编,是集体工作的结晶。

一、项目目标

　　"中国语言资源保护工程"是教育部、国家语言文字工作委员会2015年启动的以语言资源调查、保存、展示和开发利用等为核心的国家工程。首席专家为时任中国语言资源保护研究中心主任曹志耘教授。"中国语言资源保护工程·浙江汉语方言调查"项目负责人先后由浙江省教育厅语言文字应用管理处的李斌副处长和朱鸿飞处长担任。

　　"中国语言资源保护工程·浙江汉语方言调查"项目在浙江设77个方言调查点,浙江省在此基础上另增了11个方言调查点。该项目有如下目标:(1)记录以县(市、区)为代表点的方言;(2)以音像手段保存各地的方言。该项目设置的调查点覆盖了浙江的主要方言:吴方言、闽方言、徽方言和畲话。历史上对浙江汉语方言进行的比较全面的调查主要有两次:一次是1964—1966年的调查,调查的成果后来结集成《浙江省语言志(上、下)》(浙江人民出版社2015年11月第1版);另一次是2002—2005年的调查,后来出版了《汉语方言地图集》(商务印书馆2008年11月第1版),但是语料并未出版。这是第三次,与前两次相比,这次调查不仅利用了音像等现代化手段，而且覆盖面更广，每个县（市、区）用统一的调查材料至少调查一个地点；调查材料更加详尽细致，包括语音、词汇、语法、话语、口头文化等方面。

二、编纂缘起

在中国语言资源保护研究中心和浙江省语言文字工作委员会的领导和推动下，"中国语言资源保护工程·浙江汉语方言调查"项目进展顺利。浙江语言资源保护工程团队一致认为，调查成果对一般读者来说有一定的可读性，对语言学界来说具有重要的学术价值。在征得中国语言资源保护研究中心的同意后，项目负责人李斌副处长开始积极推动和筹划出版"浙江方言资源典藏"丛书，并得到了浙江语言资源保护工程团队各位专家的热烈响应。叶晗研究员积极联系出版社，丛书第一辑（16 册）最终于 2019 年年初由浙江大学出版社正式出版。在李斌副处长因工作需要换岗后，朱鸿飞处长继续大力推进《中国语言资源集·浙江》的编纂出版，始终关心"浙江方言资源典藏"丛书后续各册的编辑出版工作，积极筹措出版资金，为"浙江方言资源典藏"丛书（88 册）的全面出版奠定了扎实基础。

三、语料来源

"浙江方言资源典藏"丛书所有语料均来自浙江语言资源保护工程团队的实地调查，调查手册为《中国语言资源调查手册·汉语方言》（商务印书馆 2015 年 7 月第 1 版），调查内容包括方言的概况、语音、词汇、语法、话语、口头文化，以及地方普通话。丛书的语音部分收录了老年男性（正文中简称为"老男"）以及青年男性（正文中简称为"青男"）的音系和 1000 个单字音；词汇部分收录了以老年男性为发音人的 1200 个词语;语法部分收录了以老年男性为发音人的 50 个语法例句;话语部分收录了老年男性、老年女性(正文中简称为"老女")、青年男性、青年女性(正文中简称为"青女")篇幅不等的话题讲述,以及他们之间的 20 分钟的对话片段;口头文化部分收录了规定故事、其他故事、歌谣和自选条目,并补充了一些调查手册之外的浙江乡音材料;丛书未收录地方普通话材料。

四、丛书体例

1.概况。包括地理位置、历史沿革、方言概况、发音人简介和常用方言词五个部分,其中方言概况部分附带地方曲艺介绍。

2.音系。按照方言学界惯例排列,声母按发音部位分行,按发音方法分列。韵母按四呼分列,按韵尾分行,同类型的韵母按主要元音开口度的大小分行。声调标调值。例字的白读音使用单下画线,文读音使用双下画线。零声母符号[∅]除用于音系外,实际标音一律省略;调值及送气符号"ʰ"上标。

3.单字。按"果、假、遇、蟹、止、效、流、咸、深、山、臻、宕、江、曾、梗、通"十六摄排序。同摄先分开合口,再分一二三四等,摄、呼、等、韵相同再按"帮(非)、滂(敷)、並(奉)、明(微);端、透、定;泥(娘)、来;精、清、从、心、邪;知、彻、澄;庄、初、崇、生;章、昌、船、书、禅、日;见、溪、群、疑、晓、匣;影、云、以"三十六字母排序,摄、呼、等、韵、声相同再按中古"平、上、去、入"四声排序。

单字音后的小字注采用简称形式,具体含义如下:

白:白读音	今:现在的读法
文:文读音	声殊:声母特殊
又:又读音	韵殊:韵母特殊
小:小称音	调殊:声调特殊

老：老派的读法　　　　　音殊：声韵调不止一项特殊

新：新派的读法　　　　　读字：只用于书面语，不用于口语

旧：过去的读法　　　　　单用：可单独使用，不必组合成词

无方言说法的单字，注明"（无）"。

4.词汇。词条按意义范畴分类，按实际发音标音。用字一般使用现行规范字，有本字可用者一律使用本字，本字不明者用方言同音字，同时在该字右上角用上标"＝"标明。但表近指或远指的"格""葛""即""介""乙"、复数义的"拉"等，属于习用的表音字，不加同音字符号"＝"。既无本字又无同音字的用方框"□"表示。一律不使用训读字，尽量不使用俗字。合音字尽量使用已有现成字形的字，例如"嬲、嫑、劦"等；如方言无现成字形的合音字，用原形加"〔　〕"表示。"並、睏、爜、隑、盪"等异体字或繁体字是音韵学、方言学中具有特殊含义的专用字，本丛书予以保留。

一个词条有多个读音时，用单斜线"/"间隔；一个词条有多种说法时，按使用频率由高到低排序；各种说法的性质不同时，音标后加注小字，体例同上文单字音后的小字注；鼻尾型或鼻化型的小称，采用方言词加小号字"儿"的方式表示，如：义乌"弟弟"义的"弟儿din²⁴"，温岭"父亲"义的"伯儿 pã⁵¹"；变调型及变韵＋变调型的小称，采用音标后加小号字"小"的方式表示，如：江山"爷爷"义的"公koŋ²⁴¹小"，宁波"鸭子"义的"鸭 ɛ³⁵小"。

无方言说法的词条，注明"（无）"。

5.语法、话语、口头文化一律只记实际读音；方言转写使用宋体字，普通话译文使用楷体字。话语及故事属于即时讲述的自然口语，难免出现口误、重复、颠倒、跳脱等现象，其方言转写与国际音标力求忠实于录音，普通话译文采取意译方式，不强求与之一一对应。

6.单字、词汇、语法例句及其释例基本依据《中国语言资源调查

手册·汉语方言》。

　　本丛书从第二辑开始,对所有方言材料均标注国际音标。各种音标符号形体繁复,浙江大学出版社的编辑团队克服困难,精心编校,尽心尽力,是特别需要表示感谢的。

目　录

第一章 概　况

一、地理位置

云和县隶属浙江省丽水市,位于浙江省西南部,居瓯江上游,东邻丽水市莲都区,西倚龙泉市,南连景宁畲族自治县,北接松阳县。县域总面积989.6平方公里,辖4街道3镇3乡(浮云街道、元和街道、白龙山街道、凤凰山街道;崇头镇、石塘镇、紧水滩镇;雾溪畲族乡、安溪畲族乡、赤石乡)、71个行政村、15个社区。① 截至调查时的2017年年底,全县户籍人口11.40万。②

云和是"山水之城"。"九山半水半分田"的地形赋予云和集"山水林田湖"于一体的独特资源,境内有海拔千米以上山峰184座,水域面积达38.7平方公里,森林覆盖率达81.5%。云和梯田被誉为"中国最美梯田",云和仙宫湖则是浙江省第三大人工湖。③

① 参见云和县人民政府门户网站,https://www.yunhe.gov.cn/col/col1229355358/index.html。

② 参见浙江省统计局网站"2018年浙江统计年鉴",https://tjj.zj.gov.cn/col/col1525563/index.html。

③ 参见云和县人民政府门户网站,https://www.yunhe.gov.cn/col/col1229355358/index.html。

二、历史沿革

云和县始建于明景泰三年(1452),由原丽水县浮云乡与元和乡的各一半合建而成。1958年,云和并入丽水县。1962年,划出原云和、景宁两县复建云和县。1984年,云和县又分为云和、景宁两县。①

三、方言概况

云和境内的方言主要为云和话。云和话属于吴语上丽片丽水小片,是全县的通用方言,使用人数占境内总人数的85%以上。由于邻县方言和人口迁徙等因素的影响,境内各乡镇居民所说云和话存在一定差异,大致可分县城、崇头、石塘、紧水滩、雾溪与安溪等5个小片。

除云和话之外,云和境内还有客家话、畲话、徽语淳安话。客家话主要分布在龙泉溪以北的石塘镇、紧水滩镇、赤石乡等乡镇。畲话主要分布在雾溪畲族乡与安溪畲族乡,以及崇头镇、石塘镇、元和街道的畲族村。淳安话零星分布在浮云街道、崇头镇、元和街道以及白龙山街道,说淳安话的均为来自本省淳安县的移民。

随着城市化进程的推进和普通话的推广,近几十年,云和话已发生较大变化,2017年笔者调查时,70岁以上的老人仍保留8个单字调,但是,50岁以下的云和人已只有7个单字调(阳上、阳去合流),50岁至70岁的云和人发音不稳定,一部分人有8个单字调,

---

① 参见云和县人民政府门户网站,https://www.yunhe.gov.cn/col/col1229355358/index.html。

一部分人有 7 个单字调。

　本地流行越剧、婺剧和云和鼓词。

云和鼓词是云和民间最主要的曲艺形式之一,是一种融说、唱于一体的民间传统曲艺形式。题材大多来源于历史故事、民间传说、戏剧故事和百姓生活,以云和方言为表演语言,唱词多是七言句式,伴奏乐器是一个大鼓和一副竹板,多以坐唱的形式边击边唱。

四、发音人简介

姓名	性别	出生年月	文化	职业	出生地
邱裕森	男	1952 年 9 月	初中	农民	凤凰山街道
赵美云	女	1961 年 8 月	高中	工人	凤凰山街道
褚炜	男	1993 年 6 月	本科	自由职业者	浮云街道
陈晶	女	1991 年 1 月	本科	基层干部	凤凰山街道
魏以南	男	1966 年 9 月	高中	工程师	浮云街道
宋李娟	女	1965 年 7 月	初中	农民	凤凰山街道
刘成元	男	1955 年 8 月	本科	教师	白龙山街道
叶一诺	女	2008 年 2 月	小学在读	学生	凤凰山街道
李思潼	女	2007 年 10 月	小学在读	学生	凤凰山街道

五、常用方言词

渠　　　　　gi^{312}　　　　　代词,第三人称单数,他:～姓李。

我人　　　　$ŋo^{44} nɛ^{312}$　　　　代词,第一人称复数,我们。

我你　　　　$ŋo^{44} ȵi^{41}$　　　　代词,第一人称复数,咱们。

你人	n̠i⁴⁴ nɛ³¹²	代词，第二人称复数，你们。
渠人	gi²²³ nɛ³¹²	代词，第三人称复数，他们。
大势⁼人	dɔ²²³sʅ²⁴ nɛ³¹²	代词，大家：～一起去。
特⁼自	daʔ²³zʅ²²³	代词，自己：我～做。
乙	iʔ⁵	代词，这：～个。
阿⁼	aʔ⁵	代词，那：～个。
撒⁼	tɕʰiɛʔ⁵	代词，哪：你买～本书。
责⁼	tsaʔ⁵	①代词，什么。用在名词前询问人或事物的性质：～人谁｜～地方。②代词，什么，怎么，用于否定句：无～好相没什么好看｜弗～好吃不怎么好吃。
迦	tɕiaʔ⁵	①代词，什么。用在名词前询问人或事物的性质：～人谁｜～地方。②代词，什么，怎么，用于否定句：无～好相没什么好看｜弗～好吃不怎么好吃。
埪	tɔʔ⁰/lɔʔ⁰	①用在人称代词、名词等后面表示位置：店～店里。②代词，这里：我坐～吃。
阿⁼些儿	aʔ⁵ɕiŋ⁰	代词，用在名字后面表示列举未尽，相当于普通话"等等""之类"：肉啊、青菜～都准备好。
处	tsʰʮ⁴⁵	名词，①房子：倚～盖房子。②家：我弗牢⁼～我不在家。
倚	ga²³¹	①动词，站：～起。动词。②动词，建：～处盖房子。
相	ɕiã⁴⁵	动词，看：～病。
挖⁼	uaʔ⁵	动词，身体移位：～起起床｜～出来出来。

牢⁼	lɑɔ³¹²	①动词,在:我弗～处_{我不在家}。②介词,在:我～云和工作。
乐¹	ŋɑɔ²²³	①动词,相当于普通话"要":我～乙个_{我要这个}|我～去哇。②副词,应该,得:我～去哇_{我得去了}。
乐²	ŋɑɔ⁴⁵	副词,别,不必:你～难过。
乞	kʰa⁴⁵	①动词,给:老师～我一本书。②介词,给,被:帽～风吹去了。
起	tsʰʅ⁴¹	趋向动词,起来:冷～哇_{冷起来了}。
滴儿	tiŋ⁴⁵	量词,点儿:病好～哇。
粒⁼	lɛʔ⁰	量词,些:还是云和闹～_{还是云和热闹一些}。
记	tsʅ⁴⁵	①动量词,相当于"下":打一～。②时量词,相当于"会儿":坐了一～。
弗	fuʔ⁵	副词,不:我～去。
[弗会]	fei⁴⁵	副词,不会:我～去。
亦	iʔ²³	副词,又:～生好,～有香味_{又漂亮,又有香味}。
便	bɛ²²³/biɛ²²³	副词,就:饭吃了～去。
好粒⁼	xəɯ⁴¹lɛʔ⁰	①形容词,许多:～鱼儿。②副词,用在被修饰词语之前,相当于普通话"很":～甜。③动补结构,好些:生活～哇。
险	ɕiɛ⁴¹	副词,用在被修饰词语之后,相当于普通话"很":好吃～_{很好吃}。
弗过	fuʔ⁴koʔ⁴⁵	副词,用在被修饰词语之后,相当于普通话"非常":处底穷～_{家里非常穷}。
先	ɕiɛ²⁴	副词,用在被修饰词语之后,一般要和动词后面的"起"呼应,表示动作发生在前:准备起～_{先准备}。

| 着 | dziɔʔ²³ | ①用在动词后,表示达到目的或有了结果:寻～了我到了。②倘若,后置于句末:天晴～,我便去若是天晴,我就去。 |

着　dziɔʔ²³　①用在动词后,表示达到目的或有了结果:寻～了<small>我找到了</small>。②倘若,后置于句末:天晴～,我便去<small>若是天晴,我就去</small>。

斗゠　təɯ⁴⁵　①介词,和:我～你讲。②连词,和:我～你做记去<small>我和你一起去</small>。

阿゠呗　aʔ⁵pɛ⁰　常用句首词,相当于普通话连词"那么""于是""然后""所以"。

个　kei⁰　①助词,相当于普通话"的":我～书。②语气词,相当于普通话"的":好～。

哇　ua⁰　语气词,相当于普通话"了":我开始吃～｜讲过～。

呗　pɛ⁰　语气词,用在句中表示停顿,相当于"呢":还有～做糯米酒。

哦　fɔʔ⁰　"弗啊"的合音,相当于普通话"吗",表示疑问或反诘的语气:你去～?

喎　ko⁰　语气词,相当于普通话"的":工资低险～。

噶　ka⁰　语气词,表示感叹、祈使等语气,相当于普通话"呀":再去～!

喏　nɔ⁰　语气词,表示肯定的语气,相当于普通话"呀":便是开门红～!

哈　xa⁰　①语气词,用来提醒注意、寻求回应的话语标记,相当于普通话"对吧""是吧":好吃险,～! ②用在句子末尾表示感叹:我去个～<small>我去的呀</small>!

讲　kɔ̃⁰　①用在句末,表示对所听之事的转述、强调,相当于普通话"听说":街狗肉吃了会暖身体～<small>说是吃了狗肉能暖身子</small>。②语气词,用在句末,表示出乎意料:乙色゠～<small>竟然这样子</small>!

第二章　语　音

一、音　系

(一)老男音系

1. 声母(28 个,包括零声母在内)

p 八兵	pʰ 派片	b 病爬<u>肥</u>	m 麦明 味问	f 飞风 副蜂	v <u>肥</u>饭
t 多东 张竹	tʰ 讨天	d 甜毒	n 东脑南		l 老蓝 连路
ts 资早 租争	tsʰ 刺草 寸拆	dz 茶柱		s <u>丝</u>三酸 山书	z 字贼 坐祠事
tɕ 酒九	tɕʰ 清抽 车春	dʑ <u>共</u>权	ȵ 年泥 热软月	ɕ 想双 手响	ʑ 全谢床 船顺
k 高	kʰ 开	g <u>共</u>	ŋ 熬	x 好灰	
Ø 活县安 温用					

说明:

(1)阳调类零声母音节的起始部分带有同部位的摩擦音。

(2)阳平调的浊音声母浊感不明显,实际为清音浊流。

(3)[ts]组声母与舌尖元音[ʮ]相拼时,接近舌叶音。

2.韵母(51个,包括自成音节的[m][ŋ]在内)

ɿ 师丝试戏	i 猪米二飞	u 歌坐苦	y 雨
ʮ 书			
a 胎		ua 快	
ɛ 半根灯硬争	iɛ 盐年	uɛ 南短寸横	yɛ 靴权
ɔ 排鞋			
o 过茶牙瓦	io 写		
ei 开赔对		uei 鬼	
ɑɔ 宝饱	iɑɔ 笑桥		
əɯ 豆走	iəɯ 油		
ã 山	iã 响	uã 官	
ɔ̃ 糖讲	iɔ̃ 床王双用		
əŋ 心深新	iŋ 升病星	uəŋ 滚	yŋ 春云
oŋ 东	ioŋ 云兄		
	iʔ 急一直尺锡	uʔ 弗	
aʔ 北色白	iaʔ 迦	uaʔ 活刮国	
ɛʔ 盒	iɛʔ 接贴热节	uɛʔ 骨	yɛʔ 月出
ɔʔ 塔鸭法辣八	iɔʔ 药		
oʔ 托郭壳学	ioʔ 绿局		
eiʔ 七		ueiʔ 颎	yeiʔ 十橘
əɯʔ 谷六	iəɯʔ 竹		
m 磨			
ŋ 五			

说明：

(1)韵母[ɿ][ʮ]读[41]调时略有动程,分别读作[ɿᵊ][ʮᵊ]。

(2)音节[ȵi][ȵy][ȵiʔ]有时略有动程,分别读作[ȵiᵉ][ȵyᵉ][ȵiᵉʔ]。

(3)韵母[a][ã][aʔ]里的[a],实际音值为[ᴀ]。

(4)韵母[ɔ][ɔ̃][ɔʔ]里的[ɔ],实际舌位略低。

(5)韵母[o][oʔ]中的[o]舌位偏低。与[p][t][ts]组声母相拼时,韵母[o][oʔ]实际音值分别是[ᵘo][ᵘoʔ]。零声母以及与[k]组声母相拼时,韵母[o]多读作[oᵊ]。

(6)韵母[io][iɔ̃][ioŋ][iɔʔ][ioʔ]里的[i],唇形略圆,实际音值接近[y],与[tɕ]组声母相拼时尤为明显。

(7)韵母[ɛ][iɛ][uɛ][ɛʔ][iɛʔ][uɛʔ]里的[ɛ],舌位略高,实际音值为[ᴇ]。

(8)韵母[uɛ]与[t][ts]组声母相拼时,实际音值为[øᴇ]。

(9)[ɑɔ]组韵母里的[ɔ]舌位略高。

(10)[əɯ]组韵母里的[ɯ]舌位略低。[iəɯ][iəɯʔ]中的[ə]舌位偏高。

(11)[ã][ɔ̃]两组韵母,有较弱的鼻尾音[ŋ]。

(12)韵母[yŋ]实际音值为[yɪŋ]。

(13)语流中当[əɯʔ]韵字位于前字时,动程不明显,实际音值接近[əʔ]。

(14)自成音节的[m̩][ŋ̍]后面会伴随一个轻微的爆破成分。

3. 声调（8 个）

阴平	24	东该灯风通开天春
阳平	312	门龙牛油铜皮糖红
阴上	41	懂古鬼九统苦讨草买老五有后
阳上	231	动罪近
阴去	45	冻怪半四痛快寸去
阳去	223	卖路硬乱洞地饭树
阴入	5	谷百搭节急哭拍塔切刻
阳入	23	六麦叶月毒白盒罚

说明：

（1）阳平[312]降多升少，有时读作[31]。

（2）阴上[41]有时起音高，接近[5]。

（3）阴去[45]为略升的高调，有时接近[55]。

（4）阳去[223]起音略低于[2]，但未到[1]。

（5）阴入[5]有时尾部略降，为[54]的短调。

（6）阳入[23]有时不够短促。

4. 两字组连读变调规律

云和方言两字组连读变调规律见下表。表中首列为前字本调，首行为后字本调。每一格的第一行是两字组的本调组合；第二行是连读变调，若连读调与单字调相同，则此行空白；第三行为例词。同一两字组若有两种以上的变调，则以横线分隔。具体如下。

云和方言两字组连读变调表

前字＼后字	阴平 24	阳平 312	阴上 41	阳上 231	阴去 45	阳去 223	阴入 5	阳入 23
阴平 24	24 24／44 开车	24 312 归来；24 312／44 清明	24 41／44 天井	24 231／44 新妇	24 45 天气	24 223 车站	24 5／44 钢笔	24 23 阴历；24 23／44 生日
阳平 312	312 24／31 年轻；312 24／223 棉衣	312 312／223 洋油	312 41／223 洋火	312 231／31 城市；312 231／223 棉被	312 45／31 棉裤	312 223／31 前面	312 5／31 黄色；312 5／223 毛笔	312 23／31 前日；312 23／223 茶叶
阴上 41	41 24／44 火车	41 312 后年；41 312／44 草鞋	41 41 两两；41 41／44 水果；41 41／223 雨伞	41 231 改造	41 45 短裤	41 223 柳树；41 223／44 扫地；41 223／223 眼泪	41 5／44 粉笔	41 23／44 小麦；41 23／223 满月
阳上 231	231 24／223 被单	231 312／223 坐船	231 41／223 稻秆	231 231／223 犯罪	231 45 断气	231 223 社会	231 5／223 犯法	231 23／223 技术
阴去 45	45 24／44 汽车	45 312／44 酱油	45 41／44 报纸	45 231／44 制造	45 45／44 布裤	45 223 气味；45 223／44 对面	45 5／44 政策	45 23／44 四月

后字 前字	阴平 24	阳平 312	阴上 41	阳上 231	阴去 45	阳去 223	阴入 5	阳入 23
阳去 223	223 24 地 方	223 312 大 门	223 41 大 水	223 231 味 道	223 45 饭 店	223 223 大 路	223 5 第 一	223 23 大 麦
阴入 5	54 24 结 婚	5 312 出 来 5 312 4 骨 头	54 41 脚 爪	54 231 接 受	54 45 乙 个	54 223 铁 路 54 45 发 票	54 5 一 百	54 23 扎 实
阳入 23	23 24 立 冬	23 312 舌 头	23 41 热 水	23 231 活 动	23 45 力 气	23 223 绿 豆	23 5 蜡 烛	23 23 十 六

说明:

云和方言两字组连读变调有以下几个特点:

(1)属于典型的前变型。前字变,后字基本不变,轻声以及个别特殊词语除外。

(2)舒声的阴调类常变作[44]调,但也有一些特殊情况。

①当后字为阳平[312]、阳入[23]时,前字阴平[24]有不变调和变调[44]两种情况,这与词的语法结构无关。例如:

今年 $ke^{24}ŋie^{312}$——天萝丝瓜 $t^hie^{44}lu^{312}$

阴历 $iŋ^{24}li?^{23}$——生日 $se^{44}na?^{23}$

②若前字是次浊上或全浊上(主要是匣母字)单字调读阴上[41],则该前字的变调有三种情况。

第一种情况中,仍旧读阴上[41]。例如:后年 $u^{41}ŋie^{312}$ | 两两二两 $la^{41}li\tilde{a}^{41}$。

第二种情况中,变读为[223],变调规律同全浊上。例如:满月 $me^{223}ŋye?^{23}$ | 眼泪 $ŋ\tilde{a}^{223}li^{223}$ | 雨伞 $y^{223}s\tilde{a}^{41}$。

第三种情况中,同一个词在语流中变读为[44],或不变仍读[41],两者都可以,比较随意,没有任何表义的区别。例如:后日_{后天}u⁴⁴naʔ²³/u⁴¹naʔ²³。

③前字阴去[45]大部分变读为[44],也有不变调仍读[45]的情况,例如:半暝_{半夜}pɛ⁴⁵mɛ²²³ ｜ 气味 tsʰ1⁴⁵mi²²³ ｜ 再会_{再见}tsa⁴⁵uei²²³ ｜ 应该 iŋ⁴⁵ka²⁴。

(3)舒声的阳调类常变作[223]调,但也有一些特殊情况。

①[223]调在阴平[24]、阴去[45]前,尾部上升不明显,接近[22],本书统一记作[223]。

②阳平[312]位于前字时,部分读[223]调,部分读[31]调。

(4)大部分阴入[5]位于前字时变读为[4],少数阴入[5]在阳平[312]、阴去[45]、阳去[223]前仍读[5]。

(5)阳入[23]位于前字时,有时比单字调更短,常读[2]或[3],本书均记为[23]。

(6)轻声词较少,举例如下:晒去_{天旱}so⁴⁵kʰi⁰ ｜ 日里_{白天}naʔ²³li⁰ ｜ 处里_{家里}tsʰʮ⁴⁵li⁰ ｜ 城里 ziŋ³¹li⁰ ｜ 上去 dziã̃²²³kʰi⁰ ｜ 儿人_{男人}ȵi²⁴nɛ⁰ ｜ 囡人_{女人}nɛ²⁴nɛ⁰ ｜ 婊子 piɑo⁴⁴tsʮ⁰ ｜ 底头_{里面}ti⁴⁴dəɯ⁰。

5.小称

云和方言小称形式主要有以下三种类型。

(1)儿尾

"儿"[ȵi²⁴]自成音节,有时变调读[45]调。例如:

鸟儿_{小鸟}tiɑo⁴⁴ȵi⁴⁵ ｜ 鸡儿_{小鸡}tsʮ⁴⁴ȵi⁴⁵ ｜ 猪儿_{小猪}ti⁴⁴ȵi⁴⁵

(2)鼻尾或鼻化

在原音节韵母后加鼻音韵尾[ŋ],或使原音节韵母鼻化。一些音节的声调会变读为"儿"的[24]调,一些音节的声调不变,还有部分音节读[45]调。例如：

李 li⁴¹—李儿 liŋ⁴¹⁻²⁴｜滴 tiʔ⁵—滴儿 tiŋ⁴⁵｜姨母 i⁴⁴m⁴¹—姨母儿 i⁴⁴moŋ²⁴｜春臼 ioŋ⁴⁴dʑɯ²³¹—春臼儿 ioŋ⁴⁴dʑioŋ²³¹｜糯 nu²²³—糯儿 noŋ⁴⁵

（3）变调

①舒声调变作[45]（阴去[45]不变），个别变成升调[24]。

②阳入调变作[5]（阴入[5]不变）。

③浊声母变为相应的不送气清音。

例如：

哥哥 ku⁴⁴ku²⁴⁻⁴⁵｜娘姑姑 nĩaʔ³¹²⁻⁴⁵｜老弟弟弟 lɑɔ⁴⁴di²³¹—ti⁴⁵｜阿婆外婆 ɔ⁴⁴bu³¹²—pu⁴⁵｜伯爷伯父 paʔ⁴io³¹²⁻²⁴｜大奶伯母du²²³nɔ⁴¹⁻²⁴｜嬷奶奶 mo³¹²⁻²⁴｜嫂嫂 sɑɔ⁴⁴sɑɔ⁴¹⁻²⁴。

小称调[45]有[55]变体，因差异细微，本书均记为[45]。

6. 其他音变

云和话有一些特殊的语流音变现象。例如：

（1）"前"[ʑiɛ³¹²]在"门前面前"[məŋ²²³ɕiɛ²⁴]一词中变读为阴字调，原来的浊声母也同时转换成为相应的清声母。

（2）"耳"[ni⁴¹]在"木耳"[məɯʔ²³mi⁴¹]一词中受前字"木"顺同化影响，声母变读为[m]。

（3）"去"[kʰi⁴⁵]作趋向动词时，常读作轻声[xəɯ⁰]。

(二)青男音系

1.声母(28 个,包括零声母在内)

p 八兵	pʰ 派片	b 病爬肥	m 麦明 味问	f 飞风 副蜂	v 肥饭
t 多东 张竹	tʰ 讨天	d 甜毒	n 东脑南		l 老蓝 连路
ts 资早 租争	tsʰ 刺草 寸拆	dz 茶柱		s 丝三酸 山书	z 字贼坐 祠事
tɕ 酒九	tɕʰ 清抽 车春	dʑ 共权	ɳ 年泥热 软月	ɕ 想双 手响	ʑ 全谢床 船顺
k 高	kʰ 开	g 共	ŋ 熬	x 好灰	
∅ 活县安 温用					

说明:

(1)阳调类零声母音节的起始部分带有同部位的摩擦音。

(2)阳平调的浊音声母浊感不明显,实际为清音浊流。

2.韵母(52 个,包括自成音节的[m][ŋ]在内)

ɿ 师丝试戏	i 猪米二飞	u 歌坐苦	y 雨
ʮ 书			
a 胎		ua 快	
ɜ 半根灯硬争	iɜ 盐年	uɜ 南短寸横	yɜ 靴权
ɔ 排鞋			
o 过茶牙瓦	io 写		
ei 开赔对		uei 鬼	
ɑɔ 宝饱	iɑɔ 笑桥		

əɯ 豆走	iɯ 油		
ã 山	iã 响	uã 官	
ɔ̃ 糖讲	iɔ̃ 床王双用		
əŋ 心深新	iŋ 升病星	uəŋ 滚	yŋ 春云
oŋ 东	ioŋ 云兄		
	iʔ 急一直尺锡律	uʔ 弗	yʔ 律
aʔ 北色白	iaʔ 迦	uaʔ 活刮国	
εʔ 盒	iεʔ 接贴热节	uεʔ 骨	yεʔ 月出
ɔʔ 塔鸭法辣八	iɔʔ 药		
oʔ 托郭壳学	ioʔ 绿局		
eiʔ 七		ueiʔ 頮	yeiʔ 十橘
əɯʔ 谷六	iəɯʔ 竹		
m̩ 磨			
ŋ̍ 五			

说明：

(1)韵母[ɿ][ʮ]读[41]调时略有动程,分别读作[ɿᵉ][ʮᵉ]。

(2)音节[n̠i][n̠y][n̠iʔ]有时略有动程,分别读作[n̠iᵉ][n̠yᵉ][n̠iᵉʔ]。

(3)韵母[a][ã][aʔ]里的[a],实际音值为[ʌ]。

(4)韵母[ɔ][ɔ̃][ɔʔ]里的[ɔ],实际舌位略低,但未到[ɒ]。

(5)韵母[o][oʔ]中的[o]舌位偏低。与[p][t][ts]组声母相拼时,韵母[o][oʔ]实际音值分别是[ᵘo][ᵘoʔ]。零声母以及与[k]组声母相拼时,韵母[o]多读作[oᵉ]。

(6)韵母[io][iɔ̃][ioŋ][iɔʔ][ioʔ]里的[i],唇形略圆,实际音值接近[y],与[tɕ]组声母相拼时,尤为明显。

(7)韵母[ɛ][iɛ][uɛ][ɛʔ][iɛʔ][uɛʔ]里的[ɛ],舌位略高,实际音值为[ɛ]。

(8)[ɑɔ]组韵母里的[ɔ]舌位略高。

(9)[əɯ]组韵母里的[ɯ]舌位略低。[iəu][iəuʔ]中的[ə]舌位偏高。

(10)[ã][ɔ̃]两组韵母有较弱的鼻尾音[ŋ]。

(11)韵母[iŋ]中的[ŋ]尾舌位偏后,实际音值为[ɲ]。

(12)韵母[yŋ]实际音值为[yɪŋ]。

(13)自成音节的[m̩][ŋ̍]后面会伴随一个轻微的爆破成分。

3.声调(7 个)

阴平	24	东该灯风通开天春
阳平	312	门龙牛油铜皮糖红
阴上	41	懂古鬼九统苦讨草买老五有后
阴去	45	冻怪半四痛快寸去
阳去	223	卖路硬乱洞地饭树动罪近
阴入	5	谷百搭节急哭拍塔切刻
阳入	23	六麦叶月毒白盒罚

说明:

(1)阳平[312]降多升少,有时读作[31]。

(2)阴上[41]有时起音高,接近[5]。

(3)阴去[45]为略升的高调,有时接近[55]。

(4)阳去[223]起音略低于[2],但未到[1]。

(5)阴入[5]有时尾部略降,为[54]的短调。

4.新老异读

云和方言新老派的语音差异主要表现在以下方面。

(1)音系

①老派有 8 个调,新派有 7 个调。古全浊上今读调的差异是云和方言新老派最主要的差异。老派古全浊上字今读[231],与阳去[223]区分。例如:动[doŋ²³¹]≠洞[doŋ²²³]。新派古全浊上字今读[223],归阳去。例如:动[doŋ²²³]=洞[doŋ²²³]。本书中,除老男外,其余发音人都只有 7 个调类。

②老派有 51 个韵母,新派有 52 个韵母,新派比老派多了[yʔ]韵。例如:新派"律"字有[liʔ²³][lyʔ²³]两读,老派"律"字只有[liʔ²³]读音,且无其他字读[yʔ]韵。

③老派读韵母[o]的字词,部分新派动程明显,读作韵母[uo],本书第五章青女话语讲述,记韵母[uo]。

(2)其他非系统性的异读

①越 山合三入月云

老派读[ioʔ²³]音,部分新派有白读[ioʔ²³]与文读[yɛʔ²³]两读。

②帮 宕开一平唐帮

老派有白读[mɔ̃²⁴]与文读[pɔ̃²⁴]两读,新派只有[pɔ̃²⁴]读音。

③黄 宕合一平唐匣

老派读[ɔ̃³¹²],部分新派有白读[ɔ̃³¹²]与文读[uã³¹²]两读。

④永 梗合三上梗云

老派读[ioŋ⁴¹],新派有[ioŋ⁴¹](～远)与[yŋ⁴¹](用于人名)两读。

⑤从 通合三平钟从

老派读[ʑiɔ̃³¹²],部分新派有白读[ʑiɔ̃³¹²]与文读[dʑiɔ̃³¹²]两读。

⑥副词"也"

老派基本读[a²²³]，新派有[a²²³][ia²²³]又读，本书统一记作[a²²³]。

⑦代词"这样""那样""这么""那么"

此 4 个代词的后一语素，本字不明，老派基本读[saʔ⁰]，与"色"音似，新派发音不稳定，或读[saʔ⁰][sɛʔ⁰][seiʔ⁰]。本书统一记作"色⁼"。

⑧语气词"呢"

老派基本读作[n̩i⁰]，新派有[nɛ⁰][n̩iɛ⁰][n̩i⁰]多种变体，本书统一记作[n̩i⁰]。

(三)文白异读

云和方言的文白异读主要体现在声母和韵母方面。下文"/"前为白读，后为文读。

(1)声母

①个别帮母字白读为声母[m]，文读为声母[p]。例如：帮 mɔ̃²⁴ ~钞票囥好:把钱放好 / pɔ̃²⁴~忙。

②部分非组字白读为重唇声母，文读为轻唇声母。例如：反 pã⁴¹~东西:翻找东西 / fã⁴¹~对 ｜ 肥 bi³¹²~肉 / vi³¹²减~。

③个别微母字白读为声母[m]，文读为零声母，韵母也随之有所改变。例如：晚 mã⁴¹~娘:继母 / uã⁴¹~会。

④个别端母字白读为声母[n]，文读为声母[t]。例如：东 noŋ²⁴~西:指物 / toŋ²⁴~西:指方向。

⑤个别禅母字白读为塞擦音声母，文读为擦音声母。例如：是 dz̩²³¹~老师 / z̩²³¹但~ ｜ 上 dʑia²²³~去 / ʑia²²³马~。

⑥个别见组字白读为[k]组声母,文读为[tɕ]组声母,韵母也随之有所改变。例如:健 gɛ²²³ 指老人身体硬朗 / dziɛ²²³ ~康。

⑦个别见组三等字白读为[ts]组或[tɕ]组声母,文读为[k]组声母,韵母也随之有所改变。例如:贵 tsʯ⁴⁵ 价格高 / kuei⁴⁵ 用于名字｜恭 tɕioŋ²⁴ ~迎 / koŋ²⁴ ~喜｜共 dziɔ̃²²³ 姓:同姓 / goŋ²²³ ~产党。

(2)韵母

①个别果摄一等字白读为韵母[ɔ],文读为韵母[u]。例如:拖 tʰɔ²⁴ ~牢 / tʰu²⁴ ~拉机。

②个别蟹摄开口四等字白读为韵母[ei],文读为韵母[i]。例如:梯 tʰei²⁴ 楼~ / tʰi²⁴ ~田。

③个别蟹摄合口四等字以及止摄合口三等字白读为韵母[ʯ]或韵母[y],文读为韵母[uei],声母也随之有所改变。例如:桂 tsʯ⁴⁵ 用于名字 / kuei⁴⁵ ~花｜贵 tsʯ⁴⁵ 价格高 / kuei⁴⁵ 用于名字｜龟 tsʯ²⁴ 乌~ / kuei²⁴ ~鳖丸｜位 y²²³ 座~ / uei²²³ ~置。

④个别效摄开口一等字白读为韵母[əɯ],文读为韵母[ɑɔ]。例如:熬 ŋəɯ³¹² 时间难~ / ŋɑɔ³¹² ~油。

⑤个别山摄开口二等舒声字白读为韵母[ɛ],文读为韵母[ã]。例如:眼 ŋɛ⁴¹ ~睛 / ŋã⁴¹ 一~。

⑥个别臻摄舒声字白读为韵母[ɛ][uɛ][ioŋ],文读为韵母[iŋ][əŋ][yŋ];入声字白读为韵母[aʔ],文读为韵母[iʔ],声母也随之改变。例如:人 nɛ³¹² 一个~ / ȵiŋ³¹² 丈~｜墩 tuɛ²⁴ 用于地名 / təŋ²⁴ 桥~｜云 ioŋ³¹² 白~,又读 / yŋ³¹² 白~,又读;~和｜日 naʔ²³ ~头:太阳 / ȵiʔ²³ ~本。

⑦个别梗摄开口二等舒声字白读为韵母[ɛ][uɛ],文读为韵母[əŋ][ɛ];个别梗摄开口二等入声字白读为韵母[oʔ],文读为韵母[aʔ]。例如:猛 mɛ⁴¹ 形容火很旺 / məŋ⁴¹ 指凶猛｜梗 kuɛ⁴¹ 番薯~ / kɛ⁴¹ 心肌~

塞 | 择 do?^{23} ~落来：摘下来 / dza?^{23} 选~。

⑧个别通摄合口三等舒声字白读为韵母[ioŋ][iɔ̃]，文读为韵母[oŋ]。例如：宫 tɕioŋ^{24} ~殿 / koŋ^{24} 子~ | 共 dʑiɔ̃^{223} ~姓：同姓 / goŋ^{223} ~产党。

二、单 字

编 号	单 字	音韵地位	老男音	青男音
0001	多	果开一平歌端	tu^{24}	tu^{24}
0002	拖	果开一平歌透	tʰɔ^{24}白 tʰu^{24}文	tʰɔ^{24}白 tʰu^{24}文
0003	大~小	果开一去箇定	du^{223}	du^{223}
0004	锣	果开一平歌来	lu^{312}	lu^{312}
0005	左	果开一上哿精	tsu^{41}	tsu^{41}
0006	歌	果开一平歌见	ku^{24}	ku^{24}
0007	个	果开一去箇见	kei^{45}又 ki^{45}又	kei^{45}又 ki^{45}又
0008	可	果开一上哿溪	kʰu^{41}	kʰu^{41}
0009	鹅	果开一平歌疑	ŋ^{312}	ŋ^{312}
0010	饿	果开一去箇疑	uei^{223}	uei^{223}
0011	河	果开一平歌匣	u^{312}	u^{312}
0012	茄	果开三平戈群	dʑio^{312}	dʑio^{312}
0013	破	果合一去过滂	pʰɔ^{45}	pʰɔ^{45}白 pʰu^{45}文
0014	婆	果合一平戈并	bu^{312}	bu^{312}

续表

编　号	单　字	音韵地位	老男音	青男音
0015	磨动词	果合一平戈明	m^{312}～刀 m^{223}～豆腐	m^{312}～刀 m^{223}～豆腐
0016	磨名词	果合一去过明	m^{223}	m^{223}
0017	躲	果合一上果端	（无）	（无）
0018	螺	果合一平戈来	lu^{312}	lu^{312}
0019	坐	果合一上果从	zu^{231}	zu^{223}
0020	锁	果合一上果心	su^{41}	su^{41}
0021	果	果合一上果见	ko^{41}	ko^{41}
0022	过～来	果合一去过见	ko^{45}	ko^{45}
0023	课	果合一去过溪	$k^{h}o^{45}$	$k^{h}o^{45}$
0024	火	果合一上果晓	xo^{41}	xo^{41}
0025	货	果合一去过晓	xo^{45}	xo^{45}
0026	祸	果合一上果匣	o^{41}	o^{41}
0027	靴	果合三平戈晓	$\textctyogh y\varepsilon^{24}$	$\textctyogh y\varepsilon^{24}$
0028	把量词	假开二上马帮	po^{41}	po^{41}
0029	爬	假开二平麻並	bo^{312}	bo^{312}
0030	马	假开二上马明	mo^{41}	mo^{41}
0031	骂	假开二去祃明	（无）	（无）
0032	茶	假开二平麻澄	dzo^{312}	dzo^{312}
0033	沙	假开二平麻生	so^{24}	so^{24}
0034	假真～	假开二上马见	ko^{41}	ko^{41}
0035	嫁	假开二去祃见	io^{45}声殊	io^{45}声殊
0036	牙	假开二平麻疑	ηo^{312}	ηo^{312}
0037	虾	假开二平麻晓	xo^{24}	xo^{24}

续表

编 号	单 字	音韵地位	老男音	青男音
0038	下方位词	假开二上马匣	io^{41}	io^{41}
0039	夏春~	假开二去祃匣	o^{223}	o^{223}
0040	哑	假开二上马影	o^{41}	o^{41}
0041	姐	假开三上马精	（无）	（无）
0042	借	假开三去祃精	$tɕio^{45}$	$tɕio^{45}$
0043	写	假开三上马心	$ɕio^{41}$	$ɕio^{41}$
0044	斜	假开三平麻邪	zio^{312}	zio^{312}
0045	谢	假开三去祃邪	zio^{223}	zio^{223}
0046	车~辆	假开三平麻昌	$tɕ^hio^{24}$	$tɕ^hio^{24}$
0047	蛇	假开三平麻船	zio^{312}	zio^{312}
0048	射	假开三去祃船	zio^{223}	zio^{223}
0049	爷	假开三平麻以	io^{312}	io^{312}
0050	野	假开三上马以	io^{41}	io^{41}
0051	夜	假开三去祃以	io^{223}	io^{223}
0052	瓜	假合二平麻见	ko^{24}	ko^{24}
0053	瓦名词	假合二上马疑	$ŋo^{41}$	$ŋo^{41}$
0054	花	假合二平麻晓	xo^{24}	xo^{24}
0055	化	假合二去祃晓	xo^{45}	xo^{45}
0056	华中~	假合二平麻匣	o^{312}	o^{312}
0057	谱家~	遇合一上姥帮	p^hu^{41}	p^hu^{41}
0058	布	遇合一去暮帮	pu^{45}	pu^{45}
0059	铺动词	遇合一平模滂	p^hu^{24}	p^hu^{24}
0060	簿	遇合一上姥并	bu^{231}	bu^{223}
0061	步	遇合一去暮并	bu^{223}	bu^{223}

续表

编　号	单　字	音韵地位	老男音	青男音
0062	赌	遇合一上姥端	tu⁴¹	tu⁴¹
0063	土	遇合一上姥透	tʰu⁴¹	tʰu⁴¹
0064	图	遇合一平模定	du³¹²	du³¹²
0065	杜	遇合一上姥定	du²²³调殊	du²²³调殊
0066	奴	遇合一平模泥	nu³¹²	nu³¹²
0067	路	遇合一去暮来	lu²²³	lu²²³
0068	租	遇合一平模精	tsu²⁴	tsu²⁴
0069	做	遇合一去暮精	tso⁴⁵	tso⁴⁵
0070	错对~	遇合一去暮清	tsʰu⁴⁵	tsʰu⁴⁵
0071	箍~桶	遇合一平模见	kʰu²⁴	kʰu²⁴
0072	古	遇合一上姥见	ku⁴¹	ku⁴¹
0073	苦	遇合一上姥溪	kʰu⁴¹	kʰu⁴¹
0074	裤	遇合一去暮溪	kʰu⁴⁵	kʰu⁴⁵
0075	吴	遇合一平模疑	ŋ³¹²	ŋ³¹²
0076	五	遇合一上姥疑	ŋ⁴¹	ŋ⁴¹
0077	虎	遇合一上姥晓	xu⁴¹	xu⁴¹
0078	壶	遇合一平模匣	u³¹²	u³¹²
0079	户	遇合一上姥匣	u⁴¹	u⁴¹
0080	乌	遇合一平模影	u²⁴	u²⁴
0081	女	遇合三上语泥	ȵy⁴¹	ȵy⁴¹
0082	吕	遇合三上语来	ly⁴¹	ly⁴¹
0083	徐	遇合三平鱼邪	zʮ³¹²	zʮ³¹²
0084	猪	遇合三平鱼知	ti²⁴	ti²⁴
0085	除	遇合三平鱼澄	dzʮ³¹²	dzʮ³¹²

续表

编　号	单　字	音韵地位	老男音	青男音
0086	初	遇合三平鱼初	tsʰu²⁴	tsʰu²⁴
0087	锄	遇合三平鱼崇	zo³¹²	zo³¹²
0088	所	遇合三上语生	su⁴¹	su⁴¹
0089	书	遇合三平鱼书	sʮ²⁴	sʮ²⁴
0090	鼠	遇合三上语书	tsʰɿ⁴¹	tsʰɿ⁴¹
0091	如	遇合三平鱼日	n̠ʑy²⁴ 调殊	n̠ʑy²⁴ 调殊
0092	举	遇合三上语见	tsʮ⁴¹	tsʮ⁴¹
0093	锯 名词	遇合三去御见	tsʮ⁴⁵	tsʮ⁴⁵
0094	去	遇合三去御溪	kʰi⁴⁵ 白 tsʰʮ⁴⁵ 文	kʰi⁴⁵ 白 tsʰʮ⁴⁵ 文
0095	渠 ~道	遇合三平鱼群	dzʮ³¹²	dzʮ³¹²
0096	鱼	遇合三平鱼疑	n̠ʑy²⁴ 调殊	n̠ʑy²⁴ 调殊
0097	许	遇合三上语晓	sʮ⁴¹	sʮ⁴¹
0098	余 剩~,多~	遇合三平鱼以	y³¹²	y³¹²
0099	府	遇合三上麌非	fu⁴¹	fu⁴¹
0100	付	遇合三去遇非	fu⁴⁵	fu⁴⁵
0101	父	遇合三上麌奉	vu²³¹	vu²²³
0102	武	遇合三上麌微	m⁴¹	m⁴¹
0103	雾	遇合三去遇微	m²²³	m²²³
0104	取	遇合三上麌清	tsʰʮ⁴¹	tsʰʮ⁴¹
0105	柱	遇合三上麌澄	dzʮ²³¹	dzʮ²²³
0106	住	遇合三去遇澄	dzʮ²²³	dzʮ²²³
0107	数 动词	遇合三上麌生	(无)①	sʮ⁴¹

①　老男发音人告知,"数数""计算"的动词都用"算"。

续表

编　号	单　字	音韵地位	老男音	青男音
0108	数名词	遇合三去遇生	su^{45}	su^{45}
0109	主	遇合三上麌章	tsʮ^{41}	tsʮ^{41}
0110	输	遇合三平虞书	sʮ^{24}	sʮ^{24}
0111	竖	遇合三上麌禅	zʮ^{231}	zʮ^{223}
0112	树	遇合三去遇禅	ẑʮ^{223}	zʮ^{223}
0113	句	遇合三去遇见	tsʮ^{45}	tsʮ^{45}
0114	区地~	遇合三平虞溪	tsʰʮ^{24}	tsʰʮ^{24}
0115	遇	遇合三去遇疑	y^{223}	y^{223}
0116	雨	遇合三上麌云	y^{41}	y^{41}
0117	芋	遇合三去遇云	y^{223}	y^{223}
0118	裕	遇合三去遇以	y^{223}	y^{223}
0119	胎	蟹开一平咍透	tʰa^{24}	tʰa^{24}
0120	台戏~	蟹开一平咍定	da^{312}	da^{312}
0121	袋	蟹开一去代定	da^{223}	da^{223}
0122	来	蟹开一平咍来	li^{312}韵殊	li^{312}韵殊
0123	菜	蟹开一去代清	tsʰa^{45}	tsʰa^{45}
0124	财	蟹开一平咍从	za^{312}	za^{312}
0125	该	蟹开一平咍见	ka^{24}	ka^{24}
0126	改	蟹开一上海见	ka^{41}	ka^{41}
0127	开	蟹开一平咍溪	kʰei^{24}	kʰei^{24}
0128	海	蟹开一上海晓	xa^{41}	xa^{41}
0129	爱	蟹开一去代影	a^{45}	a^{45}
0130	贝	蟹开一去泰帮	pei^{45}	pei^{45}
0131	带动词	蟹开一去泰端	tɔ^{45}	tɔ^{45}

续表

编 号	单 字	音韵地位	老男音	青男音
0132	盖动词	蟹开一去泰见	（无）	（无）
0133	害	蟹开一去泰匣	a^{223}	a^{223}
0134	拜	蟹开二去怪帮	$pɔ^{45}$	$pɔ^{45}$
0135	排	蟹开二平皆并	$bɔ^{312}$	$bɔ^{312}$
0136	埋	蟹开二平皆明	$mɔ^{312}$	$mɔ^{312}$
0137	戒	蟹开二去怪见	$kɔ^{45}$	$kɔ^{45}$
0138	摆	蟹开二上蟹帮	$pɔ^{41}$	$pɔ^{41}$
0139	派	蟹开二去卦滂	$p^hɔ^{45}$	$p^hɔ^{45}$
0140	牌	蟹开二平佳并	$bɔ^{312}$	$bɔ^{312}$
0141	买	蟹开二上蟹明	$mɔ^{41}$	$mɔ^{41}$
0142	卖	蟹开二去卦明	$mɔ^{223}$	$mɔ^{223}$
0143	柴	蟹开二平佳崇	$zɔ^{312}$	$zɔ^{312}$
0144	晒	蟹开二去卦生	$sɔ^{45}$	$sɔ^{45}$
0145	街	蟹开二平佳见	$kɔ^{24}$	$kɔ^{24}$
0146	解~开	蟹开二上蟹见	$kɔ^{41}$	$kɔ^{41}$
0147	鞋	蟹开二平佳匣	$ɔ^{312}$	$ɔ^{312}$
0148	蟹	蟹开二上蟹匣	$xɔ^{41}$	$xɔ^{41}$
0149	矮	蟹开二上蟹影	$ɔ^{41}$	$ɔ^{41}$
0150	败	蟹开二去央并	$bɔ^{223}$	$bɔ^{223}$
0151	币	蟹开三去祭并	bi^{223}	bi^{223}
0152	制~造	蟹开三去祭章	$tsʅ^{45}$	$tsʅ^{45}$
0153	世	蟹开三去祭书	$sʅ^{45}$	$sʅ^{45}$
0154	艺	蟹开三去祭疑	$ȵi^{223}$	$ȵi^{223}$
0155	米	蟹开四上荠明	mi^{41}	mi^{41}

续表

编　号	单　字	音韵地位	老男音	青男音
0156	低	蟹开四平齐端	ti^{24}	ti^{24}
0157	梯	蟹开四平齐透	tʰei^{24}白 tʰi^{24}文	tʰei^{24}白 tʰi^{24}文
0158	剃	蟹开四去霁透	tʰi^{45}	tʰi^{45}
0159	弟	蟹开四上荠定	di^{231}	di^{223}
0160	递	蟹开四去霁定	di^{223}	di^{223}
0161	泥	蟹开四平齐泥	n̠i^{312}	n̠i^{312}
0162	犁	蟹开四平齐来	li^{312}	li^{312}
0163	西	蟹开四平齐心	sʅ^{24}	sʅ^{24}
0164	洗	蟹开四上荠心	sʅ^{41}	sʅ^{41}
0165	鸡	蟹开四平齐见	tsʅ^{24}	tsʅ^{24}
0166	溪	蟹开四平齐溪	tsʰʅ^{24}	tsʰʅ^{24}
0167	契	蟹开四去霁溪	tsʰʅ^{45}	tsʰʅ^{45}
0168	系联~	蟹开四去霁匣	sʅ^{45}	sʅ^{45}
0169	杯	蟹合一平灰帮	pei^{24}	pei^{24}
0170	配	蟹合一去队滂	pʰei^{45}	pʰei^{45}
0171	赔	蟹合一平灰并	bei^{312}	bei^{312}
0172	背~诵	蟹合一去队并	bei^{223}	bei^{223}
0173	煤	蟹合一平灰明	mei^{312}	mei^{312}
0174	妹	蟹合一去队明	ma^{223}韵殊	ma^{223}韵殊
0175	对	蟹合一去队端	tei^{45}	tei^{45}
0176	雷	蟹合一平灰来	lei^{312}	lei^{312}
0177	罪	蟹合一上贿从	zei^{231}	zei^{223}
0178	碎	蟹合一去队心	sei^{45}	sei^{45}

续表

编　号	单　字	音韵地位	老男音	青男音
0179	灰	蟹合一平灰晓	xuei²⁴	xuei²⁴
0180	回	蟹合一平灰匣	uei³¹²	uei³¹²
0181	外	蟹合一去泰疑	ua²²³	ua²²³
0182	会开~	蟹合一去泰匣	uei²²³	uei²²³
0183	怪	蟹合二去怪见	kua⁴⁵	kua⁴⁵
0184	块	蟹合一去怪溪	kʰuei⁴⁵	kʰuei⁴⁵
0185	怀	蟹合二平皆匣	ua³¹²	ua³¹²
0186	坏	蟹合二去怪匣	ua²²³	ua²²³
0187	拐	蟹合二上蟹见	kua⁴¹	kua⁴¹
0188	挂	蟹合二去卦见	go²²³音殊	go²²³音殊
0189	歪	蟹合二平佳晓	ua²⁴	ua²⁴
0190	画	蟹合二去卦匣	o²²³	o²²³
0191	快	蟹合二去夬溪	kʰua⁴⁵	kʰua⁴⁵
0192	话	蟹合二去夬匣	o²²³	o²²³
0193	岁	蟹合三去祭心	sɥ⁴⁵	sɥ⁴⁵
0194	卫	蟹合三去祭云	uei²²³	uei²²³
0195	肺	蟹合三去废敷	fi⁴⁵	fi⁴⁵
0196	桂	蟹合四去霁见	tsɥ⁴⁵白 kuei⁴⁵文	tsɥ⁴⁵白 kuei⁴⁵文
0197	碑	止开三平支帮	pei²⁴	pei²⁴
0198	皮	止开三平支并	bi³¹²	bi³¹²
0199	被~子	止开三上纸并	bi²³¹	bi²²³
0200	紫	止开三上纸精	tsʅ⁴¹	tsʅ⁴¹
0201	刺	止开三去寘清	tsʰʅ⁴⁵	tsʰʅ⁴⁵

续表

编 号	单 字	音韵地位	老男音	青男音
0202	知	止开三平支知	$ts\gamma^{24}$	$ts\gamma^{24}$
0203	池	止开三平支澄	$dz\gamma^{312}$	$dz\gamma^{312}$
0204	纸	止开三上纸章	$ts\gamma^{41}$	$ts\gamma^{41}$
0205	儿	止开三平支日	$\textipa{n}i^{24}$调殊	$\textipa{n}i^{24}$调殊
0206	寄	止开三去寘见	$ts\gamma^{45}$	$ts\gamma^{45}$
0207	骑	止开三平支群	$dz\gamma^{312}$	$dz\gamma^{312}$
0208	蚁	止开三上纸疑	ŋɔ^{41}韵殊	ŋɔ^{41}韵殊
0209	义	止开三去寘疑	$\textipa{n}i^{223}$	$\textipa{n}i^{223}$
0210	戏	止开三去寘晓	$s\gamma^{45}$	$s\gamma^{45}$
0211	移	止开三平支以	i^{312}	i^{312}
0212	比	止开三上旨帮	pi^{41}	pi^{41}
0213	屁	止开三去至滂	p^hi^{45}	p^hi^{45}
0214	鼻	止开三去至並	$bəɯʔ^{23}$音殊	$bəɯʔ^{23}$音殊
0215	眉	止开三平脂明	mi^{312}	mi^{312}
0216	地	止开三去至定	di^{223}	di^{223}
0217	梨	止开三平脂来	li^{312}	li^{312}
0218	资	止开三平脂精	$ts\gamma^{24}$	$ts\gamma^{24}$
0219	死	止开三上旨心	$s\gamma^{41}$	$s\gamma^{41}$
0220	四	止开三去至心	$s\gamma^{45}$	$s\gamma^{45}$
0221	迟	止开三平脂澄	$dz\gamma^{312}$	$dz\gamma^{312}$
0222	师	止开三平脂生	$s\gamma^{24}$	$s\gamma^{24}$
0223	指	止开三上旨章	$ts\gamma^{41}$	$ts\gamma^{41}$
0224	二	止开三去至日	$\textipa{n}i^{223}$	$\textipa{n}i^{223}$
0225	饥~饿	止开三平脂见	$ts\gamma^{24}$	$ts\gamma^{24}$

续表

编 号	单 字	音韵地位	老男音	青男音
0226	器	止开三去至溪	$ts^h\textrm{ʅ}^{45}$	$ts^h\textrm{ʅ}^{45}$
0227	姨	止开三平脂以	i^{312}	i^{312}
0228	李	止开三上止来	li^{41}	li^{41}
0229	子	止开三上止精	$ts\textrm{ʅ}^{41}$	$ts\textrm{ʅ}^{41}$
0230	字	止开三去志从	$z\textrm{ʅ}^{223}$	$z\textrm{ʅ}^{223}$
0231	丝	止开三平之心	$s\textrm{ʅ}^{24}$	$s\textrm{ʅ}^{24}$
0232	祠	止开三平之邪	$z\textrm{ʅ}^{312}$	$z\textrm{ʅ}^{312}$
0233	寺	止开三去志邪	$z\textrm{ʅ}^{223}$	$z\textrm{ʅ}^{223}$
0234	治	止开三去志澄	$dz\textrm{ʅ}^{223}$	$dz\textrm{ʅ}^{223}$
0235	柿	止开三上止崇	$z\textrm{ʅ}^{231}$	$z\textrm{ʅ}^{223}$
0236	事	止开三去志崇	$z\textrm{ʅ}^{223}$	$z\textrm{ʅ}^{223}$
0237	使	止开三上止生	$s\textrm{ʅ}^{41}$	$s\textrm{ʅ}^{41}$
0238	试	止开三去志书	$s\textrm{ʅ}^{45}$	$s\textrm{ʅ}^{45}$
0239	时	止开三平之禅	$z\textrm{ʅ}^{312}$	$z\textrm{ʅ}^{312}$
0240	市	止开三上止禅	$z\textrm{ʅ}^{231}$	$z\textrm{ʅ}^{223}$
0241	耳	止开三上止日	$ȵi^{41}$	$ȵi^{41}$
0242	记	止开三去志见	$ts\textrm{ʅ}^{45}$	$ts\textrm{ʅ}^{45}$
0243	棋	止开三平之群	$dz\textrm{ʅ}^{312}$	$dz\textrm{ʅ}^{312}$
0244	喜	止开三上止晓	$s\textrm{ʅ}^{41}$	$s\textrm{ʅ}^{41}$
0245	意	止开三去志影	i^{45}	i^{45}
0246	几~个	止开三上尾见	ki^{41}	ki^{41}
0247	气	止开三去未溪	$ts^h\textrm{ʅ}^{45}$	$ts^h\textrm{ʅ}^{45}$
0248	希	止开三平微晓	$s\textrm{ʅ}^{24}$	$s\textrm{ʅ}^{24}$
0249	衣	止开三平微影	i^{24}	i^{24}

续表

编　号	单　字	音韵地位	老男音	青男音
0250	嘴	止合三上纸精	tsʮ⁴¹	tsʮ⁴¹
0251	随	止合三平支邪	zʮ³¹²	zʮ³¹²
0252	吹	止合三平支昌	tsʰʮ²⁴	tsʰʮ²⁴
0253	垂	止合三平支禅	zʮ³¹²	dzʮ³¹²
0254	规	止合三平支见	kuei²⁴	kuei²⁴
0255	亏	止合三平支溪	kʰuei²⁴	kʰuei²⁴
0256	跪	止合三上纸群	dzʮ²³¹	dzʮ²²³
0257	危	止合三平支疑	uei²⁴调殊	uei²⁴调殊
0258	类	止合三去至来	lei²²³	lei²²³
0259	醉	止合三去至精	tsʮ⁴⁵	tsʮ⁴⁵
0260	追	止合三平脂知	tsʮ²⁴	tsʮ²⁴
0261	锤	止合三平脂澄	dzʮ³¹²	dzʮ³¹²
0262	水	止合三上旨书	sʮ⁴¹	sʮ⁴¹
0263	龟	止合三平脂见	tsʮ²⁴白 kuei²⁴文	tsʮ²⁴白 kuei²⁴文
0264	季	止合三去至见	tsʮ⁴⁵	tsʮ⁴⁵
0265	柜	止合三去至群	dzʮ²²³	dzʮ²²³
0266	位	止合三去至云	y²²³白 uei²²³文	y²²³白 uei²²³文
0267	飞	止合三平微非	fi²⁴	fi²⁴
0268	费	止合三去未敷	fi⁴⁵	fi⁴⁵
0269	肥	止合三平微奉	bi³¹²白 vi³¹²文	bi³¹²白 vi³¹²文
0270	尾	止合三上尾微	mi⁴¹	mi⁴¹
0271	味	止合三去未微	mi²²³	mi²²³

续表

编 号	单 字	音韵地位	老男音	青男音
0272	鬼	止合三上尾见	kuei^{41}	kuei^{41}
0273	贵	止合三去未见	tsʅ^{45}白 kuei^{45}文	tsʅ^{45}白 kuei^{45}文
0274	围	止合三平微云	uei^{312}	uei^{312}
0275	胃	止合三去未云	uei^{223}	uei^{223}
0276	宝	效开一上晧帮	pɑɔ^{41}	pɑɔ^{41}
0277	抱	效开一上晧並	（无）	（无）
0278	毛	效开一平豪明	mɑɔ^{312}	mɑɔ^{312}
0279	帽	效开一去号明	mɑɔ^{223}	mɑɔ^{223}
0280	刀	效开一平豪端	təɯ^{24}	təɯ^{24}
0281	讨	效开一上晧透	tʰɑɔ^{41}	tʰɑɔ^{41}
0282	桃	效开一平豪定	dɑɔ^{312}	dɑɔ^{312}
0283	道	效开一上晧定	dɑɔ^{231}	dɑɔ^{223}
0284	脑	效开一上晧泥	nɑɔ^{41}	nɑɔ^{41}
0285	老	效开一上晧来	lɑɔ^{41}	lɑɔ^{41}
0286	早	效开一上晧精	tsɑɔ^{41}	tsɑɔ^{41}
0287	灶	效开一去号精	tsɑɔ^{45}	tsɑɔ^{45}
0288	草	效开一上晧清	tsʰɑɔ^{41}	tsʰɑɔ^{41}
0289	糙	效开一去号清	tsʰɑɔ^{45}	tsʰɑɔ^{45}
0290	造	效开一上晧从	zɑɔ^{231}	zɑɔ^{223}
0291	嫂	效开一上晧心	sɑɔ^{41}	sɑɔ^{41}
0292	高	效开一平豪见	kəɯ^{24}	kəɯ^{24}
0293	靠	效开一去号溪	kʰəɯ^{45}	kʰəɯ^{45}
0294	熬	效开一平豪疑	ŋəɯ^{312}难～ ŋɑɔ^{312}～油	ŋəɯ^{312}难～ ŋɑɔ^{312}～油

续表

编 号	单 字	音韵地位	老男音	青男音
0295	好~坏	效开一上晧晓	$\text{x}\text{ə}\text{w}^{41}$	$\text{x}\text{ə}\text{w}^{41}$
0296	号名词	效开一去号匣	$\text{ə}\text{w}^{223}$	$\text{ə}\text{w}^{223}$
0297	包	效开二平肴帮	$\text{p}\text{ɑɔ}^{24}$	$\text{p}\text{ɑɔ}^{24}$
0298	饱	效开二上巧帮	$\text{p}\text{ɑɔ}^{41}$	$\text{p}\text{ɑɔ}^{41}$
0299	炮	效开二去效滂	$\text{p}^{\text{h}}\text{ɑɔ}^{45}$	$\text{p}^{\text{h}}\text{ɑɔ}^{45}$
0300	猫	效开二平肴明	$\text{m}\text{ɑɔ}^{45}$ 调殊	$\text{m}\text{ɑɔ}^{45}$ 调殊
0301	闹	效开二去效泥	$\text{n}\text{ɑɔ}^{223}$	$\text{n}\text{ɑɔ}^{223}$
0302	罩	效开二去效知	$\text{ts}\text{ɑɔ}^{45}$	$\text{ts}\text{ɑɔ}^{45}$
0303	抓用手~牌	效开二平肴庄	tso^{24} 韵殊	tso^{24} 韵殊
0304	找~零钱	效开二上巧庄	$\text{ts}\text{ɑɔ}^{41}$	$\text{ts}\text{ɑɔ}^{41}$
0305	抄	效开二平肴初	$\text{ts}^{\text{h}}\text{ɑɔ}^{24}$	$\text{ts}^{\text{h}}\text{ɑɔ}^{24}$
0306	交	效开二平肴见	$\text{k}\text{ɑɔ}^{24}$	$\text{k}\text{ɑɔ}^{24}$
0307	敲	效开二平肴溪	$\text{k}^{\text{h}}\text{ɑɔ}^{24}$	$\text{k}^{\text{h}}\text{ɑɔ}^{24}$
0308	孝	效开二去效晓	$\text{x}\text{ɑɔ}^{45}$	$\text{x}\text{ɑɔ}^{45}$
0309	校学~	效开二去效匣	ɑɔ^{223}	ɑɔ^{223}
0310	表手~	效开三上小帮	$\text{p}\text{i}\text{ɑɔ}^{41}$	$\text{p}\text{i}\text{ɑɔ}^{41}$
0311	票	效开三去笑滂	$\text{p}^{\text{h}}\text{i}\text{ɑɔ}^{45}$	$\text{p}^{\text{h}}\text{i}\text{ɑɔ}^{45}$
0312	庙	效开三去笑明	$\text{m}\text{i}\text{ɑɔ}^{223}$	$\text{m}\text{i}\text{ɑɔ}^{223}$
0313	焦	效开三平宵精	$\text{tɕ}\text{i}\text{ɑɔ}^{24}$	$\text{tɕ}\text{i}\text{ɑɔ}^{24}$
0314	小	效开三上小心	$\text{ɕ}\text{i}\text{ɑɔ}^{41}$	$\text{ɕ}\text{i}\text{ɑɔ}^{41}$
0315	笑	效开三去笑心	$\text{tɕ}^{\text{h}}\text{i}\text{ɑɔ}^{45}$	$\text{tɕ}^{\text{h}}\text{i}\text{ɑɔ}^{45}$
0316	朝~代	效开三平宵澄	$\text{dz}\text{i}\text{ɑɔ}^{312}$	$\text{dz}\text{i}\text{ɑɔ}^{312}$
0317	照	效开三去笑章	$\text{tɕ}\text{i}\text{ɑɔ}^{45}$	$\text{tɕ}\text{i}\text{ɑɔ}^{45}$
0318	烧	效开三平宵书	$\text{ɕ}\text{i}\text{ɑɔ}^{24}$	$\text{ɕ}\text{i}\text{ɑɔ}^{24}$

续表

编 号	单 字	音韵地位	老男音	青男音
0319	绕~线	效开三去笑日	ȵiɑɔ^{223}	ȵiɑɔ^{223}
0320	桥	效开三平宵群	dʑiɑɔ^{312}	dʑiɑɔ^{312}
0321	轿	效开三去笑群	dʑiɑɔ^{223}	dʑiɑɔ^{223}
0322	腰	效开三平宵影	iɑɔ^{24}	iɑɔ^{24}
0323	要重~	效开三去笑影	iɑɔ^{45}	iɑɔ^{45}
0324	摇	效开三平宵以	iɑɔ^{312}	iɑɔ^{312}
0325	鸟	效开四上筱端	tiɑɔ^{45}音殊	tiɑɔ^{45}音殊
0326	钓	效开四去啸端	tiɑɔ^{45}	tiɑɔ^{45}
0327	条	效开四平萧定	diɑɔ^{312}	diɑɔ^{312}
0328	料	效开四去啸来	liɑɔ^{223}	liɑɔ^{223}
0329	箫	效开四平萧心	ɕiɑɔ^{24}	ɕiɑɔ^{24}
0330	叫	效开四去啸见	iɑɔ^{45}声殊	iɑɔ^{45}声殊
0331	母丈~,舅~	流开一上厚明	m^{41}	m^{41}
0332	抖	流开一上厚端	təɯ^{41}	təɯ^{41}
0333	偷	流开一平侯透	$\text{t}^{\text{h}}\text{əɯ}^{24}$	$\text{t}^{\text{h}}\text{əɯ}^{24}$
0334	头	流开一平侯定	dəɯ^{312}	dəɯ^{312}
0335	豆	流开一去候定	dəɯ^{223}	dəɯ^{223}
0336	楼	流开一平侯来	ləɯ^{312}	ləɯ^{312}
0337	走	流开一上厚精	tsəɯ^{41}	tsəɯ^{41}
0338	凑	流开一去候清	$\text{ts}^{\text{h}}\text{əɯ}^{45}$	$\text{ts}^{\text{h}}\text{əɯ}^{45}$
0339	钩	流开一平侯见	kəɯ^{24}	kəɯ^{24}
0340	狗	流开一上厚见	kəɯ^{41}	kəɯ^{41}
0341	够	流开一去候见	kəɯ^{45}	kəɯ^{45}

续表

编　号	单　字	音韵地位	老男音	青男音
0342	口	流开一上厚溪	k^həɯ^{41}人～ k^hu^{41}～嘴	k^həɯ^{41}人～ k^hu^{41}～嘴
0343	藕	流开一上厚疑	ŋəɯ^{41}	ŋəɯ^{41}
0344	后前～	流开一上厚匣	u^{41}韵殊	u^{41}韵殊
0345	厚	流开一上厚匣	gəɯ^{231}	gəɯ^{223}
0346	富	流开三去宥非	fu^{45}	fu^{45}
0347	副	流开三去宥敷	fu^{45}	fu^{45}
0348	浮	流开三平尤奉	vu^{312}	vu^{312}
0349	妇	流开三上有奉	vu^{231}	vu^{223}
0350	流	流开三平尤来	liəɯ^{312}	liəɯ^{312}
0351	酒	流开三上有精	tɕiəɯ^{41}	tɕiəɯ^{41}
0352	修	流开三平尤心	ɕiəɯ^{24}	ɕiəɯ^{24}
0353	袖	流开三去宥邪	ʑiəɯ^{231}	ʑiəɯ^{223}
0354	抽	流开三平尤彻	tɕ^{h}iəɯ^{24}	tɕ^{h}iəɯ^{24}
0355	绸	流开三平尤澄	dʑiəɯ^{312}	dʑiəɯ^{312}
0356	愁	流开三平尤崇	zəɯ^{312}	zəɯ^{312}
0357	瘦	流开三去宥生	səɯ^{45}	səɯ^{45}
0358	州	流开三平尤章	tɕiəɯ^{24}	tɕiəɯ^{24}
0359	臭香～	流开三去宥昌	tɕ^{h}iəɯ^{45}	tɕ^{h}iəɯ^{45}
0360	手	流开三上有书	ɕiəɯ^{41}	ɕiəɯ^{41}
0361	寿	流开三去宥禅	ʑiəɯ^{223}	ʑiəɯ^{223}
0362	九	流开三上有见	tɕiəɯ^{41}	tɕiəɯ^{41}
0363	球	流开三平尤群	dʑiəɯ^{312}	dʑiəɯ^{312}
0364	舅	流开三上有群	dʑiəɯ^{231}	dʑiəɯ^{223}

编 号	单 字	音韵地位	老男音	青男音
0365	旧	流开三去宥群	dʑiəɯ²²³	dʑiəɯ²²³
0366	牛	流开三平尤疑	ȵiəɯ³¹²	ȵiəɯ³¹²
0367	休	流开三平尤晓	ɕiəɯ²⁴	ɕiəɯ²⁴
0368	优	流开三平尤影	iəɯ²⁴	iəɯ²⁴
0369	有	流开三上有云	iəɯ⁴¹	iəɯ⁴¹
0370	右	流开三去宥云	iəɯ²²³	iəɯ²²³
0371	油	流开三平尤以	iəɯ³¹²	iəɯ³¹²
0372	丢	流开三平幽端	（无）	（无）
0373	幼	流开三去幼影	iəɯ⁴⁵	iəɯ⁴⁵
0374	贪	咸开一平覃透	tʰuɛ²⁴	tʰuɛ²⁴
0375	潭	咸开一平覃定	duɛ³¹²	duɛ³¹²
0376	南	咸开一平覃泥	nuɛ³¹²	nuɛ³¹²
0377	蚕	咸开一平覃从	zuɛ³¹²	zuɛ³¹²
0378	感	咸开一上感见	kɛ⁴¹	kɛ⁴¹
0379	含～一口水	咸开一平覃匣	gã³¹²	gã³¹²
0380	暗	咸开一去勘影	ɛ⁴⁵	ɛ⁴⁵
0381	搭	咸开一入合端	tɔʔ⁵	tɔʔ⁵
0382	踏	咸开一入合透	dɔʔ²³声殊	dɔʔ²³声殊
0383	拉	咸开一入合来	lɔ²⁴声殊	lɔ²⁴声殊
0384	杂	咸开一入合从	zɛʔ²³	zɛʔ²³
0385	鸽	咸开一入合见	kɛʔ⁵	kɛʔ⁵
0386	盒	咸开一入合匣	ɛʔ²³	ɛʔ²³
0387	胆	咸开一上敢端	tã⁴¹	tã⁴¹
0388	毯	咸开一上敢透	tʰã⁴¹	tʰã⁴¹

续表

编　号	单　字	音韵地位	老男音	青男音
0389	淡	咸开一上敢定	$d\tilde{a}^{231}$	$d\tilde{a}^{223}$
0390	蓝	咸开一平谈来	$l\tilde{a}^{312}$	$l\tilde{a}^{312}$
0391	三	咸开一平谈心	$s\tilde{a}^{24}$	$s\tilde{a}^{24}$
0392	甘	咸开一平谈见	$k\varepsilon^{24}$	$k\varepsilon^{24}$
0393	敢	咸开一上敢见	$k\varepsilon^{41}$	$k\varepsilon^{41}$
0394	喊	咸开一上敢晓	$x\tilde{a}^{45}$ 调殊	$x\tilde{a}^{45}$ 调殊
0395	塔	咸开一入盍透	$t^h ɔʔ^5$	$t^h ɔʔ^5$
0396	蜡	咸开一入盍来	$lɔʔ^{23}$	$lɔʔ^{23}$
0397	赚	咸开二去陷澄	$dz\tilde{a}^{231}$ 调殊	$dz\tilde{a}^{223}$ 调殊
0398	杉~木	咸开二平咸生	$s\tilde{a}^{24}$	$s\tilde{a}^{24}$
0399	减	咸开二上豏见	$k\tilde{a}^{41}$	$k\tilde{a}^{41}$
0400	咸~淡	咸开二平咸匣	$\tilde{a}^{312}$	$\tilde{a}^{312}$
0401	插	咸开二入洽初	$ts^h ɔʔ^5$	$ts^h ɔʔ^5$
0402	闸	咸开二入洽崇	$zɔʔ^{23}$	$zɔʔ^{23}$
0403	夹~子	咸开二入洽见	$kɔʔ^5$	$kɔʔ^5$
0404	衫	咸开二平衔生	$s\tilde{a}^{24}$	$s\tilde{a}^{24}$
0405	监	咸开二平衔见	$k\tilde{a}^{24}$	$k\tilde{a}^{24}$
0406	岩	咸开二平衔疑	$\eta\tilde{a}^{312}$	$\eta\tilde{a}^{312}$
0407	甲	咸开二入狎见	$kɔʔ^5$	$kɔʔ^5$
0408	鸭	咸开二入狎影	$ɔʔ^5$	$ɔʔ^5$
0409	黏~液	咸开三平盐泥	$ȵiɛ^{45}$ 调殊	$ȵiɛ^{45}$ 调殊
0410	尖	咸开三平盐精	$tɕiɛ^{24}$	$tɕiɛ^{24}$
0411	签~名	咸开三平盐清	$tɕ^h iɛ^{24}$	$tɕ^h iɛ^{24}$
0412	占~领	咸开三去艳章	$tɕiɛ^{45}$	$tɕiɛ^{45}$

续表

编　号	单　字	音韵地位	老男音	青男音
0413	染	咸开三上琰日	$\eta_{\!j}i\varepsilon^{41}$	$\eta_{\!j}i\varepsilon^{41}$
0414	钳	咸开三平盐群	$dʑi\varepsilon^{312}$	$dʑi\varepsilon^{312}$
0415	验	咸开三去艳疑	$\eta_{\!j}i\varepsilon^{223}$	$\eta_{\!j}i\varepsilon^{223}$
0416	险	咸开三上琰晓	$ɕi\varepsilon^{41}$	$ɕi\varepsilon^{41}$
0417	厌	咸开三去艳影	$i\varepsilon^{45}$	$i\varepsilon^{45}$
0418	炎	咸开三平盐云	$i\varepsilon^{312}$	$i\varepsilon^{312}$
0419	盐	咸开三平盐以	$i\varepsilon^{312}$	$i\varepsilon^{312}$
0420	接	咸开三入叶精	$tɕi\varepsilon ʔ^{5}$	$tɕi\varepsilon ʔ^{5}$
0421	折~叠	山开三入叶章	$tɕi\varepsilon ʔ^{5}$	$tɕi\varepsilon ʔ^{5}$
0422	叶树~	咸开三入叶以	$i\varepsilon ʔ^{23}$	$i\varepsilon ʔ^{23}$
0423	剑	咸开三去酽见	$tɕi\varepsilon^{45}$	$tɕi\varepsilon^{45}$
0424	欠	咸开三去酽溪	$tɕ^{h}i\varepsilon^{45}$	$tɕ^{h}i\varepsilon^{45}$
0425	严	咸开三平严疑	$\eta_{\!j}i\varepsilon^{312}$	$\eta_{\!j}i\varepsilon^{312}$
0426	业	咸开三入业疑	$\eta_{\!j}i\varepsilon ʔ^{23}$	$\eta_{\!j}i\varepsilon ʔ^{23}$
0427	点	咸开四上忝端	$ti\varepsilon^{41}$	$ti\varepsilon^{41}$
0428	店	咸开四去㮇端	$ti\varepsilon^{45}$	$ti\varepsilon^{45}$
0429	添	咸开四平添透	$t^{h}i\varepsilon^{24}$	$t^{h}i\varepsilon^{24}$
0430	甜	咸开四平添定	$di\varepsilon^{312}$	$di\varepsilon^{312}$
0431	念	咸开四去㮇泥	$\eta_{\!j}i\varepsilon^{223}$	$\eta_{\!j}i\varepsilon^{223}$
0432	嫌	咸开四平添匣	$\tilde{a}^{312}$	$\tilde{a}^{312}$
0433	跌	咸开四入帖端	$ti\varepsilon ʔ^{5}$	$ti\varepsilon ʔ^{5}$
0434	贴	咸开四入帖透	$t^{h}i\varepsilon ʔ^{5}$	$t^{h}i\varepsilon ʔ^{5}$
0435	碟	咸开四入帖定	$di\varepsilon ʔ^{23}$	$di\varepsilon ʔ^{23}$
0436	协	咸开四入帖匣	$iɔʔ^{23}$	$iɔʔ^{23}$

续表

编　号	单　字	音韵地位	老男音	青男音
0437	犯	咸合三上范奉	$v\tilde{a}^{231}$	$v\tilde{a}^{223}$
0438	法	咸合三入乏非	$fɔʔ^{5}$	$fɔʔ^{5}$
0439	品	深开三上寝滂	$p^{h}iŋ^{41}$	$p^{h}iŋ^{41}$
0440	林	深开三平侵来	$liŋ^{312}$	$liŋ^{312}$
0441	浸	深开三去沁精	$tsəŋ^{45}$	$tsəŋ^{45}$
0442	心	深开三平侵心	$səŋ^{24}$	$səŋ^{24}$
0443	寻	深开三平侵邪	$zəŋ^{312}$	$zəŋ^{312}$
0444	沉	深开三平侵澄	$dzəŋ^{312}$	$dzəŋ^{312}$
0445	参人~	咸开一平侵生	$səŋ^{24}$	$səŋ^{24}$
0446	针	深开三平侵章	$tsəŋ^{24}$	$tsəŋ^{24}$
0447	深	深开三平侵书	$ts^{h}əŋ^{24}$	$ts^{h}əŋ^{24}$
0448	任责~	深开三去沁日	$ȵiŋ^{223}$	$ȵiŋ^{223}$
0449	金	深开三平侵见	$tɕiŋ^{24}$	$tɕiŋ^{24}$
0450	琴	深开三平侵群	$dʑiŋ^{312}$	$dʑiŋ^{312}$
0451	音	深开三平侵影	$iŋ^{24}$	$iŋ^{24}$
0452	立	深开三入缉来	$liʔ^{23}$	$liʔ^{23}$
0453	集	深开三入缉从	$dʑiʔ^{23}$	$dʑiʔ^{23}$
0454	习	深开三入缉邪	$ʑyeiʔ^{23}$	$ʑyeiʔ^{23}$
0455	汁	深开三入缉章	$tseiʔ^{5}$	$tseiʔ^{5}$
0456	十	深开三入缉禅	$ʑyeiʔ^{23}$	$ʑyeiʔ^{23}$
0457	入	深开三入缉日	$ȵiʔ^{23}$	$ȵiʔ^{23}$
0458	急	深开三入缉见	$tɕiʔ^{5}$	$tɕiʔ^{5}$
0459	及	深开三入缉群	$dʑiʔ^{23}$	$dʑiʔ^{23}$
0460	吸	深开三入缉晓	$ɕiʔ^{5}$	$ɕiʔ^{5}$

续表

编 号	单 字	音韵地位	老男音	青男音
0461	单_{简~}	山开一平寒端	ta̰²⁴	ta̰²⁴
0462	炭	山开一去翰透	tʰa̰⁴⁵	tʰa̰⁴⁵
0463	弹_{~琴}	山开一平寒定	da̰³¹²	da̰³¹²
0464	难_{~易}	山开一平寒泥	na̰³¹²	na̰³¹²
0465	兰	山开一平寒来	la̰³¹²	la̰³¹²
0466	懒	山开一上旱来	la̰⁴¹	la̰⁴¹
0467	烂	山开一去翰来	la̰²²³	la̰²²³
0468	伞	山开一上旱心	sa̰⁴¹	sa̰⁴¹
0469	肝	山开一平寒见	kuɛ²⁴	kuɛ²⁴
0470	看_{~见}	山开一去翰溪	（无）	（无）
0471	岸	山开一去翰疑	uɛ²²³	uɛ²²³
0472	汉	山开一去翰晓	xuɛ⁴⁵	xuɛ⁴⁵
0473	汗	山开一去翰匣	uɛ²²³	uɛ²²³
0474	安	山开一平寒影	uɛ²⁴	uɛ²⁴
0475	达	山开一入曷定	dɔʔ²³	dɔʔ²³
0476	辣	山开一入曷来	lɔʔ²³	lɔʔ²³
0477	擦	山开一入曷清	tsʰɔʔ⁵	tsʰɔʔ⁵
0478	割	山开一入曷见	kuɛʔ⁵	kuɛʔ⁵
0479	渴	山开一入曷溪	kʰuɛʔ⁵	kʰuɛʔ⁵
0480	扮	山开二去裥帮	pa̰⁴⁵	pa̰⁴⁵
0481	办	山开二去裥并	ba̰²²³	ba̰²²³
0482	铲	山开二上产初	tsʰa̰⁴¹	tsʰa̰⁴¹
0483	山	山开二平山生	sa̰²⁴	sa̰²⁴
0484	产_{~妇}	山开二上产生	tsʰa̰⁴¹	tsʰa̰⁴¹

续表

编　号	单　字	音韵地位	老男音	青男音
0485	间 房~,一~房	山开二平山见	ka^{24}	ka^{24}
0486	眼	山开二上产疑	$\eta\varepsilon^{41}$ ~睛 $\eta\tilde{a}^{41}$ 一~	$\eta\varepsilon^{41}$ ~睛 $\eta\tilde{a}^{41}$ 一~
0487	限	山开二上产匣	$\tilde{a}^{41}$ 调殊	$\tilde{a}^{41}$ 调殊
0488	八	山开二入黠帮	$pɔʔ^5$	$pɔʔ^5$
0489	扎	山开二入黠庄	$tsɔʔ^5$	$tsɔʔ^5$
0490	杀	山开二入黠生	$sɔʔ^5$	$sɔʔ^5$
0491	班	山开二平删帮	$p\tilde{a}^{24}$	$p\tilde{a}^{24}$
0492	板	山开二上潸帮	$p\tilde{a}^{41}$	$p\tilde{a}^{41}$
0493	慢	山开二去谏明	$m\tilde{a}^{223}$	$m\tilde{a}^{223}$
0494	奸	山开二平删见	$k\tilde{a}^{24}$	$k\tilde{a}^{24}$
0495	颜	山开二平删疑	$\eta\tilde{a}^{312}$	$\eta\tilde{a}^{312}$
0496	瞎	山开二入辖晓	$xɔʔ^5$	$xɔʔ^5$
0497	变	山开三去线帮	$piɛ^{45}$	$piɛ^{45}$
0498	骗 欺~	山开三去线滂	$p^hiɛ^{45}$	$p^hiɛ^{45}$
0499	便 方~	山开三去线并	$biɛ^{223}$	$biɛ^{223}$
0500	棉	山开三平仙明	$miɛ^{312}$	$miɛ^{312}$
0501	面 ~孔	山开三去线明	$miɛ^{223}$	$miɛ^{223}$
0502	连	山开三平仙来	$liɛ^{312}$	$liɛ^{312}$
0503	剪	山开三上狝精	$tɕiɛ^{41}$	$tɕiɛ^{41}$
0504	浅	山开三上狝清	$tɕ^hiɛ^{41}$	$tɕ^hiɛ^{41}$
0505	钱	山开三平仙从	$dʑiɛ^{312}$	$diɛ^{312}$
0506	鲜	山开三平仙心	$ɕiɛ^{24}$	$ɕiɛ^{24}$
0507	线	山开三去线心	$ɕiɛ^{45}$	$ɕiɛ^{45}$

续表

编 号	单 字	音韵地位	老男音	青男音
0508	缠	山开三平仙澄	dʑiɛ³¹²	dʑiɛ³¹²
0509	战	山开三去线章	tɕiɛ⁴⁵	tɕiɛ⁴⁵
0510	扇名词	山开三去线书	ɕiɛ⁴⁵	ɕiɛ⁴⁵
0511	善	山开三上狝禅	ziɛ²³¹	ziɛ²²³
0512	件	山开三上狝群	dʑiɛ²³¹	dʑiɛ²²³
0513	延	山开三平仙以	iɛ³¹²	iɛ³¹²
0514	别~人	山开三入薛帮	biɛʔ²³	biɛʔ²³
0515	灭	山开三入薛明	miɛʔ²³	miɛʔ²³
0516	列	山开三入薛来	liɛʔ²³	liɛʔ²³
0517	撤	山开三入薛彻	tɕʰiɛʔ⁵	tɕʰiɛʔ⁵
0518	舌	山开三入薛船	dʑiɛʔ²³	dʑiɛʔ²³
0519	设	山开三入薛书	ɕiɛʔ⁵	ɕiɛʔ⁵
0520	热	山开三入薛日	ȵiɛʔ²³	ȵiɛʔ²³
0521	杰	山开三入薛群	dʑiɛʔ²³	dʑiɛʔ²³
0522	孽	山开三入薛疑	ȵiɛʔ²³	ȵiɛʔ²³
0523	建	山开三去愿见	tɕiɛ⁴⁵	tɕiɛ⁴⁵
0524	健	山开三去愿群	gɛ²²³白 dʑiɛ²²³文	gɛ²²³白 dʑiɛ²²³文
0525	言	山开三平元疑	ȵiɛ³¹²	ȵiɛ³¹²
0526	歇	山开三入月晓	ɕiɛʔ⁵	ɕiɛʔ⁵
0527	扁	山开四上铣帮	piɛ⁴¹	piɛ⁴¹
0528	片	山开四去霰滂	pʰiɛ⁴⁵	pʰiɛ⁴⁵
0529	面~条	山开四去霰明	miɛ²²³	miɛ²²³
0530	典	山开四上铣端	tiɛ⁴¹	tiɛ⁴¹

续表

编　号	单　字	音韵地位	老男音	青男音
0531	天	山开四平先透	$t^hiɛ^{24}$	$t^hiɛ^{24}$
0532	田	山开四平先定	$diɛ^{312}$	$diɛ^{312}$
0533	垫	山开四去霰定	$diɛ^{223}$	$diɛ^{223}$
0534	年	山开四平先泥	$ȵiɛ^{312}$	$ȵiɛ^{312}$
0535	莲	山开四平先来	$liɛ^{312}$	$liɛ^{312}$
0536	前	山开四平先从	$ziɛ^{312}$	$ziɛ^{312}$
0537	先	山开四平先心	$ɕiɛ^{24}$	$ɕiɛ^{24}$
0538	肩	山开四平先见	$tɕiɛ^{24}$	$tɕiɛ^{24}$
0539	见	山开四去霰见	$tɕiɛ^{45}$	$tɕiɛ^{45}$
0540	牵	山开四平先溪	$tɕ^hiɛ^{24}$	$tɕ^hiɛ^{24}$
0541	显	山开四上铣晓	$ɕiɛ^{41}$	$ɕiɛ^{41}$
0542	现	山开四去霰匣	$iɛ^{223}$	$iɛ^{223}$
0543	烟	山开四平先影	$iɛ^{24}$	$iɛ^{24}$
0544	憋	山开四入屑帮	$piɛʔ^5$	（无）
0545	篾	山开四入屑明	$miɛʔ^{23}$	$miɛʔ^{23}$
0546	铁	山开四入屑透	$t^hiɛʔ^5$	$t^hiɛʔ^5$
0547	捏	山开四入屑泥	$ȵiɔʔ^{23}$	$ȵiɔʔ^{23}$
0548	节	山开四入屑精	$tɕiɛʔ^5$	$tɕiɛʔ^5$
0549	切动词	山开四入屑清	$tɕ^hiɔʔ^5$	$tɕ^hiɔʔ^5$
0550	截	山开四入屑从	$dʑiɛʔ^{23}$	$dʑiɛʔ^{23}$
0551	结	山开四入屑见	$tɕiɛʔ^5$	$tɕiɛʔ^5$
0552	搬	山合一平桓帮	$pɛ^{24}$	$pɛ^{24}$
0553	半	山合一去换帮	$pɛ^{45}$	$pɛ^{45}$
0554	判	山合一去换滂	$p^hɛ^{45}$	$p^hɛ^{45}$

续表

编　号	单　字	音韵地位	老男音	青男音
0555	盘	山合一平桓並	bɛ³¹²	bɛ³¹²
0556	满	山合一上缓明	mɛ⁴¹	mɛ⁴¹
0557	端~午	山合一平桓端	tuɛ²⁴	tuɛ²⁴
0558	短	山合一上缓端	tuɛ⁴¹	tuɛ⁴¹
0559	断绳~了	山合一上缓定	dəŋ²³¹	dəŋ²²³
0560	暖	山合一上缓泥	nəŋ⁴¹	nəŋ⁴¹
0561	乱	山合一去换来	luɛ²²³	luɛ²²³
0562	酸	山合一平桓心	suɛ²⁴	suɛ²⁴
0563	算	山合一去换心	suɛ⁴⁵	suɛ⁴⁵
0564	官	山合一平桓见	kuã²⁴	kuã²⁴
0565	宽	山合一平桓溪	kʰuã²⁴	kʰuã²⁴
0566	欢	山合一平桓晓	xuã²⁴	xuã²⁴
0567	完	山合一平桓匣	yɛ³¹²	yɛ³¹²
0568	换	山合一去换匣	uã²²³	uã²²³
0569	碗	山合一上缓影	uã⁴¹	uã⁴¹
0570	拨	山合一入末帮	pɛʔ⁵	pɛʔ⁵
0571	泼	山合一入末滂	pʰɛʔ⁵	pʰɛʔ⁵
0572	末	山合一入末明	mɛʔ²³	mɛʔ²³
0573	脱	山合一入末透	tʰeiʔ⁵	tʰeiʔ⁵
0574	夺	山合一入末定	deiʔ²³	deiʔ²³
0575	阔	山合一入末溪	kʰuaʔ⁵	kʰuaʔ⁵
0576	活	山合一入末匣	uaʔ²³	uaʔ²³
0577	顽~皮,~固	山合二平山疑	uã³¹²	uã³¹²
0578	滑	山合二入黠匣	uaʔ²³	uaʔ²³

续表

编 号	单 字	音韵地位	老男音	青男音
0579	挖	山合二入黠影	$ua\mathrm{?}^5$	$ua\mathrm{?}^5$
0580	闩	山合二平删生	（无）	（无）
0581	关~门	山合二平删见	$k\mathrm{ə}\eta^{24}$	$k\mathrm{ə}\eta^{24}$
0582	惯	山合二去谏见	$ku\tilde{a}^{45}$	$ku\tilde{a}^{45}$
0583	还动词	山合二平删匣	$u\tilde{a}^{312}$	$u\tilde{a}^{312}$
0584	还副词	山合二平删匣	a^{312}	a^{312}
0585	弯	山合二平删影	$u\tilde{a}^{24}$	$u\tilde{a}^{24}$
0586	刷	山合二入辖生	$\varphi y\varepsilon\mathrm{?}^5$	$\varphi y\varepsilon\mathrm{?}^5$
0587	刮	山合二入辖见	$kua\mathrm{?}^5$	$kua\mathrm{?}^5$
0588	全	山合三平仙从	$z\!\!\!\!\text{ʑ}y\varepsilon^{312}$	$z\!\!\!\!\text{ʑ}y\varepsilon^{312}$
0589	选	山合三上狝心	$\varphi y\varepsilon^{41}$	$\varphi y\varepsilon^{41}$
0590	转~眼，~送	山合三上狝知	$t\varphi y\varepsilon^{41}$	$t\varphi y\varepsilon^{41}$
0591	传~下来	山合三平仙澄	$dz\!\!\!\!\text{ʑ}y\varepsilon^{312}$	$dz\!\!\!\!\text{ʑ}y\varepsilon^{312}$
0592	传~记	山合三去线澄	$dz\!\!\!\!\text{ʑ}y\varepsilon^{223}$	$dz\!\!\!\!\text{ʑ}y\varepsilon^{223}$
0593	砖	山合三平仙章	$t\varphi y\varepsilon^{24}$	$t\varphi y\varepsilon^{24}$
0594	船	山合三平仙船	$z\!\!\!\!\text{ʑ}y\varepsilon^{312}$	$z\!\!\!\!\text{ʑ}y\varepsilon^{312}$
0595	软	山合三上狝日	$\eta\!\!\!\text{ȵ}y\varepsilon^{41}$	$\eta\!\!\!\text{ȵ}y\varepsilon^{41}$
0596	卷~起	山合三上狝见	$t\varphi y\varepsilon^{41}$	$t\varphi y\varepsilon^{41}$
0597	圈圆~	山合三平仙溪	$t\varphi^{h}y\varepsilon^{24}$	$t\varphi^{h}y\varepsilon^{24}$
0598	权	山合三平仙群	$dz\!\!\!\!\text{ʑ}y\varepsilon^{312}$	$dz\!\!\!\!\text{ʑ}y\varepsilon^{312}$
0599	圆	山合三平仙云	$y\varepsilon^{312}$	$y\varepsilon^{312}$
0600	院	山合三去线云	$y\varepsilon^{223}$	$y\varepsilon^{223}$
0601	铅~笔	山合三平仙以	$k^{h}\tilde{a}^{24}$	$k^{h}\tilde{a}^{24}$

续表

编　号	单　字	音韵地位	老男音	青男音
0602	绝	山合三入薛从	ʑyɛʔ²³	ʑyɛʔ²³
0603	雪	山合三入薛心	ɕyɛʔ⁵	ɕyɛʔ⁵
0604	反	山合三上阮非	pã⁴¹白 fã⁴¹文	pã⁴¹白 fã⁴¹文
0605	翻	山合三平元敷	fã²⁴	fã²⁴
0606	饭	山合三去愿奉	vã²²³	vã²²³
0607	晚	山合三上阮微	mã⁴¹白 uã⁴¹文	mã⁴¹白 uã⁴¹文
0608	万麻将牌	山合三去愿微	mã²²³	mã²²³
0609	劝	山合三去愿溪	tɕʰyɛ⁴⁵	tɕʰyɛ⁴⁵
0610	原	山合三平元疑	ȵyɛ³¹²	ȵyɛ³¹²
0611	冤	山合三平元影	yɛ²⁴	yɛ²⁴
0612	园	山合三平元云	yɛ³¹²	yɛ³¹²
0613	远	山合三上阮云	yɛ⁴¹	yɛ⁴¹
0614	发头~	山合三入月非	fɔʔ⁵	fɔʔ⁵
0615	罚	山合三入月奉	vɔʔ²³	vɔʔ²³
0616	袜	山合三入月微	mɔʔ²³	mɔʔ²³
0617	月	山合三入月疑	ȵyɛʔ²³	ȵyɛʔ²³
0618	越	山合三入月云	iɔʔ²³	iɔʔ²³
0619	县	山合四去霰匣	yɛ²²³	yɛ²²³
0620	决	山合四入屑见	tɕyɛʔ⁵	tɕyɛʔ⁵
0621	缺	山合四入屑溪	tɕʰyɛʔ⁵	tɕʰyɛʔ⁵
0622	血	山合四入屑晓	ɕyɛʔ⁵	ɕyɛʔ⁵
0623	吞	臻开一平痕透	tʰuɛ²⁴	tʰuɛ²⁴
0624	根	臻开一平痕见	kɛ²⁴	kɛ²⁴

续表

编 号	单 字	音韵地位	老男音	青男音
0625	恨	臻开一去恨匣	ɛ²²³	ɛ²²³
0626	恩	臻开一平痕影	ɛ²⁴	ɛ²⁴
0627	贫	臻开三平真並	biŋ³¹²	biŋ³¹²
0628	民	臻开三平真明	miŋ³¹²	miŋ³¹²
0629	邻	臻开三平真来	liŋ³¹²	liŋ³¹²
0630	进	臻开三去震精	tsəŋ⁴⁵	tsəŋ⁴⁵
0631	亲~人	臻开三平真清	tsʰəŋ²⁴	tsʰəŋ²⁴
0632	新	臻开三平真心	səŋ²⁴	səŋ²⁴
0633	镇	臻开三去震知	tsəŋ⁴⁵	tsəŋ⁴⁵
0634	陈	臻开三平真澄	dzəŋ³¹²	dzəŋ³¹²
0635	震	臻开三去震章	tsəŋ⁴⁵	tsəŋ⁴⁵
0636	神	臻开三平真船	zəŋ³¹²	zəŋ³¹²
0637	身	臻开三平真书	səŋ²⁴	səŋ²⁴
0638	辰	臻开三平真禅	zəŋ³¹²	zəŋ³¹²
0639	人	臻开三平真日	nɛ³¹²白 ȵiŋ³¹²文	nɛ³¹²白 ȵiŋ³¹²文
0640	认	臻开三去震日	ȵiŋ²²³	ȵiŋ²²³
0641	紧	臻开三上轸见	tɕiŋ⁴¹	tɕiŋ⁴¹
0642	银	臻开三平真疑	ȵiŋ³¹²	ȵiŋ³¹²
0643	印	臻开三去震影	iŋ⁴⁵	iŋ⁴⁵
0644	引	臻开三上轸以	iŋ⁴¹	iŋ⁴¹
0645	笔	臻开三入质帮	piʔ⁵	piʔ⁵
0646	匹	臻开三入质滂	pʰiʔ⁵	pʰiʔ⁵
0647	密	臻开三入质明	miʔ²³	miʔ²³

编　号	单　字	音韵地位	老男音	青男音
0648	栗	臻开三入质来	$li?^{23}$	$li?^{23}$
0649	七	臻开三入质清	$ts^hei?^5$	$ts^hei?^5$
0650	侄	臻开三入质澄	$dzei?^{23}$	$dzei?^{23}$
0651	虱	臻开三入质生	$sei?^5$	$sei?^5$
0652	实	臻开三入质船	$zei?^{23}$	$zei?^{23}$
0653	失	臻开三入质书	$sei?^5$	$sei?^5$
0654	日	臻开三入质日	$na?^{23}$～头 $ɲi?^{23}$～本	$na?^{23}$～头 $ɲi?^{23}$～本
0655	吉	臻开三入质见	$tɕi?^5$	$tɕi?^5$
0656	一	臻开三入质影	$i?^5$	$i?^5$
0657	筋	臻开三平殷见	$tɕiŋ^{24}$	$tɕiŋ^{24}$
0658	劲有～	臻开三去焮见	$tɕiŋ^{45}$	$tɕiŋ^{45}$
0659	勤	臻开三平殷群	$dʑiŋ^{312}$	$dʑiŋ^{312}$
0660	近	臻开三上隐群	$dʑiŋ^{231}$	$dʑiŋ^{223}$
0661	隐	臻开三上隐影	$iŋ^{41}$	$iŋ^{41}$
0662	本	臻合一上混帮	$pɛ^{41}$	$pɛ^{41}$
0663	盆	臻合一平魂并	$bɛ^{312}$	$bɛ^{312}$
0664	门	臻合一平魂明	$məŋ^{312}$	$məŋ^{312}$
0665	墩	臻合一平魂端	$tuɛ^{24}$白 $təŋ^{24}$文	$tuɛ^{24}$白 $təŋ^{24}$文
0666	嫩	臻合一去恩泥	$nuɛ^{223}$	$nuɛ^{223}$
0667	村	臻合一平魂清	$ts^huɛ^{24}$	$ts^huɛ^{24}$
0668	寸	臻合一去恩清	$ts^huɛ^{45}$	$ts^huɛ^{45}$
0669	蹲	臻合一平魂从	$təŋ^{24}$	$təŋ^{24}$
0670	孙～子	臻合一平魂心	$suɛ^{24}$	$suɛ^{24}$

续表

编 号	单 字	音韵地位	老男音	青男音
0671	滚	臻合一上混见	kuəŋ⁴¹	kuəŋ⁴¹
0672	困	臻合一去恩溪	kʰuəŋ⁴⁵	kʰuəŋ⁴⁵
0673	婚	臻合一平魂晓	xuɛ²⁴	xuɛ²⁴
0674	魂	臻合一平魂匣	uɛ³¹²	uɛ³¹²
0675	温	臻合一平魂影	uɛ²⁴	uɛ²⁴
0676	卒棋子	臻合一入没精	tseiʔ⁵	tseiʔ⁵
0677	骨	臻合一入没见	kuɛʔ⁵	kuɛʔ⁵
0678	轮	臻合三平谆来	liŋ³¹²白 ləŋ³¹²文	liŋ³¹²白 ləŋ³¹²文
0679	俊	臻合三去稕精	tɕyŋ⁴⁵	tɕyŋ⁴⁵
0680	笋	臻合三上准心	ɕyŋ⁴¹	ɕyŋ⁴¹
0681	准	臻合三上准章	tɕyŋ⁴¹	tɕyŋ⁴¹
0682	春	臻合三平谆昌	tɕʰyŋ²⁴	tɕʰyŋ²⁴
0683	唇	臻合三平谆船	ʑyŋ³¹²	ʑyŋ³¹²
0684	顺	臻合三去稕船	ʑyŋ²²³	ʑyŋ²²³
0685	纯	臻合三平谆禅	ʑyŋ³¹²	ʑyŋ³¹²
0686	闰	臻合三去稕日	yŋ²²³	yŋ²²³
0687	均	臻合三平谆见	tɕyŋ²⁴	tɕyŋ²⁴
0688	匀	臻合三平谆以	yŋ³¹²	yŋ³¹²
0689	律	臻合三入术来	liʔ²³	liʔ²³白 lyʔ²³文
0690	出	臻合三入术昌	tɕʰyɛʔ⁵	tɕʰyɛʔ⁵
0691	橘	臻合三入术见	tɕyeiʔ⁵	tɕyeiʔ⁵
0692	分动词	臻合三平文非	fəŋ²⁴	fəŋ²⁴
0693	粉	臻合三上吻非	fəŋ⁴¹	fəŋ⁴¹

续表

编　号	单　字	音韵地位	老男音	青男音
0694	粪	臻合三去问非	pɛ⁴⁵	pɛ⁴⁵
0695	坟	臻合三平文奉	vəŋ³¹²	vəŋ³¹²
0696	蚊	臻合三平文微	məŋ³¹²	məŋ³¹²
0697	问	臻合三去问微	məŋ²²³	məŋ²²³
0698	军	臻合三平文见	tɕyŋ²⁴	tɕyŋ²⁴
0699	裙	臻合三平文群	dʑyŋ³¹²	dʑyŋ³¹²
0700	熏	臻合三平文晓	ɕyŋ²⁴	ɕyŋ²⁴
0701	云~彩	臻合三平文云	ioŋ³¹²白 yŋ³¹²文	ioŋ³¹²白 yŋ³¹²文
0702	运	臻合三去问云	yŋ²²³	yŋ²²³
0703	佛~像	臻合三入物奉	veiʔ²³	veiʔ²³
0704	物	臻合三入物微	mɛʔ²³	mɛʔ²³
0705	帮	宕开一平唐帮	mɔ̃²⁴白 pɔ̃²⁴文	pɔ̃²⁴
0706	忙	宕开一平唐明	mɔ̃³¹²	mɔ̃³¹²
0707	党	宕开一上荡端	tɔ̃⁴¹	tɔ̃⁴¹
0708	汤	宕开一平唐透	tʰɔ̃²⁴	tʰɔ̃²⁴
0709	糖	宕开一平唐定	dɔ̃³¹²	dɔ̃³¹²
0710	浪	宕开一去宕来	lɔ̃²²³	lɔ̃²²³
0711	仓	宕开一平唐清	tsʰɔ̃²⁴	tsʰɔ̃²⁴
0712	钢名词	宕开一平唐见	kɔ̃⁴⁵调殊	kɔ̃⁴⁵调殊
0713	糠	宕开一平唐溪	kʰɔ̃²⁴	kʰɔ̃²⁴
0714	薄形容词	宕开一入铎并	boʔ²³	boʔ²³
0715	摸	宕开一入铎明	moʔ⁵	moʔ⁵
0716	托	宕开一入铎透	tʰoʔ⁵	tʰoʔ⁵

续表

编　号	单　字	音韵地位	老男音	青男音
0717	落	宕开一入铎来	$lo\textipa{P}^{23}$	$lo\textipa{P}^{23}$
0718	作	宕开一入铎精	$tso\textipa{P}^{5}$	$tso\textipa{P}^{5}$
0719	索	宕开一入铎心	$so\textipa{P}^{5}$	$so\textipa{P}^{5}$
0720	各	宕开一入铎见	$ko\textipa{P}^{5}$	$ko\textipa{P}^{5}$
0721	鹤	宕开一入铎匣	$\eta o\textipa{P}^{23}$	$\eta o\textipa{P}^{23}$
0722	恶形容词,入声	宕开一入铎影	$o\textipa{P}^{5}$	$o\textipa{P}^{5}$
0723	娘	宕开三平阳泥	$\textipa{\textnrleg}i\tilde{a}^{312}$	$\textipa{\textnrleg}i\tilde{a}^{312}$
0724	两斤~	宕开三上养来	$li\tilde{a}^{41}$	$li\tilde{a}^{41}$
0725	亮	宕开三去漾来	$li\tilde{a}^{223}$	$li\tilde{a}^{223}$
0726	浆	宕开三平阳精	$\textctc i\tilde{a}^{24}$	$\textctc i\tilde{a}^{24}$
0727	抢	宕开三上养清	$\textctc^{h}i\tilde{a}^{41}$	$\textctc^{h}i\tilde{a}^{41}$
0728	匠	宕开三去漾从	$zi\tilde{a}^{223}$	$zi\tilde{a}^{223}$
0729	想	宕开三上养心	$\textctc i\tilde{a}^{41}$	$\textctc i\tilde{a}^{41}$
0730	像	宕开三上养邪	$zi\tilde{a}^{231}$	$zi\tilde{a}^{223}$
0731	张量词	宕开三平阳知	$ti\tilde{a}^{24}$	$ti\tilde{a}^{24}$
0732	长~短	宕开三平阳澄	$d\varepsilon^{312}$	$d\varepsilon^{312}$
0733	装	宕开三平阳庄	$ts\tilde{\textopeno}^{24}$	$ts\tilde{\textopeno}^{24}$
0734	壮	宕开三去漾庄	$\textctc i\tilde{\textopeno}^{45}$	$\textctc i\tilde{\textopeno}^{45}$
0735	疮	宕开三平阳初	$\textctc^{h}i\tilde{\textopeno}^{24}$	$\textctc^{h}i\tilde{\textopeno}^{24}$
0736	床	宕开三平阳崇	$zi\tilde{\textopeno}^{312}$	$zi\tilde{\textopeno}^{312}$
0737	霜	宕开三平阳生	$\textctc i\tilde{\textopeno}^{24}$	$\textctc i\tilde{\textopeno}^{24}$
0738	章	宕开三平阳章	$\textctc i\tilde{a}^{24}$	$\textctc i\tilde{a}^{24}$
0739	厂	宕开三上养昌	$\textctc^{h}i\tilde{a}^{41}$	$\textctc^{h}i\tilde{a}^{41}$
0740	唱	宕开三去漾昌	$\textctc^{h}i\tilde{a}^{45}$	$\textctc^{h}i\tilde{a}^{45}$

编　号	单　字	音韵地位	老男音	青男音
0741	伤	宕开三平阳书	$\textctip{\alpha}$... ɕia^{24}	ɕia^{24}
0742	尝	宕开三平阳禅	zia^{312}	zia^{312}
0743	上~去	宕开三上养禅	dzia^{223}	dzia^{223}
0744	让	宕开三去漾日	ȵia^{223}	ȵia^{223}
0745	姜生~	宕开三平阳见	tɕia^{24}	tɕia^{24}
0746	响	宕开三上养晓	ɕia^{41}	ɕia^{41}
0747	向	宕开三去漾晓	ɕia^{45}	ɕia^{45}
0748	秧	宕开三平阳影	ia^{24}	ia^{24}
0749	痒	宕开三上养以	ia^{41}	ia^{41}
0750	样	宕开三去漾以	ia^{223}	ia^{223}
0751	雀	宕开三入药精	tɕʰiɔʔ^{5}	tɕʰiɔʔ^{5}
0752	削	宕开三入药心	ɕiɔʔ^{5}	ɕiɔʔ^{5}
0753	着火~了	宕开三入药知	da^{223}	da^{223}
0754	勺	宕开三入药禅	ziɔʔ^{23}	ziɔʔ^{23}
0755	弱	宕开三入药日	ȵiɔʔ^{23}	ȵiɔʔ^{23}
0756	脚	宕开三入药见	tɕiɔʔ^{5}	tɕiɔʔ^{5}
0757	约	宕开三入药影	iɔʔ^{5}	iɔʔ^{5}
0758	药	宕开三入药以	iɔʔ^{23}	iɔʔ^{23}
0759	光~线	宕合一平唐见	kɔ̃^{24}	kɔ̃^{24}
0760	慌	宕合一平唐晓	xɔ̃^{24}	xɔ̃^{24}
0761	黄	宕合一平唐匣	ɔ̃^{312}	ɔ̃^{312}
0762	郭	宕合一入铎见	koʔ^{5}	koʔ^{5}
0763	霍	宕合一入铎晓	xoʔ^{5}	xoʔ^{5}
0764	方	宕合三平阳非	fɔ̃^{24}	fɔ̃^{24}

续表

编　号	单　字	音韵地位	老男音	青男音
0765	放	宕合三去漾非	$f\tilde{ɔ}^{45}$	$f\tilde{ɔ}^{45}$
0766	纺	宕合三上养敷	$f\tilde{ɔ}^{41}$	$f\tilde{ɔ}^{41}$
0767	房	宕合三平阳奉	$v\tilde{ɔ}^{312}$	$v\tilde{ɔ}^{312}$
0768	防	宕合三平阳奉	$v\tilde{ɔ}^{312}$	$v\tilde{ɔ}^{312}$
0769	网	宕合三上养微	$m\tilde{ɔ}^{41}$	$m\tilde{ɔ}^{41}$
0770	筐	宕合三平阳溪	$k^hu\tilde{a}^{24}$	$k^hu\tilde{a}^{24}$
0771	狂	宕合三平阳群	$g\tilde{ɔ}^{312}$	$g\tilde{ɔ}^{312}$
0772	王	宕合三平阳云	$i\tilde{ɔ}^{312}$	$i\tilde{ɔ}^{312}$
0773	旺	宕合三去漾云	$\tilde{ɔ}^{223}$	$\tilde{ɔ}^{223}$
0774	缚	宕合三入药奉	$boʔ^{23}$	$boʔ^{23}$
0775	绑	江开二上讲帮	$p\tilde{ɔ}^{41}$	$p\tilde{ɔ}^{41}$
0776	胖	江开二去绛滂	$p^h\tilde{ɔ}^{45}$	$p^h\tilde{ɔ}^{45}$
0777	棒	江开二上讲並	$b\tilde{ɔ}^{223}$	$b\tilde{ɔ}^{223}$
0778	桩	江开二平江知	$ti\tilde{ɔ}^{24}$	$ti\tilde{ɔ}^{24}$
0779	撞	江开二去绛澄	$dzi\tilde{ɔ}^{223}$	$dzi\tilde{ɔ}^{223}$
0780	窗	江开二平江初	$tɕ^hi\tilde{ɔ}^{24}$	$tɕ^hi\tilde{ɔ}^{24}$
0781	双	江开二平江生	$ɕi\tilde{ɔ}^{24}$	$ɕi\tilde{ɔ}^{24}$
0782	江	江开二平江见	$k\tilde{ɔ}^{24}$	$k\tilde{ɔ}^{24}$
0783	讲	江开二上讲见	$k\tilde{ɔ}^{41}$	$k\tilde{ɔ}^{41}$
0784	降投~	江开二平江匣	$\tilde{ɔ}^{312}$	$\tilde{ɔ}^{312}$
0785	项	江开二上讲匣	$\tilde{ɔ}^{41}$	$\tilde{ɔ}^{41}$
0786	剥	江开二入觉帮	$poʔ^{5}$	$poʔ^{5}$
0787	桌	江开二入觉知	$tioʔ^{5}$	$tioʔ^{5}$
0788	镯	江开二入觉崇	$dzioʔ^{23}$	$dzioʔ^{23}$

续表

编 号	单 字	音韵地位	老男音	青男音
0789	角	江开二入觉见	koʔ⁵	koʔ⁵
0790	壳	江开二入觉溪	kʰoʔ⁵	kʰoʔ⁵
0791	学	江开二入觉匣	oʔ²³	oʔ²³
0792	握	江开二入觉影	oʔ⁵	oʔ⁵
0793	朋	曾开一平登并	bɛ³¹²	bɛ³¹²
0794	灯	曾开一平登端	tɛ²⁴	tɛ²⁴
0795	等	曾开一上等端	tɛ⁴¹	tɛ⁴¹
0796	凳	曾开一去嶝端	tɛ⁴⁵	tɛ⁴⁵
0797	藤	曾开一平登定	dəŋ³¹²	dəŋ³¹²
0798	能	曾开一平登泥	nɛ³¹²	nɛ³¹²
0799	层	曾开一平登从	zɛ³¹²	zɛ³¹²
0800	僧	曾开一平登心	tsɛ²⁴声殊	tsɛ²⁴声殊
0801	肯	曾开一上等溪	kʰɛ⁴¹	kʰɛ⁴¹
0802	北	曾开一入德帮	paʔ⁵	paʔ⁵
0803	墨	曾开一入德明	maʔ²³	maʔ²³
0804	得	曾开一入德端	taʔ⁵	taʔ⁵
0805	特	曾开一入德定	daʔ²³	daʔ²³
0806	贼	曾开一入德从	zaʔ²³	zaʔ²³
0807	塞	曾开一入德心	tsʰeiʔ⁵	tsʰeiʔ⁵
0808	刻	曾开一入德溪	kʰaʔ⁵	kʰaʔ⁵
0809	黑	曾开一入德晓	xɛʔ⁵	xɛʔ⁵
0810	冰	曾开三平蒸帮	piŋ²⁴	piŋ²⁴
0811	证	曾开三去证章	tɕiŋ⁴⁵	tɕiŋ⁴⁵
0812	秤	曾开三去证昌	tɕʰiŋ⁴⁵	tɕʰiŋ⁴⁵

续表

编　号	单　字	音韵地位	老男音	青男音
0813	绳	曾开三平蒸船	dʑiŋ³¹²	dʑiŋ³¹²
0814	剩	曾开三去证船	ziŋ²²³	ziŋ²²³
0815	升	曾开三平蒸书	ɕiŋ²⁴	ɕiŋ²⁴
0816	兴高~	曾开三去证晓	ɕiŋ⁴⁵	ɕiŋ⁴⁵
0817	蝇	曾开三平蒸以	iŋ³¹²	iŋ³¹²
0818	逼	曾开三入职帮	piʔ⁵	piʔ⁵
0819	力	曾开三入职来	liʔ²³	liʔ²³
0820	息	曾开三入职心	ɕiʔ⁵	ɕiʔ⁵
0821	直	曾开三入职澄	dʑiʔ²³	dʑiʔ²³
0822	侧	曾开三入职庄	tsaʔ⁵ 白 tsʰaʔ⁵ 文	tsaʔ⁵ 白 tsʰaʔ⁵ 文
0823	测	曾开三入职初	tsʰaʔ⁵	tsʰaʔ⁵
0824	色	曾开三入职生	saʔ⁵	saʔ⁵
0825	织	曾开三入职章	tɕiʔ⁵	tɕiʔ⁵
0826	食	曾开三入职船	ziʔ²³	ziʔ²³
0827	式	曾开三入职书	ɕiʔ⁵	ɕiʔ⁵
0828	极	曾开三入职群	dʑiʔ²³	dʑiʔ²³
0829	国	曾合一入德见	kuaʔ⁵	kuaʔ⁵
0830	或	曾合一入德匣	uaʔ²³	uaʔ²³
0831	猛	梗开二上梗明	mɛ⁴¹ 白 məŋ⁴¹ 文	mɛ⁴¹ 白 məŋ⁴¹ 文
0832	打	梗开二上梗端	nɛ⁴¹	nɛ⁴¹
0833	冷	梗开二上梗来	lɛ⁴¹	lɛ⁴¹
0834	生	梗开二平庚生	sɛ²⁴	sɛ²⁴
0835	省~长	梗开二上梗生	sɛ⁴¹	sɛ⁴¹

编　号	单　字	音韵地位	老男音	青男音
0836	更三~,打~	梗开二平庚见	$k\varepsilon^{24}$	$k\varepsilon^{24}$
0837	梗	梗开二上梗见	$ku\varepsilon^{41}$白 $k\varepsilon^{41}$文	$ku\varepsilon^{41}$白 $k\varepsilon^{41}$文
0838	坑	梗开二平庚溪	$k^h\varepsilon^{24}$	$k^h\varepsilon^{24}$
0839	硬	梗开二去映疑	$\eta\varepsilon^{223}$	$\eta\varepsilon^{223}$
0840	行~为,~走	梗开二平庚匣	ε^{312}	ε^{312}
0841	百	梗开二入陌帮	$pa\text{ʔ}^5$	$pa\text{ʔ}^5$
0842	拍	梗开二入陌滂	$p^ha\text{ʔ}^5$	$p^ha\text{ʔ}^5$
0843	白	梗开二入陌並	$ba\text{ʔ}^{23}$	$ba\text{ʔ}^{23}$
0844	拆	梗开二入陌彻	$ts^ha\text{ʔ}^5$	$ts^ha\text{ʔ}^5$
0845	择	梗开二入陌澄	$do\text{ʔ}^{23}$白 $dza\text{ʔ}^{23}$文	$do\text{ʔ}^{23}$白 $dza\text{ʔ}^{23}$文
0846	窄	梗开二入陌庄	（无）	（无）
0847	格	梗开二入陌见	$ka\text{ʔ}^5$	$ka\text{ʔ}^5$
0848	客	梗开二入陌溪	$k^ha\text{ʔ}^5$	$k^ha\text{ʔ}^5$
0849	额	梗开二入陌疑	$\eta a\text{ʔ}^{23}$	$\eta a\text{ʔ}^{23}$
0850	棚	梗开二平耕並	$b\vartheta\eta^{312}$	$b\vartheta\eta^{312}$
0851	争	梗开二平耕庄	$ts\varepsilon^{24}$	$ts\varepsilon^{24}$
0852	耕	梗开二平耕见	$k\varepsilon^{24}$	$k\varepsilon^{24}$
0853	麦	梗开二入麦明	$ma\text{ʔ}^{23}$	$ma\text{ʔ}^{23}$
0854	摘	梗开二入麦知	$tsa\text{ʔ}^5$	$tsa\text{ʔ}^5$
0855	策	梗开二入麦初	$ts^ha\text{ʔ}^5$	$ts^ha\text{ʔ}^5$
0856	隔	梗开二入麦见	$ka\text{ʔ}^5$	$ka\text{ʔ}^5$
0857	兵	梗开三平庚帮	$pi\eta^{24}$	$pi\eta^{24}$
0858	柄	梗开三去映帮	$p\varepsilon^{45}$	$p\varepsilon^{45}$

续表

编　号	单　字	音韵地位	老男音	青男音
0859	平	梗开三平庚並	biŋ³¹²	biŋ³¹²
0860	病	梗开三去映並	biŋ²²³	biŋ²²³
0861	明	梗开三平庚明	miŋ³¹²	miŋ³¹²
0862	命	梗开三去映明	miŋ²²³	miŋ²²³
0863	镜	梗开三去映见	tɕiŋ⁴⁵	tɕiŋ⁴⁵
0864	庆	梗开三去映溪	tɕʰiŋ⁴⁵	tɕʰiŋ⁴⁵
0865	迎	梗开三平庚疑	ȵiŋ³¹²	ȵiŋ³¹²
0866	影	梗开三上梗影	iŋ⁴¹	iŋ⁴¹
0867	剧戏~	梗开三入陌群	dʑiʔ²³	dʑiʔ²³
0868	饼	梗开三上静帮	piŋ⁴¹	piŋ⁴¹
0869	名	梗开三平清明	miŋ³¹²	miŋ³¹²
0870	领	梗开三上静来	liŋ⁴¹	liŋ⁴¹
0871	井	梗开三上静精	tɕiŋ⁴¹	tɕiŋ⁴¹
0872	清	梗开三平清清	tɕʰiŋ²⁴	tɕʰiŋ²⁴
0873	静	梗开三上静从	ʑiŋ²³¹	ʑiŋ²²³
0874	姓	梗开三去劲心	ɕiŋ⁴⁵	ɕiŋ⁴⁵
0875	贞	梗开三平清知	tsəŋ²⁴	tsəŋ²⁴
0876	程	梗开三平清澄	dʑiŋ³¹²	dʑiŋ³¹²
0877	整	梗开三上静章	tɕiŋ⁴¹	tɕiŋ⁴¹
0878	正~反	梗开三去劲章	tɕiŋ⁴⁵	tɕiŋ⁴⁵
0879	声	梗开三平清书	ɕiŋ²⁴	ɕiŋ²⁴
0880	城	梗开三平清禅	ʑiŋ³¹²	ʑiŋ³¹²
0881	轻	梗开三平清溪	tɕʰiŋ²⁴	tɕʰiŋ²⁴
0882	赢	梗开三平清以	iŋ³¹²	iŋ³¹²

编 号	单 字	音韵地位	老男音	青男音
0883	积	梗开三入昔精	$t\varphi i\mathrm{?}^5$	$t\varphi i\mathrm{?}^5$
0884	惜	梗开三入昔心	$\varphi i\mathrm{?}^5$	$\varphi i\mathrm{?}^5$
0885	席	梗开三入昔邪	$zi\mathrm{?}^{23}$	$zi\mathrm{?}^{23}$
0886	尺	梗开三入昔昌	$t\varphi^h i\mathrm{?}^5$	$t\varphi^h i\mathrm{?}^5$
0887	石	梗开三入昔禅	$zi\mathrm{?}^{23}$	$zi\mathrm{?}^{23}$
0888	益	梗开三入昔影	$i\mathrm{?}^5$	$i\mathrm{?}^5$
0889	瓶	梗开四平青并	$bi\eta^{312}$	$bi\eta^{312}$
0890	钉名词	梗开四平青端	$ti\eta^{24}$	$ti\eta^{24}$
0891	顶	梗开四上迥端	$ti\eta^{41}$	$ti\eta^{41}$
0892	厅	梗开四平青透	$t^h i\eta^{24}$	$t^h i\eta^{24}$
0893	听~见	梗开四平青透	$t^h i\eta^{45}$调殊	$t^h i\eta^{45}$调殊
0894	停	梗开四平青定	$di\eta^{312}$	$di\eta^{312}$
0895	挺	梗开四上迥定	$t^h i\eta^{41}$	$t^h i\eta^{41}$
0896	定	梗开四去径定	$di\eta^{223}$	$di\eta^{223}$
0897	零	梗开四平青来	$li\eta^{312}$	$li\eta^{312}$
0898	青	梗开四平青清	$t\varphi^h i\eta^{24}$	$t\varphi^h i\eta^{24}$
0899	星	梗开四平青心	$\varphi i\eta^{24}$	$\varphi i\eta^{24}$
0900	经	梗开四平青见	$t\varphi i\eta^{24}$	$t\varphi i\eta^{24}$
0901	形	梗开四平青匣	$i\eta^{312}$	$i\eta^{312}$
0902	壁	梗开四入锡帮	$pi\mathrm{?}^5$	$pi\mathrm{?}^5$
0903	劈	梗开四入锡滂	$p^h i\varepsilon\mathrm{?}^5$	$p^h i\varepsilon\mathrm{?}^5$
0904	踢	梗开四入锡透	$t^h i\mathrm{?}^5$	$t^h i\mathrm{?}^5$
0905	笛	梗开四入锡定	$di\mathrm{?}^{23}$	$di\mathrm{?}^{23}$
0906	历农~	梗开四入锡来	$li\mathrm{?}^{23}$	$li\mathrm{?}^{23}$

续表

编　号	单　字	音韵地位	老男音	青男音
0907	锡	梗开四入锡心	ɕiʔ⁵	ɕiʔ⁵
0908	击	梗开四入锡见	tɕiʔ⁵	tɕiʔ⁵
0909	吃	梗开四入锡溪	tɕʰiʔ⁵	tɕʰiʔ⁵
0910	横~竖	梗合二平庚匣	uɛ³¹²	uɛ³¹²
0911	划计~	梗合二入麦匣	uaʔ²³	uaʔ²³
0912	兄	梗合三平庚晓	ɕioŋ²⁴	ɕioŋ²⁴
0913	荣	梗合三平庚云	ioŋ³¹²	ioŋ³¹²
0914	永	梗合三上梗云	ioŋ⁴¹	ioŋ⁴¹~远 yŋ⁴¹人名
0915	营	梗合三平清以	iŋ³¹²	iŋ³¹²
0916	蓬~松	通合一平东並	bəŋ³¹²	bəŋ³¹²
0917	东	通合一平东端	noŋ²⁴~西:泛指事物 toŋ²⁴方向	noŋ²⁴~西:泛指事物 toŋ²⁴方向
0918	懂	通合一上董端	toŋ⁴¹	toŋ⁴¹
0919	冻	通合一去送端	toŋ⁴⁵	toŋ⁴⁵
0920	通	通合一平东透	tʰoŋ²⁴	tʰoŋ²⁴
0921	桶	通合一上董透	doŋ²³¹音殊	doŋ²²³音殊
0922	痛	通合一去送透	tʰoŋ⁴⁵	tʰoŋ⁴⁵
0923	铜	通合一平东定	doŋ³¹²	doŋ³¹²
0924	动	通合一上董定	doŋ²³¹	doŋ²²³
0925	洞	通合一去送定	doŋ²²³	doŋ²²³
0926	聋	通合一平东来	loŋ³¹²	loŋ³¹²
0927	弄	通合一去送来	loŋ²²³	loŋ²²³
0928	粽	通合一去送精	tsoŋ⁴⁵	tsoŋ⁴⁵
0929	葱	通合一平东清	tsʰoŋ²⁴	tsʰoŋ²⁴

编 号	单 字	音韵地位	老男音	青男音
0930	送	通合一去送心	soŋ^{45}	soŋ^{45}
0931	公	通合一平东见	koŋ^{24}	koŋ^{24}
0932	孔	通合一上董溪	kʰoŋ^{41}	kʰoŋ^{41}
0933	烘～干	通合一平东晓	xoŋ^{24}	xoŋ^{24}
0934	红	通合一平东匣	oŋ^{312}	oŋ^{312}
0935	翁	通合一平东影	oŋ^{24}	oŋ^{24}
0936	木	通合一入屋明	məɯʔ^{23}	məɯʔ^{23}
0937	读	通合一入屋定	dəɯʔ^{23}	dəɯʔ^{23}
0938	鹿	通合一入屋来	ləɯʔ^{23}	ləɯʔ^{23}
0939	族	通合一入屋从	zəɯʔ^{23}	zəɯʔ^{23}
0940	谷稻～	通合一入屋见	kəɯʔ^{5}	kəɯʔ^{5}
0941	哭	通合一入屋溪	kʰəɯʔ^{5}	kʰəɯʔ^{5}
0942	屋	通合一入屋影	əɯʔ^{5}	əɯʔ^{5}
0943	冬～至	通合一平冬端	toŋ^{24}	toŋ^{24}
0944	统	通合一去宋透	tʰoŋ^{41}	tʰoŋ^{41}
0945	脓	通合一平冬泥	noŋ^{312}	noŋ^{312}
0946	松～紧	通合一平冬心	soŋ^{24}	soŋ^{24}
0947	宋	通合一去宋心	soŋ^{45}	soŋ^{45}
0948	毒	通合一入沃定	dəɯʔ^{23}	dəɯʔ^{23}
0949	风	通合三平东非	fəŋ^{24}	fəŋ^{24}
0950	丰	通合三平东敷	fəŋ^{24}	fəŋ^{24}
0951	凤	通合三去送奉	vəŋ^{223}	vəŋ^{223}
0952	梦	通合三去送明	məŋ^{223}	məŋ^{223}
0953	中当～	通合三平东知	tɕioŋ^{24}	tɕioŋ^{24}

续表

编　号	单　字	音韵地位	老男音	青男音
0954	虫	通合三平东澄	dʑioŋ³¹²	dʑioŋ³¹²
0955	终	通合三平东章	tɕioŋ²⁴	tɕioŋ²⁴
0956	充	通合三平东昌	tɕʰioŋ²⁴	tɕʰioŋ²⁴
0957	宫	通合三平东见	tɕioŋ²⁴白 koŋ²⁴文	tɕioŋ²⁴白 koŋ²⁴文
0958	穷	通合三平东群	dʑioŋ³¹²	dʑioŋ³¹²
0959	熊	通合三平东云	ioŋ³¹²	ioŋ³¹²
0960	雄	通合三平东云	ioŋ³¹²	ioŋ³¹²
0961	福	通合三入屋非	fəɯʔ⁵	fəɯʔ⁵
0962	服	通合三入屋奉	vəɯʔ²³	vəɯʔ²³
0963	目	通合三入屋明	məɯʔ²³	məɯʔ²³
0964	六	通合三入屋来	ləɯʔ²³	ləɯʔ²³
0965	宿住~,~舍	通合三入屋心	ɕioʔ⁵	ɕioʔ⁵
0966	竹	通合三入屋知	tiəɯʔ⁵	tiəɯʔ⁵
0967	畜~生	通合三入屋彻	tɕʰiəɯʔ⁵	tɕʰiəɯʔ⁵
0968	缩	通合三入屋生	ɕioʔ⁵	ɕioʔ⁵
0969	粥	通合三入屋章	tɕiəɯʔ⁵	tɕiəɯʔ⁵
0970	叔	通合三入屋书	ɕiəɯʔ⁵	ɕiəɯʔ⁵
0971	熟	通合三入屋禅	ziəɯʔ²³	ziəɯʔ²³
0972	肉	通合三入屋日	ɲiəɯʔ²³	ɲiəɯʔ²³
0973	菊	通合三入屋见	tɕiəɯʔ⁵	tɕiəɯʔ⁵
0974	育	通合三入屋以	iəɯʔ⁵	iəɯʔ⁵
0975	封	通合三平钟非	fəŋ²⁴	fəŋ²⁴
0976	蜂	通合三平钟敷	fəŋ²⁴	fəŋ²⁴

续表

编 号	单 字	音韵地位	老男音	青男音
0977	缝—条~、	通合三去用奉	vəŋ²²³	vəŋ²²³
0978	浓	通合三平钟泥	n̠iɔ̃³¹²	n̠iɔ̃³¹²
0979	龙	通合三平钟来	liɔ̃³¹²	liɔ̃³¹²
0980	松~树	通合三平钟邪	ziɔ̃³¹²	ziɔ̃³¹²
0981	重轻~	通合三上肿澄	dʑioŋ²³¹	dʑioŋ²²³
0982	肿	通合三上肿章	tɕiɔ̃⁴¹	tɕiɔ̃⁴¹
0983	种~树	通合三去用章	tɕiɔ̃⁴⁵	tɕiɔ̃⁴⁵
0984	冲	通合三平钟昌	tɕʰioŋ²⁴	tɕʰioŋ²⁴
0985	恭	通合三平钟见	tɕioŋ²⁴白 koŋ²⁴文	tɕioŋ²⁴白 koŋ²⁴文
0986	共	通合三去用群	dʑiɔ̃²²³白 goŋ²²³文	dʑiɔ̃²²³白 goŋ²²³文
0987	凶吉~	通合三平钟晓	ɕiɔ̃²⁴	ɕiɔ̃²⁴
0988	拥	通合三上肿影	iɔ̃⁴⁵调殊	iɔ̃⁴⁵调殊
0989	容	通合三平钟以	iɔ̃³¹²	iɔ̃³¹²
0990	用	通合三去用以	iɔ̃²²³	iɔ̃²²³
0991	绿	通合三入烛来	lioʔ²³	lioʔ²³
0992	足	通合三入烛精	tɕioʔ⁵	tɕioʔ⁵
0993	烛	通合三入烛章	tɕioʔ⁵	tɕioʔ⁵
0994	赎	通合三入烛船	zioʔ²³	zioʔ²³
0995	属	通合三入烛禅	zioʔ²³	zioʔ²³
0996	褥	通合三入烛日	n̠ioʔ²³	n̠ioʔ²³
0997	曲~折,歌~	通合三入烛溪	tɕʰioʔ⁵	tɕʰioʔ⁵
0998	局	通合三入烛群	dʑioʔ²³	dʑioʔ²³

续表

编　号	单　字	音韵地位	老男音	青男音
0999	玉	通合三入烛疑	$\eta io\text{ʔ}^{23}$	$\eta io\text{ʔ}^{23}$
1000	浴	通合三入烛以	$io\text{ʔ}^{23}$	$io\text{ʔ}^{23}$

第三章 词 汇

一、天文地理

编 号	词 条	发 音
0001	太阳~下山了	日头 naʔ²³dəɯ³¹²
0002	月亮~出来了	月光 ŋyɛʔ²³kɔ̃²⁴
0003	星星	星 ɕiŋ²⁴
0004	云	云 yŋ³¹²
0005	风	风 fəŋ²⁴
0006	台风	台风 da²²³fəŋ²⁴
0007	闪电名词	火=线= xo⁴⁴ɕiɛ⁴⁵
0008	雷	雷公 lei²²³koŋ²⁴
0009	雨	雨 y⁴¹
0010	下雨	断=雨 dəŋ²²³y⁴¹
0011	淋衣服被雨~湿了	打 nɛ⁴¹
0012	晒~粮食	晒 sɔ⁴⁵
0013	雪	雪 ɕyɛʔ⁵

续表

编 号	词 条	发 音
0014	冰	冰 piŋ²⁴
0015	冰雹	龙雹 liɔ̃²²³ boʔ²³
0016	霜	霜 ɕiɔ̃²⁴
0017	雾	雾 m²²³
0018	露	露水 lu²²³ sʅ⁴¹
0019	虹统称	鲎 xəɯ⁴⁵
0020	日食	天狗吃日 tʰiɛ⁴⁴ kəɯ⁴¹ tɕʰiʔ⁴ naʔ²³
0021	月食	天狗吃月 tʰiɛ⁴⁴ kəɯ⁴¹ tɕʰiʔ⁴ ȵyɛʔ²³
0022	天气	天气 tʰiɛ²⁴ tsʰʅ⁴⁵
0023	晴天~	晴 ʑiŋ³¹²
0024	阴天~	阴 iŋ²⁴
0025	旱天~	晒去 sɔ⁴⁵ kʰi⁰
0026	涝天~	做大水 tso⁴⁴ du²²³ sʅ⁴¹
0027	天亮	天光 tʰiɛ⁴⁴ kɔ̃²⁴
0028	水田	水田 sʅ⁴⁴ diɛ³¹²
0029	旱地浇不上水的耕地	旱地 uɛ²²³ di²²³
0030	田埂	田岸 diɛ³¹ uɛ²²³
0031	路野外的	路 lu²²³
0032	山	山 sã²⁴
0033	山谷	山弯= sã⁴⁴ uã²⁴
0034	江大的河	江 kɔ̃²⁴
0035	溪小的河	溪 tsʰʅ²⁴
0036	水沟儿较小的水道	水圳夹= sʅ⁴⁴ yɛ⁴⁴ kɔʔ⁵
0037	湖	湖 u³¹²

续表

编 号	词 条	发 音
0038	池塘	塘 dɔ̃³¹²
0039	水坑儿地面上有积水的小洼儿	水窟凼 sɥ⁴⁴kʰuɛʔ⁴dɔ̃³¹²
0040	洪水	大水 du²²³sɥ⁴¹
0041	淹被水~了	浸 tsəŋ⁴⁵ 頯 ueiʔ⁵
0042	河岸	岸 uɛ̃²²³
0043	坝拦河修筑拦水的	坝 po⁴⁵
0044	地震	地震 di²²³tsəŋ⁴⁵
0045	窟窿小的	窟塘= kʰuɛʔ⁴dɔ̃³¹²
0046	缝儿统称	坼缝 tsʰaʔ⁵vəŋ²²³
0047	石头统称	磄头 dã²²³dɯ³¹²
0048	土统称	黄泥ɔ̃²²³n̠i³¹²
0049	泥湿的	烂糊泥 lã²²³u²²³n̠i³¹²
0050	水泥旧称	洋灰 iã²²³xuei²⁴
0051	沙子	黄沙ɔ̃²²³so²⁴
0052	砖整块的	砖 tɕyɛ²⁴
0053	瓦整块的	处瓦 tsʰɥ⁴⁴ŋo⁴¹
0054	煤	煤 mei³¹²
0055	煤油	洋油 iã²²³iɯ³¹²
0056	炭木~	炭 tʰã⁴⁵
0057	灰烧成的	灰 xuei²⁴
0058	灰尘桌面上的	灰尘 xuei⁴⁴dzəŋ³¹²
0059	火	火 xo⁴¹
0060	烟烧火形成的	烟 iɛ²⁴

续表

编号	词条	发音
0061	失火	火着起 xo⁴⁴da²²³tsʰ ʅ⁰
0062	水	水 sʮ⁴¹
0063	凉水	浸水 tsʰəŋ⁴⁴sʮ⁴¹
0064	热水 如洗脸的热水，不是指喝的开水	热水 ȵiɛʔ²³sʮ⁴¹
0065	开水 喝的	沸茶 pei⁴⁴dzo³¹²
0066	磁铁	吸铁石 ɕiʔ⁴tʰiɛʔ⁴ʑiʔ²³

二、时间方位

编号	词条	发音
0067	时候 吃饭的~	时间 zʅ²²³ka̱²⁴
0068	什么时候	责⁼时间 tsaʔ⁵zʅ²²³ka̱²⁴
0069	现在	乙记 iʔ⁵tsʅ⁴⁵
0070	以前 十年~	以前 i⁴⁴ʑiɛ³¹²
0071	以后 十年~	以后 i⁴⁴u⁴¹
0072	一辈子	一生世 iʔ⁴sɛ²⁴sʅ⁴⁵
0073	今年	今年 kɛ²⁴ȵiɛ³¹²
0074	明年	明年 ma̱²²³ȵiɛ³¹²
0075	后年	后年 u⁴¹ȵiɛ³¹²
0076	去年	旧年 dʑiəɯ²²³ȵiɛ³¹²
0077	前年	前年 ʑiɛ²²³ȵiɛ³¹²
0078	往年 过去的年份	阿⁼两年 aʔ⁵la⁴⁴ȵiɛ³¹²
0079	年初	年初 ȵiɛ²²³tsʰu²⁴

编 号	词 条	发 音
0080	年底	年底 n̠ie²²³ti⁴¹
0081	今天	今日 kɛ²⁴naʔ²³ "今"韵殊
0082	明天	明朝 məɯ²²³tɕiɑɔ²⁴ "明"韵殊
0083	后天	后日 u⁴⁴naʔ²³
0084	大后天	大后日 du²²³u⁴¹naʔ²³/du²²³u⁴⁴naʔ²³
0085	昨天	昨暝日 zoʔ²³moʔ²³naʔ²³ "暝"促化
0086	前天	前日 ʑie³¹naʔ²³
0087	大前天	大前日 du²²³ʑie³¹naʔ²³
0088	整天	整日 tɕiŋ⁴⁴naʔ²³
0089	每天	日日 naʔ²³naʔ²³ 每日 mei⁴⁴naʔ²³
0090	早晨	天光早 tʰiɛ⁴⁴kɔ̃⁴⁴tsɑɔ⁴¹
0091	上午	天光 tʰiɛ⁴⁴kɔ̃²⁴
0092	中午	中日午 toŋ⁴⁴naʔ²³ŋ⁴¹
0093	下午	日午 naʔ²³ŋ⁴¹
0094	傍晚	乌日边 uei⁴⁴n̠i⁴⁴piɛ²⁴ "乌"韵殊,"日"舒化
0095	白天	日里 naʔ²³li⁰
0096	夜晚 与白天相对,统称	暝里 mɛ²²³li⁰
0097	半夜	半暝 pɛ⁴⁵mɛ²²³
0098	正月 农历	正月 tɕiŋ²⁴n̠yɛʔ²³
0099	大年初一 农历	年初一 n̠ie²²³tsʰu⁴⁴iʔ⁵
0100	元宵节	正月十五 tɕiŋ²⁴n̠yɛʔ²³zyei²³ŋ⁴¹
0101	清明	清明 tɕʰiŋ⁴⁴miŋ³¹²
0102	端午	端午 tuɛ⁴⁴ŋ⁴¹

续表

编号	词条	发音
0103	七月十五农历，节日名	七月半 tsʰei?⁴ ȵyɛ?²³ pɛ⁴⁵
0104	中秋	八月半 pɔ?⁴ ȵyɛ?²³ pɛ⁴⁵
0105	冬至	冬至 toŋ²⁴ tsʅ⁴⁵
0106	腊月农历十二月	十二月 zyei?²³ ȵi²²³ ȵyɛ?²³
0107	除夕农历	三十日暝 sã⁴⁴ zyei?²³ na?²³ mɛ²²³
0108	历书	通书 tʰoŋ⁴⁴ sʅ²⁴
0109	阴历	阴历 iŋ²⁴ li?²³
0110	阳历	阳历 iã³¹ li?²³
0111	星期天	星期日 ɕiŋ⁴⁴ dzʅ²²³ na?²³
0112	地方	地方 di²²³ fɔ̃²⁴
0113	什么地方	责⁼地方 tsa?⁵ di²²³ fɔ̃²⁴ 迦地方 tɕia?⁵ di²²³ fɔ̃²⁴ 撒⁼地方 tɕʰiɛ?⁵ di²²³ fɔ̃²⁴
0114	家里	处里 tsʰ ɥ⁴⁵ li⁰
0115	城里	城里 ziŋ³¹ li⁰
0116	乡下	乡下 ɕiã⁴⁴ io⁴¹
0117	上面从~滚下来	上面 dziã²²³ miɛ²²³
0118	下面从~爬上去	下面 io⁴⁴ miɛ²²³
0119	左边	济⁼手边 tsʅ⁴⁵ ɕiəɯ⁴⁴ piɛ²⁴ 左边 tsu⁴⁴ piɛ²⁴
0120	右边	顺手边 zyŋ²²³ ɕiəɯ⁴⁴ piɛ²⁴ 右边 iəɯ²²³ piɛ²⁴
0121	中间排队排在~	中央心 tiɔ̃⁴⁴ɔ̃⁴⁴ səŋ²⁴
0122	前面排队排在~	前面 ziɛ³¹ miɛ²²³
0123	后面排队排在~	后面 u⁴¹ miɛ²²³

编　号	词　条	发　音
0124	末尾 排队排在～	尾兜 mi^{44}tiəɯ^{24}
0125	对面	对面 tei^{44}miɛ^{223}
0126	面前	门前 məŋ^{223}ɕiɛ^{24} "前"音殊
0127	背后	背脊后 piɛ^{44}tɕiʔ^{4}u^{41}
0128	里面 躲在～	底头 ti^{44}dəɯ^{0} 底面 ti^{44}miɛ^{223}
0129	外面 衣服晒在～	外头 ua^{223}dəɯ^{312} 外面 ua^{223}miɛ^{223}
0130	旁边	边沿 piɛ^{24}iɛ^{45}
0131	上 碗在桌子～	上 dʑia̰^{223}
0132	下 凳子在桌子～	下 io^{41}
0133	边儿 桌子的～	边 piɛ^{24}
0134	角儿 桌子的～	角 koʔ^{5}
0135	上去 他～了	上去 dʑia̰^{223}kʰi^{0}
0136	下来 他～了	落来 loʔ^{23}li^{312}
0137	进去 他～了	底去 ti^{44}kʰi^{45}
0138	出来 他～了	出来 tɕʰyɛʔ^{5}li^{312}
0139	出去 他～了	出去 tɕʰyɛʔ^{4}kʰi^{45}
0140	回来 他～了	归来 kuei^{24}li^{312}
0141	起来 天冷～了	起 tsʰʅ^{41}

三、植　物

编　号	词　条	发　音
0142	树	树 zʅ²²³
0143	木头	木头 məɯʔ²³ dəɯ³¹²
0144	松树统称	松树 ʑiɔ̃³¹ zʅ²²³
0145	柏树统称	柏树 paʔ⁵ zʅ²²³
0146	杉树	杉树 sã²⁴ zʅ²²³
0147	柳树	杨柳树 iã²²³ liəɯ⁴¹ zʅ²²³
0148	竹子统称	竹 tiəɯʔ⁵
0149	笋	笋 ɕyŋ⁴¹
0150	叶子	叶 iɛʔ²³
0151	花	花 xo²⁴
0152	花蕾花骨朵	花苞 xo⁴⁴ pɑ²⁴
0153	梅花	梅花 mei²²³ xo²⁴
0154	牡丹	牡丹 məɯ²²³ tã²⁴
0155	荷花	荷花 u²²³ xo²⁴
0156	草	草 tsʰɑ⁴¹
0157	藤	树绕 zʅ²²³ ɲiɑ³¹²
0158	刺名词	刺 tsʰʅ⁴⁵
0159	水果	水果 sʅ⁴⁴ ko⁴¹
0160	苹果	苹果 biŋ²²³ ko⁴¹
0161	桃子	桃 dɑ³¹²
0162	梨	梨 li³¹²

编　号	词　条	发　音
0163	李子	李儿 $li\eta^{24}$
0164	杏	梅 mei^{312}
0165	橘子	橘 $t\varphi yei?^{5}$
0166	柚子	柚 $i\partial u^{223}$
0167	柿子	黄柿 $\tilde{\mathfrak{z}}^{223}z\mathfrak{l}^{231}$
0168	石榴	石榴 $\mathfrak{z}i?^{23}li\partial u^{312}$
0169	枣	枣仁 $tsa\mathfrak{o}^{44}\mathfrak{n}i\eta^{312}$
0170	栗子	大栗 $du^{223}li?^{23}$
0171	核桃	核桃 $\eta u\varepsilon?^{23}da\mathfrak{o}^{312}$
0172	银杏白果	银杏 $\mathfrak{n}i\eta^{31}\varphi i\eta^{45}$
0173	甘蔗	糖蔗 $d\tilde{\mathfrak{o}}^{31}t\varphi io^{45}$
0174	木耳	木耳 $m\partial u?^{23}mi^{41}$
0175	蘑菇野生的	蕈 $z\partial\eta^{231}$
0176	香菇	香菇 $\varphi i\tilde{a}^{44}ku^{24}$
0177	稻子指植物	稻 $da\mathfrak{o}^{231}$
0178	稻谷指籽实(脱粒后是大米)	谷 $k\partial u?^{5}$
0179	稻草脱粒后的	稻秆 $da\mathfrak{o}^{223}ku\varepsilon^{41}$
0180	大麦指植物	大麦 $du^{223}ma?^{23}$
0181	小麦指植物	小麦 $\varphi ia\mathfrak{o}^{44}ma?^{23}$
0182	麦秸脱粒后的	麦秆 $ma?^{23}ku\varepsilon^{41}$
0183	谷子指植物(籽实脱粒后是小米)	黄粟 $\tilde{\mathfrak{o}}^{223}\varphi io?^{5}$
0184	高粱指植物	芦穄 $lu^{31}ts\mathfrak{l}^{45}$
0185	玉米指成株的植物	包萝 $pa\mathfrak{o}^{44}lu^{312}$
0186	棉花指植物	棉花 $mi\varepsilon^{223}xo^{24}$

续表

编　号	词　条	发　音
0187	油菜油料作物，不是蔬菜	油菜 iəɯ³¹ tsʰa⁴⁵
0188	芝麻	油麻 iəɯ²²³ mo³¹²
0189	向日葵指植物	日头花 naʔ²³ dəɯ²²³ xo²⁴
0190	蚕豆	罗汉豆 lu²²³ xuɛ⁴⁵ dəɯ²²³
0191	豌豆	麦豆 maʔ²³ dəɯ²²³
0192	花生指果实	花生 xo⁴⁴ sɛ²⁴
0193	黄豆	黄豆 ɔ̃³¹ dəɯ²²³
0194	绿豆	绿豆 lioʔ²³ dəɯ²²³
0195	豇豆长条形的	钗＝豆 tsʰɔ²⁴ dəɯ²²³
0196	大白菜东北～	大白菜 du²²³ baʔ²³ tsʰa⁴⁵
0197	包心菜卷心菜，圆白菜，球形的	包菜 pɑɔ²⁴ tsʰa⁴⁵
0198	菠菜	菠薐菜 pu⁴⁴ liŋ²⁴ tsʰa⁴⁵
0199	芹菜	芹菜 dʑiŋ³¹ tsʰa⁴⁵
0200	莴笋	莴苣笋 u⁴⁴ tsʅ⁴⁴ ɕyŋ⁴¹
0201	韭菜	韭菜 tɕiəɯ⁴⁴ tsʰa⁴⁵
0202	香菜芫荽	芫荽 iɛ³¹ sei⁴⁵
0203	葱	葱 tsʰoŋ²⁴
0204	蒜	大蒜 dɔ²²³ suɛ⁴⁵
0205	姜	姜 tɕiã²⁴
0206	洋葱	洋葱 iã²²³ tsʰoŋ²⁴
0207	辣椒统称	辣椒 lɔʔ²³ tɕiɑɔ²⁴
0208	茄子统称	茄 dʑio³¹²
0209	西红柿	番茄 fã⁴⁴ ko²⁴
0210	萝卜统称	菜头 tsʰa⁴⁴ dəɯ³¹²

编 号	词 条	发 音
0211	胡萝卜	红菜头 oŋ²²³tsʰa⁴⁴dəɯ³¹²
0212	黄瓜	黄瓜 ɔ̃²²³ko²⁴
0213	丝瓜无棱的	天萝 tʰiɛ⁴⁴lu³¹²
0214	南瓜扁圆形或梨形,成熟时赤褐色	金瓜 tɕiŋ⁴⁴ko²⁴
0215	荸荠	蒲荠 bu²²³zɿ³¹²
0216	红薯统称	番薯 fã⁴⁴dzɿ³¹²
0217	马铃薯	洋芋 iã³¹y²²³
0218	芋头	芋 y²²³
0219	山药圆柱形的	山药 sã⁴⁴iɔʔ²³
0220	藕	藕 ŋəɯ⁴¹

四、动 物

编 号	词 条	发 音
0221	老虎	大猫 du²²³mɑɔ³¹²
0222	猴子	猢狲 u²²³suɛ²⁴
0223	蛇统称	蛇 zio³¹²
0224	老鼠家里的	老鼠 lɑɔ⁴⁴tsʰɿ⁴¹
0225	蝙蝠	老鼠服翼 lɑɔ⁴⁴tsʰɿ⁴¹bu²²³iɛʔ²³
0226	鸟儿飞鸟,统称	鸟儿 tiɑɔ⁴⁴n̠i⁴⁵
0227	麻雀	麻雀 mo⁴⁴tɕiʔ⁵
0228	喜鹊	喜鹊 sɿ⁴⁴tɕʰiɔʔ⁵
0229	乌鸦	老鸦 lɑɔ⁴⁴o²⁴

续表

编 号	词 条	发 音
0230	鸽子	鸽 kɛʔ⁵
0231	翅膀_{鸟的,统称}	翼髈 iɛʔ²³ pʰɔ̃⁴¹
0232	爪子_{鸟的,统称}	脚爪 tɕiɔʔ⁴ tsɑɒ⁴¹
0233	尾巴	尾菟 mi⁴⁴ tiəɯ²⁴ 尾巴 mi⁴⁴ po²⁴
0234	窝_{鸟的}	窠 kʰo²⁴
0235	虫子_{统称}	虫 dzioŋ³¹²
0236	蝴蝶_{统称}	蝴蝶 u²²³ diɛʔ²³
0237	蜻蜓_{统称}	花鸟蜓 xo⁴⁴ tiɑɒ²⁴ diŋ²²³
0238	蜜蜂	蜂 fəŋ²⁴
0239	蜂蜜	蜂糖 fəŋ⁴⁴ dɔ̃³¹²老 蜂蜜 fəŋ⁴⁴ miʔ²³新
0240	知了_{统称}	拉⁼拉⁼衣⁼ lɔ⁴⁴ lɔ⁴⁴ i²⁴
0241	蚂蚁	蚁蚁蛄 ŋɔ⁴⁴ ŋɔ⁴⁴ ku²⁴
0242	蚯蚓	黄蟺 ɔ̃²²³ xuɛ⁴¹
0243	蚕	蚕 zuɛ³¹²
0244	蜘蛛_{会结网的}	蛛蛛 ty⁴⁴ ty²⁴
0245	蚊子_{统称}	蚊虫 məŋ²²³ dzioŋ³¹²
0246	苍蝇_{统称}	苍蝇 tsʰɔ̃⁴⁴ iŋ³¹²
0247	跳蚤_{咬人的}	跳蚤 tʰiɑɒ⁴⁴ tsɑɒ⁴¹
0248	虱子	虱 seiʔ⁵
0249	鱼	鱼 n̠y²⁴
0250	鲤鱼	鲤鱼 li⁴⁴ n̠y²⁴
0251	鳙鱼_{胖头鱼}	大头鱼 du²²³ dəɯ²²³ n̠y²⁴

续表

编号	词 条	发 音
0252	鲫鱼	鲫鳊 tɕi?⁴ piɛ⁴¹ 鲫鱼 tɕi?⁴ ȵy²⁴
0253	甲鱼	鳖 piɛ?⁵
0254	鳞鱼的	鳞 liŋ³¹²
0255	虾统称	虾 xo²⁴
0256	螃蟹统称	蟹 xɔ⁴¹
0257	青蛙统称	青蝈 tɕʰiŋ⁴⁴ kua?⁵
0258	癞蛤蟆表皮多疙瘩	癞蛙蟆 lã²²³ o⁴⁴ mo³¹²
0259	马	马 mo⁴¹
0260	驴	骡 lu³¹²
0261	骡	骡 lu³¹²
0262	牛	牛 ȵiɤɯ³¹²
0263	公牛统称	牛牯 ȵiɤɯ²²³ ku⁴¹
0264	母牛统称	牛嫲 ȵiɤɯ²²³ mo³¹²
0265	放牛	望牛 mɔ̃²²³ ȵiɤɯ³¹²
0266	羊	羊 iã³¹²
0267	猪	猪 ti²⁴
0268	种猪配种用的公猪	猪头 ti⁴⁴ dɤɯ³¹²
0269	公猪成年的,已阉的	肉猪 ȵiɤɯ?²³ ti²⁴
0270	母猪成年的,未阉的	猪嫲 ti⁴⁴ mo³¹²
0271	猪崽	猪儿 ti⁴⁴ ȵi⁴⁵
0272	猪圈	猪栏 ti⁴⁴ lã³¹²
0273	养猪	养猪 iã⁴⁴ ti²⁴
0274	猫	猫 mɑɔ⁴⁵

续表

编 号	词 条	发 音
0275	公猫	猫牯 mɑɔ^{44} ku^{41}
0276	母猫	猫嬷 mɑɔ^{44} mo^{312}
0277	狗统称	街狗 kɔ^{44} kəɯ^{41}
0278	公狗	街狗牯 kɔ^{44} kəɯ^{44} ku^{41}
0279	母狗	街狗嬷 kɔ^{44} kəɯ^{44} mo^{312}
0280	叫狗~	吠 bi^{223}
0281	兔子	兔 t^{h}u^{45}
0282	鸡	鸡 tsๅ^{24}
0283	公鸡成年的,未阉的	鸡荒＝tsๅ^{44} xɔ̃^{24}
0284	母鸡已下过蛋的	鸡嬷 tsๅ^{44} mo^{312}
0285	叫公鸡~(即打鸣儿)	啼 di^{312}
0286	下鸡~蛋	生 sɛ^{24}
0287	孵~小鸡	伏 bu^{223}
0288	鸭	鸭 ɔʔ^{5}
0289	鹅	鹅 ŋ^{312}
0290	阉~公的猪	羯 tɕiɛʔ^{5}
0291	阉~母的猪	羯 tɕiɛʔ^{5}
0292	阉~鸡	羯 tɕiɛʔ^{5}
0293	喂~猪	饲 zๅ^{223}
0294	杀猪统称	杀猪 sɔʔ^{24} ti^{24}
0295	杀~鱼	破 p^{h}ɔ^{45}

五、房屋器具

编 号	词 条	发 音
0296	村庄—个~	村坊 tsʰuɛ⁴⁴fɔ̃²⁴
0297	胡同统称:一条~	墙弄 ʑiã³¹loŋ²²³
0298	街道	街 kɔ²⁴
0299	盖房子	徛处 ga²²³tsʰʮ⁴⁵
0300	房子整座的,不包括院子	处 tsʰʮ⁴⁵
0301	屋子房子里分隔而成的,统称	房间 vɔ̃²²³kã²⁴
0302	卧室	间底 kã⁴⁴ti⁴¹
0303	茅屋茅草等盖的	稻秆寮 dɑɔ²²³kuɛ⁴⁴liɑɔ³¹²
0304	厨房	镬灶间 oʔ²³tsɑɔ⁴⁴kã²⁴
0305	灶统称	镬灶 oʔ²³tsɑɔ⁴⁵
0306	锅统称	镬 oʔ²³
0307	饭锅煮饭的	课﹦镬 kʰo⁴⁴oʔ²³
0308	菜锅炒菜的	铜镬 doŋ²²³oʔ²³
0309	厕所旧式的,统称	粪缸 pɛ⁴⁴kɔ̃²⁴
0310	檩左右方向的	瓦梁 ŋo⁴⁴liã³¹²
0311	柱子	处柱 tsʰʮ⁴⁴dzʮ²³¹
0312	大门	大门 du²²³məŋ³¹²
0313	门槛儿	门枕﹦məŋ²²³tsəŋ⁴¹
0314	窗旧式的	窗门 tɕiɔ̃⁴⁴məŋ³¹²
0315	梯子可移动的	梯 tʰei²⁴
0316	扫帚统称	地帚 di²²³tɕiəɯ⁴¹

续表

编　号	词　条	发　音
0317	扫地	扫地 sɑɔ⁴⁴di²²³
0318	垃圾	垃圾 loʔ²³soʔ⁵
0319	家具统称	家具 ko²⁴dzʮ²²³
0320	东西我的～	东西 noŋ⁴⁴sʮ²⁴/toŋ⁴⁴sʮ²⁴
0321	炕土、砖砌的，睡觉用	（无）
0322	床木制的，睡觉用	床 zĩɔ̃³¹²
0323	枕头	枕头 tsəŋ⁴⁴dəɯ³¹²
0324	被子	被 bi²³¹
0325	棉絮	棉被 miɛ²²³bi²³¹
0326	床单	被单 bi²²³tã²⁴
0327	褥子	褥 ȵioʔ²³
0328	席子	草席 tsʰɑɔ⁴⁴ziʔ²³
0329	蚊帐	布帐 pu⁴⁴tiã̃⁴⁵
0330	桌子统称	桌 tioʔ⁵
0331	柜子统称	橱 dzʮ³¹²
0332	抽屉桌子的	拔籠 bɔʔ²³ləɯʔ²³
0333	案子长条形的	香案 ɕiã̃²⁴uɛ⁴⁵
0334	椅子统称	交椅 kɑɔ⁴⁴y⁴¹
0335	凳子统称	凳 tɛ⁴⁵
0336	马桶有盖的	马桶儿 mɔ⁴⁴doŋ²²³ȵi⁴⁵
0337	菜刀	薄刀 boʔ²³təɯ²⁴
0338	瓢舀水的	木勺 məɯʔ²³ziɑɔʔ²³
0339	缸	缸 kɔ̃²⁴
0340	坛子装酒的～	坛 duɛ²²³

续表

编 号	词 条	发 音
0341	瓶子_{装酒的~}	瓶 biŋ³¹²
0342	盖子_{杯子的~}	匲 kəŋ⁴¹
0341	碗_{统称}	碗 uã⁴¹
0344	筷子	箸 dzɿ²²³
0345	汤匙	调羹 diɑɔ²²³kɛ²⁴
0346	柴火_{统称}	柴 zɔ³¹²
0347	火柴	自来火 zɿ²²³la⁴⁴xo⁴¹ 洋火 iã²²³xo⁴¹
0348	锁	锁匙 su⁴⁴zɿ³¹²
0349	钥匙	锁匙娘＝su⁴⁴zɿ³¹ȵiã³¹²
0350	暖水瓶	热水瓶 ȵiɛʔ²³sʮ⁴⁴biŋ³¹²
0351	脸盆	面桶 miɛ²²³doŋ²³¹
0352	洗脸水	洗面水 sɿ⁴⁴miɛ²²³sʮ⁴¹
0353	毛巾_{洗脸用}	面巾 miɛ²²³tɕiŋ²⁴
0354	手绢	手巾 ɕiəɯ⁴⁴tɕiŋ²⁴
0355	肥皂_{洗衣服用}	洋肥皂 iã²²³bi²²³sɑɔ⁴¹_老 肥皂 vi²²³sɑɔ⁴¹_新
0356	梳子_{旧式的,不是篦子}	头梳 dəɯ²²³sɿ²⁴
0357	缝衣针	针 tsəŋ²⁴
0358	剪子	铰剪 kɑɔ⁴⁴tɕiɛ⁴¹
0359	蜡烛	蜡烛 lɔʔ²³tɕioʔ⁵
0360	手电筒	手电筒 ɕiəɯ⁴⁴diɛ²²³doŋ³¹²
0361	雨伞_{挡雨的,统称}	雨伞 y²²³sã⁴¹
0362	自行车	脚踏车 tɕiɔʔ⁴dɔʔ²³tɕʰio²⁴

六、服饰饮食

编　号	词　条	发　音
0363	衣服统称	衣裳 i⁴⁴ʑiã̃³¹²
0364	穿～衣服	着 taʔ⁵
0365	脱～衣服	脱 tʰeiʔ⁵
0366	系～鞋带	缚 boʔ²³
0367	衬衫	衬衫 tsʰəŋ⁴⁴sã̃²⁴
0368	背心带两条杠的，内衣	背心 pei⁴⁴səŋ²⁴
0369	毛衣	毛线 mɑɔ³¹ɕiɛ⁴⁵
0370	棉衣	棉衣 miɛ²²³i²⁴
0371	袖子	布衫袖 pu⁴⁴sã̃²⁴ʑiəɯ²²³
0372	口袋衣服上的	袋 da²²³
0373	裤子	布裤 pu⁴⁴kʰu⁴⁵
0374	短裤外穿的	短裤 tuɛ⁴⁴kʰu⁴⁵
0375	裤腿	布裤脚 pu⁴⁴kʰu⁴⁴tɕiɔʔ⁵
0376	帽子统称	帽 mɑɔ²²³
0377	鞋子	鞋 ɔ³¹²
0378	袜子	袜 mɔʔ²³
0379	围巾	围巾 uei²²³tɕiŋ²⁴
0380	围裙	赖⁼腰 lɔ²²³iɑɔ²⁴
0381	尿布	尿布 sʅ²⁴pu⁴⁵
0382	扣子	纽扣 ɲiəɯ⁴⁴kʰəɯ⁴⁵
0383	扣～扣子	纽 ɲiəɯ⁴¹

编　号	词　条	发　音
0384	戒指	戒指 kɔ⁴⁴tsʅ⁴¹
0385	手镯	手镯 ɕiɛɯ⁴⁴dʑioʔ²³
0386	理发	剃头 tʰi⁴⁴dəɯ³¹²
0387	梳头	朳头 kɛʔ⁴dəɯ³¹²老 梳头 sʅ⁴⁴dəɯ³¹²新
0388	米饭	饭 vã²²³
0389	稀饭用米熬的,统称	粥 tɕiɯʔ⁵
0390	面粉麦子磨的,统称	麦面 maʔ²³miɛʔ²³
0391	面条统称	洋面 iã³¹miɛʔ²³
0392	面儿玉米～,辣椒～	粉 fəŋ⁴¹
0393	馒头无馅的,统称	馒头 mɛ²²³dəɯ³¹²
0394	包子	馒头 mɛ²²³dəɯ³¹²老 包子 pɑɔ⁴⁴tsʅ⁴¹新
0395	饺子	水饺 sɥ⁴⁴tɕiɑɔ⁴¹
0396	馄饨	面食 miɛ²²³ʑiʔ²³
0397	馅儿	馅 ã²²³
0398	油条长条形的,旧称	油爝馃 iəɯ²²³zɔʔ²³ku⁴¹
0399	豆浆	豆浆 dəɯ²²³tɕiã²⁴
0400	豆腐脑	豆腐花 dəɯ²²³vu²²³xo²⁴
0401	元宵食品	汤圆 tʰɔ̃⁴⁴yɛ³¹²
0402	粽子	粽 tsoŋ⁴⁵
0403	年糕用黏性大的米或米粉做的	馃 ko⁴¹
0404	点心统称	点心 tiɛ⁴⁴səŋ²⁴

续表

编　号	词　条	发　音
0405	菜吃饭时吃的，统称	菜 tsʰa⁴⁵
0406	干菜统称	咸菜 ã³¹tsʰa⁴⁵
0407	豆腐	豆腐 dɯ²²³vu²²³
0408	猪血当菜的	猪血 ti⁴⁴ɕyɛʔ⁵
0409	猪蹄当菜的	猪脚 ti⁴⁴tɕiɔʔ⁵
0410	猪舌头当菜的	猪舌头 ti⁴⁴dʑiɛʔ²³dɯ³¹²
0411	猪肝当菜的	猪肝 ti⁴⁴kuɛ²⁴
0412	下水猪牛羊的内脏	肚杂 du²²³zɛʔ²³
0413	鸡蛋	鸡卵 tsɿ⁴⁴ləŋ⁴¹
0414	松花蛋	皮蛋 bi³¹dã²²³
0415	猪油	猪油 ti⁴⁴iɯ³¹²
0416	香油	香油 ɕiã⁴⁴iɯ³¹²
0417	酱油	酱油 tɕiã⁴⁴iɯ³¹²
0418	盐名词	盐 iɛ³¹²
0419	醋	醋 tsʰu⁴⁵
0420	香烟	香烟 ɕiã⁴⁴iɛ²⁴
0421	旱烟	草烟 tsʰɑɔ⁴⁴iɛ²⁴
0422	白酒	烧酒 ɕiɑɔ⁴⁴tɕiɯ⁴¹老 白酒 baʔ²³tɕiɯ⁴¹新
0423	黄酒	老酒 lɑɔ⁴⁴tɕiɯ⁴¹老 黄酒 ɔ̃²²³tɕiɯ⁴¹新
0424	江米酒酒酿，醪糟	甜酒酿 diɛ²²³tɕiɯ⁴⁴ȵiã⁴⁵
0425	茶叶	茶叶 dzo²²³iɛʔ²³
0426	沏~茶	泡 pʰɑɔ⁴⁵

编　号	词　条	发　音
0427	冰棍儿	棒冰 bɔ̃²²³ piŋ²⁴
0428	做饭统称	烧饭 ɕiɑɔ²⁴ vã²²³
0429	炒菜统称,和做饭相对	烧菜 ɕiɑɔ²⁴ tsʰa⁴⁵
0430	煮~带壳的鸡蛋	煠 zɔʔ²³
0431	煎~鸡蛋	煎 tɕiɛ²⁴
0432	炸~油条	泡⁼ pʰɑɔ⁴⁵
0433	蒸~鱼	蒸 tɕiŋ²⁴
0434	揉~面做馒头等	㨎 ȵioʔ²³
0435	擀~面,~皮儿	打 nɛ⁴¹
0436	吃早饭	吃天光 tɕʰiʔ⁴ tʰiɛ⁴⁴ kɔ̃²⁴
0437	吃午饭	吃日午 tɕʰiʔ⁴ naʔ²³ ŋ⁴¹
0438	吃晚饭	吃乌日 tɕʰiʔ⁴ uei²⁴ ȵi⁴⁵
0439	吃~饭	吃 tɕʰiʔ⁵
0440	喝~酒	吃 tɕʰiʔ⁵
0441	喝~茶	吃 tɕʰiʔ⁵
0442	抽~烟	吃 tɕʰiʔ⁵
0443	盛~饭	齿 ti⁴⁵
0444	夹用筷子~菜	夹 kɔʔ⁵
0445	斟~酒	筛 sɔ²⁴
0446	渴口~	口渴 kʰɯ⁴⁴ kʰuɛʔ⁵
0447	饿肚子~	肚饥 du²²³ tsɿ²⁴
0448	噎吃饭~着了	□tsɛ⁴⁵

七、身体医疗

编　号	词　条	发　音
0449	头人的，统称	头 dəɯ³¹²
0450	头发	头发 dəɯ²²³ fɔʔ⁵
0451	辫子	头辫 dəɯ²²³ biɛ²²³
0452	旋	旋 ʑyɛ²²³
0453	额头	额骨头 ŋaʔ²³ kuɛʔ⁴ dəɯ³¹²
0454	相貌	相貌 ɕiã⁴⁴ mɑɔ²²³
0455	脸洗~	面 miɛ²²³
0456	眼睛	眼睛 ŋɛ⁴⁴ tɕiŋ²⁴
0457	眼珠统称	眼睛珠 ŋɛ⁴⁴ tɕiŋ⁴⁴ tsʮ²⁴
0458	眼泪哭的时候流出来的	眼泪 ŋã²²³ li²²³
0459	眉毛	眉毛 mi²²³ mɑɔ³¹²
0460	耳朵	耳朵 ɳi⁴⁴ tu⁴¹
0461	鼻子	鼻头 bəɯʔ²³ dəɯ³¹²
0462	鼻涕统称	鼻头涕 bəɯʔ²³ dəɯ³¹ tʰi⁴⁵
0463	擤~鼻涕	擤 ɕiŋ⁴⁵
0464	嘴巴人的，统称	口嘴 kʰu⁴⁴ tsʮ⁴¹
0465	嘴唇	口嘴唇 kʰu⁴⁴ tsʮ⁴⁴ ʑyŋ³¹²
0466	口水~流出来	澜涕 lã²²³ tʰi⁴⁵
0467	舌头	舌头 dʑiɛʔ²³ dəɯ³¹²
0468	牙齿	牙齿 ŋo²²³ tsʰʮ⁴¹
0469	下巴	下巴 o⁴⁴ bo³¹²

编　号	词　条	发　音
0470	胡子 嘴周围的	胡须 u²²³ sʅ²⁴
0471	脖子	项颈 ɔ̃⁴⁴ tɕiŋ⁴¹
0472	喉咙	喉咙 əɯ²²³ loŋ³¹²
0473	肩膀	肩头 tɕiɛ⁴⁴ dəɯ³¹²
0474	胳膊	手膊 ɕiəɯ⁴⁴ poʔ⁵
0475	手 他的～摔断了	手 ɕiəɯ⁴¹ 包括臂
0476	左手	济⁼手 tsʅ⁴⁵ ɕiəɯ⁴¹
0477	右手	顺手 zyŋ²²³ ɕiəɯ⁴¹
0478	拳头	拳头 dʑyɛ²²³ dəɯ³¹²
0479	手指	手指头 ɕiəɯ⁴⁴ tsʅ⁴⁴ dəɯ³¹²
0480	大拇指	指头拇 tsʅ⁴⁴ dəɯ²²³ mo³¹²
0481	食指	食指 ʑiʔ²³ tsʅ⁴¹
0482	中指	中心指 tiɔ̃⁴⁴ səŋ⁴⁴ tsʅ⁴¹
0483	无名指	无名指 m⁴⁴ miŋ²²³ tsʅ⁴¹
0484	小拇指	指头儿 tsʅ⁴⁴ dəɯ²²³ n̠i²⁴
0485	指甲	手指甲 ɕiəɯ⁴⁴ tsʅ⁴⁴ kɔʔ⁵
0486	腿	大腿 du²²³ tʰei⁴¹
0487	脚 他的～压断了	脚 tɕiɔʔ⁵ 包括小腿和大腿
0488	膝盖 指部位	脚骨头 tɕiɔʔ⁴ kuɛʔ⁴ dəɯ³¹²
0489	背 名词	背脊背 piʔ⁴ tɕiʔ⁴ pei⁴⁵
0490	肚子 腹部	肚皮 du²²³ bi³¹²
0491	肚脐	肚脐 du²²³ zʅ³¹²
0492	乳房 女性的	奶珠 nɔ⁴⁴ tsʯ²⁴
0493	屁股	屁股 pʰi⁴⁴ ku⁴¹

续表

编 号	词 条	发 音
0494	肛门	屁股囱 pʰi⁴⁴ku⁴⁴tɕʰioŋ²⁴
0495	阴茎成人的	卵 luɛ⁴¹
0496	女阴成人的	朏 pʰiʔ⁵
0497	肏动词	钟= tɕiɔ̃²⁴
0498	精液	卵油 luɛ⁴⁴iɯ³¹²
0499	来月经	挂红 go²²³oŋ³¹²婉称
0500	拉屎	放涴 fɔ̃⁴⁴u⁴⁵
0501	撒尿	放尿 fɔ̃⁴⁴sʮ²⁴
0502	放屁	放屁 fɔ̃⁴⁴pʰi⁴⁵
0503	相当于"他妈的"的口头禅	你妈朏 ȵi⁴⁴ma⁴⁴pʰiʔ⁵
0504	病了	生病了 sɛ²⁴biŋ²²³lɑ⁰
0505	着凉	冻 toŋ⁴⁵
0506	咳嗽	咳嗽 kʰɛʔ⁴sɯ⁴⁵
0507	发烧	发热 fɔʔ⁴ȵiɛʔ²³
0508	发抖	瘦=瘦=零= sɯ⁴⁴sɯ⁴⁴liŋ³¹²
0509	肚子疼	肚皮痛 du²²³bi³¹tʰoŋ⁴⁵
0510	拉肚子	肚泄 du²²³ɕiɔ⁴⁵
0511	患疟疾	半日病 pɛ⁴⁴naʔ²²³biŋ²²³
0512	中暑	作痧 tsoʔ⁴so²⁴
0513	肿	肿 tɕiɔ̃⁴¹
0514	化脓	肱脓 goŋ²²³noŋ³¹²
0515	疤好了的	疤 po²⁴
0516	癣	癣 ɕiɛ⁴¹
0517	痣凸起的	痣 tsʅ⁴⁵

编　号	词　条	发　音
0518	疙瘩蚊子咬后形成的	□bei?²³
0519	狐臭	老鸦鲜＝lɑɔ⁴⁴o⁴⁴ɕiɛ²⁴
0520	看病	相病ɕiã⁴⁴biŋ²²³
0521	诊脉	摸脉mo?⁴ma?²³
0522	针灸	针灸tsəŋ²⁴tɕiɐɯ⁴⁵
0523	打针	打针nɛ⁴⁴tsəŋ²⁴
0524	打吊针	挂针go²²³tsəŋ²⁴
0525	吃药统称	吃药tɕʰi⁴iə?²³
0526	汤药	药茶iə?²³dzo³¹²
0527	病轻了	病好滴儿哇biŋ²²³xəɯ⁴⁴tiŋ⁴⁵ua⁰

八、婚丧信仰

编　号	词　条	发　音
0528	说媒	做媒tso⁴⁴mei³¹²
0529	媒人	媒婆mei²²³bu³¹²
0530	相亲	相人家ɕiã⁴⁴nɛ²²³ko²⁴
0531	订婚	订婚tiŋ⁴⁴xuɛ²⁴
0532	嫁妆	嫁妆io⁴⁴tɕiɔ̃²⁴
0533	结婚统称	结婚tɕiɛ?⁴xuɛ²⁴
0534	娶妻子男子~,动宾	讨老嬷tʰɑɔ⁴⁴lɑɔ⁴⁴mo⁴¹
0535	出嫁女子~	出嫁tɕʰyɛ?⁴io⁴⁵
0536	拜堂	拜堂pɔ⁴⁴dəŋ³¹²

续表

编 号	词 条	发 音
0537	新郎	新郎 sən⁴⁴loŋ³¹²
0538	新娘子	新娘 sən⁴⁴n̠ia͂³¹²
0539	孕妇	大肚皮 du²²³du²²³bi³¹²
0540	怀孕	带身 tɔ⁴⁴sən²⁴
0541	害喜 妊娠反应	病囡囡 biŋ²²³nɛ⁴⁴nɛ²⁴
0542	分娩	生 sɛ²⁴
0543	流产	流产 liəɯ²²³tsʰa͂⁴¹
0544	双胞胎	双生 ɕioŋ⁴⁴sɛ²⁴老 双胞胎 ɕioŋ⁴⁴pɑɔ⁴⁴tʰa²⁴新
0545	坐月子	做生母 tso⁴⁴sɛ⁴⁴m⁴¹
0546	吃奶	吃奶珠 tɕʰiʔ⁴nɔ⁴⁴tsʮ²⁴
0547	断奶	断奶 dən²²³nɔ⁴¹
0548	满月	满月 mɛ²²³n̠yɛʔ²³
0549	生日 统称	生日 sɛ⁴⁴naʔ²³
0550	做寿	做寿 tso⁴⁴ʑiəɯ²²³
0551	死 统称	死 sʮ⁴¹
0552	死 婉称，最常用的几种，指老人：他~了	过辈 ko⁴⁴pei⁴⁵ 老 lɑɔ⁴¹ 去 kʰi⁴⁵
0553	自杀	自杀 zʮ²²³sɔʔ⁵
0554	咽气	断气 dən²²³tsʰʮ⁴⁵
0555	入殓	殡殓 piŋ⁴⁴liɛ²²³
0556	棺材	老寿 lɑɔ⁴⁴ʑiəɯ²²³ 棺材 kua͂⁴⁴za³¹²

续表

编号	词条	发音
0557	出殡	出葬 tɕʰyɛʔ⁴tsɔ̃⁴⁵ 老 出殡 tɕʰyɛʔ⁴piŋ²⁴ 新
0558	灵位	灵牌 liŋ²²³bɔ³¹²
0559	坟墓 单个的，老人的	坟 vəŋ³¹²
0560	上坟	醮亲 tɕiɑɔ⁴⁴tɕʰiŋ²⁴
0561	纸钱	烧纸 ɕiɑɔ⁴⁴tsʅ⁴¹
0562	老天爷	老天爷 lɑɔ⁴⁴tʰiɛ⁴⁴io³¹²
0563	菩萨 统称	菩萨 bu²²³sɔʔ⁵
0564	观音	观音佛 kuã⁴⁴iŋ⁴⁴veiʔ²³
0565	灶神 口头的叫法	镬灶头佛 oʔ²³tsɑɔ⁴⁴təɯ⁴⁴veiʔ²³
0566	寺庙	寺庙 zʅ²²³miɑɔ²²³
0567	祠堂	祠堂 zʅ²²³dɔ̃³¹²
0568	和尚	和尚 o²²³ʑiã²²³
0569	尼姑	尼姑 ȵi²²³ku²⁴
0570	道士	道士 dɑɔ²²³zʅ²³¹
0571	算命 统称	算命 suɛ⁴⁴miŋ²²³
0572	运气	运气 yŋ²²³tsʰʅ⁴⁵
0573	保佑	保佑 pɑɔ⁴⁴iəɯ²²³

九、人品称谓

编号	词条	发音
0574	人 一个～	人 nɛ³¹²

续表

编　号	词　条	发　音
0575	男人_{成年的，统称}	儿人 ȵi²⁴ nɛ³¹²
0576	女人_{三四十岁已婚的，统称}	媛主客 yɛ⁴⁴ tsʮ⁴⁴ kʰaʔ⁵
0577	单身汉	单身汉 tã⁴⁴ səŋ²⁴ xuɛ⁴⁵
0578	老姑娘	老囡 lɑɔ⁴⁴ nɛ²⁴
0579	婴儿	嫩儿花儿 nuɛ²²³ ȵi⁴⁴ xɔ̃²⁴
0580	小孩_{三四岁的，统称}	细根=儿 sʮ⁴⁴ kɛ⁴⁴ ȵi²⁴
0581	男孩_{统称：外面有个～在哭}	细根=儿 sʮ⁴⁴ kɛ⁴⁴ ȵi²⁴
0582	女孩_{统称：外面有个～在哭}	囡 nɛ²⁴
0583	老人_{七八十岁的，统称}	老人家 lɑɔ⁴⁴ nɛ²²³ ko²⁴
0584	亲戚_{统称}	亲眷 tsʰəŋ²⁴ tɕyɛ⁴⁵
0585	朋友_{统称}	朋友 be²²³ iɯ⁴¹
0586	邻居_{统称}	隔壁邻舍 kaʔ⁴ piʔ⁴ liŋ³¹ ɕio⁴⁵
0587	客人	客 kʰaʔ⁵
0588	农民	种田人 tɕiɔ̃⁴⁴ diɛ²²³ nɛ³¹²
0589	商人	做生意人 tso⁴⁴ sɛ²⁴ i⁴⁵ nɛ³¹²
0590	手艺人_{统称}	做手艺人 tso⁴⁴ ɕiəɯ⁴⁴ ȵi²²³ nɛ³¹²
0591	泥水匠	泥水老师 ȵi²²³ sʮ⁴⁴ lɑɔ⁴⁴ sʮ²⁴
0592	木匠	做木老师 tso⁴⁴ məɯʔ²³ lɑɔ⁴⁴ sʮ²⁴
0593	裁缝	做衣裳老师 tso⁴⁴ i⁴⁴ ʑiã³¹ lɑɔ⁴⁴ sʮ²⁴
0594	理发师	剃头人 tʰi⁴⁴ dəɯ²²³ nɛ³¹²
0595	厨师	厨头 dzʮ²²³ dəɯ³¹²
0596	师傅	师父 sʮ⁴⁴ vu²³¹
0597	徒弟	徒弟 du²²³ di²³¹
0598	乞丐_{统称，非贬称}	讨饭人 tʰɑɔ⁴⁴ vã²²³ nɛ³¹²

续表

编 号	词 条	发 音
0599	妓女	婊子 pʰiɑɔ⁴⁵tsʅ⁰
0600	流氓	流氓 liəɯ²²³mɔ̃³¹²
0601	贼	贼 zaʔ²³
0602	瞎子统称,非贬称	眼睛盲 ŋɛ⁴⁴tɕiŋ⁴⁴mɛ³¹²
0603	聋子统称,非贬称	耳朵聋 ȵi⁴⁴tu⁴⁴loŋ³¹²
0604	哑巴统称,非贬称	哑口人 o⁴⁴kʰəɯ⁴⁴nɛ³¹²
0605	驼子统称,非贬称	驼背 du³¹pei⁴⁵
0606	瘸子统称,非贬称	跷脚 tɕʰiɑɔ⁴⁴tɕiɔʔ⁵
0607	疯子统称,非贬称	癫人 tiɛ⁴⁴nɛ³¹²
0608	傻子统称,非贬称	憨蛋 xɛ²⁴dã²²³
0609	笨蛋蠢的人	老憨 lɑɔ⁴⁴xɛ²⁴
0610	爷爷呼称,最通用的	公 koŋ²⁴
0611	奶奶呼称,最通用的	嬷 mo²⁴小
0612	外祖父叙称	阿公 ɔ⁴⁴koŋ⁴⁵小
0613	外祖母叙称	阿婆 ɔ⁴⁴pu⁴⁵小
0614	父母合称	妈伯 ma²⁴paʔ⁵
0615	父亲叙称	伯 paʔ⁵
0616	母亲叙称	妈 ma²⁴
0617	爸爸呼称,最通用的	伯 paʔ⁵
0618	妈妈呼称,最通用的	妈 ma²⁴
0619	继父叙称	晚爷 mã²²³io³¹²
0620	继母叙称	晚娘 mã²²³ȵiã³¹²
0621	岳父叙称	丈人 dʑiã²²³ȵiŋ³¹²
0622	岳母叙称	丈母 dʑiã²²³m⁴¹

续表

编　号	词　条	发　音
0623	公公_{叙称}	祖公 tsu⁴⁴koŋ²⁴
0624	婆婆_{叙称}	祖婆 tsu⁴⁴bu³¹²
0625	伯父_{呼称,统称}	伯爷 paʔ⁴io²⁴小
0626	伯母_{呼称,统称}	大奶 du²²³nɔ²⁴小
0627	叔父_{呼称,统称}	叔 ɕiəuʔ⁵
0628	排行最小的叔父_{呼称}	叔儿 ɕiəuʔ⁴ɳi⁴⁵
0629	叔母_{呼称,统称}	婶奶 səŋ⁴⁴nɔ²⁴小
0630	姑_{呼称,统称}	娘 ɳiã⁴⁵小
0631	姑父_{呼称,统称}	姑夫 ku⁴⁴fu²⁴
0632	舅舅_{呼称}	娘舅 ɳiã²²³dziəu²³¹
0633	舅妈_{呼称}	姊母娘 tsɿ⁴⁴m⁴⁴ɳiã³¹²
0634	姨_{呼称,统称}	姨母儿 i⁴⁴moŋ²⁴
0635	姨父_{呼称,统称}	姨夫 i²²³fu²⁴
0636	弟兄_{合称}	哥弟 ku⁴⁴di²³¹
0637	姊妹_{合称}	姊妹 tsɿ⁴⁴ma²²³可包括男性
0638	哥哥_{呼称,统称}	哥哥 ku⁴⁴ku⁴⁵小
0639	嫂子_{呼称,统称}	嫂嫂 saɔ⁴⁴saɔ²⁴小
0640	弟弟_{叙称}	老弟 laɔ⁴⁴ti⁴⁵小
0641	弟媳_{叙称}	弟新妇 di²²³səŋ⁴⁴vu²³¹
0642	姐姐_{呼称,统称}	大姊 dɔ²²³tsɿ⁴⁵小
0643	姐夫_{呼称}	姊夫 tsɿ⁴⁴fu²⁴
0644	妹妹_{叙称}	妹囡 ma²²³nɛ²⁴
0645	妹夫_{叙称}	妹夫 ma²²³fu²⁴
0646	堂兄弟_{叙称,统称}	叔伯哥弟 ɕiəuʔ⁴paʔ⁵ku⁴⁴di²³¹

续表

编 号	词 条	发 音
0647	表兄弟 叙称，统称	表兄哥弟 piɑo⁴⁴ɕioŋ⁴⁴ku⁴⁴di²³¹
0648	妯娌 弟兄妻子的合称	叔伯母 ɕiəu?⁴pa?⁵m⁴¹
0649	连襟 姊妹丈夫的关系，叙称	姨夫 i²²³fu²⁴
0650	儿子 叙称:我的~	儿 ȵi²⁴
0651	儿媳妇 叙称:我的~	新妇 səŋ⁴⁴vu²³¹ 新妇囡 səŋ⁴⁴vu²²³nɛ²⁴
0652	女儿 叙称:我的~	囡 nɛ²⁴
0653	女婿 叙称:我的~	囡婿 no²²³sɿ⁴⁵
0654	孙子 儿子之子	孙 suɛ²⁴
0655	重孙子 儿子之孙	玄孙 iɛ²²³suɛ²⁴
0656	侄子 弟兄之子	侄 dzei?²³
0657	外甥 姐妹之子	外甥 ua⁴⁴sɛ²⁴
0658	外孙 女儿之子	外甥儿 ua⁴⁴sɛ⁴⁴ȵi²⁴
0659	夫妻 合称	两公婆 la⁴⁴koŋ⁴⁴bu³¹²
0660	丈夫 叙称，最通用的，非贬称:她的~	老公 cɑo⁴⁴koŋ²⁴
0661	妻子 叙称，最通用的，非贬称:他的~	老嬷 cɑo⁴⁴mo⁴¹
0662	名字	名字 miŋ³¹zɿ²²³
0663	绰号	号名 əɯ²²³miŋ³¹²

十、农工商文

编 号	词 条	发 音
0664	干活儿 统称:在地里~	做道路 tso⁴⁴dɑo²²³lu²²³

续表

编　号	词　　条	发　　音
0665	事情—件～	事干 zɿ²²³kuɛ⁴⁵
0666	插秧	插田 tsʰɔʔ⁴diɛ³¹²
0667	割稻	割谷 kuɛʔ⁴kəɯʔ⁵
0668	种菜	种菜 tɕiɔ̃⁴⁴tsʰa⁴⁵
0669	犁名词	犁 li³¹²
0670	锄头	锄头 zo²²³dəɯ³¹²
0671	镰刀	劈镙 li²²³tɕiɛʔ⁵
0672	把儿刀～	柄 pɛ⁴⁵
0673	扁担	扁担 piɛ⁴⁴ta̋²⁴
0674	笋筐	笋箕 lɔ³¹i⁴⁵小
0675	筛子统称	筛 sɿ²⁴
0676	簸箕农具,有梁的	畚箕 pɛ⁴⁴i²⁴
0677	簸箕簸米用	畚斗 pɛ⁴⁴təɯ⁴¹
0678	独轮车	独轮车 dəɯʔ²³ləŋ²²³tɕʰio²⁴
0679	轮子旧式的,如独轮车上的	轮 ləŋ³¹²
0680	碓整体	碓 tei⁴⁵
0681	臼	春臼儿 ioŋ⁴⁴dʑioŋ²³¹
0682	磨名词	磨 m²²³
0683	年成	年成 ȵiɛ²²³ʑiŋ³¹²
0684	走江湖统称	走江湖 tsəɯ⁴⁴kɔ̃⁴⁴u³¹²
0685	打工	打工 nɛ⁴⁴koŋ²⁴
0686	斧子	斧头 fu⁴⁴dəɯ³¹²
0687	钳子	钳 dʑiɛ³¹²
0688	螺丝刀	螺丝刀 lu²²³sɿ⁴⁴təɯ²⁴

续表

编 号	词 条	发 音
0689	锤子	锤 dzɿ³¹²
0690	钉子	洋钉 iã²²³tiŋ²⁴ 老 铁钉 tʰiɛʔ⁴tiŋ²⁴ 新
0691	绳子	绳 dziŋ³¹²
0692	棍子	棍 kuəŋ⁴⁵
0693	做买卖	做生意 tso⁴⁴sɛ²⁴i⁴⁵
0694	商店	店 tie⁴⁵
0695	饭馆	饭店 vã²²³tie⁴⁵
0696	旅馆 旧称	客栈 kaʔ⁵dzã²²³
0697	贵	贵 tsɿ⁴⁵
0698	便宜	便宜 bie²²³ȵi²²³
0699	合算	合算 kɛʔ⁴suɛ⁴⁵
0700	折扣	折扣 tɕiɛʔ⁴kʰɯ⁴⁵
0701	亏本	亏本 kʰuei⁴⁴pɛ⁴¹
0702	钱 统称	钞票 tsʰɑɔ⁴⁴pʰiɑɔ⁴⁵
0703	零钱	散钞票 sã⁴⁴tsʰɑɔ⁴⁴pʰiɑɔ⁴⁵
0704	硬币	铅角子 kʰã⁴⁴koʔ⁴tsɿ⁴¹
0705	本钱	本钿 pɛ⁴⁴die³¹²
0706	工钱	工钿 koŋ⁴⁴die³¹²
0707	路费	路费 lu²²³fi⁴⁵
0708	花~钱	用 iɔ̃²²³
0709	赚 卖一斤能~一毛钱	赚 dzã²³¹
0710	挣 打工~了一千块钱	赚 dzã²³¹
0711	欠~他十块钱	欠 tɕʰie⁴⁵

续表

编　号	词　条	发　音
0712	算盘	算盘 suɛ⁴⁴ bɛ³¹²
0713	秤统称	秤 tɕʰiŋ⁴⁵
0714	称用杆秤～	称 tɕʰiŋ²⁴
0715	赶集	赶行 kuɛ⁴⁴ɔ̃³¹²
0716	集市	行日 ɔ̃²²³ naʔ²³
0717	庙会	（无）
0718	学校	学堂 oʔ²³ dɔ̃³¹²
0719	教室	教室 kɑɔ⁴⁴ seiʔ⁵
0720	上学	读书 dəɯʔ²³ sʮ²⁴ 上学 dʑiã²²³ oʔ²³
0721	放学	放学 fɔ̃⁴⁴ oʔ²³
0722	考试	考试 kʰəɯ⁴⁴ sɿ⁴⁵
0723	书包	书包 sʮ⁴⁴ pɑɔ²⁴
0724	本子	字簿 zɿ²²³ bu²³¹
0725	铅笔	铅笔 kʰã⁴⁴ piʔ⁵
0726	钢笔	钢笔 kɔ̃⁴⁴ piʔ⁵
0727	圆珠笔	原子笔 ȵyɛ²²³ tsɿ⁴⁴ piʔ⁵
0728	毛笔	毛笔 mɑɔ²²³ piʔ⁵
0729	墨	墨 maʔ²³
0730	砚台	砚瓦 ȵyɛ⁴⁴ ŋo⁴¹
0731	信一封～	信 səŋ⁴⁵
0732	连环画	图书 du²²³ sʮ²⁴
0733	捉迷藏	捉盲公 tɕioʔ⁴ mɛ²²³ koŋ²⁴
0734	跳绳	跳绳 tʰiɑɔ⁴⁴ dʑiŋ³¹²

续表

编 号	词 条	发 音
0735	毽子	毽 tɕie⁴⁵
0736	风筝	纸鹞 tsʅ⁴⁴iɑɔ²²³
0737	舞狮	跳狮子 tʰiɑɔ⁴⁴sʅ⁴⁴tsʅ⁴¹
0738	鞭炮 统称	火炮 xo⁴⁴pʰɑɔ⁴⁵
0739	唱歌	唱歌 tɕʰiã⁴⁴ku²⁴
0740	演戏	做戏 tso⁴⁴sʅ⁴⁵
0741	锣鼓 统称	锣鼓 lu²²³ku⁴¹
0742	二胡	胡琴 u²²³dʑiŋ³¹²
0743	笛子	箫 ɕiɑɔ²⁴
0744	划拳	猜拳 tsʰei⁴⁴dʑye³¹²
0745	下棋	走棋 tsɯ⁴⁴dʑʅ³¹²
0746	打扑克	打老 K nɛ⁴⁴lɑɔ⁴⁴kʰa²⁴
0747	打麻将	抄麻将 tsʰɑɔ⁴⁴mo⁴⁴tɕiã⁴⁵
0748	变魔术	做把戏 tso⁴⁴po⁴⁴sʅ⁴⁵
0749	讲故事	讲古 kɔ̃⁴⁴ku⁴¹
0750	猜谜语	做认=猜 tso⁴⁴ȵiŋ²²³tsʰei²⁴
0751	玩儿游玩：到城里~	嬉 sʅ²⁴
0752	串门儿	嬉 sʅ²⁴
0753	走亲戚	走亲 tsɯ⁴⁴tsʰəŋ²⁴

十一、动作行为

编　号	词　　条	发　　音
0754	看~电视	相 ɕiã⁴⁵
0755	听用耳朵~	听 tʰiŋ⁴⁵
0756	闻嗅:用鼻子~	喷⁼ pʰəŋ²⁴
0757	吸~气	吸 ɕiʔ⁵
0758	睁~眼	撑 tsʰɛ²⁴
0759	闭~眼	闭 pi⁴⁵
0760	眨~眼	合 kɜʔ⁵
0761	张~嘴	绷 pɛ²⁴
0762	闭~嘴	闭 pi⁴⁵
0763	咬狗~人	喵 ŋuɛʔ²³
0764	嚼把肉~碎	嚼 ziɔʔ²³
0765	咽~下去	吞 tʰuɛ²⁴
0766	舔人用舌头~	舔 tʰiɛ⁴¹
0767	含~在嘴里	含 gã³¹²
0768	亲嘴	□嘴 pəuʔ⁴tsʅ⁴¹
0769	吮吸用嘴唇聚拢吸取液体,如吃奶时	欪 tɕyeiʔ⁵
0770	吐上声,把果核儿~掉	吐 tʰu⁴¹
0771	吐去声,呕吐:喝酒喝~了	吐 tʰu⁴⁵
0772	打喷嚏	打阿□nɛ⁴⁴a⁴⁴tɕʰi⁴⁵
0773	拿用手把苹果~过来	摅 iɔʔ⁵
0774	给他~我一个苹果	乞 kʰa⁴⁵

编 号	词 条	发 音
0775	摸~头	摸 mo?⁵
0776	伸~手	穿 tɕʰyŋ²⁴
0777	挠~痒痒	抓 tsɑɔ²⁴
0778	掐用拇指和食指的指甲~皮肉	掐 kʰɔʔ⁵
0779	拧~螺丝	决 ⁼tɕyɛʔ⁵
0780	拧~毛巾	揢 n̠iɔʔ²³
0781	捻用拇指和食指来回~碎	搣 miɛʔ⁵
0782	掰把橘子~开,把馒头~开	㽯 pʰaʔ⁵
0783	剥~花生	剥 poʔ⁵
0784	撕把纸~了	㽯 pʰaʔ⁵
0785	折把树枝~断	额 ⁼ŋaʔ²³
0786	拔~萝卜	拔 bɔʔ²³
0787	摘~花	讨 ⁼tʰɑɔ⁴¹
0788	站站立:~起来	徛 ga²³¹
0789	倚斜靠:~在墙上	靠 kʰəɯ⁴⁵
0790	蹲~下	周 ⁼tɕiəɯ²⁴
0791	坐~下	坐 zu²³¹
0792	跳青蛙~起来	跳 tʰiɑɔ⁴⁵
0793	迈跨过高物:从门槛上~过去	䟃 bã³¹²
0794	踩脚~在牛粪上	踏 dɔʔ²³
0795	翘~腿	翘 tɕʰiɑɔ⁴⁵
0796	弯~腰	弯 uã²⁴
0797	挺~胸	挺 tʰiŋ⁴¹
0798	趴~着睡	覆 pʰəɯʔ⁵

续表

编 号	词 条	发 音
0799	爬小孩在地上～	爬 bo³¹²
0800	走慢慢儿～	走 tsɯ⁴¹
0801	跑慢慢儿走,别～	逃 dɑɔ³¹²
0802	逃逃跑:小偷～走了	逃 dɑɔ³¹²
0803	追追赶:～小偷	追 tsʮ²⁴
0804	抓～小偷	捉 tɕioʔ⁵
0805	抱把小孩～在怀里	挟 dʑiɔʔ²³
0806	背～孩子	背 pei⁴⁵
0807	搀～老人	牵 tɕʰiɛ²⁴
0808	推几个人一起～汽车	抄=tsʰɑɔ²⁴
0809	摔跌:小孩～倒了	把=po⁴¹
0810	撞人～到电线杆上	撞 dʑiɔ̃²²³
0811	挡你～住我了,我看不见	遮 tɕio²⁴
0812	躲躲藏:他～在床底下	烟=iɛ²⁴
0813	藏藏放,收藏:钱～在枕头下面	园 kʰɔ̃⁴⁵
0814	放把碗～在桌子上	园 kʰɔ̃⁴⁵
0815	擦把砖～起来	隆 loŋ³¹²
0816	埋～在地下	葬 tsɔ̃⁴⁵
0817	盖把茶杯～上	朆 kəŋ²⁴
0818	压用石头～住	压 ɔʔ⁵
0819	摁用手指按:～图钉	捺 nɔʔ²³
0820	捅用棍子～鸟窝	捅 tʰoŋ⁴¹
0821	插把香～到香炉里	插 tsʰɔʔ⁵
0822	戳～个洞	戳 tɕʰioʔ⁵

续表

编　号	词　条	发　音
0823	砍~树	剞 tsʰei⁴⁵
0824	剁把肉~碎做馅儿	啄⁼tei ʔ⁵ 剁 tu⁴⁵
0825	削~苹果	削 ɕiɔ ʔ⁵
0826	裂木板~开了	开坼 kʰei⁴⁴ tsʰa ʔ⁵
0827	皱皮~起来	皱 tsəɯ⁴⁵
0828	腐烂死鱼~了	烂 lã²²³
0829	擦用毛巾~手	幧 tɕiɑɔ⁴¹
0830	倒把碗里的剩饭~掉	倒 təɯ⁴⁵
0831	扔丢弃:这个东西坏了,~了它	摔 ɕyei ʔ⁵
0832	扔投掷:比一比谁~得远	掷 tsei ʔ⁵
0833	掉掉落,坠落:树上~下一个梨	踩 lei²²³
0834	滴水~下来	滴 ti ʔ⁵
0835	丢丢失:钥匙~了	踩 lei²²³
0836	找寻找:钥匙~到	寻 zəŋ³¹²
0837	捡~到十块钱	□ zɹ³¹²
0838	提用手把篮子~起来	摆 guã²³¹
0839	挑~担	担 tã²⁴
0840	扛把锄头~在肩上	背 pei⁴⁵
0841	抬~轿	抬 da³¹²
0842	举~旗子	举 tsʮ⁴¹
0843	撑~伞	撑 tsʰɛ²⁴
0844	撬把门~开	挢 dʑiɑɔ²²³
0845	挑挑选,选择:你自己~一个	拣 kã⁴¹

续表

编 号	词 条	发 音
0846	收拾~东西	整理 tɕiŋ⁴⁴ li⁴¹
0847	挽~袖子	扎 tsɔʔ⁵
0848	涮把杯子~一下	荡 dɔ̃²³¹
0849	洗~衣服	洗 sɿ⁴¹
0850	捞~鱼	捞 lu⁴¹
0851	拴~牛	缚 boʔ²³
0852	捆~起来	缚 boʔ²³
0853	解~绳子	解 kɔ⁴¹
0854	挪~桌子	移 i³¹²
0855	端~碗	掇 tuɛʔ⁵
0856	摔碗~碎了	敲 kʰɑ²⁴
0857	掺~水	掺 tsʰəŋ²⁴
0858	烧~柴	烧 ɕiɑɔ²⁴
0859	拆~房子	拆 tsʰaʔ⁵
0860	转~圈儿	旋 ʑyɛ²²³
0861	捶用拳头~	捶 dzʮ³¹²
0862	打统称:他~了我一下	打 nɛ⁴¹
0863	打架动手:两个人在~	相打 ɕiã̃⁴⁴ nɛ⁴¹
0864	休息	歇力 ɕiɛʔ⁴ li²³
0865	打哈欠	拍花哼 pʰaʔ⁴ xo²⁴ xəŋ⁴⁵
0866	打瞌睡	头啄去 dɯ³¹ teiʔ⁵ kʰi⁰
0867	睡他已经~了	眠 kʰuɛ⁴⁵
0868	打呼噜	打鼾 nɛ⁴⁴ xuɛ²⁴
0869	做梦	做梦 tso⁴⁴ məŋ²²³

续表

编　号	词　条	发　音
0870	起床	爬起 bo³¹ tsʰ1̩⁰ 挖⁼起 uaʔ⁵ tsʰ1̩⁰
0871	刷牙	刷牙 ɕyɛʔ⁴ ŋo³¹²
0872	洗澡	洗浴 s1̩⁴⁴ ioʔ²³
0873	想思索:让我~一下	想 ɕiã⁴¹
0874	想想念:我很~他	想 ɕiã⁴¹
0875	打算我~开个店	划算 o³¹ suɛ⁴⁵
0876	记得	记着 ts1̩⁴⁵ dʑiəʔ⁰
0877	忘记	赖⁼记 lɔ²²³ ts1̩⁴⁵
0878	怕害怕:你别~	吓 xaʔ⁵
0879	相信我~你	相信 ɕiã²⁴ səŋ⁴⁵
0880	发愁	愁 zɯ³¹²
0881	小心过马路要~	小心 ɕiɑɔ⁴⁴ səŋ²⁴
0882	喜欢~看电视	喜欢 s1̩⁴⁴ xuã²⁴
0883	讨厌~这个人	讨厌 tʰɑɔ⁴⁴ iɛ⁴⁵
0884	舒服凉风吹来很~	爽快 sɔ̃⁴⁴ kʰua⁴⁵
0885	难受生理的	□过 gə²²³ ko⁴⁵
0886	难过心理的	难过 nã³¹ ko⁴⁵
0887	高兴	快活 kʰɑɔ⁴⁴ uaʔ²³
0888	生气	生气 sɛ²⁴ tsʰ1̩⁴⁵
0889	责怪	埋怨 mɔ²²³ yɛ²⁴
0890	后悔	后悔 əɯ⁴⁴ xuei⁴⁵
0891	忌妒	眼火热 ŋã²²³ xo⁴⁴ n̠iɛʔ²³
0892	害羞	难为情 nã²²³ uei⁴⁴ ʑiŋ³¹²

续表

编　号	词　条	发　音
0893	丢脸	倒霉 təɯ⁴⁴mei³¹²
0894	欺负	欺负 tsʰ ɿ²⁴vu²²³
0895	装～病	装 tsɔ̃²⁴
0896	疼～小孩儿	值钿 dʑiʔ²³die³¹²
0897	要我～这个	乐 ŋɑɔ²²³
0898	有我～一个孩子	有 iəɯ⁴¹
0899	没有他～孩子	无 m⁴⁵
0900	是我～老师	是 dʑɿ²³¹
0901	不是他～老师	弗是 fuʔ⁴dʑɿ²³¹
0902	在他～家	牢＝lɑɔ³¹²
0903	不在他～家	弗牢＝fuʔ⁴lɑɔ³¹²
0904	知道我～这件事	晓得 ɕiɑɔ⁴⁴tiʔ⁵
0905	不知道我～这件事	晓弗得 ɕiɑɔ⁴⁴fuʔ⁴tiʔ⁵
0906	懂我～英语	懂 toŋ⁴¹
0907	不懂我～英语	弗懂 fuʔ⁴toŋ⁴¹
0908	会我～开车	会 uei²²³
0909	不会我～开车	［弗会］会 fei⁴⁵uei²²³
0910	认识我～他	认着 ȵiŋ²²³dʑiɔʔ²³
0911	不认识我～他	认弗着 ȵiŋ²²³fuʔ⁴dʑiɔʔ²³
0912	行应答语	得 tiʔ⁵
0913	不行应答语	弗得 fuʔ⁴tiʔ⁵
0914	肯～来	肯 kʰɛ⁴¹
0915	应该～去	应该 iŋ⁴⁵ka²⁴
0916	可以～去	可以 kʰu⁴⁴i⁴¹

续表

编号	词 条	发 音
0917	说~话	讲 kɔ̃⁴¹
0918	话说~	话 o²²³
0919	聊天儿	念闲天 ȵiɛ²²³ã²²³ tʰiɛ²⁴
0920	叫~他一声儿	喊 xã⁴⁵
0921	吆喝大声喊	喊 xã⁴⁵
0922	哭小孩~	叫 iɑɔ⁴⁵
0923	骂当面~人	謺 zoʔ²²³
0924	吵架动嘴:两个人在~	相争 ɕiã⁴⁴tsɛ²⁴
0925	骗~人	骗 pʰiɛ⁴⁵
0926	哄~小孩	哄 xoŋ⁴¹
0927	撒谎	瞎讲 xɔʔ⁴kɔ̃⁴¹
0928	吹牛	吹牛 tsʰʮ⁴⁴ȵiəɯ³¹²
0929	拍马屁	捧卵脬 pʰəŋ⁴⁴luɛ⁴⁴pʰɑɔ²⁴
0930	开玩笑	讲笑 kɔ̃⁴⁴tɕʰiɑɔ⁴⁵
0931	告诉~他	对…讲 tei⁴⁵…kɔ̃⁴¹
0932	谢谢致谢语	谢谢 ʑio²²³ʑio²²³
0933	对不起致歉语	对弗起 tei⁴⁵fuʔ⁴tsʰɿ⁴¹
0934	再见告别语	再会 tsa⁴⁵uei²²³

十二、性质状态

编号	词 条	发 音
0935	大苹果~	大 du²²³
0936	小苹果~	细 sɿ⁴⁵

续表

编　号	词　条	发　音
0937	粗绳子~	大根 du²²³ kɛ²⁴老 粗 tsʰu²⁴新
0938	细绳子~	细根 sɿ⁴⁴ kɛ²⁴ □sei²⁴
0939	长线~	长 dɛ³¹²
0940	短线~	短 tuɛ⁴¹
0941	长时间~	长 dɛ³¹²
0942	短时间~	短 tuɛ⁴¹
0943	宽路~	阔 kʰuaʔ⁵
0944	宽敞房子~	阔 kʰuaʔ⁵
0945	窄路~	狭 ɔʔ²³
0946	高飞机飞得~	高 kəɯ²⁴
0947	低鸟飞得~	矮 ɔ⁴¹
0948	高他比我~	高 kəɯ²⁴
0949	矮他比我~	矮 ɔ⁴¹
0950	远路~	远 yɛ⁴¹
0951	近路~	近 dziŋ²³¹
0952	深水~	深 tsʰəŋ²⁴
0953	浅水~	浅 tɕʰiɛ⁴¹
0954	清水~	清 tɕʰiŋ²⁴
0955	浑水~	浑 uəŋ³¹²
0956	圆	轮 ləŋ³¹²
0957	扁	扁 piɛ⁴¹
0958	方	方 fɔ̃²⁴

编 号	词 条	发 音
0959	尖	尖 tɕiɛ²⁴
0960	平	平 biŋ³¹²
0961	肥~肉	壮 tɕiɔ̃⁴⁵
0962	瘦~肉	精 tɕiŋ²⁴
0963	肥形容猪等动物	壮 tɕiɔ̃⁴⁵
0964	胖形容人	壮 tɕiɔ̃⁴⁵
0965	瘦形容人、动物	瘦 səɯ⁴⁵
0966	黑黑板的颜色	乌 u²⁴
0967	白雪的颜色	白 baʔ²³
0968	红国旗的主颜色,统称	红 oŋ³¹²
0969	黄国旗上五星的颜色	黄 ɔ̃³¹²
0970	蓝蓝天的颜色	蓝 lã³¹²
0971	绿绿叶的颜色	绿 lioʔ²³
0972	紫紫药水的颜色	紫 tsɿ⁴¹
0973	灰草木灰的颜色	灰 xuei²⁴
0974	多东西~	多 tu²⁴
0975	少东西~	小 ɕiɑɔ⁴¹
0976	重担子~	重 dzioŋ²³¹
0977	轻担子~	轻 tɕʰiŋ²⁴
0978	直线~	直 dziʔ²³
0979	陡坡~,楼梯~	隑 ga²²³
0980	弯弯曲:这条路是~的	弯 uã²⁴
0981	歪帽子戴~了	歪 ua²⁴
0982	厚木板~	厚 gəɯ²³¹

续表

编　号	词　　条	发　　音
0983	薄木板～	薄 boʔ²³
0984	稠稀饭～	厚 gəɯ²³¹
0985	稀稀饭～	薄 boʔ²³
0986	密菜种得～	密 miʔ²³
0987	稀稀疏：菜种得～	疏 so²⁴
0988	亮指光线，明亮	光 kɔ̃²⁴
0989	黑指光线，完全看不见	乌 u²⁴
0990	热天气～	热 ȵiɛʔ²³
0991	暖和天气～	暖 nəŋ⁴¹
0992	凉天气～	凉 liã̃³¹²
0993	冷天气～	浸 tsʰəŋ⁴⁵
0994	热水～	烫 tʰɔ̃⁴⁵
0995	凉水～	浸 tsʰəŋ⁴⁵老 凉 liã̃³¹²新
0996	干干燥：衣服晒～了	燥 sɑɔ⁴⁵
0997	湿潮湿：衣服淋～了	漱 duɛ³¹²
0998	干净衣服～	干净 kuɛ²⁴ziŋ²²³
0999	脏肮脏，不干净，统称：衣服～	齷齪 oʔ²³tɕʰioʔ⁵
1000	快锋利：刀子～	快 kʰua⁴⁵
1001	钝刀～	钝 duɛ²²³
1002	快坐车比走路～	快 kʰua⁴⁵
1003	慢走路比坐车～	慢 mã̃²²³
1004	早来得～	早 tsɑɔ⁴¹
1005	晚来～了	迟 dzʅ³¹²

编　号	词　条	发　音
1006	晚_{天色～}	迟 dzๅ³¹²
1007	松_{捆得～}	宽 kʰuã²⁴
1008	紧_{捆得～}	紧 tɕiŋ⁴¹
1009	容易_{这道题～}	容易 iɔ̃³¹y²²³
1010	难_{这道题～}	难 nã³¹²
1011	新_{衣服～}	新 səŋ²⁴
1012	旧_{衣服～}	旧 dziəɯ²²³
1013	老_{人～}	老 lɑɔ⁴¹
1014	年轻_{人～}	后生 u⁴⁴sɛ²⁴ 年轻 ȵiɛ³¹tɕʰiŋ²⁴
1015	软_{糖～}	糯儿 noŋ⁴⁵ 软 ȵyɛ⁴¹
1016	硬_{骨头～}	硬 ŋɛ²²³
1017	烂_{肉煮得～}	□xua²⁴
1018	糊_{饭烧～了}	焦 tɕiɑɔ²⁴
1019	结实_{家具～}	扎实 tsɔʔ⁴zeiʔ²³
1020	破_{衣服～}	破 pʰɔ⁴⁵
1021	富_{他家很～}	富 fu⁴⁵
1022	穷_{他家很～}	穷 dzioŋ³¹²
1023	忙_{最近很～}	忙 mɔ̃³¹²
1024	闲_{最近比较～}	闲 ã³¹² 空 kʰoŋ⁴⁵
1025	累_{走路走得很～}	着力 dziɔʔ²³liʔ²³
1026	疼_{摔～了}	痛 tʰoŋ⁴⁵

续表

编 号	词 条	发 音
1027	痒皮肤~	痒 iã⁴¹
1028	热闹看戏的地方很~	闹热 nɑɔ²²³ ȵiɛʔ²³
1029	熟悉这个地方我很~	熟悉 ʑiəuʔ²³ ɕiʔ⁵
1030	陌生这个地方我很~	生疏 sɛ⁴⁴ su²⁴
1031	味道尝尝~	味道 mi²²³ dɑɔ²³¹
1032	气味闻闻~	气味 tsʰ ɿ⁴⁵ mi²²³
1033	咸菜~	咸 ã³¹²
1034	淡菜~	淡 dã²³¹
1035	酸	酸 suɛ²⁴
1036	甜	甜 diɛ³¹²
1037	苦	苦 kʰu⁴¹
1038	辣	辣 lɔʔ²³
1039	鲜鱼汤~	鲜 ɕiɛ²⁴
1040	香	香 ɕiã²⁴
1041	臭	臭 tɕʰiəɯ⁴⁵
1042	馊饭~	蔫 iɛ²⁴
1043	腥鱼~	膻臭 ɕiɛ²⁴ tɕʰiəɯ⁴⁵
1044	好人~	好 xəɯ⁴¹
1045	坏人~	差 tsʰo²⁴
1046	差东西质量~	差 tsʰo²⁴
1047	对账算~了	对 tei⁴⁵
1048	错账算~了	错 tsʰu⁴⁵
1049	漂亮形容年轻女性的长相:她很~	生好 sɛ²⁴ xəɯ⁴⁵
1050	丑形容人的长相:猪八戒很~	难相 nã³¹ ɕiã⁴⁵

续表

编号	词 条	发 音
1051	勤快	勤力 dʑiŋ²²³ liʔ²³
1052	懒	懒 lã⁴¹
1053	乖	嘈 zɑɔ³¹²
1054	顽皮	调皮 diɑɔ²²³ bi³¹²
1055	老实	老实 lɑɔ⁴⁴ zeiʔ²³
1056	傻痴呆	憨 xɛ²⁴
1057	笨蠢	笨 bəŋ²²³
1058	大方不吝啬	量大 liã²²³ du²²³
1059	小气吝啬	精 tɕiŋ²⁴ 小气 ɕiɑɔ⁴⁴ tsʰʅ⁴⁵
1060	直爽性格~	直爽 dʑiʔ²³ sɔ̃⁴¹
1061	犟脾气~	倔 tɕyɛʔ⁵

十三、数 量

编号	词 条	发 音
1062	一~二三四五……,下同	一 iʔ⁵
1063	二	二 ȵi²²³
1064	三	三 sã²⁴
1065	四	四 sʅ⁴⁵
1066	五	五 ŋ⁴¹
1067	六	六 ləɯʔ²³
1068	七	七 tsʰeiʔ⁵

续表

编 号	词 条	发 音
1069	八	八 pɔʔ⁵
1070	九	九 tɕiəɯ⁴¹
1071	十	十 ʑyeiʔ²³
1072	二十	廿 ȵiɛ²²³
1073	三十	三十 sã²⁴ ʑyeiʔ²³
1074	一百	一百 iʔ⁴ paʔ⁵
1075	一千	一千 iʔ⁴ tɕʰiɛ²⁴
1076	一万	一万 iʔ⁴ mã²²³
1077	一百零五	一百零五 iʔ⁴ paʔ⁵ liŋ³¹ ŋ⁴¹
1078	一百五十	一百五十 iʔ⁴ paʔ⁵ ŋ⁴⁴ ʑyeiʔ²³
1079	第一~,第二	第一 di²²³ iʔ⁵
1080	二两重量	两两 la⁴¹ liã⁴¹
1081	几个你有~孩子?	几个 ki⁴⁴ kei⁴⁵
1082	俩你们~	两个 la⁴⁴ kei⁴⁵
1083	仨你们~	三个 sã²⁴ kei⁴⁵
1084	个把	个把 kei⁴⁵ po⁰
1085	个一~人	个 kei⁴⁵
1086	匹一~马	匹 pʰiʔ⁵
1087	头一~牛	头 dəɯ³¹²
1088	头一~猪	个 kei⁴⁵
1089	只一~狗	个 kei⁴⁵
1090	只一~鸡	个 kei⁴⁵
1091	只一~蚊子	粒 lɛʔ⁵
1092	条一~鱼	枚 mei³¹²

编 号	词 条	发 音
1093	条—～蛇	根 kɛ²⁴
1094	张—～嘴	张 tiã²⁴
1095	张—～桌子	张 tiã²⁴
1096	床—～被子	床 ʑiɔ³¹²
1097	领—～席子	领 liŋ²²³
1098	双—～鞋	双 ɕiɔ̃²⁴
1099	把—～刀	把 po⁴¹
1100	把—～锁	管 kuã⁴¹
1101	根—～绳子	根 kɛ²⁴
1102	支—～毛笔	管 kuã⁴¹ 支 tsʅ²⁴
1103	副—～眼镜	副 fu⁴⁵
1104	面—～镜子	面 miɛ²²³
1105	块—～香皂	块 kʰuei⁴⁵
1106	辆—～车	辆 liã⁴¹ 部 bu²²³
1107	座—～房子	幢 dɔ̃³¹²
1108	座—～桥	根 kɛ²⁴
1109	条—～河	条 diɑɔ³¹²
1110	条—～路	条 diɑɔ³¹²
1111	棵—～树	墩 təŋ²⁴
1112	朵—～花	柎 bu³¹²
1113	颗—～珠子	粒 lɛʔ⁵
1114	粒—～米	粒 lɛʔ⁵

续表

编 号	词 条	发 音
1115	顿一～饭	厨 dzʮ³¹²
1116	剂一～中药	帖 tʰiɛʔ⁵
1117	股一～香味	股 ku⁴¹
1118	行一～字	堁 dɔ²²³
1119	块一～钱	块 kʰuei⁴⁵
1120	毛角：一～钱	角 koʔ⁵
1121	件一～事情	样 iã²²³
1122	点儿一～东西	滴儿 tiŋ⁴⁵
1123	些一～东西	粒⁼lɛʔ⁰
1124	下打一～,动量词,不是时量词	记 tsʮ⁴⁵
1125	会儿坐了一～	记 tsʮ⁴⁵
1126	顿打一～	通 tʰoŋ²⁴
1127	阵下了一～雨	字⁼zʮ²²³
1128	趟去了一～	直 dziʔ²³ 堁 dɔ²²³

十四、代副介连词

编 号	词 条	发 音
1129	我～姓王	我 ŋo⁴¹
1130	你～也姓王	你 ȵi⁴¹
1131	您尊称	（无）
1132	他～姓张	渠 gi³¹²

编　号	词　条	发　音
1133	我们_{不包括听话人：你们别去，～去}	我人 ŋo⁴⁴ nɛ³¹²
1134	咱们_{包括听话人：他们不去，～去吧}	我你 ŋo⁴⁴ n̠i⁴¹
1135	你们_{～去}	你人 n̠i⁴⁴ nɛ³¹²
1136	他们_{～去}	渠人 gi²²³ nɛ³¹²
1137	大家_{～一起干}	大势＝人 dɔ²²³ sɿ²⁴ nɛ³¹²
1138	自己_{我～做的}	特＝自 daʔ²³ zɿ²²³
1139	别人_{这是～的}	别人 biɛʔ²³ nɛ³¹²　．
1140	我爸_{～今年八十岁}	我伯 ŋo⁴⁴ paʔ⁵
1141	你爸_{～在家吗？}	你伯 n̠i⁴⁴ paʔ⁵
1142	他爸_{～去世了}	渠伯 gi³¹ paʔ⁵
1143	这个_{我要～，不要那个}	乙个 iʔ⁴ kei⁴⁵ /iʔ⁴ ki⁴⁵
1144	那个_{我要这个，不要～}	阿＝个 aʔ⁴ kei⁴⁵ /aʔ⁴ ki⁴⁵
1145	哪个_{你要～杯子？}	撒＝个 tɕʰiɛʔ⁴ kei⁴⁵/tɕʰiɛʔ⁴ ki⁴⁵
1146	谁_{你找～？}	责＝人 tsaʔ⁵ nɛ³¹² 迦人 tɕiaʔ⁵ nɛ³¹² 撒＝人 tɕʰiɛʔ⁵ nɛ³¹²
1147	这里_{在～，不在那里}	乙埝 iʔ⁵ tɔʔ⁰
1148	那里_{在这里，不在～}	阿＝埝 aʔ⁵ tɔʔ⁰
1149	哪里_{你到～去？}	擦＝拉＝ tɕʰɔʔ⁵ʔlɔ⁰ 撒＝埝 tɕʰiɛʔ⁵ tɔʔ⁵
1150	这样_{事情是～的，不是那样的}	乙色＝ iʔ⁵ saʔ⁰
1151	那样_{事情是这样的，不是～的}	阿＝色＝ aʔ⁵ saʔ⁰
1152	怎样_{什么样：你要～的？}	哪生＝ ŋɛ²²³ sɛ²⁴
1153	这么_{～贵啊}	乙色＝ iʔ⁵ saʔ⁰

续表

编　号	词　条	发　音
1154	怎么这个字～写?	哪生 ⁼nɛ²²³ sɛ²⁴
1155	什么这个是～字?	责 ⁼tsaʔ⁵ 迦 tɕia ʔ⁵
1156	什么你找～?	责事 tsaʔ⁵ zɿ²²³ 迦事 tɕiaʔ⁵ zɿ²²³
1157	为什么你～不去?	哪生 ⁼nɛ²²³ sɛ²⁴ 责事干 tsaʔ⁵ zɿ²²³ kuɛ⁴⁵ 迦事干 tɕiaʔ⁵ zɿ²²³ kuɛ⁴⁵
1158	干什么你在～?	做责事 tso⁴⁴ tsaʔ⁵ zɿ²²³ 做迦事 tso⁴⁴ tɕiaʔ⁵ zɿ²²³
1159	多少这个村有～人?	几粒 ⁼ki⁴⁴ lɛʔ⁰
1160	很今天～热	…险…ɕie⁴¹
1161	非常比上条程度深:今天～热	特别 daʔ²³ biɛʔ²³
1162	更今天比昨天～热	更 ka⁴⁵
1163	太这个东西～贵,买不起	忒 tʰaʔ⁵
1164	最弟兄三个中他～高	顶 tiŋ⁴¹ 最 tsei⁴⁵
1165	都大家～来了	都 tu²⁴
1166	一共～多少钱?	做记 tso⁴⁴ tsɿ⁴⁵
1167	一起我和你～去	做记 tso⁴⁴ tsɿ⁴⁵
1168	只我～去过一趟	只 tsei ʔ⁵
1169	刚这双鞋我穿着～好	正 tɕiŋ⁴⁵
1170	刚我～到	正 tɕiŋ⁴⁵
1171	才你怎么～来啊?	正 tɕiŋ⁴⁵
1172	就我吃了饭～去	便 biɛ²²³ / bɛ²²³

续表

编 号	词 条	发 音
1173	经常 我~去	时刻 $z\eta^{223} k^h a?^5$ 经常 $t\varphi i\eta^{24} dzi\tilde{a}^{312}$
1174	又 他~来了	亦 $i?^{23}$
1175	还 他~没回家	还 a^{312}
1176	再 你明天~来	再 tsa^{45}
1177	也 我~去;我~是老师	也 a^{223}
1178	反正 不用急,~还来得及	反正 $f\tilde{a}^{44} t\varphi i\eta^{45}$
1179	没有 昨天我~去	无有 $m^{45} i\partial u^{41}$
1180	不 明天我~去	弗 $fu?^5$
1181	别 你~去	弗乐 $fu?^4 \eta ao^{45}$ 乐 ηao^{45}
1182	甭 不用,不必:你~客气	弗乐 $fu?^4 \eta ao^{45}$ 乐 ηao^{45}
1183	快 天~亮了	快 $k^h ua^{45}$
1184	差点儿 ~摔倒了	差滴儿 $ts^h o^{24} ti?^4 \d{n}i^{45}$ 差滴儿 $ts^h o^{24} ti\eta^{45}$
1185	宁可 ~买贵的	心愿 $s\partial\eta^{24} \d{n}y\varepsilon^{223}$
1186	故意 ~打破的	故大意 $ku^{44} da^{223} i^{45}$
1187	随便 ~弄一下	随便 $z\eta^{31} bi\varepsilon^{223}$
1188	白 ~跑一趟	白 $ba?^{23}$
1189	肯定 ~是他干的	肯定 $k^h\varepsilon^{44} di\eta^{223}$
1190	可能 ~是他干的	可能 $k^h u^{44} n\varepsilon^{31}$
1191	一边 ~走,~说	一边 $i?^4 pi\varepsilon^{24}$
1192	和 我~他都姓王	斗= $t\partial u^{45}$
1193	和 我昨天~他去城里了	斗= $t\partial u^{45}$

续表

编　号	词　　条	发　　音
1194	对他~我很好	对 tei⁴⁵
1195	往~东走	望 mɔ̃²²³
1196	向~他借一本书	问 məŋ²²³ 向 ɕiã⁴⁵
1197	按~他的要求做	按 uɛ²⁴
1198	替~他写信	帮 mɔ̃²⁴/pɔ̃²⁴
1199	如果~忙你就别来了	如果 n̠y²⁴ko⁴¹
1200	不管~怎么劝他都不听	弗管 fuʔ⁴kuã⁴¹

第四章 语 法

0001 小张昨天钓了一条大鱼，我没有钓到鱼。

小张昨暝日钓了一枚大鱼，我无钓到鱼。

ɕiɑɔ⁴⁴tiã²⁴zo²²³moʔ²³naʔ²³tiɑ⁴⁵lɑ⁰iʔ⁴mei⁴⁵du²²³n̠y²⁴，ŋo⁴⁴m⁴⁵

tiɑ⁴⁵təɯ⁴⁴n̠y²⁴。

0002 a.你平时抽烟吗？ b.不，我不抽烟。

a.你平时吃烟弗啊？ b.弗吃，我弗吃烟个。

a.n̠i⁴⁴biŋ²²³zɿ³¹tɕʰiʔ⁴iɛ²⁴fuʔ⁵ɔ⁰？ b.fuʔ⁴tɕʰiʔ⁵，ŋo⁴⁴fuʔ⁴tɕʰiʔ⁴iɛ²⁴kei⁰。

0003 a.你告诉他这件事了吗？ b.是，我告诉他了。

a.你对渠讲过乙件事干无啊？ b.嗯，我对渠讲过哇。

a.n̠i⁴⁴tei⁴⁴gi³¹kɔ̃⁴⁴ko⁴⁵iʔ⁵dziɛ²²³zɿ³¹kuɛ⁴⁵m⁴⁵ɔ⁰？

b.ŋ³¹，ŋo⁴⁴tei⁴⁴gi³¹kɔ̃⁴⁴ko⁴⁵ua⁰。

0004 你吃米饭还是吃馒头？

你吃饭还是吃馒头？

n̠i⁴⁴tɕʰiʔ⁴vã²²³a²²³dzɿ³¹tɕʰiʔ⁴mɛ²²³dəɯ³¹²？

0005 你到底答应不答应他？

你到底答应弗答应渠？

n̠i⁴⁴təɯ⁴⁵ti⁴⁴tɔʔ⁴iŋ⁴⁵fuʔ⁴tɔʔ⁴iŋ⁴⁵gi³¹²？

0006　a. 叫小强一起去电影院看《刘三姐》。b. 这部电影他看过了。

　　　　a. 喊小强做记到电影院相《刘三姊》。b. 乙部电影渠相过哇。

　　　　a. xã⁴⁵ ɕiɑɔ⁴⁴ dʑia³¹ tso⁴⁴ tsɿ⁴⁵ təɯ⁴⁴ diɛ²²³ iŋ⁴⁴ yɛ²²³ ɕia⁴⁴ liəɯ²²³ sã⁴⁴ tsɿ²⁴。

　　　　b. iʔ⁵ bu²²³ diɛ²²³ iŋ⁴⁴ gi³¹ ɕia⁴⁵ ko⁴⁴ ua⁰。

0007　你把碗洗一下。

　　　　你帮碗洗记。

　　　　ȵi⁴⁴ pɔ̃²⁴ ua⁴¹ sɿ⁴⁴ tsɿ⁴⁵。

0008　他把橘子剥了皮,但是没吃。

　　　　渠帮橘皮剥了,但是无吃。

　　　　gi³¹ pɔ̃²⁴ tɕyeiʔ⁵ bi³¹ poʔ⁵ lɑɔ⁰,dã²²³ zɿ²²³ m⁴⁵ tɕʰiʔ⁵。

0009　他们把教室都装上了空调。

　　　　渠人帮教室都装上了空调。

　　　　gi²²³ nɛ³¹ pɔ̃²⁴ kɑɔ⁴⁴ seiʔ⁵ tu²⁴ tsɔ̃²⁴ dʑia³¹ lɑɔ⁰ kʰoŋ⁴⁴ diɑɔ³¹²。

0010　帽子被风吹走了。

　　　　帽乞风吹去了。

　　　　mɑɔ²²³ kʰa⁴⁴ fəŋ²⁴ tsʰɥ²⁴ kʰi⁴⁵ lɑɔ⁰。

0011　张明被坏人抢走了一个包,人也差点儿被打伤。

　　　　张明乞坏人抢去了一个包,人也差滴ₙ添乞打伤。

　　　　tia̍̃²⁴ miŋ³¹ kʰa⁴⁴ ua²²³ nɛ³¹ tɕʰia⁴⁴ kʰi⁴⁴ lɑɔ⁰ iʔ⁴ ki⁴⁵ pɑɔ²⁴,nɛ³¹ a²²³ tsʰ o⁴⁴ tiŋ⁴⁵ tʰiɛ²⁴ kʰa⁴⁴ nɛ⁴⁴ ɕia̍̃²⁴。

0012　快要下雨了,你们别出去了。

　　　　快乐断⁼雨哇,你人弗乐出去哇。

　　　　kʰua⁴⁵ ŋɑɔ²²³ dəŋ²²³ y⁴¹ ua⁰,ȵi⁴⁴ nɛ³¹ fuʔ²⁴ ŋɑɔ⁴⁵ tɕʰyɛʔ⁴ kʰi⁴⁵ ua⁰。

0013 这毛巾很脏了,扔了它吧。

乙根面巾齷齪险哇,帮渠摔了哇。

iʔ⁴kɛ²⁴miɛ²²³tɕiŋ²⁴oʔ²³tɕʰioʔ⁵ɕiɛ⁴¹ua⁰,pɔ̃²⁴gi³¹ɕyeiʔ⁵laɔ⁰ua⁰。

0014 我们是在车站买的车票。

我人是牢⁼车站买个车票。

ŋo⁴⁴nɛ³¹dzʐ²²³laɔ³¹tɕʰio²⁴dzã²²³mɔ⁴¹kei⁰tɕʰio²⁴pʰiaɔ⁴⁵。

0015 墙上贴着一张地图。

墙上贴了一张地图。

ʑiã³¹dʑia²²³tʰiɛʔ⁵laɔ⁰iʔ⁴tiã²⁴di²²³du³¹²。

0016 床上躺着一个老人。

床上躺了一个老人家。

ʑiɔ̃³¹dʑiã²²³tʰã̃⁴¹laɔ⁰iʔ⁴kei⁴⁵laɔ⁴⁴nɛ²²³ko²⁴。

0017 河里游着好多小鱼。

好粒⁼鱼儿牢⁼河底游。

xəɯ⁴¹lɛʔ⁰ȵy⁴⁴ȵi⁴⁵laɔ³¹u³¹ti⁴⁴iəɯ³¹²。

0018 前面走来了一个胖胖的小男孩。

前面走来了一个壮壮个细根⁼儿。

ʑiɛ³¹miɛ²²³tsəɯ⁴⁴li³¹laɔ⁰iʔ⁴ki⁴⁵tɕiɔ̃⁴⁴tɕiɔ̃⁴⁵kei⁰sʐ⁴⁴kɛ⁴⁴ȵi²⁴。

0019 他家一下子死了三头猪。

渠处里一记死了三个猪。

gi³¹tsʰɥ⁴⁵li⁰iʔ⁴tsʐ⁴⁵sʐ⁴¹laɔ⁰sã²⁴kei⁴⁵ti²⁴。

0020 这辆汽车要开到广州去。

乙辆汽车乐开到广州去。

iʔ⁵liã⁴⁴tsʰʐ⁴⁴tɕʰio²⁴ŋaɔ²²³kʰei²⁴təɯ⁴⁴kɔ̃⁴⁴tɕiəɯ²⁴kʰi⁰。

0021　学生们坐汽车坐了两整天了。

学生人坐汽车坐了两日哇。

oʔ²³ sɛ²⁴ nɛ³¹ zu²²³ tsʰʅ⁴⁴ tɕio²⁴ zu²²³ lɑɔ⁰ la⁴¹ naʔ²³ ua⁰。

0022　你尝尝他做的点心再走吧。

你尝尝渠做个点心再去噶。

ȵi⁴⁴ ʑiã³¹ ʑiã³¹ gi³¹ tso⁴⁵ kei⁰ tiɛ⁴⁴ sən²⁴ tsa⁴⁴ kʰi⁴⁵ ka⁰。

0023　a. 你在唱什么？ b. 我没在唱，我放着录音呢。

a. 你牢＝阿＝埒唱责＝事哦？ b. 我无唱，我牢＝阿＝埒放录音欶。

a. ȵi⁴⁴ lɑɔ³¹ aʔ⁵ tɔʔ⁰ tɕʰiã⁴⁴ tsaʔ⁵ zʅ²²³ o⁰。

b. ŋo⁴⁴ m⁴⁵ tɕʰiã⁴⁵，ŋo⁴⁴ lɑɔ³¹ aʔ⁵ tɔʔ⁰ fõ⁴⁴ lo²³ iŋ²⁴ ɛ⁰。

0024　a. 我吃过兔子肉，你吃过没有？ b. 没有，我没吃过。

a. 我吃过兔肉，你吃过无哦？ b. 无有，我无吃过。

a. ŋo⁴⁴ tɕiʔ⁵ ko⁴⁴ tʰu⁴⁵ ȵiɘɯʔ²³，ȵi⁴⁴ tɕiʔ⁵ ko⁴⁴ m⁴⁵ o⁰？

b. m⁴⁵ iɘɯ⁰，ŋo⁴⁴ m⁴⁵ tɕiʔ⁵ ko⁴⁴。

0025　我洗过澡了，今天不打篮球了。

我浴洗过哇，今日弗打篮球哇。

ŋo⁴⁴ ioʔ²³ sʅ⁴⁴ ko⁴⁵ ua⁰，kɛ²⁴ naʔ²³ fuʔ⁴ nɛ⁴⁴ lã²²³ dʑiɘɯ³¹ ua⁰。

0026　我算得太快算错了，让我重新算一遍。

我算得忒快算错了，让我再算一遍。

ŋo⁴⁴ suɛ⁴⁵ tiʔ⁰ tʰaʔ⁴ kʰua⁴⁵ suɛ⁴⁴ tsʰu⁴⁵ lɑɔ⁰，ȵiã²²³ ŋo⁴⁴ tsa⁴⁵ suɛ⁴⁵ iʔ⁴ piɛ⁴⁵。

0027　他一高兴就唱起歌来了。

渠一高兴歌便唱起哇。

gi³¹ iʔ⁵ kɘɯ²⁴ ɕiŋ⁴⁵ ku²⁴ bɛ²²³ tɕʰiã⁴⁵ tsʰʅ⁴¹ ua⁰。

0028　谁刚才议论我老师来着？

才记撤＝人讲我老师哦？

za³¹tsʅ⁴⁵tɕʰiɛʔ⁵ne³¹kɔ̃⁴⁴ŋo⁴⁴laɔ⁴⁴sʅ²⁴o⁰？

0029　只写了一半，还得写下去。

只写了一半，还乐写落去。

tseiʔ⁵ɕio⁴⁴laɔ⁰iʔ⁴pɛ⁴⁵，a³¹ŋaɔ⁴⁴ɕio⁴⁴loʔ²³kʰi⁴⁵。

0030　你才吃了一碗米饭，再吃一碗吧。

你正吃了一碗饭，再吃碗添噶。

ȵi⁴⁴tɕiŋ⁴⁵tɕʰiʔ⁵laɔ⁰iʔ⁴ua⁴⁴va²²³，tsa⁴⁵tɕʰiʔ⁵ua⁴⁴tʰiɛ²⁴ka⁰。

0031　让孩子们先走，你再把展览仔仔细细地看一遍。

让细根＝儿先去，你再帮展览仔仔细细相一遍。

ȵiã²²³sʅ⁴⁴kɛ⁴⁴ȵi⁴⁵ɕiɛ²⁴kʰi⁴⁵，ȵi⁴⁴tsa⁴⁵pɔ̃²⁴tɕiɛ⁴⁴lã⁴¹tsʅ⁴⁴tsʅ⁴⁴sʅ⁴⁴
sʅ⁴⁵ɕiã⁴⁵iʔ⁴piɛ⁴⁵。

0032　他在电视机前看着看着睡着了。

渠牢＝电视机前相相相相便睏去了。

gi²²³laɔ³¹diɛ²²³zʅ²²³tsʅ²⁴ziɛ³¹ɕiã⁴⁵ɕiã⁴⁴ɕiã⁴⁵ɕiã⁴⁴biɛ²²³kʰuɛ⁴⁵kʰi⁴⁴laɔ⁰。

0033　你算算看，这点钱够不够花？

你算算相，乙滴ﾉ钞票够弗够用？

ȵi⁴⁴suɛ⁴⁵suɛ⁴⁵ɕiã⁴⁵，iʔ⁵tiŋ⁴⁵tsʰaɔ⁴⁴pʰiaɔ⁴⁵kəɯ⁴⁵fuʔ⁴kəɯ⁴⁵ioŋ²²³？

0034　老师给了你一本很厚的书吧？

老师乞了你一本厚厚个书哈？

laɔ⁴⁴sʅ²⁴kʰa⁴⁴laɔ⁰ȵi⁴⁴iʔ⁴pɛ⁴⁴gəɯ²²³gəɯ²³¹kei⁰sʮ²⁴xa⁰？

0035　那个卖药的骗了他一千块钱呢。

阿＝个卖药个骗了渠一千块钞票嘞。

aʔ⁵kei⁴⁵mɔ²²³iɔʔ²³kei⁰pʰiɛ⁴⁵laɔ⁰gi³¹iʔ⁴tɕʰiɛ²⁴kʰuei⁴⁴tsʰaɔ⁴⁴pʰiaɔ⁴⁵lɛ⁰。

0036　a. 我上个月借了他三百块钱。b. 我上个月借了他三百块钱。

a. 我上个月问渠借了三百块钞票。b. 我上个月借了渠三百块钞票。

a. ŋo⁴⁴ dʑia̱²²³ kei⁰ n̠yɛʔ²²³ məŋ³¹ gi³¹ tɕio⁴⁵ laɔ⁰ sã²⁴ paʔ⁵ kʰuei⁴⁵ tsʰɑɔ⁴⁴ pʰiɑɔ⁴⁵

b. ŋo⁴⁴ dʑia̱²²³ kei⁰ n̠yɛʔ²²³ tɕio⁴⁵ laɔ⁰ gi³¹ sã²⁴ paʔ⁵ kʰuei⁴⁵ tsʰɑɔ⁴⁴ pʰiɑɔ⁴⁵。

0037　a. 王先生的刀开得很好。王先生是医生(施事) b. 王先生的刀开得

很好。王先生是病人(受事)。

a. 王先生个刀开好险。b. 同"a"。

a. iɔ̃³¹ ɕiɛ⁴⁴ sɛ²⁴ kei⁰ təɯ²⁴ kʰei²⁴ xəɯ⁴⁴ ɕiɛ⁴¹。b. 同"a"。

0038　我不能怪人家,只能怪自己。

我无法怪别人,只能怪特⁼自。

ŋo⁴⁴ m⁴⁵ fɔʔ⁵ kua⁴⁵ biɛʔ²²³ nɛ³¹²,tsɛiʔ⁵ nɛ³¹ kua⁴⁵ daʔ²³ zɿ²²³。

0039　a. 明天王经理会来公司吗? b. 我看他不会来。

a. 明朝王经理会来公司哦? b. 我相渠[弗会]来哇。

a. məɯ²²³ tɕiaɔ²⁴ iɔ̃³¹ tɕiŋ⁴⁴ li⁴¹ uei²²³ li³¹ koŋ⁴⁴ sɿ²⁴ fɔʔ⁰?

b. ŋo⁴⁴ ɕia̱⁴⁵ gi³¹ fei⁴⁵ li³¹ ua⁰。

0040　我们用什么车从南京往这里运家具呢?

我人用责⁼车从南京望乙墰运家具呢?

ŋo⁴⁴ nɛ³¹ iɔ̃²²³ tsaʔ⁵ tɕʰio²⁴ ziɔ̃³¹ nuɛ²²³ tɕiŋ²⁴ m̃²²³ iʔ⁵ tɔʔ⁰ yŋ²²³ ko²⁴ dʑɥ²²³ n̠i⁰?

0041　他像个病人似的靠在沙发上。

渠像病人样靠记沙发上。

gi³¹ zia̱²²³ biŋ²²³ nɛ³¹ ia̱²²³ kʰəɯ⁴⁵ tsɿ⁴⁴ sɔ⁴⁴ fɔʔ⁵ dʑia̱²²³。

0042 这么干活连小伙子都会累坏的。

乙色⁼做道路连后生都会着力了。

i?⁵sa?⁰tso⁴⁴dɑɔ²²³lu²²³liɛ³¹u⁴⁴sɛ²⁴tu²⁴uei²²³dʑiɔ?²³li²²³lɑɔ⁰。

0043 他跳上末班车走了。我迟到一步，只能自己慢慢走回学校了。

渠跳上末班车去了，我迟了一步，只能特⁼自慢慢记儿走归学堂了。

gi³¹tʰiɑɔ⁴⁵dʑiã²²³mɛ?²³pã⁴⁴tɕʰio²⁴kʰi⁴⁵lɑɔ⁰，ŋo⁴⁴dʑʅ³¹lɑɔ⁰i?⁴bu²²³，

tsei?⁵nɛ³¹da?²³zʅ²²³mã²²³mã²²³tɕiŋ⁴⁵tsɯ⁴⁴kuei²⁴o?²³dɔ̃³¹lɑɔ⁰。

0044 这是谁写的诗？谁猜出来我就奖励谁十块钱。

乙个是责⁼人写个诗？责⁼人猜出我便奖励责⁼人十块钞票。

i?⁵kei⁴⁵dʑʅ²²³tsa?⁵nɛ³¹ɕio⁴⁴kei⁰sʅ²⁴，tsa?⁵nɛ³¹tsʰei²⁴tɕʰyɛ?⁵ŋo⁴⁴

bɛ²²³tɕiã⁴⁴li²²³tsa?⁵nɛ³¹ʐyei?²³kʰuei⁴⁵tsʰɑɔ⁴⁴pʰiɑɔ⁴⁵。

0045 我给你的书是我教中学的舅舅写的。

我乞你个书是我教中学个娘舅写个。

ŋo⁴⁴kʰa⁴⁴n̠i⁴⁴kei⁰sʅ²⁴dʑʅ²²³ŋo⁴⁴kɑɔ⁴⁴tɕioŋ⁴⁴o?²³kei⁰n̠iã²²³dʑiəɯ²³¹

ɕio⁴¹kei⁰。

0046 你比我高，他比你还要高。

你比我高，渠比你还乐高。

n̠i⁴⁴pi⁴⁴ŋo⁴⁴kəɯ²⁴，gi³¹pi⁴⁴n̠i⁴⁴a³¹ŋɑɔ²²³kəɯ²⁴。

0047 老王跟老张一样高。

老王斗⁼老张一样高。

lɑɔ⁴⁴iɔ̃³¹təɯ⁴⁴lɑɔ⁴⁴tiã²⁴i?⁴iã²²³kəɯ²⁴。

0048 我先走了，你们俩再多坐一会儿。

我去哇，你两个多坐记。

ŋo⁴⁴kʰi⁴⁵ua⁰，n̠i⁴⁴la⁴⁴kei⁴⁵tu²⁴zu²²³tsʅ⁴⁵。

0049　我说不过他,谁都说不过这个家伙。

我讲弗过渠,随便责‸人都讲弗过乙个货色。

ŋo⁴⁴ kɔ̃⁴⁴ fuʔ⁴ ko⁴⁵ gi³¹², zʮ³¹ biɛ²²³ tsaʔ⁵ nɛ³¹ tu²⁴ kɔ̃⁴⁴ fuʔ⁴ ko⁴⁵ iʔ⁵ ki⁰ xo⁴⁴ saʔ⁵ 。

0050　上次只买了一本书,今天要多买几本。

上次只买了一本书,今日乐多买几本。

dʑia̋²²³ tsʰ ʮ⁴⁵ tseiʔ⁵ mɔ⁴¹ lɑɔ⁰ iʔ⁴ pɛ⁴⁴ sʮ²⁴ , kɛ²⁴ naʔ²³ ŋɑɔ²²³ tu²⁴ mɔ⁴¹ ki⁴¹ pɛ⁴¹ 。

第五章　话　语

一、讲　述

（一）方言老男

当地情况

我今日呢，便讲讲我人云和。云和呢，是个很小个地方。过去来讲呢，人口呢也少险个，地方呢也细险，云和镇①呢，便狭险个，只有两条街。阿＝呗，云和乙个地方呢，虽然小呢，但是还是个福地。乙个福地，对云和人来讲，是比较好个。责＝事干讲云和乙个地方是福地呢？云和呢，从来呢没有自然灾害。过去来讲，日本人打底来时间呢，都无有打底过。云和一直是个风调雨顺个地方。

ŋo⁴⁴ kɛ²⁴ naʔ²³ n̠i⁰ , biɛ²²³ k ɔ̃⁴⁴ k ɔ̃⁴⁴ ŋo⁴⁴ nɛ³¹ yŋ²²³ o³¹² 。 yŋ²²³ o³¹ n̠i⁰ , dzʅ²²³ kei⁰ xəŋ⁴¹ ɕiɑɔ⁴¹ kei⁰ di²²³ f ɔ̃²⁴ 。 ko⁴⁵ tsʰɥ⁴⁵ li³¹ k ɔ̃⁴⁴ n̠i⁰ , nɛ²²³ kʰəɯ⁴⁴ n̠i⁰ a²²³ ɕiɑɔ⁴⁴ ɕiɛ⁴¹ kei⁰ , di²²³ f ɔ̃²⁴ n̠i⁰ a²²³ sʅ⁴⁵ ɕiɛ⁴¹ , yŋ²²³ o³¹ tsəŋ⁴⁵ n̠i⁰ , pɛ²²³

---

① 本书老男话语讲述中的"云和镇"是旧称。2011 年 9 月撤云和镇建制，原云和镇区域设浮云、元和、白龙山、凤凰山街道。

ɔʔ²³ çiɛ⁴¹ kei⁰ ,tseiʔ⁵ iəɯ⁴⁴ la⁴¹ diɑɔ³¹ kɔ²⁴ 。aʔ⁵ pɛ⁰ ,yŋ²²³ o³¹ iʔ⁵ kei⁰ di²²³ fɔ̃²⁴
n̠i⁰ ,sʮ²⁴ n̠iɛ³¹ çiɑɔ⁴¹ n̠i⁰ ,dã²²³ zɿ²²³ a²²³ dzɿ²²³ kei⁰ fəɯʔ⁵ di²²³ 。iʔ⁵ kei⁰ fəɯʔ⁵
di²²³ ,tei⁴⁴ yŋ²²³ o²²³ nɛ³¹ li³¹ kɔ̃⁴¹ ,dzɿ²²³ pi⁴⁴ kɑɔ⁴⁵ xəɯ⁴¹ kei⁰ 。tsaʔ⁵ zɿ²²³
kuɛ⁴⁵ kɔ̃⁴⁴ yŋ²²³ o³¹ iʔ⁵ kei⁰ di²²³ fɔ̃²⁴ dzɿ²²³ fəɯʔ⁵ di²²³ n̠i⁰ ? yŋ²²³ o³¹ n̠i⁰ ,
ziɕ̃iɔ̃²²³ li³¹ n̠i⁰ m⁴⁵ iəɯ⁴⁴ zɿ²²³ iɛ³¹ tsa²⁴ a²²³ 。ko⁴⁵ tsʰʮ⁴⁵ li³¹ kɔ̃⁴¹ ,n̠iʔ²²³ pɛ⁴⁴ nɛ³¹
nɛ⁴⁴ti⁴¹ li⁰ zɿ²²³ kã²⁴ n̠i⁰ ,tu²⁴ m⁴⁵ iəɯ⁴⁴ nɛ⁴⁴ti⁴¹ ko⁴⁵ 。yŋ²²³ o³¹ iʔ⁴ dziʔ²³ dzɿ²²³
kei⁰ fəŋ²⁴ diɑɔ³¹ y⁴¹ ʐyŋ²²³ kei⁰ di²²³ fɔ̃²⁴ 。

我今天介绍一下我们云和。云和是个很小的地方。以前,云和
人口很少,地方也很小。云和镇不大,只有两条街。虽然云和是个
小地方,但却是个福地,这个福地对于云和人来说是恩赐。为什么
会称云和为福地呢? 因为云和从来没有遭受过自然灾害。以前日
本人入侵的时候,也没到过云和。云和一直是个风调雨顺的地方。

个人经历

我呢,出生在云和,当时间呢是下街,云和乙个地方分出呢,上
街、下街阿゠色゠个。阿゠呗下街呢,乙个地方呢,还比较偏僻,还是
上街闹粒゠。阿゠呗我生在下街,出世个时候呢,渠人喊我呢,都喊
洋狗个。因为我出世时候呢,壮险。责゠事干喊洋狗呢? 当时间呢,
正解放时候,渠人呢都喜欢洋。所以呢,过去呢,都是喊洋狗、洋肥
皂、洋油箱、洋油灯、洋油、洋伞,都是喊洋字头个。阿゠呗现在记呢,
乙粒゠讲法呢,基本上都无责゠有了哇,都用新名词哇。

ŋo⁴⁴ n̠i⁰ ,tɕʰyɛʔ⁴ sɛ²⁴ za²²³ yŋ²²³ o³¹² ,tɔ̃²⁴ zɿ²²³ kã²⁴ n̠i⁰ dzɿ²²³ io⁴⁴ kɔ²⁴ ,
yŋ²²³ o³¹ iʔ⁵ kei⁰ di²²³ fɔ̃²⁴ fəŋ²⁴ tɕʰyɛʔ⁵ n̠i⁰ ,dziã²²³ kɔ²⁴ 、io⁴⁴ kɔ²⁴ aʔ⁵ saʔ⁰ kei⁰ 。
aʔ⁵ pɛ⁰ io⁴⁴ kɔ²⁴ n̠i⁰ ,iʔ⁵ kei⁰ di²²³ fɔ̃²⁴ n̠i⁰ ,a²²³ pi⁴⁴ kɑɔ⁴⁴ pʰiɛ⁴⁴ pʰiʔ⁵ ,a²²³ dzɿ²²³
dziã²²³ kɔ²⁴ nɑɔ²²³ lɛʔ⁰ 。aʔ⁵ pɛ⁰ ŋo⁴⁴ sɛ²⁴ za²²³ io⁴⁴ kɔ²⁴ ,tɕʰyɛʔ⁵ sɿ⁴⁵ kei⁰ zɿ³¹
əɯ²²³ n̠i⁰ ,gi²²³ nɛ³¹ xã⁴⁵ ŋo⁴¹ n̠i⁰ ,tu²⁴ xã̃⁴⁵ iã⁴⁵ kəɯ⁴¹ kei⁰ 。iŋ²⁴ uei³¹ ŋo⁴⁴

tɕʰyɛʔ⁴sʅ⁴⁵zʅ³¹əɯ²²³n̩i⁰,tɕiɔ̃⁴⁵ɕiɛ⁴¹。tsaʔ⁵zʅ²²³kuɛ⁴⁵xã⁴⁵iã⁴⁵kəɯ⁴¹n̩i⁰?
tɔ̃⁴⁵zʅ²²³kã²⁴n̩i⁰,tɕiŋ⁴⁵kɔ⁴⁴fɔ̃⁴⁵zʅ³¹əɯ²²³,gi²²³nɛ³¹n̩i⁰tu²⁴sʅ⁴⁴xuã²⁴iã³¹²。
su⁴⁴i⁴¹n̩i⁰,ko⁴⁵tsʰɿ⁴⁴n̩i⁰,tu²⁴dzʅ²²³xã⁴⁵iã²²³kəɯ⁴¹、iã²²³bi²²³saɔ⁴¹、iã²²³
iəɯ²²³ɕiã²⁴、iã²²³iəɯ²²³tɛ²⁴、iã²²³iəɯ³¹²、iã²²³sã⁴¹,tu²⁴dzʅ²²³xã⁴⁵iã³¹zʅ²²³
dəɯ³¹kei⁰。aʔ⁵pɛ⁰iɛ²²³za²²³tsʅ⁴⁵n̩i⁰,iʔ⁵lɛʔ⁰kɔ̃⁴⁴fɔʔ⁵n̩i⁰,tsʅ²⁴pɛ⁴⁴ziã²²³
tu²⁴m⁴⁵tsaʔ⁵iəɯ⁴¹laɔ⁰ua⁰,tu²⁴iɔ̃²²³səŋ²⁴miŋ²²³zʅ³¹ua⁰。

　　我出生在云和当时的下街。云和当时是分上街和下街的，下街
还比较偏僻，不如上街热闹。我出生的时候，别人都叫我洋狗，因为
我出生的时候很胖。为什么叫我洋狗呢？因为解放初期的时候，大
家都喜欢说洋字。所以过去那段时期，洋狗、洋肥皂、洋油箱、洋油
灯、洋油、洋伞，都要加个"洋"字。现在基本上不用这种命名法了。

　　我出生以后，从街尾搬到过去呢有一个喊加官弄个地方。阿ᵁ
呗加官弄阿ᵁ个地方呢，有一个小学。乙个小学，是云和县唯一个一
个小学。乙个小学离我处呢，比较近，只有百把米路。阿ᵁ呗，我读
书呢，便是牢ᵁ乙个小学读书个。

　　ŋo⁴⁴tɕʰyɛʔ⁴sɛ²⁴i⁴⁴u⁴¹,ziɔ̃³¹kɔ⁴⁴mi⁴⁵pɛ²⁴təɯ⁴⁴ko⁴⁵tsʰɿ⁴⁵n̩i⁰iəɯ⁴¹
iʔ⁴kei⁰xã⁴⁵ko⁴⁴kuã²⁴loŋ²²³kei⁰di²²³fɔ̃²⁴。aʔ⁵pɛ⁰ko⁴⁴kuã²⁴loŋ²²³aʔ⁵kei⁰
di²²³fɔ̃²⁴n̩i⁰,iəɯ⁴¹iʔ⁴kei⁰ɕiaɔ⁴⁴oʔ²³。iʔ⁵kei⁰ɕiaɔ⁴⁴oʔ²³,dzʅ²²³yŋ²²³o⁰
yɛ²²³uei³¹iʔ⁵kei⁰iʔ⁴kei⁰ɕiaɔ⁴⁴oʔ²³。iʔ⁵kei⁰ɕiaɔ⁴⁴oʔ²³li³¹ŋo⁴⁴tsʰɿ⁴⁵n̩i⁰,
pi⁴⁴kaɔ⁴⁵dziŋ²³¹,tseiʔ⁵iəɯ⁴⁴paʔ⁵po⁴¹mi⁴¹lu²²³。aʔ⁵pɛ⁰,ŋo⁴⁴dəɯʔ²³sɿ²⁴
n̩i⁰,biɛ²²³dzʅ²²³laɔ³¹iʔ⁵kei⁰ɕiaɔ⁴⁴oʔ²³dəɯʔ²³sɿ²⁴kei⁰。

　　我出生以后，我家从街尾搬到以前一个叫"加官弄"的地方。加
官弄有一所小学，这所小学也是云和县城唯一的小学。这所小学距
离我家比较近，只有百来米路。于是，我就在这所小学上学。

　　读书时候呢,我是五八年开始读书嘚,阿⁼呗乙个小学走底去读书呢,钞票是省险嘚。当时间,有粒⁼人还是免费个。阿⁼呗我人个读书呢,生活呢相当苦。阿⁼呗甚至呢,衣裳呢,特别是冬天,棉衣棉裤是无有个,尽多呢便是着两件布裤。到学堂去读书,浸个天着,牢⁼教室呢课底冻得呢,便咯咯抖了。一落课呢,便挖⁼出来晒日头哇。阿⁼时间由于生活困难,所以到乙色⁼个程度,造成了呢乙色⁼个现状。

　　dɯuʔ²³ sʮ²⁴ zɿ³¹ ɯu²²³ ȵiº , ŋɔ⁴⁴ dzɿ²²³ ŋ⁴¹ pɔʔ⁵ ȵiɛ³¹ kʰei⁴⁴ sɿ⁴¹ dɯuʔ²³ sʮ²⁴ koº , aʔ⁵ pɛº iʔ⁵ keiº ɕiɑɔ⁴⁴ oʔ²³ tsɘɯ⁴⁴ ti⁴¹ kʰiº dɯuʔ²³ sʮ²⁴ ȵiº , tsʰɑɔ⁴⁴ pʰiɑɔ⁴⁵ dzɿ²²³ sɛ⁴⁴ ɕiɛ⁴¹ koº 。 t ɔ̃⁴⁵ zɿ²²³ k ã²⁴ , iu⁴⁴ lɛʔº nɛ³¹ a²²³ dzɿ²²³ miɛ⁴¹ fi⁴⁵ keiº 。 aʔ⁵ pɛº ŋo⁴⁴ nɛ³¹ keiº dɯuʔ²³ sʮ²⁴ ȵiº , sɛ²⁴ uaʔ²³ ȵiº ɕi ã̃⁴⁴ t ɔ̃²⁴ kʰu⁴¹ 。 aʔ⁵ pɛº sɘŋ²⁴ tsɿ⁴⁵ ȵiº , i⁴⁴ ʑi ã³¹ ȵiº , daʔ²³ biɛʔ²³ dzɿ²²³ toŋ²⁴ tʰiɛ²⁴ , miɛ²²³ i²⁴ miɛ³¹ kʰu⁴⁵ dzɿ²²³ m⁴⁵ iɘɯ⁴¹ keiº 。 zɘŋ²²³ tu²⁴ ȵiº biɛ²²³ dzɿ²²³ taʔ⁵ la⁴⁴ dʑiɛ²²³ pu⁴⁴ kʰu⁴⁵ 。 tɘɯ⁴⁴ oʔ²³ d ɔ̃³¹² kʰi⁴⁴ dɯuʔ²³ sʮ²⁴ , tsʰɘŋ⁴⁵ keiº tʰiɛ²⁴ dʑiɔiʔ²³ , lɑɔ³¹ kɑɔ⁴⁴ seiʔ⁵ ȵiº kʰo⁴⁴ ti⁴¹ toŋ⁴⁵ tiʔ⁵ ȵiº , biɛ²²³ gɛʔ²³ gɛʔ²³ tɘɯ⁴¹ lɑɔº 。 iʔ⁴ loʔ²³ kʰo⁴⁵ ȵiº , biɛ²²³ uaʔ⁵ tɕʰyɛʔ⁴ li³¹ sɔ⁴⁴ naʔ²³ dɘɯ³¹ uaº 。 aʔ⁵ zɿ²²³ k ã²⁴ iɘɯ³¹ y²²³ sɛ²⁴ uaʔ²³ kʰuɘŋ⁴⁵ n ã³¹² , su⁴⁴ i⁴¹ tɘɯ⁴⁴ iʔ⁵ saʔº keiº dʑiŋ²²³ du²²³ , zɑɔ²²³ ʑiŋ³¹ lɑɔº ȵiº iʔ⁵ saʔº keiº iɛ²²³ ʑi ɔ̃²²³ 。

　　我是1958年开始上学的,上小学花不了多少钱。当时,还有些人是免费上学的。我们上学时生活相当艰苦,冬天都没棉衣棉裤,最多穿两条裤子。天气寒冷时,我们在教室里上课时冻得直发抖,一下课就出去晒太阳。那时候的生活可真是困难,所以才会有这样的现象。

　　阿⁼呗,读书毕业以后,我伯呢,便帮我带去做木哇。因为我伯呢,牢⁼阿⁼个云和镇来讲,技术呢还是比较好个,所以渠呢是个好

老师。做木老师来讲,过去呢,亦分出呢,大木①、小木②乙色ᵈ两种,
我伯呢是做大木个。阿ᵈ呗我呢小学毕业以后,便带我去做木哇。

　　aʔ⁵pɛ⁰,dəɯʔ²³sʮ²⁴piʔ⁵n̠iɛʔ²³i⁴⁴u⁴¹,ŋo⁴⁴paʔ⁵n̠i⁰,bɛ²²³mɔ̃²⁴ŋo⁴⁴tɔ⁴⁵
kʰi⁰tso⁴⁴məɯʔ²³ua⁰。iŋ²⁴uei³¹ŋo⁴⁴paʔ⁵n̠i⁰,lɑɔ³¹aʔ⁵kei⁰yŋ²²³o³¹tsəŋ⁴⁵
li³¹kɔ̃⁴¹,dzʮ²²³ʐyeiʔ²³n̠i⁰a²²³dzʮ²²³pi⁴⁴kɑɔ⁴⁵xəɯ⁴¹kei⁰,su⁴⁴i⁴¹gi²²³n̠i⁰
dzʮ²²³kei⁴⁵xəɯ⁴⁴lɑɔ⁴⁴sʮ²⁴。tso⁴⁴məɯʔ²³lɑɔ⁴⁴sʮ²⁴li³¹kɔ̃⁴¹,ko⁴⁵tsʰʮ⁴⁴n̠i⁰,
iʔ²³fəŋ²⁴tɕʰyɛʔ⁵n̠i⁰,du²²³məɯ²²³、ɕiɑɔ⁴⁴məɯʔ²³iʔ⁵saʔ⁰la⁴⁴tɕiɔ̃⁴¹,ŋo⁴⁴
paʔ⁵n̠i⁰dzʮ²²³tso⁴⁴du²²³məɯʔ²³kei⁰。aʔ⁵pɛ⁰ŋo⁴⁴n̠i⁰ɕiɑɔ⁴⁴oʔ²³piʔ⁵n̠iɛʔ²³
i⁴⁴u⁴¹,bɛ²²³tɔ⁴⁵ŋo⁴⁴kʰi⁴⁴tso⁴⁴məɯʔ²³ua⁰。

　　毕业以后,我父亲就带我去做木工了。因为我父亲的木工技术
在云和镇是比较有名的,他是个好师傅。过去的木工分大木工、小
木工两种,我父亲是大木工。所以我小学毕业后,他就带我去做木
工了。

　　做木呢,到乡下去帮人徛处。徛处了以后,接落去呢,云和镇成
立了一个建筑社。所以呢,我斗ᵈ我伯嘞呢,都参加了建筑社。所
以,牢ᵈ阿ᵈ个建筑社底呢,做公家个处哇。阿ᵈ呗接落去呢,做工了
以后,但是阿ᵈ时间个工资呢,十分低个。我人做做呢,只有四十五
块一个月,每月呢都是乐做满哇。但是交生产队呢,乐交三十块钞
票,剩落只有十五块钞票。

　　tso⁴⁴məɯʔ²³n̠i⁰,təɯ⁴⁵⁴ɕiã⁴⁴io⁴¹kʰi⁴⁴mɔ̃²⁴nɛ³¹ga²²³tsʰʮ⁴⁵。ga²²³tsʰʮ⁴⁵
lɑɔ⁰i⁴⁴u⁴¹,tɕiɛʔ⁵loʔ²³kʰi⁴⁵n̠i⁰,yŋ²²³o³¹tsəŋ⁴⁵ʑiŋ³¹liʔ²³lɑɔ⁰iʔ⁴kei⁰tɕiɛ⁴⁴
tɕiəɯ⁴⁵ʑioʔ²³¹。su⁴⁴i⁴⁴n̠i⁰,ŋo⁴⁴təɯ⁴⁴ŋo⁴⁴paʔ⁵lɛ⁰n̠i⁰,tu²⁴tsʰuɛ⁴⁴ko²⁴lɑɔ⁰

---

　　① 大木:造房子的木工。
　　② 小木:打家具的木工。

tɕiɛ⁴⁴ tɕiəɯ⁴⁵ ʑio²³¹ 。su⁴⁴ i⁴⁴ , lɑɔ³¹ aʔ⁴ kei⁴⁵ tɕiɛ⁴⁴ tɕiəɯ⁴⁵ ʑio²³¹ ti⁴¹ n̠i⁰ , tso⁴⁴ koŋ⁴⁴ ko²⁴ kei⁰ tsʰʮ⁴⁵ ua⁰。aʔ⁵ pɛ⁰ tɕiɛ⁵ loʔ²³ kʰi⁴⁵ n̠i⁰ , tso⁴⁴ koŋ²⁴ lɑɔ⁰ i⁴⁴ u⁴¹ , dã²²³ zʅ²²³ aʔ⁵ zʅ²²³ kã²⁴ kei⁰ koŋ⁴⁴ tsʅ²⁴ n̠i⁰ , ʑyeiʔ²³ fəŋ²⁴ ti²⁴ kei⁰。ŋo⁴⁴ nɛ³¹ tso⁴⁵ tso⁴⁵ n̠i⁰ , tseiʔ⁵ iəɯ⁴⁴ sʅ⁴⁴ ʑyeiʔ²³ ŋ⁴⁴ kʰuei⁴⁵ iʔ⁴ kei⁰ n̠yɛʔ²³ , mei⁴⁴ n̠yɛʔ²³ n̠i⁰ tu²⁴ dzʅ²²³ ŋɑɔ²²³ tso⁴⁴ mɛ⁴¹ ua⁰。dã²²³ zʅ²²³ kɑɔ²⁴ sɛ⁴⁴ tsʰã⁴⁴ dei²²³ n̠i⁰ , ŋɑɔ²²³ kɑɔ²⁴ sã²⁴ ʑyeiʔ²³ kʰuei⁴⁵ tsʰɑɔ⁴⁴ pʰiɑɔ⁴⁵ , ziŋ²²³ loʔ²³ tseiʔ⁵ iəɯ⁴¹ ʑyeiʔ²³ ŋ⁴¹ kʰuei⁴⁵ tsʰɑɔ⁴⁴ pʰiɑɔ⁴⁵ 。

我们先到乡下去帮人盖房子。后来，云和镇成立了一个建筑社，于是我和我父亲都参加了建筑社，这个建筑社是给公家建房的。接下来，我们就在建筑社里做木工。但是，这期间的工资十分低，每个月即使干满，也才只有四十五块，还得要上交三十块钱给生产队，自己只剩下十五块钱。

阿‐呗，我人呢做了几年以后，我想想乙个赚弗倒吃个，所以呢挖‐出来呢，想特‐自去做生意嘞，乙色‐来赚钞票。但是社会个风险比较大，我个人呢比较实在，弗是做生意个料。做生意做了几年，弗行，做后呢亦买了一把车。我想想，开车呢可以赚钞票。但是，特‐自弗会开车呢，喊别人开车，亦赚弗来钞票个。我特‐自买了一把车呢，亦赚弗来。所以，车呢亦折了。做后我想想呢，只有呢办厂。

aʔ⁵ pɛ⁰ , ŋo⁴⁴ nɛ³¹ n̠i⁰ tso⁴⁵ lɑɔ⁰ ki⁴⁴ n̠iɛ³¹ i⁴⁴ u⁴¹ , ŋo⁴⁴ ɕiã⁴⁴ ɕiã⁴⁵ iʔ⁵ kei⁴⁵ dzã²³¹ fuʔ⁴ təɯ⁴⁴ tɕʰiʔ⁵ kei⁰ , su⁴⁴ i⁴¹ n̠i⁰ uaʔ⁵ tɕʰyɛʔ⁵ li³¹ n̠i⁰ , ɕiã⁴⁴ daʔ²³ zʅ²²³ kʰi⁴⁴ tso⁴⁴ sɛ²⁴ i⁴⁵ lɛ⁰ , iʔ⁵ saʔ⁰ li³¹ dzã²³¹ tsʰɑɔ⁴⁴ pʰiɑɔ⁴⁵ 。dã²²³ zʅ²²³ ʑio²³¹ uei²²³ kei⁰ fəŋ⁴⁴ ɕiɛ⁴¹ pi⁴⁴ kɑɔ⁴⁵ du²²³ , ŋo⁴⁴ kei⁴⁵ nɛ³¹ n̠i⁰ pi⁴⁴ kɑɔ⁴⁵ zeiʔ²³ za²²³ , fuʔ⁵ dzʅ²²³ tso⁴⁴ sɛ²⁴ i⁴⁵ kei⁰ liɑɔ²²³ 。tso⁴⁴ sɛ²⁴ i⁴⁵ tso⁴⁵ lɑɔ⁰ ki⁴¹ n̠iɛ³¹² , fuʔ⁴ ɕiŋ⁴⁵ , tso⁴⁴ u⁴⁴ n̠i⁰ iʔ²³ mɔ²²³ lɑɔ⁰ iʔ⁴ po⁴⁴ tɕʰio²⁴ 。ŋo⁴⁴ ɕiã⁴⁴ ɕiã⁴⁵ , kʰei⁴⁵ tɕʰio²⁴ n̠i⁰ kʰu⁴⁴i⁴¹dzã²³¹tsʰɑɔ⁴⁴pʰiɑɔ⁴⁵。dã²²³zɿ²²³，daʔ²³zɿ²²³fuʔ⁵uei²²³kʰei⁴⁴tɕʰio²⁴ȵi⁰，xã⁴⁵biɛʔ²³nɛ³¹kʰei⁴⁴tɕʰio²⁴，iʔ²³dzã²³¹fuʔ⁴li³¹tsʰɑɔ⁴⁴pʰiɑɔ⁴⁵kei⁰。ŋo⁴⁴da²³zɿ²²³mɔ²²³lɑɔ⁰iʔ⁴po⁴⁴tɕʰio²⁴ȵi⁰，iʔ²³dzã²³¹fuʔ⁴li³¹²。su⁴⁴i⁴¹，tɕʰio²⁴ȵi⁰iʔ²³ziɛʔ²³lɑɔ⁰。tso⁴⁵u⁴⁴ŋo⁴⁴ɕiã⁴⁴ɕiã⁴⁴ȵi⁰，tsei⁵iəɯ⁴⁴ȵi⁰bã²²³tɕʰiã⁴¹。

　　我们就这样做了几年，我想这样是赚不到钱的。于是，我从建筑社出来，想自己去做生意赚钱。但是，创业的风险比较大，我这人又比较实在，不是做生意的料。我做了几年生意后发现还是不行。后来，我又买了一部车。我想，开车是可以赚钱的。但是，当时自己不会开车，请别人开车呢，也赚不到钱；自己不会开车呢，更赚不到钱。所以，买车也亏本了。后来我想，只有办厂才行。

　　办厂当时间呢，云和呢做轴承个，做轴承呢，我人帮轴承厂加工，办了一个加工厂。加工厂一办起呢，开始呢，是还得喟，还好喟。做后呢，钞票乞别人欠去了，钞票讨弗归，所以亦做折了。我想想乙个没办法，当时间呢，由于各种原因呢，造成了欠账。到后头，我想想没办法呢，亦重新去办另外一个厂。另外一个厂呢，喊塑料配件厂。

bã²²³tɕʰiã⁴¹tɔ⁴⁵zɿ²²³kã²⁴ȵi⁰，yŋ²²³o³¹ȵi⁰tso⁴⁴dziəɯʔ²³ziŋ³¹kei⁰，tso⁴⁴dziəɯʔ²³ziŋ³¹ȵi⁰，ŋo⁴⁴nɛ³¹mɔ²⁴dziəɯʔ²³ziŋ³¹tɕʰiã⁴¹ko⁴⁴koŋ²⁴，bã²²³lɑɔ⁰iʔ⁴kei⁴⁵ko⁴⁴koŋ²⁴tɕʰiã⁴¹。ko⁴⁴koŋ²⁴tɕʰiã⁴¹iʔ⁴bã²²³tsʰɿ⁴¹ȵi⁰，kʰei⁴⁴sɿ⁴¹ȵi⁰，dzɿ²²³a²²³tiʔ⁵ko⁰，a²²³xəɯ⁴⁴ko⁰。tso⁴⁴u⁴⁴ȵi⁰，tsʰɑɔ⁴⁴pʰiɑɔ⁴⁵kʰa⁴⁴biɛʔ²³nɛ³¹tɕʰiɛ⁴⁵kʰi⁴⁵lɑɔ⁰，tsʰɑɔ⁴⁴pʰiɑɔ⁴⁵tʰɑɔ⁴⁴fuʔkuei²⁴，su⁴⁴i⁴¹iʔ²³tso⁴⁵ziɛʔ²³lɑɔ⁰。ŋo⁴⁴ɕiã⁴⁴ɕiã⁴⁵iʔ⁵kei⁰m⁴⁵bã²²³fɔʔ⁵，tɔ⁴⁵zɿ²²³kã²⁴ȵi⁰，iəɯ³¹y²²³koʔ⁵tɕiɔ⁴¹ȵyɛ³¹iŋ²⁴ȵi⁰，zaɔ²²³ziŋ³¹lɑɔ⁰tɕʰiɛ⁴⁴tiã⁴⁵。təɯ⁴⁴u⁴⁵dəɯ³¹²，ŋo⁴⁴ɕiã⁴⁴ɕiã⁴⁵m⁴⁵bã²²³fɔʔ⁵ȵi⁰，iʔ²³dziɔ̃²²³səŋ²⁴kʰi⁴⁴bã²²³liŋ²²³ua²²³iʔ⁴kei⁰tɕʰiã⁴¹。liŋ²²³ua²²³iʔ⁴kei⁰tɕʰiã⁴¹ȵi⁰，xã⁴⁴su⁴⁵ liɑɔ³¹ pʰei⁴⁵ dʑiɛ²³¹ tɕʰiã⁴¹。

　　那时候，云和发展轴承产业，我们帮轴承厂加工，办了一个加工厂。加工厂刚创办的时候效益还是不错的。后来，别人欠我们钱，讨不回账，所以就亏本了。很无奈，当时是由于各种原因造成欠账的。后来，我想想真是没办法，只好重新去办另外一个厂，是一个塑料配件厂。

　　塑料配件厂办起以后，因为乙个账呢，是比较好收个，我人呢，都是帮云和个玩具厂加工塑料配件，所以乙色ʔ呢，欠账个情况好了哇。我人从买了两台机器开始，一个作坊开始做，慢慢记ɭ做得做大起哇。做大起呢，亦加了几台机器，所以乙色ʔ呢，是赚了一部分钞票来。

　　su⁴⁵ liɑɔ³¹ pʰei⁴⁵ dʑiɛ²³¹ tɕʰiã⁴¹ bã²²³ tsʰʅ⁴¹ i⁴⁴ u⁴¹，iŋ²⁴ uei³¹ iʔ⁵ kei⁰ti ã⁴⁵ ȵi⁰，dzʅ²²³ pi⁴⁴ kɑɔ⁴⁵ xəɯ⁴⁴ ɕiəɯ²⁴ kei⁰，ŋo⁴⁴ nɛ³¹ ȵi⁰，tu²⁴ dzʅ²²³ mɔ̃²⁴ yŋ²²³ o³¹ kei⁰ u ã³¹ dzч²²³ tɕʰiã⁴¹ ko⁴⁴ koŋ²⁴ su⁴⁵ liɑɔ³¹ pʰei⁴⁵ dʑiɛ²³¹，su⁴⁴ i⁴¹ iʔ⁵ saʔ⁰ ȵi⁰，tɕʰiɛ⁴⁴ti ã⁴⁵ kei⁰ ʑiŋ³¹ kʰɔ̃⁴⁵ xəɯ⁴¹ lɑɔ⁴¹ ua⁰。ŋo⁴⁴ nɛ³¹ ʑi ɔ̃³¹ mɔ⁴⁴ lɑɔ⁰ la⁴⁴ da³¹ tsʅ²⁴ tsʰʅ⁴⁵ kʰei⁴⁴ sʅ⁴¹，iʔ⁴ kei⁰ tsoʔ⁴ f ɔ̃²⁴ kʰei⁴⁴ sʅ⁴¹ tso⁴⁵，mã²²³ mã²²³ tɕiŋ⁴⁵ tso⁴⁵ti ʔ⁴ tso⁴⁵ du²²³ tsʰʅ⁴¹ ua⁰。tso⁴⁵ du²²³ tsʰʅ⁴¹ ȵi⁰，iʔ²³ ko²⁴ lɑɔ⁰ ki⁴¹ da³¹ tsʅ²⁴ tsʰʅ⁴⁵，su⁴¹ i⁴⁴ iʔ⁵ saʔ⁰ ȵi⁰，dzʅ²²³ dzã²³¹ lɑɔ⁰ iʔ⁴ bu²²³ fəŋ²⁴ tsʰɑɔ⁴⁴ pʰiɑɔ⁴⁵ li³¹²。

　　塑料配件厂办起来之后，账比较好收。我们是帮云和的玩具厂加工塑料配件的，没有欠账的情况了。我们从两台机器开始做，从一个作坊开始做，慢慢地将厂做大。做大之后，又加了几台机器，赚了一些钱。

　　现在记呢，处啊徛起哇，所以呢过去阿ʔ种生活呢，是无有哇。但是呢，我人呢也已经年纪大哇，在目前来讲，我呢帮乙粒ʔ厂呢，都交乞儿嘞囡嘞做哇。阿⁼呗，接落呢，我想呢，便是过过老年人个生活哇。我呢年纪已经大来了啰，有粒⁼事干呢[弗会]做哇，江湖呢也弗会去闯哇，所以想开了哇。现在记呢，我退休了哇。由于共产党个政策比较好，我人阿⁼粒⁼种田人也可以退休，退休了以后呢，也可以每个月摭粒⁼工资。虽然讲，比弗上阿⁼粒⁼工作人阿⁼色⁼高，但是基本生活呢是可以保证个。

iɛ²²³za²²³tsʅ⁴⁵ȵi⁰, tsʰɿ⁴⁵a⁰ga²³¹tsʰɿ¹¹ua⁰, su⁴⁴i⁴¹ȵi⁰ko⁴⁵tsʰɿ⁴⁵aʔ⁵tɕi ɔ̃⁴¹
sɛ²⁴uaʔ²³ȵi⁰, dzʅ²²³m⁴⁵iəɯ⁴¹ua⁰。dã²²³zʅ²²³ȵi⁰, ŋo⁴⁴nɛ³¹ȵi⁰a²²³i²²³tɕiŋ²⁴
ȵiɛ²²³tsʅ⁴⁴du²²³ua⁰, za²³¹məɯʔ²³ziɛ³¹li³¹kɔ̃⁴¹, ŋo⁴⁴ȵi⁰mɔ̃²⁴iʔ⁵lɛʔ⁰ tɕʰiã⁴¹
ȵi⁰, tu²⁴kɑɔ²⁴kʰa⁴⁴ȵi²⁴lɛ⁰nɛ²⁴lɛ⁰tso⁴⁵ua⁰。aʔ⁵pɛ⁰, tɕiɛʔ⁵loʔ²³ȵi⁰, ŋo⁴⁴
ɕiã⁴⁴ȵi⁰, biɛ²²³dzʅ²³¹ko⁴⁵ko⁴⁵lɑɔ⁴¹ȵiɛ³¹nɛ³¹kei⁰sɛ⁴⁴uaʔ²³ua⁰。ŋo⁴⁴ȵi⁰
ȵiɛ²²³tsʅ⁴⁴i²²³tɕiŋ²⁴du²²³li³¹lɑɔ⁴¹lo⁰, iəɯ⁴⁴lɛʔ⁰zʅ²²³kuɛ⁴⁵ȵi⁰fei⁴⁵tso⁴⁵ua⁰,
kɔ̃⁴⁴u³¹ȵi⁰a²²³fuʔ⁵uei²²³kʰi⁴⁴tɕʰiɔ̃⁴¹ua⁰, su⁴¹i⁴⁴ɕiã⁴⁴kʰei²⁴lɑɔ⁴¹ua⁰。iɛ²²³
za²²³tsʅ⁴⁵ȵi⁰, ŋo⁴tʰei⁴⁴ɕiəɯ²⁴lɑɔ⁴¹ua⁰。iəɯ³¹y²²³goŋ²²³tsʰã̃⁴⁴tɔ̃⁴⁴kei⁰
tɕiŋ⁴⁴tsʰaʔ⁵pi⁴⁴kɑɔ⁴⁵xəɯ⁴¹, ŋo⁴⁴nɛ³¹aʔ⁵lɛʔ⁰tɕiɔ̃⁴⁴diɛ²²³nɛ³¹a²²³kʰu⁴⁴i⁴¹
tʰei⁴⁴ɕiəɯ²⁴, tʰei⁴⁴ɕiəɯ²⁴lɑɔ⁴¹i⁴⁴u⁴¹ȵi⁰, a²²³kʰu⁴⁴i⁴¹mei⁴¹kei⁰ȵyɛʔ²³
iɔʔ⁵lɛʔ⁰koŋ⁴⁴tsʅ²⁴。sɥ²⁴ȵiɛ³¹kɔ̃⁴¹, pi⁴⁴fuʔ⁵dziã̃²²³aʔ⁵lɛʔ⁰koŋ⁴⁴tsoʔ⁵nɛ³¹
aʔ⁵saʔ⁰kəɯ²⁴, dã²²³zʅ²²³tsʅ²⁴pɛ⁴⁴sɛ²⁴uaʔ²³ȵi⁰dzʅ²²³kʰu⁴⁴i⁴¹pɑɔ⁴⁴tɕiŋ⁴⁵
kei⁰。

　　现在，房子建起来了，生活也好起来了。但是我们年纪也大了，目前，我把厂都交给了儿子女儿。接下去，我就想着享受养老生活了。我年纪大了，有些事情不会做了，江湖，也不会去闯了，想开了。现在，我退休了。由于共产党政策好，我们农民也可以退休，退休之后也可以每个月领养老金。虽然养老金比不上公职人员的，但是基本生活是可以保证的。

　　我呢牢﹦我人村底，我人是巧云村，我呢，亦乞村底呢，喊去呢管理一个老年协会，所以喊老年协会会长。旧年九月份选起以后，我想呢，也乐帮我人巧云村呢做滴儿事干。所以呢，我呢到各个单位、有关部门呢，筹集了七万块钞票，打算呢帮村底呢做滴儿事干，所以在旧年个十二月三十一号，也便是一七年个元旦，我组织了村底四百个老人家，吃了一厨饭，买了四百份礼品送渠人。我也是牢﹦老年大学合唱班个，我帮合唱班呢组织了十几个节目，到巧云村拼了两个节目呢，办了一场晚会，乞巧云村老人家相了。乙场晚会乞老人家相了，老人家呢都满意险，渠人认为我乙个会长呢当得好。

　　ŋo⁴⁴ n̠i⁰ lɑɔ³¹ ŋo⁴⁴ nɛ³¹ tsʰuɛ²⁴ti⁰, ŋo⁴⁴ nɛ³¹ dʑ̩²²³ kʰɑɔ⁴⁴ yŋ³¹ tsʰuɛ²⁴, ŋo⁴⁴ n̠i⁰, iʔ²³ kʰa⁴⁴ tsʰuɛ²⁴ti⁴⁴ n̠i⁰, xã⁴⁵ kʰi⁴⁴ n̠i⁰ kua⁴⁴li⁴¹ iʔ⁴ kei⁴⁵ lɑɔ⁴⁴ n̠iɛ³¹ yɛʔ²³ uei²²³, su⁴⁴ i⁴¹ xã⁴⁵ lɑɔ⁴⁴ n̠iɛ³¹ yɛʔ²³ uei²²³ uei²²³ dʑiã̃³¹². dʑiəɯ²²³ n̠iɛ³¹ tɕiəɯ⁴¹ n̠yɛʔ²³ vəŋ²²³ ɕye⁴¹ tsʰ̩⁴¹ i⁴⁴ u⁴¹, ŋo⁴⁴ ɕiã⁴⁴ n̠i⁰, a²²³ ŋɑɔ²²³ m õ²⁴ ŋo⁴⁴ nɛ³¹ kʰɑɔ⁴⁴ yŋ³¹ tsʰuɛ²⁴ n̠i⁰ tso⁴⁵ tiŋ⁴⁵ z̩²²³ kuɛ⁴⁵. su⁴⁴ i⁴¹ n̠i⁰, ŋo⁴⁴ n̠i⁰ təɯ⁴⁴ koʔ⁵ kei⁰ tã̃²⁴ uei²²³ 、iəɯ⁴¹ kuã²⁴ bu²²³ məŋ³¹ n̠i⁰, dʑiəɯ³¹ dʑiʔ²³ lɑɔ⁰ tsʰei⁵ mã̃²²³ kʰuei⁴⁵ tsʰɑɔ⁴⁴ pʰiɑɔ⁴⁵, nɛ⁴⁴ suɛ⁴⁵ n̠i⁰ m õ²⁴ tsʰuɛ²⁴ti⁴⁴ n̠i⁰ tso⁴⁵ tiŋ⁴⁵ z̩²²³ kuɛ⁴⁵, su⁴⁴ i⁴¹ za²²³ dʑiəɯ²²³ n̠iɛ³¹ kei⁰ ʑyei²²³ n̠i²²³ n̠yɛʔ²³ s ã̃²⁴ ʑyeiʔ²³ iʔ⁵ əɯ²²³, a²²³ biɛ²²³ dʑ̩²²³ iʔ⁴ tsʰeiʔ⁵ n̠iɛ³¹ kei⁰ n̠yɛ³¹ t ã̃⁴⁵, ŋo⁴⁴ tsu⁴⁴ tɕiɛʔ⁵ lɑɔ⁰ tsʰuɛ²⁴ti⁰ s̩⁴⁵ paʔ⁵ kei⁰ lɑɔ⁴⁴ nɛ²²³ ko²⁴, tɕiʔ⁵ lɑɔ⁰ iʔ⁴ dʑɯ³¹ v ã̃²²³, mɔ⁴⁴ lɑɔ⁰ s̩⁴⁵ paʔ⁵ vəŋ²²³ li⁴¹ pʰiŋ⁴⁵ soŋ⁴⁵ gi²²³ nɛ³¹². ŋo⁴⁴ a²²³ dʑ̩²²³ lɑɔ³¹ lɑɔ⁴¹ n̠iɛ³¹ dɔ³¹ oʔ²³ ɛʔ²³ tɕʰiã⁴⁵ p ã̃²⁴ kei⁰, ŋo⁴⁴ mɔ²⁴ ɛʔ²³ tɕʰiã⁴⁵ p ã̃²⁴ n̠i⁰ tsu⁴⁴ tɕiɛʔ⁵ lɑɔ⁰ ʑyɛiʔ²³ ki⁴¹ kei⁰ tɕiɛʔ⁵ məɯ²²³, təɯ⁴⁴ kʰɑɔ⁴⁴ yŋ³¹ tsʰuɛ²⁴ pʰiŋ⁴⁵ lɑɔ⁰ la⁴⁴ kei⁰ tɕiɛʔ⁵ məɯʔ²³ n̠i⁰, bã̃²²³ lɑɔ⁰ iʔ⁴ dʑiã̃³¹ u ã̃⁴¹ uei²²³, kʰa⁴⁴ kʰɑɔ⁴⁴ yŋ³¹ tsʰuɛ²⁴ lɑɔ⁴⁴ nɛ²²³ ko²⁴ ɕiã⁴⁵ lɑɔ⁰. iʔ⁵ dʑiã̃³¹ u ã̃⁴¹ uei²³¹ kʰa⁴⁴ lɑɔ⁴⁴ nɛ²²³ ko²⁴ ɕiã⁴⁵ lɑɔ⁰, lɑɔ⁴⁴ nɛ²²³ ko²⁴ n̠i⁰ tu²⁴ mɛ⁴⁴ i⁴⁵ ɕiɛ⁴¹, gi²²³ nɛ³¹ n̠iŋ²²³ uei²²³ ŋo⁴⁴ iʔ⁵ kei⁰ uei²²³ dʑiã̃³¹ n̠i⁰ t õ²⁴ tiʔ⁴ xəɯ⁴¹.

　　我是巧云村的，村里让我管理老年协会，当老年协会会长。去年 9 月当选之后，我也想着帮我们巧云村做点实事。于是，我到有关单位、部门筹集了 7 万块钱，在去年的 12 月 31 号，也就是 2017 年的元旦前夕，组织村里 400 个老人家吃了一顿饭，还给每个老人都送了一份礼品。我还是云和老年大学合唱班班长，我们班组织了 10 多个节目，连同巧云村自己组织的 2 个节目，为村里的老年人举办了一台晚会。他们对这台晚会很满意，都觉得我这个会长当得很好。

　　虽然讲帮乙个老年协会搞好了，但是我特＝自呢，也瘦了十把斤。由于牢＝老年大学，我是合唱班个班长，所以帮合唱班亦乐组织一台晚会，日日乐排练。巧云村老年协会亦乐管理好，亦乐组织好几个节目，所以我人唡，在乙次以后呢便瘦了十多斤。我想呢，在今年呢下半年个老年节，我人准备呢，亦乐讨滴ʱ钞票来呢，帮老年节呢搞好，乐送滴ʱ礼品乞渠人。

sʮ²⁴ ȵiɛ³¹ k ɔ̃⁴¹ m ɔ̃²⁴ iʔ⁵ kei⁰ lɑɔ⁴⁴ ȵiɛ³¹ yɛʔ²³ uei²²³ kɑɔ⁴⁴ xəɯ⁴¹ lɑɔ⁰ , dã²²³ zʅ²²³ ŋɔ⁴⁴ dɑʔ²³ zʅ²²³ ȵiˀ⁰ , a²²³ səɯ⁴¹ lɑɔ⁰ ʑyeiʔ²³ po⁴⁴ tɕiŋ²⁴ 。 iəɯ³¹ y²²³ lɑɔ³¹ lɑɔ⁴⁴ ȵiɛ³¹ dɔ²²³ oʔ²³ , ŋɔ⁴⁴ dzʅ²³¹ ɛʔ²³ tɕʰiã⁴⁵ pã²⁴ kei⁰ pã⁴⁴ tɕiã⁴¹ , su⁴⁴ iˀ⁴¹ m ɔ̃²⁴ ɛʔ²³ tɕʰiã⁴⁵ pã²⁴ iʔ²³ ŋɑɔ²²³ tsu⁴⁴ tɕiɛʔ⁵ iʔ⁴ da³¹ uã⁴¹ uei²²³ , naʔ²³ naʔ²³ ŋɑɔ²²³ bɔ³¹ liɛ³¹² 。 kʰɑɔ⁴⁴ yŋ³¹ tsʰuɛ²⁴ lɑɔ⁴⁴ ȵiɛ³¹ yɛʔ²³ uei²²³ iʔ²³ ŋɑɔ²²³ kuã⁴⁴ liˀ⁴¹ xəɯ⁴¹ , iʔ²³ ŋɑɔ²²³ tsu⁴⁴ tɕiɛʔ⁵ xəɯ⁴¹ kiˀ⁴¹ kei⁰ tɕiɛʔ⁵ məɯʔ²³ , su⁴¹ iˀ⁴¹ ŋɔ⁴⁴ nɛ³¹ pɛ⁰ , za²²³ iʔ⁴ tsʰʅ⁴⁵ iˀ⁴⁴ uˀ⁴¹ ȵiˀ⁰ bɛ²²³ səɯ⁴⁵ lɑɔ⁰ ʑyeiʔ²³ tu²⁴ tɕiŋ²⁴ 。 ŋɔ⁴⁴ ɕiã⁴⁴ ȵiˀ⁰ , za²²³ kɛ²⁴ ȵiɛ³¹ ȵiˀ⁰ io⁴⁴ pɛ⁴⁵ ȵiɛ³¹ kei⁰ lɑɔ⁴⁴ ȵiɛ³¹ tɕiɛʔ⁵ , ŋɔ⁴⁴ nɛ³¹ tɕyŋ⁴¹ bi²²³ ȵiˀ⁰ , iʔ²³ ŋɑɔ²²³ tʰɑɔ⁴⁴ tiŋ⁴⁵ tsʰɑɔ⁴⁴ pʰiɑɔ⁴⁵ liˀ³¹ ȵiˀ⁰ , m ɔ̃²⁴ lɑɔ⁴⁴ ȵiɛ³¹ tɕiɛʔ⁵ ȵiˀ⁰ kɑɔ⁴⁴ xəɯ⁴¹ , ŋɑɔ²²³ soŋ⁴⁵ tiŋ⁴⁵ liˀ⁴¹ pʰiŋ⁴¹ kʰa⁴⁴ gˀi²²³ nɛ³¹² 。

　　老年协会的活动组织得很好，我自己倒是瘦了十多斤。云和老

年大学合唱班也要组织晚会,我们班每天都要排练。因为既要把巧
云村老年协会管理好,又要把合唱班节目组织好,所以我一下子就
瘦了十多斤。今年重阳节,我也准备去筹集一点钱,组织好重阳节
活动,给老人买点礼物。

　　在阿˭个老年大学里讲,我除了呢去唱歌,还去学习写字,写毛
笔字,楷书。我想呢在乙个老年以后呢,活得更好,生活得更好,更
丰富,同时呢,也增加了一滴儿知识。在老年大学里,使我活得很充
实。但是,乙色˭来讲,对我处底呢,损失是有滴儿个,阿˭呗,厂底呢
都交乞我囡啊儿啊管理哇。

　　za²²³ aʔ⁴kei⁴⁵ lɑɔ⁴⁴ n̠ie³¹ dɔ²²³ oʔ²³ liⁿk ɔ̃⁴¹ , ŋo⁴⁴ dzʮ³¹ lɑɔ⁰n̠i⁰kʰi⁴⁴
tɕʰ iã⁴⁴ku²⁴ ,a²²³ kʰi⁴⁴ oʔ²³ ʑyeiʔ²³ ɕio⁴⁴zʅ²²³ , ɕio⁴⁴ mɑɔ²²³ piʔ²zʅ²²³ , kʰɔ⁴⁴sʮ²⁴ 。
ŋo⁴⁴ ɕi ã⁴⁴ n̠i⁰za²²³ iʔ⁵kei⁰lɑɔ⁴¹ n̠iɛ³¹ i⁴⁴ u⁴¹ n̠i⁰ , uaʔ²³ tiʔ⁴ka⁴⁵ xəɯ⁴¹ , sɛ⁴⁴
uaʔ²³ tiʔ⁴ka⁴⁵xəɯ⁴¹ , ka⁴⁵fəŋ²⁴fu⁴⁵ ,doŋ²²³zʅ³¹n̠i⁰ , a²²³ tsɛ⁴⁴ko²⁴lɑɔ⁰iʔ⁴tiŋ⁴⁵
tsʅ⁴⁴ɕiʔ⁵ 。 za²²³ lɑɔ⁴⁴ n̠iɛ³¹ dɔ²²³ oʔ²³ li⁴¹ , sʅ⁴¹ ŋo⁴⁴ uaʔ²³ tiʔ⁴xəŋ⁴¹ tɕʰioŋ²⁴
zeiʔ²³ 。 dã²²³zʅ²²³ , iʔ⁵saʔ⁰li³¹ k ɔ̃⁴¹ , tei⁴⁵ ŋo⁴⁴tsʰɥ⁴⁵ti⁴¹n̠i⁰ , suɛ⁴⁴ seiʔ⁵dzʅ²²³
iəɯ⁴⁴tiŋ⁴⁵ kei⁰ , aʔ⁵pɛ⁰ , tɕʰi ã⁴⁴ ti⁴⁴ n̠i⁰tu²⁴ kɑɔ²⁴ kʰa⁴⁴ ŋo⁴⁴ nɛ²⁴ a⁰n̠i²⁴ a⁰
kuã⁴⁴li⁴¹ua⁰ 。

　　在老年大学,我除了唱歌,还学习写毛笔字,学的是楷书。我想
把老年生活过得更好,更丰富,同时增长一点知识。在老年大学里,
我过得很充实。但是,这样一来,对于我自己的家庭而言,也是有点
儿亏负的,厂里的事情也都交给子女管理了。

　　我儿呢,已经成人嘞,特˭自呢也买了处,特˭自办了一个农场。
乙个农场呢是,到乡下租了一百亩田,开办了一个农场——蔬菜基
地。乙个基地牢˭县底来讲,是比较受欢迎个,老百姓呢也是欢迎

嘬，县底呢也是非常支持。因为我儿种起个蔬菜啰，无虫无害个，比较适合大势＝人，所以老百姓呢，都喜欢买弗过了。阿＝呗乙个农场开办了以后，虽然做呢是十分辛苦个，但是效益呢还无几粒＝多，渠接落去呢，还乐想呢再发展落去，再做大粒＝，帮乙个蔬菜基地呢再扩展。

ŋo⁴⁴ ȵi²⁴ ȵi⁰, i⁴⁴ tɕiŋ²⁴ ʑiŋ³¹ nɛ³¹ ko⁰, daʔ²³ zɿ²²³ ȵi⁰ a²²³ mɔ⁴⁴ lɑɔ⁰tsʰ ʮ⁴⁵, daʔ²³ zɿ²²³ bã²²³ lɑɔ⁰ iʔ⁴ kei⁴⁵ noŋ²²³ dʑiã³¹² 。 iʔ⁵ kei⁴⁵ noŋ²²³ dʑiã³¹ ȵi⁰ dzɿ²²³, təɯ⁴⁴ ɕiã⁴⁴ io⁴⁵ tsu²⁴ lɑɔ⁰ iʔ⁴ paʔ⁵ məɯ³¹ diɛ³¹², kʰei²⁴ bã²²³ lɑɔ⁰ iʔ⁴ kei⁵ noŋ²²³ dʑiã³¹²——su²⁴ tsʰa⁴⁵ tsɿ²⁴ di²²³ 。 iʔ⁵ kei⁴⁵ tsɿ²⁴ di²²³ lɑɔ³¹ yɛ²²³ ti⁴⁴ li³¹ kɔ̃⁴¹, dzɿ²²³ pi⁴⁴ kɑɔ⁴⁵ ʑiəɯ²²³ xuã⁴⁴ ȵiŋ³¹ kei⁰, lɑɔ⁴⁴ paʔ⁴ ɕiŋ⁴⁵ ȵi⁰ a²²³ dzɿ²²³ xuã⁴⁴ ȵiŋ³¹ ko⁰, yɛ²²³ ti⁴⁴ ȵi⁰ a²²³ dzɿ²²³ fi²⁴ dʑiã³¹ tsɿ²⁴ dzɿ³¹² 。 iŋ²⁴ uei³¹ ŋo⁴¹ ȵi²⁴ tɕiɔ̃⁴⁵ tʰ ɿ⁰ kei⁰ su²⁴ tsʰa⁴⁵ lo⁰, m⁴⁵ dʑioŋ³¹ m⁴⁵ a²²³ kei⁰, pi⁴⁴ kɑɔ⁴⁵ ɕiʔ ɛʔ²³ dɔ²²³ sɿ²⁴ nɛ³¹², su⁴⁴ i⁴¹ lɑɔ⁴⁴ paʔ⁴ ɕiŋ⁴⁵ ȵi⁰, tu²⁴ sɿ⁴⁴ xuã²⁴ mɔ⁴⁴ fuʔ⁴ ko⁴⁵ lɑɔ⁰ 。 aʔ⁵ pɛ⁰ iʔ⁵ kei⁴⁵ noŋ²²³ dʑiã³¹ kʰei²⁴ bã²²³ lɑɔ⁰ i⁴⁴ u⁴¹, sʮ²⁴ ȵiɛ³¹ tso⁴⁵ ȵi⁰ dzɿ²²³ ʐyeiʔ²³ fəŋ²⁴ səŋ⁴⁴ kʰu⁴¹ kei⁰, dã²²³ zɿ²²³ ɑɔ²⁴ iʔ⁵ ȵi⁰ a²²³ m⁴⁵ kʰi⁴⁴ lɛʔ⁰tu²⁴, gi³¹ tɕiɛʔ⁵ loʔ²³ kʰi⁴⁴ ȵi⁰, a²²³ ŋɑɔ²²³ ɕiã⁴⁴ ȵi⁰tsa⁴⁵ fɔʔ⁴tɕiɛ⁴¹ loʔ²³ kʰi⁰, tsa⁴⁵ tso⁴⁵ du²²³ lɛʔ⁰, mɔ̃²⁴ iʔ⁵ kei⁴⁵ su²⁴ tsʰa⁴⁵ tsɿ²⁴ di²²³ ȵi⁰tsa⁴⁵ kʰuaʔ⁴tɕiɛ⁴¹ 。

我儿子已经成年了，自己买了房子，还租了一百亩田，开办了一个农场，这个农场在乡下，是个蔬菜基地。这个农场在云和县是比较受欢迎的，县里也很支持。因为我儿子农场的蔬菜是无公害的，所以老百姓都很喜欢买。农场开办之后，虽然经营得十分辛苦，现在效益也还不怎样，但接下来他想继续做下去，扩大蔬菜基地的生产规模。

接落来呢，我来讲讲我人个一粒＝哥弟阵。阿＝呗首先呢，我讲我人街头我人从小时候，便是拼起呢结拜了呢一个十哥弟，乙个十哥弟到现在记呢,将近有五十年之久哇。在阿﹦个五十年当中,我人十哥弟老公老嬷两个人都在,乙个呢是一件好事。我人乙十哥弟,从过去艰苦个时候到现在记,一直都保持了良好个关系,我人都合得非常好。我人乙个十哥弟大势﹦呢,都已接近老年哇,都接近有六十岁以上哇,所以呢,在前几年,我人呢便讨论了呢,每年去旅游一次。所以我人去过个地方呢,也是有好几个地方哇。

tɕiɛʔ⁵ loʔ²³ li³¹ n̩i⁰ , ŋo⁴⁴ li³¹ kɔ̃⁴⁴ kɔ̃⁴¹ ŋo⁴⁴ nɛ³¹ kei⁰ iʔ⁴ lɛʔ⁰ ku⁴⁴ di²²³ tsəŋ²²³ 。 aʔ⁵ pɛ⁰ ɕiəɯ⁴⁴ ɕiɛ²⁴ n̩i⁰ , ŋo⁴⁴ kɔ̃⁴¹ ŋo⁴⁴ nɛ³¹ kɔ⁴⁴ dəɯ³¹ ŋo⁴⁴ nɛ³¹ ʑi ɔ̃³¹ ɕiɑɔ⁴⁴ zᵻ²²³ əɯ²²³ , biɛ²²³ dzᵻ²²³ pʰiŋ⁴⁵ tsʰᵻ⁴⁴ n̩i⁰ tɕiɛʔ⁴ pɔ⁴⁵ lɑɔ⁰ n̩i⁰ iʔ⁴ kei⁴⁵ ʐyeiʔ²³ ku⁴⁴ di²²³ , iʔ⁵ kei⁰ ʐyeiʔ²³ ku⁴⁴ di²²³ təɯ⁴⁴ iɛ²²³ za²²³ tsᵻ⁴⁵ n̩i⁰ , tɕi ã²⁴ dʑiŋ²³¹ iəɯ⁴¹ ŋ⁴¹ ʐyeiʔ²³ n̩iɛ³¹ tsᵻ⁴⁴ tɕiəɯ⁴¹ ua⁰ 。 za²²³ aʔ⁴ kei⁴⁵ ŋ⁴¹ ʐyeiʔ²³ n̩iɛ³¹ t ɔ̃⁴⁴ tɕioŋ²⁴ , ŋo⁴⁴ nɛ³¹ ʐyeiʔ²³ ku⁴⁴ di²²³ lɑɔ⁴⁴ koŋ²⁴ lɑɔ⁴⁴ mo⁴¹ la⁴⁴ kei⁴⁵ nɛ³¹ tu²⁴ za²²³ , iʔ⁴ kei⁴⁵ n̩i⁰ dzᵻ²²³ iʔ⁴ dʑiɛ²²³ xəɯ⁴⁴ zᵻ²²³ 。 ŋo⁴⁴ nɛ³¹ iʔ⁵ ʐyeiʔ²³ ku⁴⁴ di²²³ , ʑi ɔ̃³¹ ko⁴⁵ tsʰy⁴⁵ tɕiɛ²⁴ kʰu⁴¹ kei⁰ zᵻ³¹ əɯ²²³ təɯ⁴⁴ iɛ²²³ za²²³ tsᵻ⁴⁵ , iʔ⁴ dʑiʔ²³ tu²⁴ pɑɔ⁴⁴ dzᵻ³¹ lɑɔ⁰ liã³¹ xəɯ⁴⁴ kei⁰ kuã²⁴ sᵻ⁴⁵ , ŋo⁴⁴ nɛ³¹ tu²⁴ kɛʔ⁵ tiʔ⁰ fi²⁴ dʑiã³¹ xəɯ⁴¹ 。 ŋo⁴⁴ nɛ³¹ iʔ⁵ kei⁰ ʐyeiʔ²³ ku⁴⁴ di²²³ dɔ²²³ sᵻ²⁴ n̩i⁰ , tu²⁴ i⁴⁴ tɕiɛʔ⁵ dʑiŋ²²³ lɑɔ⁴⁴ n̩iɛ³¹ ua⁰ , tu²⁴ tɕiɛʔ⁵ dʑiŋ²²³ iəɯ⁴⁴ ləɯʔ² ʐyeiʔ²³ sy⁴⁵ i⁴¹ dʑi ã²²³ ua⁰ , su⁴⁴ i⁴¹ n̩i⁰ , za²²³ ʑiɛ³¹ ki⁴⁵ n̩iɛ³¹² , ŋo⁴⁴ nɛ³¹ n̩i⁰ bɛ²²³ tʰɑɔ⁴⁴ luɛ²²³ lɑɔ⁰ n̩i⁰ , mei⁴¹ n̩iɛ³¹ kʰi⁴⁴ ly⁴⁴ iəɯ³¹ iʔ⁴ tsʰᵻ⁴⁵ 。 su⁴⁴ i⁴¹ ŋo⁴⁴ nɛ³¹ kʰi⁴⁵ ko⁴⁵ kei⁰ di²²³ f ɔ̃²⁴ n̩i⁰ , a²²³ dzᵻ²²³ iɯ⁴¹ xəɯ⁴¹ ki⁴⁴ kei⁴⁵ di²²³ f ɔ̃²⁴ ua⁰ 。

接下来,我给大家介绍一下我的兄弟们。50 年前,我们街上 10 个人结拜为兄弟。如今,我们的兄弟之情已经有 50 年之久了。在这 50 年里,我们十兄弟都是夫妻双全的,这是一件好事。从过去艰苦的日子一直到现在,我们都保持着良好的关系,彼此相处得非常好。现在,我们十兄弟都已经步入老年,60 多岁了。前几年我们就约定,每年一起结伴去旅游一趟。至今,我们已经去过好几个地方了。

　　有一次，我人去香港旅游，阿=呗是我组织嘚，因为我在阿=个十哥弟当中呢是队长。阿=呗乙个队长是无工资嘚，全个是为大势=人服务嘚。组织了乙次旅游以后，大势=人更觉得呢，老人嘞是乐每年活动一次，吃吃饭，出去旅旅游，开心开心，乙色=呢，活个时间会更长。阿=呗旅游呢，我人十个人去旅游，帮老公老嬷呢都带去，便廿个人哇。阿=次旅游，我组织了五十个人，乙次旅游以后呢，大势=人呢都高兴险，因为责=事干呢，我去了一番心思。阿=呗我做了五十个谜语，园车底呢乞大势=人猜。猜着个人我买了五十份礼品，五十份礼品呢，每份礼品呢是五块钞票。乙个认=发乞呢大势=人猜，猜着以后，便发乞渠一份纪念品，猜弗着个人乐唱歌。阿=呗我人在出去旅游之后，大势=人呢，唱唱歌，讲讲故事，猜猜认=，非常高兴。

　　iəɯ⁴¹ iʔ⁴tsʰ ɿ⁴⁵ , ŋo⁴⁴ nɛ³¹ kʰi⁴⁴ ɕi ã⁴⁴ k ɔ⁴¹ ly⁴⁴ iəɯ³¹² , aʔ⁵pɛ⁰dzɿ²²³ ŋo⁴⁴ tsu⁴⁴ tɕiʔ⁵ko⁰ , iŋ²⁴ uei³¹ ŋo⁴¹ za²²³ aʔ⁴kei⁴⁵ ʑyei²²³ ku⁴⁴ di²²³ t ɔ⁴⁴ tɕioŋ²⁴ n̠i⁰ dzɿ²²³ dei²²³ dʑi ã⁴¹ 。 aʔ⁵pɛ⁰iʔ⁵kei⁰dei²²³ dʑi ã⁴¹ dzɿ²²³ m⁴⁵ koŋ⁴⁴ tsɿ²⁴ ko⁰ , ʑyɛ³¹ kei⁴⁵dzɿ²²³ uei²²³ dɔ²²³ sɿ²⁴ nɛ³¹ vəɯ²²³ m²²³ ko⁰ 。 tsu⁴⁴ tɕiʔ⁵laɔ⁰iʔ⁵tsʰ ɿ⁴⁵ ly⁴⁴ iəɯ³¹ i⁴⁴ u⁴¹ , dɔ²²³ sɿ²⁴ nɛ³¹ ka⁴⁵ koʔ⁵tiʔ⁴n̠i⁰ , laɔ⁴⁴ nɛ³¹ lɛ⁰dzɿ²²³ ŋaɔ²²³ mei⁴¹ n̠iɛ³¹ uaʔ²³ doŋ²²³ iʔ⁴tsʰ ɿ⁴⁵ , tɕʰiʔ⁵tɕʰiʔ⁵v ã²²³ , tɕʰyɛʔ⁵kʰi⁰ly⁴⁴ ly⁴⁴ iəɯ³¹² , kʰei⁴⁴ səŋ²⁴ kʰei⁴⁴ səŋ²⁴ , iʔ⁵saʔ⁰n̠i⁰ , uaʔ²³ kei⁰zɿ²²³ k ã²⁴ uei²²³ ka⁴⁵ dɛ³¹² 。 aʔ⁵pɛ⁰ly⁴⁴iəɯ³¹ n̠i⁰ , ŋo⁴⁴ nɛ³¹ ʑyeiʔ²²³ kei⁴⁵ nɛ³¹ kʰi⁴⁵ ly⁴⁴ iəɯ³¹² , m ɔ²⁴ laɔ⁴⁴ koŋ²⁴ laɔ⁴⁴ mo⁴¹ n̠i⁰tu²⁴ tɔ⁴⁵ kʰi⁰ , biɛ²²³ n̠iɛ³¹ kei⁴⁵ nɛ³¹ ua⁰ 。 aʔ⁵tsʰ ɿ⁴⁵ ly⁴⁴ iəɯ³¹² , ŋo⁴⁴tsu⁴⁴tɕiʔ⁵laɔ⁰ŋ⁴¹ ʑyeiʔ²²³kei⁴⁵ nɛ³¹ , iʔ⁴tsʰ ɿ⁴⁵ ly⁴⁴ iəɯ³¹ i⁴⁴ u⁴¹ n̠i⁰ , dɔ²²³sɿ²⁴ nɛ³¹ n̠i⁰tu²⁴ kəɯ²⁴ ɕiŋ⁴⁵ ɕiɛ⁴¹ , iŋ²⁴ uei³¹ tsaʔ⁵zɿ²²³ kuɛ⁴⁵ n̠i⁰ , ŋo⁴⁴kʰi⁴⁵ laɔ⁰iʔ⁴fã²⁴ səŋ⁴⁴ sɿ²⁴ 。 aʔ⁵pɛ⁰ŋo⁴⁴tso⁴⁵laɔ⁰ŋ⁴¹ ʑyeiʔ²²³kei⁴⁵ mi²²³ n̠y⁴¹ , kʰ ɔ⁴⁵ tɕʰio²⁴ ti⁴⁴ n̠i⁰kʰa⁴⁴ dɔ²²³ sɿ²⁴ nɛ³¹ tsʰei²⁴ 。 tsʰei²⁴ dʑiɔʔ²²³ kei⁰nɛ³¹ ŋo⁴⁴ mo⁴⁴ laɔ⁰ŋ⁴¹ ʑyeiʔ²²³vəŋ²²³ li⁴⁴ pʰiŋ⁴¹ , ŋ⁴¹ ʑyei²²³ vəŋ²²³ li⁴⁴ pʰiŋ⁴¹ n̠i⁰ , mei⁴¹ vəŋ²²³ li⁴⁴ pʰiŋ⁴¹ n̠i⁰dzɿ²²³ ŋ⁴¹ kʰuei⁴⁴ tsʰ aɔ⁴⁴ pʰiaɔ⁴⁵ 。 iʔ⁵kei⁰n̠iŋ²²³ fɔʔ⁵kʰa⁴⁴

n̠i⁰dɔ²²³sʅ²⁴nɛ³¹tsʰei²⁴,tsʰei²⁴dziɔʔ²³i⁴⁴u⁴¹,bie²²³fɔʔ⁵kʰa⁴⁴gi²²³iʔ²vən²²³
tsʅ⁴⁴n̠iɛ²²³pʰiŋ⁴¹,tsʰei²⁴fuʔ²dziɔʔ²³kei⁰nɛ³¹ŋɔ²²³tɕʰia⁴⁴ku²⁴。aʔ⁵pɛ⁰
ŋo⁴⁴nɛ³¹za²²³tɕʰyɛʔ⁵kʰi⁰ly⁴⁴iɯɯ³¹i⁴⁴u⁴¹,dɔ²²³sʅ²⁴nɛ³¹n̠i⁰,tɕʰia⁴⁴tɕʰia⁴⁴
ku²⁴,kɔ̃⁴⁴kɔ̃⁴⁴ku⁴¹zʅ²²³,tsʰei²⁴tsʰei²⁴n̠iŋ²²³,fi²⁴dzia̰³¹kəɯ²⁴ɕiŋ⁴⁵。

有一次,我们去香港旅游,是我组织的,因为我在这十兄弟中是队长。这个队长是没有工资的,完全是为大家服务。通过这次旅行,大家更是意识到,进入老年之后应该每年活动一次,聚在一起吃饭,外出旅游,开心开心,这样会更长寿。我们10个人去旅游,都会带上各自的老婆,这样就有20个人了。香港那次旅游,我组织了50个人参加,大家都很开心,这是为什么呢?因为我花了一番心思。我准备了50个谜语,让大家在车上猜。我还买了50份礼品,每份礼品5块钱。猜出谜语的,奖励一份礼品,没猜出的,得唱一首歌。大家出去旅游,一起唱唱歌,讲讲故事,猜猜谜语,非常高兴。我每次组织旅游活动,都要经过精心的策划。

所以呢,我组织一次出去旅游,都乐经过精心个策划。所以呢,大势=人都拥护我险,喜欢我险,对我都是好险,所以除了我人乙个团队,其他附近个人也会参加我人。大势=人相了我人乙个团队去旅游呢,所以都喜欢我人险。因为我们去旅游呢,活动丰富险,大势=出去呢都团结险,客气险,吃饭粒=哈,都客客气气个。

su⁴⁴i⁴¹n̠i⁰,ŋo⁴¹tsu⁴⁴tɕiʔ⁵iʔ²tsʰʅ⁴⁵tɕʰyɛʔ⁵kʰi⁰ly⁴⁴iɯɯ³¹²,tu²⁴ŋɔ²²³
tɕiŋ²⁴ko⁴⁵tɕiŋ⁴⁴ɕiŋ²⁴kei⁰tsʰaʔ²uaʔ²³。su⁴⁴i⁴¹n̠i⁰,dɔ²²³sʅ²⁴nɛ³¹tu²⁴iɔ̃⁴⁵u²²³
ŋo⁴¹ɕiɛ⁴¹,sʅ⁴⁴xua̰²⁴ŋo⁴¹ɕiɛ⁴¹,tei⁴⁴ŋo⁴⁴tu²⁴dzʅ²²³xəɯ⁴¹ɕiɛ⁴¹,su⁴⁴i⁴¹dzy³¹
lɑɔ⁰ŋo⁴⁴nɛ³¹iʔ²kei⁴⁵duɛ³¹dei²²³,dzʅ²²³tʰɔ²⁴vu²²³dziŋ²²³kei⁰nɛ³¹a²²³uei²²³
tsʰuɛ⁴⁴ko²⁴ŋo⁴⁴nɛ³¹²。dɔ²²³sʅ²⁴nɛ³¹ɕia̰⁴⁵lɑɔ⁰ŋo⁴⁴nɛ³¹iʔ⁵kei⁰duɛ³¹dei²²³
kʰi⁴⁴ly⁴⁴iɯɯ³¹n̠i⁰,su⁴⁴i⁴¹tu²⁴sʅ⁴⁴xua̰²⁴ŋo⁴¹nɛ³¹ɕiɛ⁴¹。iŋ²⁴uei³¹ŋo⁴⁴nɛ³¹

kʰi⁴⁴ ly⁴⁴ iɯ³¹ n̠i⁰，uaʔ²³ doŋ²²³ fəŋ²⁴ fu⁴⁵ ɕie⁴¹，dɔ²²³ sʅ²⁴ tɕʰyeʔ⁵ kʰi⁰n̠i⁰tu²⁴ due³¹tɕieʔ⁵ɕie⁴¹，kʰaʔ⁴tsʰʅ⁴⁵ɕie⁴¹，tɕʰiʔ⁴vã²²³ lɛ⁰xa⁰，tu²⁴ kʰaʔ⁴kʰaʔ⁴tsʰʅ⁴⁴ tsʰʅ⁴⁵kei⁰。

所以，大家都很拥护我，很喜欢我，以至于除了我们村，其他附近村的人也会参加我们的活动。大家参加过活动之后都很喜欢。因为我们的旅游活动内容丰富，大家出去很团结，彼此之间很谦让，吃饭时都是客客气气的。

除了乙个团队以外，我还有一个呢是，四十年前一个宣传队。乙个宣传队，是云和镇各个手工业社抽起来个，是廿个人，我阿＝记牢＝乙个宣传队呢当队长。当时间，我人乙个宣传队是比较困难个，一部分是演员，一部分呢是后台，解胡琴啊，吹箫啊，是乙粒＝人拼起组织了一个宣传队。

dzч³¹laɔ⁰iʔ⁵ kei⁴⁵due³¹dei²²³i⁴⁴ua²²³，ŋo⁴⁴a²²³iɯ⁴⁴iʔ⁴kei⁴⁵n̠i⁰dzʅ²²³，sʅ⁴⁵zyeiʔ²³n̠ie³¹zie³¹iʔ⁴kei⁴⁵ɕyɛ⁴⁴dʑyɛ³¹dei²²³。iʔ⁵kei⁰ɕyɛ⁴⁴dʑyɛ³¹dei²²³，dzʅ²²³yŋ²²³o³¹tsən⁴⁵koʔ⁵kei⁰ɕiɯ⁴⁴koŋ⁴⁴n̠iɛʔ²³zio²³¹tɕʰiɯ²⁴tsʰʅ⁰li³¹kei⁰，dzʅ²²³n̠ie²²³kei⁴⁵nɛ³¹²，ŋo⁴⁴aʔ⁵tsʅ⁴⁵laɔ³¹iʔ⁵kei⁰ɕyɛ⁴⁴dʑyɛ³¹dei²²³n̠i⁰tɔ̃⁴⁴dei²²³dʑiã³¹²。tɔ̃⁴⁵zʅ²²³kã²⁴，ŋo⁴⁴nɛ³¹iʔ⁵kei⁰ɕyɛ⁴⁴dʑyɛ³¹dei²²³dzʅ²²³pi⁴⁴kaɔ⁴⁵kʰuəŋ⁴⁵nã³¹kei⁰，iʔ⁵bu²²³vəŋ²²³dzʅ²²³iɛ⁴⁴yɛ³¹²，iʔ⁵bu²²³vəŋ²²³n̠i⁰dzʅ²²³u⁴⁴da³¹²，kɔ²⁴u²²³dʑiŋ³¹a⁰，tsʰч⁴⁴ɕiaɔ²⁴a⁰，dzʅ²²³iʔ⁵lɛʔ⁰nɛ³¹pʰiŋ⁴⁵tsʰʅ⁰tsu⁴⁴tɕiʔ⁵laɔ⁰iʔ⁴kei⁴⁵ɕyɛ⁴⁴dʑyɛ³¹dei²²³。

除了这个团队之外，我还有一个团队，是40年前参加的一个宣传队。这个宣传队的成员是从云和镇各个手工业社抽调出来的，共20个人，那时我在这个宣传队里当队长。当时，我们这个宣传队是比较困难的，其中一部分是演员，一部分是后台人员，拉二胡、吹箫的，等等，拼凑成一个宣传队。

　　我人乙个宣传队,当时间是牢＝一个单位学喝,学个时候呢是相当艰苦个。每日乌日落班了以后,乐去排练,排练了到半暝,但是两角钞票个点心费都摭弗出,艰苦到乙色＝个程度。所以排练了以后,大势＝人便归去睏哇,第二日乌日照常排练。排练起以后,我人乙个宣传队呢,牢＝云和来讲呢,还相当有名气。当年,牢＝我人云和乡下各个村,都有部队蹲埭喝,所以县底喊我人乙个宣传队,到乡下每个连队去演出,所以,我人日日乌日落班便乐组织去演出。我虽然讲当队长,我也是演员,也是领导。阿＝呗演出了以后,部队当然比我人地方好粒＝,吃滴儿点心便归来哇,没有工资。所以当时间,虽然讲生活比较艰苦,但是我人演出呢非常高兴,由于年轻。

　　ŋo⁴⁴ nɛ³¹ iʔ⁵ kei⁰ ɕyɛ⁴⁴ dʑyɛ³¹ dei²²³ , t ɔ̃⁴⁵ zʅ²²³ k ã²⁴ dzʅ²²³ lɑɔ³¹ iʔ⁴ kei⁴⁵ t ã²⁴ uei²²³ oʔ²³ ko⁰ , oʔ²³ kei⁰ zʅ³¹ əɯ²²³ ɲi⁰ dzʅ²²³ ɕi ã⁴⁴ t ɔ̃²⁴ tɕiɛ⁴⁴ kʰu⁴¹ kei⁰ 。 mei⁴¹ naʔ²³ uei²⁴ ɲi⁴⁵ loʔ²³ p ã²⁴ lɑɔ⁰ i⁴⁴ u⁴¹ , ŋɑɔ²²³ kʰi⁴⁴ bɔ³¹ liɛ²²³ , bɔ³¹ liɛ²²³ lɑɔ⁰ təɯ⁴⁴ pɛ⁴⁵ mɛ³¹² , d ã²²³ zʅ²²³ la⁴⁴ koʔ⁵ tsʰɑɔ⁴⁴ pʰiɑɔ⁴⁵ kei⁰ tiɛ⁴⁴ səŋ²⁴ fi⁴⁵ tu²⁴ ioʔ⁵ fuʔ⁴ tɕʰyɛʔ⁵ , tɕiɛ²⁴ kʰu⁴¹ təɯ⁴⁴ iʔ⁵ saʔ⁵ kei⁰ dʑiŋ³¹ du²²³ 。 su⁴⁴ i⁴¹ bɔ³¹ liɛ²²³ lɑɔ⁰ i⁴⁴ u⁴¹ , dɔ²²³ sʅ²⁴ nɛ³¹ bɛ²²³ kuei²⁴ kʰiⁱ⁰ kʰuɛ⁴⁵ ua⁰ , di²²³ ɲi²²³ naʔ²³ uei²⁴ ɲi⁴⁵ tɕiɑɔ⁴⁵ dʑi ã²²³ bɔ³¹ liɛ²²³ 。 bɔ³¹ liɛ²²³ tsʰʅ⁴¹ i⁴⁴ u⁴¹ , ŋo⁴⁴ nɛ³¹ iʔ⁵ kei⁰ ɕyɛ⁴⁴ dʑyɛ³¹ dei²²³ ɲi⁰ , lɑɔ³¹ yŋ²²³ o³¹ li³¹ k ɔ̃⁴⁴ ɲi⁰ , a²²³ ɕi ã⁴⁴ t ɔ̃²⁴ iəɯ⁴⁴ miŋ³¹ tsʰʅ⁴⁵ 。 t ɔ̃²⁴ ɲiɛ³¹² , lɑɔ³¹ ŋo⁴⁴ nɛ³¹ yŋ²²³ o³¹ ɕi ã⁴⁴ io⁴⁵ koʔ⁵ kei⁰ tsʰuɛ²⁴ , tu²⁴ iəɯ⁴⁴ bu²²³ dei²²³ təŋ²⁴ tɔʔ⁰ ko⁰ , su⁴⁴ i⁴¹ yɛ²²³ ti⁴⁴ x ã⁴⁵ ŋo⁴⁴ nɛ³¹ iʔ⁵ kei⁰ ɕyɛ⁴⁴ dʑyɛ³¹ dei²²³ , təɯ⁴⁴ ɕi ã⁴⁴ io⁴⁵ mei⁴⁴ kei⁴⁵ liɛ³¹ dei²²³ kʰi⁴⁴ iɛ⁴⁴ tɕʰyɛʔ⁵ , su⁴⁴ i⁴¹ , ŋo⁴⁴ nɛ³¹ naʔ²³ naʔ²³ uei²⁴ ɲi⁴⁵ loʔ²³ p ã²⁴ biɛ²²³ ŋɑɔ²²³ tsu⁴⁴ tɕiʔ⁵ kʰi⁴⁴ iɛ⁴⁴ tɕʰyɛʔ⁵ 。 ŋo⁴⁴ sɿ²⁴ ɲiɛ³¹ k ɔ̃⁴⁴ t ɔ̃⁴⁴ dei²²³ dʑi ã³¹ , ŋo⁴⁴ a²²³ dzʅ²²³ iɛ⁴⁴ yɛ³¹² , a²²³ dzʅ²²³ liŋ⁴¹ dɑɔ²²³ 。 aʔ⁵ pɛ⁰ iɛ⁴¹ tɕʰyɛʔ⁵ lɑɔ⁰ i⁴⁴ u⁴¹ , bu²²³ dei²²³ t ɔ̃²⁴ ziɛ³¹ pi⁴⁴ ŋo⁴⁴ nɛ³¹ di²²³ f ɔ̃²⁴ xəɯ⁴¹ lɛʔ⁰ , tɕʰiʔ⁵ tiŋ⁴⁵ tiɛ⁴⁴ səŋ²⁴ biɛ²²³ kuei²⁴ li³¹ ua⁰ , m⁴⁵ iəɯ⁴⁴ koŋ⁴⁴ tsʅ²⁴ 。 su⁴⁴ i⁴¹ t ɔ̃⁴⁵ zʅ²²³ k ã²⁴ , sɿ²⁴ ɲiɛ³¹ k ɔ̃⁴⁴ sɛ⁴⁴ uaʔ²³ pi⁴⁴ kɑɔ⁴⁵ tɕiɛ⁴⁴ kʰu⁴¹ , d ã²²³ zɿ²²³ ŋo⁴⁴ nɛ³¹ iɛ⁴⁴ tɕʰyɛʔ²⁵ n̠i⁰ fi²⁴ dʑiã̃³¹ kəɯ²⁴ ɕiŋ⁴⁵，iəɯ³¹ y²²³ n̠iɛ³¹ tɕʰiŋ²⁴。

当年，宣传队在一个单位里组织学习。当时的学习很辛苦，每天下班之后，还要去排练，一直练到半夜，却连两角钱的点心费都没有，排练结束之后直接回家睡觉，第二天晚上照样排练。我们这个宣传队当时在云和也相当有名气。当年，在我们云和乡下的各个村都有部队驻扎，于是，县里让我们宣传队到乡下各个连队去演出，我呢，既是队长又是演员。部队的条件当然比我们地方好，但我们也只是在演出结束之后吃了点心就回家，没有工资。虽然当时生活很艰苦，但我们很乐意演出，因为年轻。

解散了以后，在二〇〇一年，我呢亦重新帮乙个廿个人召集起来，乙次聚在一起，廿个人呢还在，虽然我人廿个人呢，都已经成为老人家哇，所以大势⁼人都非常高兴。由于过去了三十八年，我人相聚在一起，阿⁼呗在乙次之后，我人呢重新乙廿个人呢，亦经常呢碰面，经常呢活动。

kɔ⁴⁴sã̃⁴⁵ laɔ⁰i⁴⁴u⁴¹，za²²³ n̠i²²³ liŋ³¹ liŋ³¹ iʔ⁵ n̠iɛ³¹²，ŋo⁴⁴ n̠i⁰iʔ²³ dʑiɔ̃²²³ səŋ²⁴ mɔ̃²⁴ iʔ⁵kei⁰n̠iɛ²²³ kei⁴⁵ nɛ³¹² tɕiɑɯ²⁴ dʑiʔ²³ tsʰɿ⁴⁴ li³¹²，iʔ⁵tsʰɿ⁰dʑʮ²²³ za²²³ iʔ⁵tsʰɿ⁴¹，n̠iɛ²²³ kei⁴⁵ nɛ³¹n̠i⁰a³¹za²²³，sʮ²⁴n̠iɛ³¹ ŋo⁴⁴nɛ³¹ n̠iɛ²²³ kei⁴⁵nɛ³¹n̠i⁰，tu²⁴i⁴⁴tɕiŋ²⁴ʑiŋ³¹ uei²²³ laɔ⁴⁴nɛ²²³ko²⁴ua⁰，su⁴⁴i⁴¹dɔ²²³sɿ²⁴nɛ³¹tu²⁴fi²⁴ dʑiã̃³¹kəɯ²⁴ɕiŋ⁴⁵。iəɯ³¹y²²³ko⁴⁵tsʰʮ⁴⁵laɔ⁰sã̃²⁴ʑyeiʔ²³pɔʔ⁵n̠iɛ³¹²，ŋo⁴⁴nɛ³¹ɕiã̃²⁴dʑʮ²²³za²²³iʔ⁵tsʰɿ⁴¹，aʔ⁵pɛ⁰za²²³iʔ⁵tsʰɿ⁴¹tsɿ⁴⁴əɯ²²³，ŋo⁴⁴nɛ³¹n̠i⁰dʑiɔ̃²²³səŋ²⁴iʔ⁵n̠iɛ²²³kei⁴⁵nɛ³¹n̠i⁰，iʔ²³tɕiŋ²⁴ʑiã̃³¹n̠i⁰pʰəŋ⁴⁴miɛ²²³，tɕiŋ²⁴ʑiã̃³¹n̠i⁰uaʔ²³dɔŋ²³¹。

后来，宣传队解散了。2001年，我重新把我们20人召集起来。这次聚在一起，20个人都还在，虽然我们都已经是老年人了，但大家都很高兴。于是，相隔38年后，我们重新相聚。这一次聚会之后，我们这 20 个人就经常碰面，经常一起活动。

　　接落来呢，我来讲讲我特＝自。牢＝巧云村来讲，我虽然呢书读得弗多，但是呢我牢＝巧云村呢，还是比较受人尊重个。在几粒＝年以前，牢＝村底呢做红事、白事，都称为我呢是一个先生。责＝事干来讲呢？因为各个人家处，像我人云和个风俗习惯，都是呢乐摅来记账个。我个钢笔字呢写得比较好，各方面呢比较懂，所以呢，结婚我便是做两样事干喈：一个呢，做请风客，另外一个呢，帮人记账。所以记账个东西呢，是乐字写得来个人，但是呢还乐比较写得好滴儿个，所以我是适合做乙种工作个。请风客呢，是专门代替主家到新娘处个作主个人。所以乙个行当呢，因为我讲话呢比较会讲，阿＝呗讲出呢亦有道理，所以渠人呢都喜欢我个，喊我去帮人做请风客。请风客乙个行当，一直做到现在记，大势＝人都喜欢我去做。

tɕieʔ⁵loʔ²³li³¹n̠i⁰ , ŋo⁴⁴li³¹kɔ̃⁴⁴kɔ̃⁴¹ŋo⁴⁴daʔ²³zl̩²²³ 。 laɔ³¹kʰaɔ⁴⁴yŋ³¹tsʰuɛ²⁴li³¹kɔ̃⁴¹ , ŋo⁴⁴sʮ²⁴n̠ie³¹n̠i⁰sʮ²⁴dəuʔ²³tiʔ⁰fuʔ⁵tu²⁴ , dã²²³zl̩²²³n̠i⁰ŋo⁴⁴laɔ³¹kʰaɔ⁴⁴yŋ³¹tsʰuɛ²⁴n̠i⁰ , a²²³dʑl̩²²³pi⁴⁴kaɔ⁴⁵ʑiəɯ²²³ne³¹tsuɛ²⁴dʑioŋ²³¹kei⁰ 。 za²²³ki⁴⁴lɛʔ⁰n̠ie³¹i⁴⁴ʑiɛ³¹² , laɔ³¹tsʰuɛ²⁴ti⁴⁴n̠i⁰tso⁴⁵oŋ³¹zl̩²²³ 、baʔ²³zl̩²²³ , tu²⁴tɕʰiŋ²⁴uei²²³ŋo⁴⁴n̠i⁰dʑl̩²²³iʔ⁴kei⁴⁵ɕie³¹se²⁴ 。 tsaʔ²³zl̩²²³kuɛ⁴⁵li³¹kɔ̃⁴⁴n̠i⁰? iŋ²⁴uei³¹koʔ⁵kei⁰nɛ²²³kɔ²⁴tsʰʮ⁴⁵ , ʑiã²²³ŋo⁴⁴ne³¹yŋ²²³o³¹kei⁰fəŋ⁴⁴ʑioʔ²³ʑyeiʔ²³kuã⁴⁵ , tu²⁴dʑl̩²²³n̠i⁰ŋaɔ²²³iɔʔ⁵li³¹tsl̩⁴⁴tiã⁴⁵kei⁰ 。 ŋo⁴⁴kei⁰kɔ̃⁴⁴piʔ⁵zl̩²²³n̠i⁰ɕio⁴⁴tiʔ⁴pi⁴⁴kaɔ⁴⁵xəɯ⁴¹ , koʔ⁵fɔ̃²⁴miɛ²²³n̠i⁰pi⁴⁴kaɔ⁴⁵toŋ⁴¹ , su⁴⁴i⁴¹n̠i⁰ , tɕiɛʔ⁴xuɛ²⁴ŋo⁴⁴biɛ²²³dʑl̩²²³tso⁴⁵la⁴⁴iã²²³zl̩²²³kuɛ⁴⁵ko⁰ : iʔ⁴kei⁴⁵n̠i⁰ , tso⁴⁴tɕʰiŋ⁴⁴fəŋ⁴⁴kʰaʔ⁵ , liŋ²²³ua²²³iʔ⁴kei⁴⁵n̠i⁰ , mɔ̃²⁴nɛ²⁴tsl̩⁴⁴tiã⁴⁵ 。 su⁴⁴i⁴¹tsl̩⁴⁴tiã⁴⁵kei⁰noŋ⁴⁴sl̩²⁴n̠i⁰ , dʑl̩²²³ŋaɔ²²³zl̩²²³ɕio⁴⁴tiʔ⁴li³¹kei⁰nɛ³¹² , dã²²³zl̩²²³n̠i⁰a³¹ŋaɔ²²³pi⁴⁴kaɔ⁴⁵ɕio⁴⁴tiʔ⁴xəɯ⁴⁴tiŋ⁴⁵kei⁰ , su⁴⁴i⁴¹ŋo⁴⁴dʑl̩²²³ɕiʔ⁵ɛʔ²³tso⁴⁵iʔ⁵tɕioŋ⁴¹koŋ²⁴tsoʔ⁵kei⁰ 。 tɕʰiŋ⁴⁴fəŋ⁴⁴kʰaʔ⁵n̠i⁰ , dzʅ²²³ tɕye²⁴ məŋ³¹ da²²³ tʰi⁴⁵ tsʅ⁴⁴ ko²⁴ təɯ⁴⁴ səŋ⁴⁴ n̠iã̠³¹ tsʅʮ⁴⁵ kei⁰ tsoʔ²⁴ tsʮ⁴¹ kei⁰ ne³¹² 。 su⁴⁴ i⁴¹ iʔ²⁴ kei⁴⁵ɔ̠̃³¹ t ɔ̠̃⁴⁵ n̠i⁰ , iŋ²⁴ uei³¹ ŋo⁴⁴ k ɔ̠̃⁴⁴ o²²³ n̠i⁰ pi⁴⁴ kɑɔ⁴⁵ uei²²³ kɔ̠̃⁴¹ , aʔ⁵ pɛ⁰ k ɔ̠̃⁴⁴ tɕyeʔ²⁵ n̠i⁰ iʔ²³ iəɯ⁴⁴ dɑɔ²²³ li⁴¹ , su⁴⁴ i⁴¹ gi²²³ ne³¹ n̠i⁰ tu²⁴ sʅ⁴⁴ xuã̠²⁴ ŋo⁴¹ kei⁰ , xã̠⁴⁵ ŋo⁴⁴ kʰi⁴⁴ mɔ̠̃²⁴ ne³¹ tso⁴⁴ tɕʰiŋ⁴⁴ fəŋ⁴⁴ kʰaʔ⁵ 。 tɕʰiŋ⁴⁴ fəŋ⁴⁴ kʰaʔ⁵ iʔ²⁴ kei⁴⁵ɔ̠̃³¹ t ɔ̠̃⁴⁵ , iʔ²⁴ dziʔ²³ tso⁴⁵ təɯ⁴⁴ iɛ²²³ za²²³ tsʅ⁴⁵ , dɔ²²³ sʅ²⁴ ne³¹ tu²⁴ sʅ⁴⁴ xuã̠²⁴ ŋo⁴⁴ kʰi⁴⁴ tso⁴⁵ 。

接下来呢，我来讲讲我自己。我虽然书读得不多，但是在巧云村还是比较受人尊重的。从几年前开始，只要村里有红白喜事，都会请我去当账房先生。为什么呢？因为根据我们云和的风俗习惯，各家各户操办红白喜事时，都要记账。我钢笔字写得比较好，各方面都比较懂。举办婚事时，我就要做两件事情：一是做请风客，二是帮人记账。记账的人不仅要会写字，还得字写得好，我很适合做这些工作。请风客是代替主人去新娘家联络、沟通的人，我比较会讲话，讲出来的话又比较有道理，所以，大家都喜欢请我去做请风客。请风客这个活儿，我一直做到现在。

阿˭呗，由于我个字比较写得好，所以呢，我牢˭老年大学呢，去学习书法，写毛笔字。毛笔字我是写弗责˭好喟，我想呢，帮毛笔字呢学起来，学起来写呢，下日呢，写写对联嘞。我呢弗讲去出名，但是呢，乙个是我特˭自一种爱好，乙种爱好呢，我是喜欢个，所以呢，乙个呢也是件好事。

aʔ⁵ pɛ⁰ , iəɯ³¹ y²²³ ŋo⁴⁴ kei⁰ zʅ²²³ pi⁴⁴ kɑɔ⁴⁵ ɕio⁴⁴ tiʔ⁰ xəɯ⁴¹ , su⁴⁴ i⁴¹ n̠i⁰ , ŋo⁴⁴ lɑɔ³¹ lɑɔ⁴⁴ n̠iɛ³¹ dɔ²²³ oʔ²³ n̠i⁰ , kʰi⁴⁴ oʔ²³ zioʔ²³ sʮ⁴⁴ fɔʔ⁵ , ɕio⁴⁴ mɑɔ²²³ piʔ⁴ zʅ²²³ 。 mɑɔ²²³ piʔ⁴ zʅ²²³ ŋo⁴⁴ dzʅ²²³ ɕio⁴⁴ fuʔ⁵ tsaʔ⁵ xəɯ⁴⁴ ko⁰ , ŋo⁴⁴ ɕiã̠⁴⁴ n̠i⁰ , mɔ̠̃²⁴ mɑɔ²²³ piʔ⁴ zʅ²²³ n̠i⁰ oʔ²³ tsʰʅ⁴¹ li³¹² , oʔ²³ tsʰʅ⁴¹ li³¹ ɕio⁴⁴ n̠i⁰ , io⁴⁵ naʔ²³ n̠i⁰ , ɕio⁴⁴ ɕio⁴⁴ tei⁴⁴ liɛ³¹ lɛ⁰ 。 ŋo⁴⁴ n̠i⁰ fuʔ⁵ kɔ̠̃⁴⁴ kʰi⁴⁴ tɕʰyɛʔ⁴ miŋ³¹² , dã̠²²³ zʅ²²³ n̠i⁰, iʔ⁵ kei⁰ dzʅ²²³ ŋo⁴⁴ da²³ zʅ²²³ iʔ⁴ tɕi ɔ̃⁴¹ a⁴⁵ xɯu⁴¹, iʔ⁵ tɕi ɔ̃⁴¹ a⁴⁵ xɯu⁴¹ n̠i⁰, ŋo⁴¹ dzʅ²²³ sʅ⁴⁴ xu ã²⁴ kei⁰, su⁴⁴ i⁴¹ n̠i⁰, iʔ⁵ kei⁰ n̠i⁰ a²²³ dzʅ²²³ dziɛ²²³ xɯu⁴¹ zʅ²²³。

我钢笔字写得比较好，现在还在老年大学学习书法，学写毛笔字，我毛笔字写得不怎么好，我想把毛笔字学好，以后就可以写对联了。我并不想追求出名，这仅仅是我的一个爱好，这个爱好对我来说是一件好事。

（2017 年 8 月 6 日，云和，发音人：邱裕森）

（二）方言老女

传统节日

下面，我来讲一记我人云和个传统节日。

io⁴⁵ miɛ²²³, ŋo⁴¹ li³¹ k ɔ̃⁴⁴ iʔ⁴tsʅ⁴⁵ ŋo⁴⁴ nɛ³¹ yŋ²²³ o³¹ kei⁰dzyɛ²²³ tʰoŋ⁴⁴ tɕiɛʔ⁴ naʔ²³。

下面，我来介绍一下我们云和的传统节日。

阿꞊呗，传统节日最大个节日呢是过年。过年个头个把月开始呢，大势꞊人便乐准备盐盐肉①啊，浸酱油肉啊，乙粒꞊吃个东西便帮渠准备起来先。再呗呢，开꞊卫生，窗帘布阿꞊些ㄦ都帮渠褪落来，刷尘，洗过年被，帮处底呗，里里外外都开꞊记干干净净个迎接过年。

aʔ⁵ pɛ⁰, dzyɛ²²³ tʰoŋ⁴⁴ tɕiɛʔ⁴ naʔ²³ tsei⁴⁵ du²²³ kei⁰tɕiɛʔ⁴naʔ²³ n̠i⁰dzʅ²²³ ko⁴⁴ n̠iɛ³¹²。ko⁴⁴ n̠iɛ³¹ kei⁰dəɯ³¹ kei⁴⁵ po⁴⁴ n̠yɛʔ²³ kʰei⁴⁴ sʅ⁴⁴ n̠i⁰, dɔ²²³ sʅ²⁴ nɛ³¹ bɛ²²³ ŋɑɔ²²³ tɕyŋ⁴⁴ bi²²³ iɛ²²³ iɛ²²³ n̠iəɯʔ²³ a⁰, tsəŋ⁴⁴ tɕi ã⁴⁴ iəɯ³¹ n̠iəɯʔ²³ a⁰, iʔ⁵lɛʔ⁵tɕʰiʔ⁵ kei⁰noŋ⁴⁴ sʅ²⁴ bɛ²²³ pɔ̃²⁴ gi³¹ tɕyŋ⁴⁴ bi²²³ tsʰʅ⁴¹ li³¹ ɕiɛ²⁴。tsa⁴⁵

---

① 盐盐肉：用盐腌制腊肉。

$pɛ^0 ŋi^0$, $k^hei^{44} uei^{223} sɛ^{24}$, $tɕi\tilde{ɔ}^{44} lie^{31} pu^{45} aʔ^5 ɕiŋ^0 tu^{24} p\tilde{ɔ}^{24} gi^{31} t^həŋ^{45} loʔ^{223} li^{312}$,
$ɕyɛʔ^4 dzəŋ^{312}$, $sʅ^{44} ko^{44} ŋie^{223} bi^{223}$, $p\tilde{ɔ}^{24} ts^hʮ^{45} ti^{44} pɛ^0$, $li^{41} li^{41} ua^{223} ua^{223} tu^{24}$
$k^hei^{45} tsʅ^{45} kuɛ^{44} kuɛ^{24} ʑiŋ^{223} ʑiŋ^{223} kei^0 iŋ^{31} tɕiɛʔ^5 ko^{44} ŋie^{312}$ 。

　　传统节日里最盛大的节日就是过年。过年前的个把月，人们就
要开始腌制腊肉、酱油肉，先准备好这些吃的东西。再就是搞卫生：
洗窗帘、除尘、洗过年被。里里外外都清理干净，准备过年。

　　再呗呢，接落去呢，快乐过年个时节呢，便炊糖糕啊，做炒米糖
啊，还有呗做糯米酒，老大缸个糯米酒做起来，再一坛坛抽起来园
塝。云和人呢，是相当喜欢吃乙个糯米红酒个，有客来个时节呢，都
搣出来招待客人。糯米酒倒出来，园到阿=个锅底面去呢，烧至有
滴ㄦ烫个时节，帮阿=个卵哗=记落去，糖园滴ㄦ去，乙色=比较好吃，
亦补个。云和人呢还帮乙个卵丝酒①呢，搣来乞做生母个生母娘吃
个，补身体用个。所以讲过年个时节呢，酒都会一坛坛做起来园塝
过年吃。还有呢，会做豆腐，豆腐做起呢，一粒一粒切起来，泡=豆腐
泡。用油炸起来，阿=色=便是豆腐泡，园塝呢可以吃得个把月得，贮
存个时间比较长个。

　　$tsa^{45} pɛ^0 ŋi^0$, $tɕiɛʔ^5 loʔ^{223} k^hi^0 ŋi^0$, $k^hua^{45} ŋɑɔ^{223} ko^{44} ŋie^{31} kei^0 zʅ^{223}$
$tɕiɛʔ^5 ŋi^0$, $bɛ^{223} ts^hʮ^{44} d\tilde{ɔ}^{31} kəɯ^{24} a^0$, $tso^{44} ts^hɑɔ^{44} mi^{41} d\tilde{ɔ}^{31} a^0$, $a^{223} iəɯ^{44}$
$pɛ^0 tso^{44} nu^{223} mi^{44} tɕiəɯ^{41}$, $lɑɔ^{223} du^{223} k\tilde{ɔ}^{24} kei^0 nu^{223} mi^{44} tɕiəɯ^{41} tso^{45} ts^hʅ^{44}$
li^{312} , $tsa^{45} iʔ^4 duɛ^{31} duɛ^{31} tɕ^hiəɯ^{24} ts^hʅ^{44} li^{31} k^h\tilde{ɔ}^{45} təʔ^5$ 。 $yŋ^{223} o^{223} nɛ^{31} ŋi^0$, $dzʅ^{223}$
$ɕi\tilde{a}^{44} t\tilde{ɔ}^{24} sʅ^{44} xu\tilde{a}^{24} tɕ^hiʔ^5 iʔ^5 kei^0 nu^{223} mi^{44} oŋ^{223} tɕiəɯ^{41} kei^0$, $iəɯ^{44} k^haʔ^5 li^{31}$
$kei^0 zʅ^{223} tɕiɛʔ^5 ŋi^0$, $tu^{24} iɔʔ^5 tɕ^hyɛʔ^5 li^{31} tɕiɑɔ^{24} da^{223} k^haʔ^5 nɛ^{312}$ 。 $nu^{223} mi^{44}$
$tɕiəɯ^{41} təɯ^{45} tɕ^hyɛʔ^5 li^{312}$, $k^h\tilde{ɔ}^{45} təɯ^{44} aʔ^4 kei^0 ku^{24} ti^{44} mie^{223} k^hi^0 ŋi^0$, $ɕiɑɔ^{24}$

---

①　卵丝酒：糯米红曲酒加鸡蛋、红糖一起煮成的蛋花酒。

tsʅ⁴⁵iəɯ⁴⁴tiŋ⁴⁵tʰɔ̃⁴⁵kei⁰zʅ²²³tɕiɛʔ⁵，pɔ̃²⁴aʔ⁴kei⁰ləŋ⁴¹xuaʔ⁵tsʅ⁰loʔ²³kʰiᵒ，dɔ̃³¹kʰɔ̃⁴⁵tiŋ⁴⁵kʰiᵒ，iʔ⁵saʔpi⁴⁴kaɔ⁴⁵xəɯ⁴⁴tɕʰiʔ⁵，iʔ²³pu⁴¹keiᵒ。yŋ²²³o²²³nɛ³¹n̺iᵒa²²³pɔ̃²⁴iʔ⁵kei⁰ləŋ⁴⁴sʅ⁴⁴tɕiəɯ⁴⁴n̺iᵒ，iɔʔ⁵li³¹kʰa⁴⁴tso⁴⁵sɛ⁴⁴m⁴¹keiᵒsɛ⁴⁴m⁴¹n̺iã̃³¹tɕʰiʔ⁵keiᵒ，pu⁴⁴səŋ⁴⁴tʰi⁴¹iɔ̃²²³keiᵒ。su⁴⁴i⁴¹kɔ̃⁴⁴ko⁴⁴n̺iɛ³¹kei⁰zʅ²²³tɕiɛʔ⁵n̺iᵒ，tɕiəɯ⁴¹tu²⁴uei²²³iʔ⁴duɛ²²³duɛ²²³tso⁴⁵tsʰʅ⁴⁴li³¹kʰɔ̃⁴⁵toʔ⁵ko⁴⁴n̺iɛ³¹tɕʰiʔ⁵。a²²³iəɯ⁴⁴n̺iᵒ，uei²²³tso⁴⁵dəɯ²²³vu²²³，dəɯ²²³vu²²³tso⁴⁵tsʰʅ⁰n̺iᵒ，iʔ⁴lɛʔ⁵iʔ⁴lɛʔ⁵tɕʰiɔʔ⁵tsʰʅ⁴⁴li³¹²，pʰaɔ⁴⁴dəɯ²²³vu²²³pʰaɔ⁴⁵。iɔ̃²²³iəɯ³¹tsɔʔ⁵tsʰʅ⁴⁴li³¹²，aʔ⁵saʔ⁰biɛ²²³dzʅ²²³dəɯ²²³vu²²³pʰaɔ⁴⁵，kʰɔ̃⁴⁵toʔ⁵n̺iᵒkʰu⁴⁴i⁴¹tɕʰiʔ⁵tiʔ⁴kei⁴⁵po⁴¹n̺yɛʔ²²³tiʔ⁵，dzɥ⁴⁴zuɛ³¹kei⁰zʅ²²³kã̃²⁴pi⁴⁴kaɔ⁴⁵dɛ³¹keiᵒ。

接下来，要蒸糖糕、做米花糖、酿糯米酒。糯米酒酿制好之后，要一坛坛分装存放。云和人很喜欢喝这种糯米酒，有客人来的时候，就拿出来招待客人。云和人还喜欢把糯米酒倒进锅里，烧至有点热的时候，打进鸡蛋，放点糖，这样既好吃，又滋补。云和人还酿这种酒给坐月子的产妇吃，可以滋补身体。所以，过年前云和人就会把酒酿好，再一坛一坛装好，等着过年喝。人们还会做豆腐，把做好的豆腐一小块一小块切好，用来炸着吃。经过油炸的豆腐贮藏的时间比较长，可以吃个把月。

阿꞊呗到了三十日阿꞊日，家家户户呢都会贴对联，帮福字都贴上去。三十日个时节哈，阿꞊呗日午着，一般便是随便吃一滴ꞈ，简简单单个吃滴ꞈ，便开始准备乌日年夜饭时节吃个饭菜个。阿꞊呗吃年夜饭个时节呢，小辈都乐到上辈处底，一大家人团聚一起吃年夜饭。吃饭个时节呢，上辈都会发压岁钿乞小一辈。阿꞊呗，处底如果有七八十岁个阿꞊种老人家着呢，晚辈还乐发红包乞乙个上辈，大势꞊人呢，都开开心心个一起吃年夜饭。

a$ʔ^5$pɛ^{0}təɯ^{45}lɑɔ^0　sã^{44}ʑyeiʔ^{23}naʔ^{23}a$ʔ^5$naʔ^{23}，ko^{44}ko^{24}u^{223}u^{223}ɲi^{0}tu^{24}uei^{223}t^{h}iɛ$ʔ^4$tei^{44}liɛ^{312}，pɔ̃^{24}fəɯ$ʔ^5$zɿ^{223}tu^{24}t^{h}iɛ$ʔ^5$dʑiã^{223}k^{h}i^0。sã^{44}ʑyeiʔ^{23}naʔ^{23}kei^{0}zɿ^{223}tɕiɛ$ʔ^5$xa^0，a$ʔ^5$pɛ^{0}naʔ^{23}　ŋ^{41}dʑiɔʔ^{23}，iʔ^{4}pɛ^{24}biɛ^{223}dzɿ^{223}zʮ^{31}biɛ^{223}tɕ^{h}iʔ^{5}iʔ^{4}tiŋ^{45}，kã^{44}kã^{44}tã^{24}tã^{24}kei^{0}tɕ^{h}iʔ^{5}tiŋ^{45}，biɛ^{223}k^{h}ei^{44}sɿ^{44}tɕyŋ^{44}bi^{223}uei^{24}ɲi^{45}ɲiɛ^{223}io^{223}vã^{223}zɿ^{223}tɕiɛ$ʔ^5$tɕ^{h}iʔ^{5}kei^{0}vã^{223}ts^{h}a^{45}kei^0。a$ʔ^5$pɛ^{0}tɕ^{h}iʔ^{5}ɲiɛ^{223}io^{223}vã^{223}kei^{0}zɿ^{223}tɕiɛ$ʔ^5$ɲi^0，ɕiɑɔ^{44}pei^{45}tu^{24}ŋɑɔ^{223}təɯ^{44}dʑiã^{223}pei^{45}ts^{h}ʮ^{45}ti^0，iʔ^{4}du^{223}ko^{24}nɛ^{31}duɛ^{31}dzʮ^{223}iʔ^{4}ts^{h}ɿ^{44}tɕ^{h}iʔ^{4}ɲiɛ^{223}io^{223}vã^{223}。tɕ^{h}iʔ^{4}vã^{223}kei^{0}zɿ^{223}tɕiɛ$ʔ^5$ɲi^0，dʑiã^{223}pei^{45}tu^{24}uei^{223}fɔʔ^{4}ɔʔ^{4}sʮ^{45}diɛ^{31}k^{h}a^{44}ɕiɑɔ^{44}iʔ^{4}pei^{45}。a$ʔ^5$pɛ^0，ts^{h}ʮ^{45}ti^{0}lu^{223}ko^{44}iəɯ^{44}ts^{h}eiʔ^{4}pɔʔ^{4}ʑyeiʔ^{23}sʮ^{45}kei^{0}a$ʔ^5$tɕiɔ̃^{41}lɑɔ^{44}nɛ^{223}ko^{24}dʑiɔʔ^{223}ɲi^0，uã^{223}pei^{45}ã^{223}ŋɑɔ^{223}fɔʔ^{4}əŋ^{31}pɑɔ^{24}k^{h}a^{44}iʔ^{4}kei^{0}dʑiã^{223}pei^{45}，dɔ^{223}sɿ^{24}nɛ^{31}ɲi^0，tu^{24}k^{h}ei^{44}k^{h}ei^{44}səŋ^{44}səŋ^{24}kei^{0}iʔ^{4}ts^{h}ɿ^{44}tɕ^{h}iʔ^{4}ɲiɛ^{223}io^{223}vã^{223}。

到了大年三十那天，家家户户都贴对联、贴福字。那天中午，人们简简单单吃一点之后，就开始准备做年夜饭。吃年夜饭的时候，小辈都要到长辈家里，一大家子开开心心地团聚在一起吃饭。吃饭的时候，长辈还会发压岁包给小辈。家里如果有七八十岁的老人家，晚辈也要给他发红包。

吃年夜饭之前呢，乐放火炮。火炮"嘭嘭"放起着呢，便开始吃哇。所以我人牢＝处底听着，撒＝埚开始放火炮哇，我人便讲："哦嗬！渠都开始吃饭嘞，我人也乐快粒＝哦！"乙色＝。是一个吃年饭个标志，放火炮是。

tɕ^{h}iʔ^{5}ɲiɛ^{223}io^{223}vã^{223}tsɿ^{44}ʑiɛ^{31}ɲi^0，ŋɑɔ^{223}fɔ̃^{44}xo^{44}p^{h}ɑɔ^{45}。xo^{44}p^{h}ɑɔ^{45}boŋ^{31}boŋ^{31}fɔ̃^{45}ts^{h}ɿ^{0}dʑiɔʔ^{223}ɲi^0，biɛ^{223}k^{h}ei^{44}sɿ^{44}tɕ^{h}iʔ^{5}ua^0。su^{44}i^{41}ŋo^{44}nɛ^{31}lɑɔ^{31}ts^{h}ʮ^{45}ti^{0}t^{h}iŋ^{45}dʑiɔʔ^{223}，tɕ^{h}iɛ$ʔ^5$tɔʔ^{5}k^{h}ei^{44}sɿ^{44}fɔ̃^{44}xo^{44}p^{h}ɑɔ^{45}ua^0，ŋo^{44}nɛ^{31}biɛ^{223}kɔ̃^{41}：o^{45}xo^{31}！gi^{31}tu^{24}k^{h}ei^{44}sɿ^{44}tɕ^{h}iʔ^{4}vã^{223}lɛ^0，ŋo^{44}

nε^{31} a^{223} ŋɑɔ^{223} kʰua^{45} lεʔ^{0} o^{0}！ iʔ^{5} saʔ^{5}。dzɿ^{223} iʔ^{4} kei^{0} tɕʰiʔ^{4} ȵiε^{223} vã^{223} kei^{0} piɑɔ^{24} tsɿ^{45}，fɔ̃^{44} xo^{44} pʰɑɔ^{45} dzɿ^{223}。

吃年夜饭之前要放鞭炮，鞭炮响起来，就预示着要吃年夜饭了。于是，当人们在家里听到哪里有鞭炮声，就会这样说："哦嗬！他们都开始吃年夜饭了，我们也要快一点哦！"放鞭炮是吃年夜饭的标志。

年夜饭吃好以后呢，阿=呗根据处底人个爱好，有粒=人呗抄麻将，有粒=人呗打老K，还有喜欢相电视个人呢，便开始相春晚。一直弄到十一点左右个时候，便乐准备吃隔岁，除旧迎新个意思喏。吃隔岁呢，一般都是吃水饺啊，吃汤圆阿=些儿。烧起吃呢，十二点马上乐到个时节着，亦乐放火炮。乙个也是除旧迎新个意思。到阿=时节着，全城个火炮都会响起，呯呯嘭嘭，呯呯嘭嘭。乙两回呢，云和城已经禁止放火炮哇。十二点以后个第一个时辰个时节，信佛个人呢，还会到佛殿去求一炷头炷香，乙色=，大势=人呢比较作兴个。头炷香求来呢，讲可以保佑你一年全家人，身体健康啊，平平安安啊，乙色=。

ȵiε^{223} io^{223} vã^{223} tɕʰiʔ^{5} xəɯ^{44} i^{44} u^{41} ȵi^{0}，aʔ^{5} pε^{0} kε^{24} tsʮ^{45} tsʰʮ^{45} ti^{0} nε^{31} kei^{0} a^{45} xəɯ^{41}，iɯ^{44} lεʔ^{0} nε^{31} pε^{0} tsʰɑɔ^{44} mo^{44} tɕiã^{45}，iɯ^{44} lεʔ^{0} nε^{31} pε^{0} nε^{44} lɑɔ^{44} kʰa^{24}，a^{223} iəɯ^{44} sɿ^{44} xuã^{24} ɕiã^{44} diε^{223} zɿ^{223} kei^{0} nε^{31} ȵi^{0}，bε^{223} kʰei^{44} sɿ^{44} ɕiã^{44} tɕʰyŋ^{44} uã^{41}。iʔ^{4} dʑiʔ^{23} loŋ^{223} təɯ^{44} ʑyeiʔ^{23} iʔ^{5} tiε^{44} tsu^{44} iəɯ^{223} kei^{0} zɿ^{31} əɯ^{223}，bε^{223} ŋɑɔ^{223} tɕyŋ^{44} bi^{223} tɕʰiʔ^{4} kaʔ^{4} sʮ^{45}，dzʮ^{31} dʑiəɯ^{223} ȵiŋ^{31} səŋ^{24} kei^{0} i^{44} sɿ^{45} nɔ^{0}。tɕʰiʔ^{4} kaʔ^{4} sʮ^{45} ȵi^{0}，iʔ^{4} pε^{24} tu^{24} dzɿ^{223} tɕʰiʔ^{4} sʮ^{44} tɕiɑɔ^{41} a^{0}，tɕʰiʔ^{4} tʰɔ̃^{44} yε^{31} aʔ^{5} ɕiŋ^{0}。ɕiɑɔ^{24} tsʰɿ^{0} tɕʰiʔ^{5} ȵi^{0}，ʑyeiʔ^{23} ȵi^{223} tiε^{41} mo^{41} ʑiã^{223} ŋɑɔ^{223} təɯ^{45} kei^{0} zɿ^{223} tɕiεʔ^{5} dʑiɔʔ^{23}，iʔ^{23} ŋɑɔ^{223} fɔ̃^{44} xo^{44} pʰɑɔ^{45}。iʔ^{5} kei^{0} a^{223} dzɿ^{223} dzʮ^{31} dʑiəɯ^{223} ȵiŋ^{31} səŋ^{24} kei^{0} i^{44} sɿ^{45}。təɯ^{44} aʔ^{5} zɿ^{223} tɕiεʔ^{5} dʑiɔʔ^{23}，

ʑyɛ²²³ ziŋ³¹ kei⁰ xo⁴⁴ pʰɑɔ⁴⁵ tu²⁴ uei²²³ ɕi ã⁴¹ tsʰ ɿ⁰，biŋ²²³ biŋ²²³ boŋ²²³ boŋ³¹²，biŋ²²³ biŋ²²³ boŋ²²³ boŋ³¹²。iʔ⁵ la⁴⁴ uei³¹ ȵi⁰，yŋ²²³ o³¹ ziŋ³¹ i⁴⁴ tɕiŋ²⁴ tɕiŋ⁴⁵ tsɿ⁴¹ fɔ̃⁴⁴ xo⁴⁴ pʰɑɔ⁴⁵ ua⁰。ʑyei³²²³ ȵi²²³ tiɛ⁴¹ i⁴⁴ u⁴¹ kei⁰ di²²³ iʔ⁵ kei⁴⁵ zɿ²²³ zəŋ³¹ kei⁰ zɿ²²³ tɕiɛ⁵，səŋ⁴⁴ vɯɯʔ²²³ kei⁰ nɛ³¹ ȵi⁰，a²²³ uei²²³ tɯɯ⁴⁴ vɯɯʔ²²³ diɛ²²³ kʰi⁴⁴ dʑiɯɯ³¹ iʔ⁴ dzɿ²²³ dəɯ³¹ dzɿ²²³ ɕi ã²⁴，iʔ⁵ saʔ⁵，dɔ²²³ sɿ²⁴ nɛ³¹ ȵi⁰ pi⁴⁴ kɑɔ⁴⁵ tso⁴⁵ ɕiŋ²⁴ kei⁰。dəɯ³¹ dzɿ²²³ ɕi ã²⁴ dʑiəɯ³¹ li³¹ ȵi⁰，kɔ̃⁴⁴ kʰu⁴⁴ i⁴¹ pɑɔ⁴⁴ iəɯ²²³ ȵi⁴⁴ iʔ⁴ ȵiɛ³¹ ʑyɛ²²³ ko²⁴ nɛ³¹，səŋ⁴⁴ tʰi⁴⁴ tɕiɛ⁴⁴ kʰ ɔ̃²⁴ a⁰，biŋ²²³ biŋ²²³ uɛ⁴⁴ uɛ²⁴ a⁰，iʔ⁵ saʔ⁵。

吃完年夜饭，每个家庭成员会根据自己的兴趣爱好进行活动，或者打扑克，或者搓麻将，喜欢看电视的就看春晚。到 11 点左右，要开始吃分岁，就是辞旧迎新的意思。吃分岁一般是吃汤圆、水饺等。即将 12 点的时候，又要开始放鞭炮，这时候放鞭炮也是辞旧迎新的意思。这时候，全城都响彻着噼里啪啦的鞭炮声。不过，现在云和城区已经禁止放鞭炮了。12 点以后的第一个时辰，信佛的人还会到佛殿里求第一炷香。第一炷香可以保佑在接下来的一年里，全家身体健康，平平安安。

阿⁼呗，到正月初一，大势⁼人呢都是比较迟挖⁼起个，因为三十日呢，大势⁼人呢都有特⁼自个节目喏，乐守岁，正月初一都挖⁼得无几粒⁼早险个。挖⁼起开门时节亦乐放火炮，乙个是喊开门火炮，乙个呢便是讲预祝新个一年各方面都会好，万事如意色⁼个意思。所以呢，家家户户呢也会放乙个开门炮个。哈，乙个是过年。

aʔ⁵ pɛ⁰，təɯ⁴⁴ tɕiŋ⁴⁴ ȵyɛʔ²²³ tsʰu⁴⁴ iʔ⁵，dɔ²²³ sɿ²⁴ nɛ³¹ ȵi⁰tu²⁴ dzɿ²²³ pi⁴⁴ kɑɔ⁴⁵ dzɿ³¹ uaʔ⁵tsʰ ɿ⁰ kei⁰，iŋ²⁴ uei³¹ s ã⁴⁴ ʑyei²²³ naʔ²³ ȵi⁰，dɔ²²³ sɿ²⁴ nɛ³¹ ȵi⁰tu²⁴ iɯɯ⁴⁴ daʔ²³ zɿ²²³ kei⁰tɕiɛʔ⁴ məɯʔ²²³ nɔ⁰，ŋɑɔ²²³ ɕiəɯ⁴⁴ sɥ⁴⁵，tɕiŋ⁴⁴ ȵyɛʔ²²³ tsʰu⁴⁴ iʔ⁵tu²⁴ uaʔ⁵tiʔ⁰ m⁴⁵ ki⁴⁴ lɛʔ⁰ tsɑɔ⁴¹ ɕiɛ⁴¹ kei⁰。uaʔ⁵tsʰ ɿ⁰kʰei⁴⁴ məŋ³¹ zʅ²²³ tɕiɛʔ⁵ iʔ²³ ŋɑɔ²²³ fɔ̃⁴⁴ xo⁴⁴ pʰɑɔ⁴⁵，iʔ⁵ kei⁰ dzʅ²²³ xã⁴⁴ kʰei⁴⁴ məŋ³¹ xo⁴⁴ pʰɑɔ⁴⁵，iʔ⁵ kei⁰ n̠i⁰ biɛ²²³ dzʅ²²³ kɔ̃⁴¹ y²²³ tɕio ʔ⁵ səŋ²⁴ kei⁰　iʔ⁴ n̠iɛ³¹ koʔ⁵ fɔ̃²⁴ miɛ²²³ tu²⁴ uei²²³ xəɯ⁴¹，mã²²³ zʅ²²³ n̠y³¹ i⁴⁵ saʔ⁵ kei⁰ i⁴⁴ sʅ⁴⁵。su⁴⁴ i⁴¹ n̠i⁰，ko⁴⁴ kɔ²⁴ u²²³ u²²³ n̠i⁰ a²²³ uei²²³ fɔ̃⁴⁵ iʔ⁵ kei⁴⁵ kʰei⁴⁴ məŋ³¹ pʰɑɔ⁴⁵ kei⁰。xa³¹，iʔ⁵ kei⁰ dzʅ²²³ ko⁴⁴ n̠iɛ³¹²。

　　正月初一，大家起床都比较迟，因为年三十大家都有自己的节目，都要守岁，所以正月初一都不会起得很早。起床开门的时候又要放鞭炮，叫开门鞭炮，有预祝一年万事如意的意思。所以，家家户户基本都会放开门鞭炮。嗯，这就是过年。

　　还有呢，云和人呢，乙个清明节也比较喜欢。清明节个头个把月开始呢，大势⹀人便乐到田贩去掐蓬①。蓬去掐归来，拣起来，撇到店里去，斗⹀米粉一起打起来，打起来呢撇归来，再帮蓬馎②个馅阿⹀些儿炒起，甜个、咸个，两种口味。

　　a²²³ iəɯ⁴⁴ n̠i⁰，yŋ²²³ o²²³ nɛ³¹ n̠i⁰，iʔ⁵ kei⁰ tɕʰiŋ⁴⁴ miŋ³¹ tɕiɛʔ⁵ a²²³ pi⁴⁴ kɑɔ⁴⁴ sʅ⁴⁴ xu ã²⁴。tɕʰiŋ⁴⁴ miŋ³¹ tɕiɛʔ⁵ kei⁰ dəɯ³¹ kei⁴⁵ pɔ⁴⁴ n̠yɐŋ²³ kʰei⁴⁴ sʅ n̠i⁰，dɔ²²³ sʅ²⁴ nɛ³¹ bɛ²²³ ŋɑɔ²²³ təɯ⁴⁴ diɛ³¹ fã⁴⁵ kʰi⁴⁴ kʰɔʔ⁴ bəŋ³¹²。bəŋ³¹ kʰi⁴⁴ kʰɔʔ⁵ kuei²⁴ li³¹²，k ã⁴¹ tsʅ⁴¹ li³¹²，iɔʔ⁵ təɯ⁴⁴ tiɛ⁴⁵ li⁴¹ kʰi⁰，təɯ⁴⁴ mi⁴⁴ fəŋ⁴¹ iʔ⁴ tsʰʅ⁴⁴ nɛ⁴⁴ tsʰʅ⁴¹ li³¹²，nɛ⁴⁴ tsʰʅ⁴¹ li³¹ n̠i⁰ iɔʔ⁵ kuei²⁴ li³¹²，tsa⁴⁵ pɔ̃²⁴ bəŋ²²³ iɛ²⁴ kei⁰ ã²²³ aʔ⁵ ɕiŋ⁰ tsʰɑɔ⁴¹ tsʰʅ⁰，diɛ³¹ kei⁰ ã̠³¹ kei⁰，la⁴⁴ tɕiɔ̃⁴¹ kʰəɯ⁴¹ mi²²³。

　　另外，云和人还挺喜欢过清明节的。清明节前的头个把月，大家就开始到田野里去采摘鼠曲草、艾草了。人们将采摘回来的鼠曲草、艾草挑拣干净，然后拿到店里和米粉捣碎在一起，制作成青团的

---

　　①　蓬：鼠曲草和艾草的统称。云和人将鼠曲草叫作"棉蓬"，将艾草叫作"青蓬"。

　　②　蓬馎：用鼠曲草或艾草和米粉一起制作成的青团。

外皮，拿回家之后，再把青团的馅儿炒好，准备甜的、咸的两种口味。

　　阿〓呗，清明前个四五日开始呢，家家户户呢，都会帮亲戚啊、朋友啊请来，大势〓人围记团箕①前面，徛埠包蓬饢。包蓬饢个时节呢，大势〓人讲讲笑笑哇，都相当开心。还可以拉近亲戚朋友个距离，有粒〓长远险无碰过面个，都可以趁乙色〓个机会呢，帮渠人请来坐埠包蓬饢。阿〓呗，蓬饢包一滴儿出来以后呢，先乐开一格出来，乞阿〓粒〓包蓬饢个人尝记味道着。乙个味道好吃无？擦〓拉〓还弗对？还乐改进弗啊？如果弗够甜着，再拌粒〓糖底去。阿〓呗，阿〓个咸个馅呢，弗责〓好吃着，亦再调粒〓味底去，乙色〓。都开心险个，清明节。

　　aʔ⁵pɛ⁰,tɕʰiŋ⁴⁴miŋ³¹ziɛ³¹kei⁰sɿ⁴⁵ŋ⁴¹naʔ²³kʰei⁴⁴sɿ⁴⁴n̠i⁰,ko⁴⁴ko²⁴u²²³u²²³n̠i⁰,tu²⁴uei²²³pɔ̃²⁴tsʰəŋ⁴⁴tɕʰiʔ⁵a⁰、bɛ²²³iɯ⁴¹a⁰tɕʰiŋ⁴¹li³¹²,dɔ²²³sɿ²⁴nɛ³¹uei³¹tsɿ⁴⁵duɛ²²³tsɿ²⁴ziɛ³¹miɛ²²³,ga²²³lɔʔ⁵paɔ⁴⁴bəŋ²²³iɛ²⁴。paɔ⁴⁴bəŋ²²³iɛ²⁴kei⁰zɿ²²³tɕiɛʔ⁵n̠i⁰,dɔ²²³sɿ²⁴nɛ³¹kɔ̃⁴⁴kɔ̃⁴⁴tɕʰiaɔ⁴⁵tɕʰiaɔ⁴⁵ua⁰,tu²⁴ɕiã⁴⁴tɔ̃²⁴kʰei⁴⁴səŋ²⁴。a²²³kʰu⁴⁴i⁴¹lɔ̃²³dʑiŋ²²³tsʰəŋ⁴⁴tɕʰiʔ⁵bɛ²²³iɯ⁴¹kei⁰dzʯ²²³li³¹²,iɯ⁴⁴lɛʔ⁰dʑiã²²³yɛ⁴⁴ɕiɛ⁴¹m⁴⁵pʰəŋ⁴⁵ko⁴⁵miɛ²²³kei⁰,tu²⁴kʰu⁴⁴i⁴¹tsʰəŋ⁴⁵iʔ⁵saʔ⁵kei⁰tsɿ²⁴uei²²³n̠i⁰,pɔ̃²⁴gi²²³nɛ³¹tɕʰiŋ⁴¹li³¹zu²²³tɔʔ⁵paɔ⁴⁴bəŋ²²³iɛ²⁴。aʔ⁵pɛ⁰,bəŋ²²³iɛ²⁴paɔ²⁴iʔ⁴tiŋ⁴⁵tɕʰyɛʔ⁵li³¹i⁴⁴u⁴¹n̠i⁰,ɕiɛ²⁴ŋaɔ²²³kʰei²⁴iʔ⁴kaʔ⁵tɕʰyɛʔ⁵li³¹²,kʰa⁴⁴aʔ⁵lɛʔ⁰paɔ⁴⁴bəŋ²²³iɛ²⁴kei⁰nɛ³¹zi ã³¹tsɿ⁰mi²²³daɔ²²³dʑiɔʔ²³。iʔ⁵kei⁰mi²²³daɔ²²³xəɯ⁴⁴tɕʰiʔ⁵m⁴⁵？tɕʰɔʔ⁵lɔ̃a²²³fuʔ⁴tei⁴⁵？a²²³ŋaɔ²²³ka⁴⁴tɕiŋ⁴⁵fuʔ⁵ɔ⁰？lu²²³ko⁴⁴fuʔ⁴kəɯ⁴⁵diɛ³¹dʑiɔ²²³,tsa⁴⁵bɛ²²³lɛʔ⁰dɔ̃³¹ti⁴⁴kʰi⁰。aʔ⁵pɛ⁰,aʔ⁵kei⁰ã³¹kei ã²²³n̠i⁰,fuʔ⁴tsaʔ⁵xəɯ⁴⁴tɕʰiʔ⁵dʑiɔʔ²³,iʔ²³tsa⁴⁵diaɔ³¹lɛʔ⁰mi²²³ti⁴⁴kʰi⁰,iʔ⁵saʔ⁵。tu²⁴kʰei⁴⁴səŋ²⁴

---

　　① 团箕：一种用竹篾编制而成的圆形浅口器具，多用来置物或晒物。

ɕiɛ³¹ kei⁰ , tɕʰiŋ⁴⁴ miŋ³¹ tɕiɛʔ⁵ 。

    清明节前四五天，人们都会把亲戚、朋友请来，大家围在团箕前一起包青团。包青团的时候，大家一起说说笑笑，相当开心，还可以拉近亲戚、朋友之间的关系。有些已经很长时间没见过面的亲朋好友，都可以趁此机会把他们请来，围坐在一起包青团。青团包好一些后，得蒸一屉出来让包的人先尝一下味道。这个味道好吗？哪里还不对？还得改进吗？如果不够甜，馅儿里就得再加些糖。若是咸的馅儿味道还不够好，那就得再添加些佐料。就这样，清明节包青团时大家都很开心。

    清明节呢，最大个活动呢，便是乐去上坟，祭拜我人个祖先，乙个是我人中国人个美德。多险牢⁼外国个阿⁼粒人啊，渠人个亲人牢⁼中国，渠人都会千里迢迢个归到中国来上坟，烧香乞祖先，祝渠人牢⁼阿⁼头生活过得好，阿⁼呗，喊渠人呢，也乐保佑我人生活过得好，万事如意，有色⁼个意思。

tɕʰiŋ⁴⁴ miŋ³¹ tɕiɛʔ⁵ n̩i⁰ , tsei⁴⁵ du²²³ kei⁰ ua²³ doŋ²²³ n̩i⁰ , biɛ²²³ dzɿ²²³ ŋɑɔ²²³ kʰi⁴⁴ dʑi a̠²²³ vəŋ³¹² , pɔ⁴⁵ tsɿ⁴⁵ ŋo⁴⁴ nɛ³¹ kei⁰ tsu⁴⁴ ɕiɛ²⁴ , iʔ⁵ kei⁰ dzɿ²²³ ŋo⁴⁴ nɛ³¹ tɕioŋ²⁴ kuaʔ⁵ nɛ³¹ kei⁰ mi⁴⁴ taʔ⁵ 。 tu²⁴ ɕiɛ⁴¹ lɑɔ³¹ ua²²³ kuaʔ⁵ kei⁰ aʔ⁵ lɛʔ⁵ nɛ³¹ a⁰ , gi²²³ nɛ³¹ kei⁰ tsʰəŋ⁴⁴ nɛ³¹ lɑɔ³¹ tɕioŋ²⁴ kuaʔ⁵ , gi²²³ nɛ³¹ tu²⁴ uei²²³ tɕʰiɛ⁴⁴ li⁴¹ diɑɔ²²³ diɑɔ³¹ kei⁰ kuei²⁴ təɯ⁴⁴ tɕioŋ²⁴ kuaʔ⁵ li³¹ dʑi a̠²²³ vəŋ³¹² , ɕiɑɔ⁴⁴ ɕi a̠²⁴ kʰa⁴⁴ tsu⁴⁴ ɕiɛ²⁴ , tɕioʔ⁵ gi²²³ nɛ³¹ lɑɔ³¹ aʔ⁵ dəɯ³¹ sɛ⁴⁴ ua²³ ko⁴⁵ tiʔ⁴ xəɯ⁴¹ , aʔ⁵ pɛ⁰ , x a̠⁴⁵ gi²²³ nɛ³¹ n̩i⁰ , a²²³ ŋɑɔ²²³ pɑɔ⁴⁴ iəɯ²²³ ŋo⁴⁴ nɛ³¹ sɛ⁴⁴ ua²³ ko⁴⁵ tiʔ⁴ xəɯ⁴¹ , m a̠²²³ zɿ²²³ n̩y³¹ i⁴⁵ , iəɯ⁴⁴ saʔ⁵ kei⁰ i⁴⁴ sɿ⁴⁵ 。

    清明节最重要的活动是上坟，祭拜祖先，这是中国人的传统习俗。很多居住在国外的中国人，都会千里迢迢地赶回来上坟，给祖先烧香，以祝福先人在那边一切安好，也请先人保佑我们在世的人过得好，万事如意。

　　清明过了以后呢，端午也是个大节日。端午之前呢，也乐开始准备粽箬啊，包粽个乙粒⁼馅啊，宽慢记儿帮渠准备起来。包粽个阿⁼种粽箬呢，都是阿⁼粒⁼农民到高险个山上面去讨⁼来，老大张，长长个。阿⁼个粽箬呢，外观亦生好，亦有香味，包起粽来呢，远远都有阿⁼种粽箬个清香飘来。包粽个时节呢，也斗⁼包蓬馎差弗多个，还是帮亲戚朋友喊来，都围记阿⁼个团箕前面包粽。包起呢，十个一挈，十个一挈。乙色⁼帮渠挈起来，再园镬底去乐烧个个把两个小时。越时间长，烧起个粽越香糯儿可口，越好吃。阿⁼呗，乙个是端午节哈。

　　tɕʰiŋ⁴⁴ miŋ³¹ ko⁴⁵ lɑɔ⁰ i⁴⁴ u⁴¹ ȵi⁰，tuɛ⁴⁴ ŋ⁴¹ a²²³ dzʅ²²³ kei⁰ du²²³ tɕiɛʔ⁴ naʔ²³。tuɛ⁴⁴ ŋ⁴¹ tsʅ⁴⁴ ʑiɛ³¹ ȵi⁰，a²²³ ŋɑɔ²²³ kʰei⁴⁴ sʅ⁴⁴ tɕyŋ⁴⁴ bi²²³ tsoŋ⁴⁴ ȵiɔʔ²³ a⁰，pɑɔ²⁴ tsoŋ⁴⁵ kei⁰ iʔ⁵ lɛʔ⁰ ã²²³ a⁰，kʰua⁴⁴ mã²²³ tɕiŋ⁴⁵ pɔ̃²⁴ gi³¹ tɕyŋ⁴⁴ bi²²³ tsʰʅ⁴¹ li³¹²。pɑɔ²⁴ tsoŋ⁴⁵ kei⁰ aʔ⁵ tɕiɔ̃⁴¹ tsoŋ⁴⁴ ȵiɔʔ²³ ȵi⁰，tu²⁴ dzʅ²²³ aʔ⁵ lɛʔ⁰ noŋ²²³ miŋ³¹ təɯ⁴⁴ kəɯ²⁴ ɕiɛ⁴¹ kei⁰ sã²⁴ dʑiã²²³ miɛ²²³ kʰi⁴⁴ tʰɑɔ⁴¹ li³¹²，lɑɔ²²³ du²²³ tiã²⁴，dɛ³¹ dɛ³¹ kei⁰。aʔ⁴ kei⁴⁵ tsoŋ⁴⁴ ȵiɔʔ²³ ȵi⁰，ua²²³ kuã²⁴ iʔ²³ sã²⁴ xəɯ⁴¹，iʔ²³ iəɯ⁴⁴ ɕiã²⁴ mi²²³，pɑɔ²⁴ tsʰʅ⁴⁴ tsoŋ⁴⁵ li³¹ ȵi⁰，yɛ⁴¹ yɛ⁴¹ tu²⁴ iəɯ⁴⁴ aʔ⁵ tɕiɔ̃⁴¹ tsoŋ⁴⁴ ȵiɔʔ²³ kei⁰ tɕʰiŋ⁴⁴ ɕiã²⁴ pʰiɑɔ²⁴ li³¹²。pɑɔ²⁴ tsoŋ⁴⁵ kei⁰ zʅ²²³ tɕiɛʔ⁵ ȵi⁰，a²²³ təɯ⁴⁴ pɑɔ⁴⁴ bəŋ²²³ iɛ²⁴ tsʰɑɔ⁴⁵ fuʔ⁴ tu²⁴ kei⁰，a²²³ dzʅ²²³ pɔ̃²⁴ tsʰəŋ⁴⁴ tɕʰiʔ⁵ bɛ²²³ iəɯ⁴¹ xã̃⁴⁵ li³¹²，tu²⁴ uei³¹ tsʅ⁴⁵ aʔ⁴ kei⁴⁴ duɛ²²³ tsʅ²⁴ ʑiɛ³¹ miɛ²²³ pɑɔ²⁴ tsoŋ⁴⁵。pɑɔ²⁴ tsʰʅ⁰ ni，ʑyeiʔ²³ kei⁰ iʔ⁴ tɕʰiɛʔ⁵，ʑyeiʔ²³ kei⁰ iʔ⁴ tɕʰiɛʔ⁵，iʔ⁵ saʔ⁵ pɔ̃²⁴ gi³¹ tɕʰiɛʔ⁵ tsʰʅ⁴⁴ li³¹²，tsa⁴⁵ kʰɔ̃⁴⁵ oʔ²³ ti⁴⁴ kʰi⁰ ŋɑɔ²²³ ɕiɑɔ²⁴ kei⁰ kei⁴⁵ po⁴¹ la⁴⁴ kei⁴⁵ ɕiɑɔ⁴⁴ zʅ³¹²。yɛʔ²³ zʅ²²³ kã²⁴ dɛ³¹²，ɕiɑɔ²⁴ tsʰʅ⁴⁴ kei⁰ tsoŋ⁴⁵ yɛʔ²³ ɕiã²⁴ noŋ²²³ kʰu⁴⁴ kʰəɯ⁴¹，yɛʔ²³ xəɯ⁴⁴ tɕʰiʔ⁵。aʔ⁵ pɛ⁰，iʔ⁵ kei⁰ dzʅ²²³ tuɛ⁴⁴ ŋ⁴¹ tɕiɛʔ⁵ xa⁰。

　　清明节之后的一个大节日是端午。端午之前人们就要开始慢慢地准备箬叶、馅儿等食材。包粽子的箬叶，都是农民从高山上采摘来的，叶片大大的、长长的。这种箬叶不但外观好看，而且有一种清香，包好的粽子，远远地就可以闻到箬叶的清香。包粽子和清明节包青团差不多，也要把亲戚、朋友请来，一起围在团箕前包粽子。包好后，粽子以十个为一提，系在一起，放在锅里煮，要煮一两个小时。煮的时间越久，粽子就越香糯可口，越好吃。

端午节之后呢便是七月半。七月半呢，云和人呢，都会炊阿⁼种千层糕。用米粉磨起来喏，千层糕白个也有，黄个也有，两种味道个千层糕炊起。炊起以后呢，再一块一块切起来，帮肉啊、青菜啊、葱啊一起，再切底去烧起。哇！阿⁼个味道啊，相当好吃！软软糯儿糯儿个，好吃险。

tuɛ⁴⁴ŋ⁴¹tɕiɛʔ⁵tsɿ⁴⁴u⁴¹n̩i⁰bɛ²²³dzɿ²²³tsʰeiʔ⁴n̩yɛʔ²³pɛ⁴⁵。tsʰeiʔ⁴n̩yɛʔ²³pɛ⁴⁵n̩i⁰，yŋ²²³o²²³nɛ³¹n̩i⁰，tu²⁴uei²²³tsʰʮ²⁴aʔ⁵tɕiɔ̃⁴¹tɕʰiɛ⁴⁴zɛ²²³kəɯ²⁴。iɔ̃²²³mi⁴⁴fəŋ⁴¹m²²³tsʰɿ⁴⁴li³¹nɔ⁰，tɕʰiɛ⁴⁴zɛ²²³kəɯ²⁴baʔ²³kei⁰a²²³iəɯ⁴¹，ua̰³¹kei⁰a²²³iəɯ⁴¹，la⁴⁴tɕiɔ̃⁴¹mi²²³dɑɔ²²³kei⁰tɕʰiɛ⁴⁴zɛ²²³kəɯ²⁴tsʰʮ²⁴tsʰɿ⁰。tsʰʮ²⁴tsʰɿ⁰i⁴⁴u⁴¹n̩i⁰，tsa⁴⁵iʔ⁴kʰuei⁴⁵iʔ⁴kʰuei⁴⁵tɕʰiɔʔ⁵tʰɿ⁴⁴li³¹²，pɔ̃²⁴n̩iəɯʔ²³a⁰、tɕʰiŋ²⁴tsʰa⁴⁵a⁰，tsʰoŋ²⁴a⁰iʔ⁴tsʰɿ⁴¹，tsa⁴⁵tɕʰiɔʔ⁵ti⁴⁴kʰi⁴⁴ɕiɑɔ²⁴tsʰɿ⁰。ua⁴⁵！aʔ⁴kei⁴⁵mi²²³dɑɔ²²³a⁰，ɕiã⁴⁴tɔ̃²⁴xəɯ⁴⁴tɕʰiʔ⁵！n̩yɛ⁴⁴n̩yɛ⁴⁴noŋ⁴⁴noŋ⁴⁵kei⁰，xəɯ⁴⁴tɕʰiʔ⁵ɕiɛ⁴¹。

端午节之后就是七月半。七月半的时候，云和人都会蒸千层糕，用米粉制作的千层糕有白的、黄的，有两种味道。千层糕蒸好之后，再切成一块一块的，然后将肉、青菜、葱也切好，放进去一起烧。哇！那个味道真是相当好！糕软软糯糯的，非常好吃。

七月半以后呢是八月半。八月半是中秋节，中秋节呢，也是一

个亲人团聚个日子。阿˭呗，能够赶得归来个人都乐赶归来，相相老
人家，哈，一家人团聚在一起。农村底面个人呢，渠人还会舂麻糍。
城镇底个人过八月半呢，一般都是到街底去买滴ㄦ麻糍归来，到店
底去买粒˭汤圆，吃汤圆斗˭麻糍，乙色˭，大势˭人都过得相当开心。

tsʰeiʔ⁴ȵ̟yɛʔ²³ pɛ⁴⁵ i⁴⁴ u⁴¹ ȵ̟i⁰dzɿ²²³ pɔʔ⁴ȵ̟yɛʔ²³ pɛ⁴⁵。 pɔʔ⁴ȵ̟yɛʔ²³ pɛ⁴⁵
dzɿ²²³ tɕioŋ⁴⁴ tɕʰiɯu⁴⁴ tɕiɛʔ⁵，tɕioŋ⁴⁴ tɕʰiɯu⁴⁴ tɕiɛʔ⁵ȵ̟i⁰，a²²³ dzɿ²²³ iʔ⁴kei⁴⁵
tsʰəŋ⁴⁴ nɛ³¹ duɛ²²³ dzʮ²²³ kei⁰naʔ²³tsɿ⁴¹。 aʔ⁵pɛ⁰，nɛ³¹ kəɯ⁴⁵ kɛ⁴⁴ tiʔ⁴kuei²⁴
li³¹ kei⁰nɛ³¹ tu²⁴ ŋɔɯ²²³ kɛ⁴⁴ kuei²⁴ li³¹²，ɕi ã⁴⁵ ɕi ã⁴⁵ lɔɯ⁴⁴ nɛ²²³ ko²⁴，xa⁰，
iʔ⁴ko²⁴ nɛ³¹ duɛ²²³ dzʮ²²³ za²²³ iʔ⁴tsʰɿ⁴¹。 noŋ²²³ tsʰuɛ²⁴ ti⁴⁴ miɛ²²³ kei⁰nɛ³¹
ȵ̟i⁰，gi²²³ nɛ³¹ a³¹ uei²²³ ioŋ⁴⁴ mɔ²²³ zɿ³¹²。 ʑiŋ³¹ tsəŋ⁴⁵ ti⁴¹ kei⁰nɛ³¹ ko⁴⁴ pɔʔ⁴ȵ̟yɛʔ²³
pɛ⁴⁵ȵ̟i⁰，iʔ⁴pɛ²⁴ tu²⁴ dzɿ²²³ təɯ⁴⁴ kɔ²⁴ ti⁰kʰi⁰mɔ⁴⁴ tiŋ⁴⁵ mɔ²²³ zɿ³¹ kuei²⁴ li³¹²，
təɯ⁴⁴ tiɛ⁴⁵ ti⁰kʰi⁰mɔ⁴⁴ lɛʔ⁰tʰ õ⁴⁴ yɛ³¹²，tɕʰiʔ⁵tʰ õ⁴⁴ yɛ³¹ təɯ⁴⁴ mɔ²²³ zɿ³¹²，
iʔ⁵saʔ⁰，dɔ²²³sɿ²⁴nɛ³¹ tu²⁴ko⁴⁵tiʔ⁰ɕiã⁴⁴tõ²⁴kʰei⁴⁴səŋ²⁴。

　　七月半之后就是八月半。八月半就是中秋节，中秋节是亲人团
聚的日子，能够赶回家的人都会赶回家，看望老人家，一家人团聚在
一起。农村里的人还会手工制作麻糍。城镇里的人过八月半，一般
就是到街上去买点儿汤圆、麻糍，以吃汤圆、麻糍的方式过节。大家
都过得相当开心。

（2017 年 7 月 28 日，云和，发音人：赵美云）

（三）方言青男

业余爱好

　　今日呢，我斗˭大势˭人讲讲我个爱好。阿˭呗，我十三岁呢，便
跟我人云和个刘俊飞老师呢去学二胡。一开始呢，我也晓弗得我
特˭自哪生˭呢会想去学二胡，阿˭呗，有可能是受到村底哈，阿˭粒
太公个、阿˭粒˭伯公个影响。渠人呢，乌日头呢哈，六月天呢，都

牢ᵘ公园底头乘凉,都牢ᵘ埪拉胡琴,阿ᵘ呗我自然呢,便对乙个音乐呢有爱好,便会走上去听。

ke²⁴ naʔ²³ n̠i⁰ , ŋo⁴⁴ təɯ⁴⁴ dɔ²²³ sɿ²⁴ nɛ³¹ k ɔ̃⁴⁴ k ɔ̃⁴⁴ ŋo⁴⁴ kei⁰ aʔ⁴⁵ xəɯ⁴¹ 。 aʔ⁵ pɛ⁰ , ŋo⁴⁴ ʑyeiʔ²³ s ã²⁴ sʮ⁴⁵ n̠i⁰ , biɛ²²³ ke²⁴ ŋo⁴⁴ nɛ³¹ yŋ²²³ o³¹ kei⁰ liəɯ³¹ tɕyŋ⁴⁵ fi²⁴ lɑɔ⁴⁴ sɿ²⁴ n̠i⁰ kʰi⁴⁴ oʔ²³ n̠i²²³ u³¹² 。 iʔ⁴ kʰei⁴⁴ sɿ⁴⁴ n̠i⁰ , ŋo⁴⁴ a²²³ ɕiɑɔ⁴⁴ fuʔ⁴ tiʔ⁵ ŋo⁴⁴ daʔ²³ zɿ²²³ nɛ²²³ sɛ²²³ n̠i⁰ uei²²³ ɕi ã⁴⁴ kʰi⁴⁴ oʔ²³ n̠i²²³ u³¹² , aʔ⁵ pɛ⁰ , iəɯ⁴⁴ kʰu⁴⁴ nɛ³¹ dzɿ²²³ ziəɯ²²³ təɯ⁴⁴ tsʰuɛ²⁴ ti⁴¹ xa⁰ , aʔ⁵ lɛʔ⁰ tʰɔ⁴⁴ koŋ²⁴ kei⁰ 、 aʔ⁵ lɛʔ⁰ paʔ⁴ koŋ²⁴ kei⁰ iŋ⁴⁴ ɕi ã⁴¹ 。 gi²²³ nɛ³¹ n̠i⁰ , uei⁴⁴ n̠i⁴⁴ dəɯ³¹ n̠i⁰ xa⁰ , ləɯ²²³ n̠yɛʔ²³ tʰiɛ²⁴ n̠i⁰ , tu²⁴ lɑɔ³¹ koŋ²⁴ yɛ³¹ ti⁴⁴ dəɯ³¹ ʑiŋ²²³ li ã³¹² , tu²⁴ lɑɔ³¹ lɔʔ⁵ lɔ⁴⁴ u²²³ dʑiŋ³¹² , aʔ⁵ pɛ⁰ ŋo⁴⁴ zɿ²²³ ʑiɛ³¹ n̠i⁰ , bɛ²²³ tei⁴⁴ iʔ⁵ kei⁴⁵ iŋ⁴⁴ loʔ²³ n̠i⁰ iəɯ⁴⁴ aʔ⁴⁵ xəɯ⁴¹ , bɛ²²³ uei²²³ tsəɯ⁴⁴ dʑi ã²²³ kʰiʔ⁰ tʰiŋ⁴⁵ 。

今天,我和大家讲讲我的业余爱好。我13岁时就跟云和的刘俊飞老师学拉二胡。起初,我也不知道我为什么会去学二胡,有可能是因为受到村里太公、伯公的影响吧。夏天他们都会在公园里乘凉、拉二胡,我本能地对这种乐器感兴趣,就会去听他们演奏。

阿ᵘ呗,我妈呢讲我色ᵘ喜欢,便帮我送去到老师处学哇。阿ᵘ呗十三岁呢,正正是小学毕业,学了半年多个时间呢,已经开始读初中哇。初中学业比较重,便无随老师学哇。阿ᵘ呗,随老师学了之后呢,特ᵘ自也有一定基础,阿ᵘ呗我呢,处底呢,买来唢呐、箫、笛阿ᵘ粒乐器,特ᵘ自牢ᵘ埪摸索。阿ᵘ呗,唢呐啊、笛乙粒ᵘ乐器呢,都是等于我自学个,根据乙个乐理,乐器个规律阿ᵘ些ₙ呢,我特ᵘ自摸索,帮唢呐啊、笛阿ᵘ些ₙ,都学得可以懵听听得哇。

aʔ⁵ pɛ⁰ , ŋo⁴⁴ ma²⁴ n̠i⁰ kɔ̃⁴⁴ ŋo⁴⁴ saʔ⁵ sɿ⁴⁴ xu ã²⁴ , biɛ²²³ pɔ̃²⁴ ŋo⁴⁴ soŋ⁴⁵ kʰiʔ⁰ təɯ⁴⁴ lɑɔ⁴⁴ sɿ²⁴ tsʰʮ⁴⁵ oʔ²³ ua⁰ 。 aʔ⁵ pɛ⁰ ʑyeiʔ²³ s ã²⁴ sʮ⁴⁵ n̠i⁰ , tɕiŋ⁴⁴ tɕiŋ⁴⁵ dzɿ²²³ ɕiɑɔ⁴⁴ oʔ²³ piʔ⁴ n̠iɛʔ²³ , oʔ²³ lɑɔ⁰ pɛ⁴⁵ n̠iɛ³¹ tu²⁴ kei⁰ zɿ²²³ k ã²⁴ n̠i⁰ , i⁴⁴ tɕiŋ²⁴ kʰei⁴⁴ sʅ⁴⁴ dəɯʔ²³ tsʰu⁴⁴ tɕioŋ²⁴ ua⁰。tsʰu⁴⁴ tɕioŋ²⁴ oʔ²³ ȵiɛʔ²³ pi⁴⁴ kaɔ⁴⁴ dʑioŋ²²³，biɛ²²³ m⁴⁵ zɥ³¹ laɔ⁴⁴ sʅ²⁴ oʔ²³ ua⁰。aʔ⁵pɛ⁰，zɥ³¹ laɔ⁴⁴ sʅ²⁴ oʔ²³ laɔ⁰ tsʅ⁴⁴u⁴¹ȵi⁰，daʔ²³ zʅ²²³ a²²³ iəɯ⁴⁴ iʔ⁴diŋ²²³ tsʅ⁴⁴ tsʰu⁴¹，aʔ⁵pɛ⁰ ŋo⁴⁴ȵi⁰，tsʰɥ⁴⁵ ti⁴¹ȵi⁰，mɔ⁴¹li³¹so⁴⁴no³¹²、ɕiaɔ²⁴、diʔ²³⁰aʔ⁵lɛʔ⁰loʔ²³tsʰʅ⁴⁵，daʔ²³zʅ²²³laɔ³¹ tɔʔ⁵moʔ⁴soʔ⁵。aʔ⁵pɛ⁰，so⁴⁴no³¹a⁰、diʔ²³iʔ⁵lɛʔ⁰loʔ²³tsʰʅ⁴⁵ȵi⁰，tu²⁴dzʅ²²³ tɛ⁴¹y³¹ŋo⁴⁴zʅ²²³oʔ²³kei⁰，kɛ²⁴tsɥ⁴⁵iʔ⁵kei⁰yɛʔ²³li³¹²，loʔ²³tsʰʅ⁴⁵kei⁰kuei⁴⁴ lyʔ²³aʔ⁵ɕiŋ⁰ȵi⁰，ŋo⁴⁴daʔ²³zʅ²²³moʔ⁴soʔ⁵，p͂ɔ²⁴so⁴⁴no³¹a⁰、diʔ²³aʔ⁵ɕiŋ⁰，tu²⁴oʔ²³tiʔ⁴kʰu⁴⁴i⁴¹məŋ⁴⁴tʰiŋ⁴⁵tʰiŋ⁴⁵tiʔ⁵ua⁰。

我妈看我这么喜欢，就送我去跟老师学习。13岁小学毕业后，我又学了半年，因为初中的学业比较重，后面就没能再跟随老师学习。因为曾经跟老师学过，有一定的基础，于是我买了唢呐、箫、笛子这些乐器，自己在家摸索。我自己根据乐理，摸索这些乐器的规律，唢呐、笛子这些乐器已经吹得还可以了。

学好之后呢，云和阿꞊粒꞊道士先生呢，都会喊我去帮渠拉胡琴哈，做后台凑。阿꞊呗，接落去呢，亦学起敲鼓。阿꞊呗，乙粒꞊道场敲鼓呢，左手呗乐敲钹，右手呗乐敲鼓，乙个是两只手个配合阿꞊些儿都乐学好。

oʔ²³xəɯ⁴¹tsʅ⁴⁴u⁴¹ȵi⁰，yŋ²²³o³¹aʔ⁵lɛʔ⁰caɔ²²³zʅ²²³ɕiɛ⁴⁴sɛ²⁴ȵi⁰，tu²⁴ uei²²³xã⁴⁵ŋo⁴⁴kʰi⁴⁴p͂ɔ²⁴gi³¹lɔ⁴⁴u²²³dʑiŋ³¹xa⁰，tso⁴⁴u⁴⁴da³¹tsʰəɯ⁴⁵。aʔ⁵pɛ⁰，tɕiɛʔ⁵loʔ²³kʰi⁰ȵi⁰，iʔ²³oʔ²³tsʰʅ⁴⁴kʰaɔ⁴⁴ku⁴¹。aʔ⁵pɛ⁰，iʔ⁵lɛʔ⁰caɔ²²³dʑiã³¹ kʰaɔ⁴⁴ku⁴⁴ȵi⁰，tsu⁴⁴ɕiəɯ⁴¹pɛ⁰ŋaɔ²²³kʰaɔ⁴⁴bɛʔ²³，iəɯ²²³ɕiəɯ⁴¹pɛ⁰³ŋaɔ²²³ kʰaɔ⁴⁴ku⁴¹，iʔ⁵kei⁰dzʅ²²³la⁴⁴tɕiʔ⁵ɕiəɯ⁴¹kei⁰pʰei⁴⁵ɛʔ²³aʔ⁵ɕiŋ⁰tu²⁴ŋaɔ²²³ oʔ²³xəɯ⁴¹。

学好之后，云和的道士先生都会请我去拉二胡，去后台帮忙凑个数。后来我又学习打鼓。在道场里打鼓，得左手敲钹，右手打鼓，需要两只手配合好。

　　学好之后呢,阿⁼呗十三四岁开始,过年呢我便去吹龙灯①。云和呢,以前每年过年呢,都乐掇龙灯。龙灯呢哈,云和个板凳龙②,需要有鼓、锣、嘟、哜乙四样打击乐,斗⁼两把唢呐配合,阿⁼呗乐闹龙头鼓③。龙头鼓呢,一般性呢,我人都是吹闹街调、过场调,乙粒⁼民间常用个、吉庆个、欢乐个调。闹元宵,云和掇龙呢,都是十三、十四、十五,到正月十五元宵节时节呢闹了之后,阿⁼呗,板龙呢,必须乐烧了,乐送上天。

o ʔ²³ xəɯ⁴¹ ts ʅ⁴⁴ u⁴¹ ȵi⁰ , a ʔ⁵ pɛ⁰ ʑyei ʔ²³ sã²⁴ sʅ⁴⁴ sʮ⁴⁵ kʰei⁴⁴ sʅ⁴¹ , ko⁴⁴ ȵiɛ³¹ ȵi⁰ ŋo⁴⁴ biɛ²²³ kʰi⁴⁵ tsʰʮ⁴⁴ lioŋ³¹ tɛ²⁴ 。 yŋ²²³ o³¹ ȵi⁰ , i⁴⁴ ʑiɛ³¹ mei⁴¹ ȵiɛ³¹ ko⁴⁴ ȵiɛ³¹ ȵi⁰ , tu²⁴ ŋaɔ²²³ tuɛ ʔ⁵ lioŋ³¹ tɛ²⁴ 。 lioŋ³¹ tɛ²⁴ ȵi⁰ xa⁰ , yŋ²²³ o³¹ kei⁰ pã⁴⁴ tɛ⁴⁴ lioŋ³¹² , sʮ²⁴ iaɔ⁴⁵ iəɯ⁴⁴ ku⁴¹ 、lu³¹² 、lɔ̃⁴⁵ 、tɕʰi²⁴ iʔ⁴ sʅ⁴⁵ iã²²³ nɛ⁴⁴ tɕiʔ⁵ loʔ²³ 、 təɯ⁴⁴ la⁴⁴ po⁴⁴ so⁴⁴ no³¹ pʰei⁴⁵ ɛʔ²³ , a ʔ⁵ pɛ⁰ ŋaɔ²²³ naɔ²²³ lioŋ²²³ dəɯ³¹ ku⁴¹ 。 lioŋ²²³ dəɯ³¹ ku⁴¹ ȵi⁰ , iʔ⁴ pɛ²⁴ ɕiŋ⁴⁵ ȵi⁰ , ŋo⁴⁴ nɛ³¹ tu²⁴ dzʅ²²³ tsʰʮ⁴⁴ naɔ²²³ kɔ²⁴ diaɔ²²³ 、ko⁴⁴ dʑiã³¹ diaɔ²²³ , iʔ⁵ lɛʔ⁰ miŋ²²³ kã²⁴ ʑiã³¹ iɔ̃²²³ kei⁰ 、tɕiʔ⁴ tɕʰiŋ⁴⁵ kei⁰ 、xuã⁴⁴ loʔ²³ kei⁰ diaɔ²²³ 。 naɔ²²³ ȵyɛ²²³ ɕiaɔ²⁴ , yŋ²²³ o³¹ tuɛʔ⁴ lioŋ³¹ ȵi⁰ , tu²⁴ dzʅ²²³ ʑyei ʔ²³ sã²⁴ 、ʑyei ʔ²³ sʅ⁴⁵ 、ʑyei ʔ²³ ŋ⁴¹ , təɯ⁴⁴ tɕiŋ²⁴ ȵyɛ²⁴ ʑyei ʔ²³ ŋ⁴¹ ȵyɛ²²³ ɕiaɔ⁴⁴ tɕiɛʔ⁵ zʅ²²³ tɕiɛʔ⁵ ȵi⁰ naɔ²²³ laɔ⁰ tsʅ⁴⁴ u⁴¹ , a ʔ⁵ pɛ⁰ , pã⁴⁴ lioŋ³¹ ȵi⁰ , piʔ⁵ sʮ⁴⁴ ŋaɔ²²³ ɕiaɔ²⁴ laɔ⁰ , ŋaɔ²²³ soŋ⁴⁵ dʑiã²²³ tʰiɛ²⁴ 。

　　这些我也都学会之后,过年的时候,我就去元宵迎龙活动中演奏吹打乐器。云和以前每年过年都要舞龙灯,云和的板凳龙,需要有鼓、锣、手锣、镲这四种打击乐器和两把唢呐配合,在位于龙头的位置进行鼓乐演奏。这个过程中,我们一般吹奏"闹街调""过场调"这些吉庆、欢乐的

————————
　　①　吹龙灯:在元宵迎龙活动中演奏乐器。
　　②　板凳龙:用一块块形似板凳的木板串联成龙体的龙灯。
　　③　闹龙头鼓:元宵迎龙活动中位于龙头位置的鼓乐演奏。

民间调子。云和一般是在正月十三、十四、十五舞龙灯闹元宵，正月十五闹元宵之后，必须把板凳龙烧了（龙灯板保留），寓意为送之上天。

我个人对乙粒=传统个文化，也比较赞成应该保留，我人云和个乙粒=风俗应该保留、传承哈。阿=呗，我作为一个年轻人，喜欢乙粒=乐器，对乙粒=风俗比较有研究，我作为个人主要便是讲，想帮渠保留落来，帮渠传承落来。阿=呗，我年轻人学起呢，最起码有几十年个流传。阿=呗，我呢亦再教落去，哈，一代传一代，云和个乙粒=风俗呢，便都弗会流失了。

ŋo⁴⁴koʔ⁵nɛ³¹tei⁴⁵iʔ⁵lɛʔ⁰dʑyɛ³¹tʰoŋ⁴¹kei⁰məŋ³¹xo⁴⁵, a²²³pi⁴⁴kɑɔ⁴⁵tsã⁴⁵ʑiŋ³¹iŋ⁴⁵ka²⁴pɑɔ⁴⁴liɯ³¹², ŋo⁴⁴nɛ³¹yŋ²²³o³¹kei⁰iʔ⁵lɛʔ⁰fəŋ⁴⁴ʑioʔ²³iŋ⁴⁵ka²⁴pɑɔ⁴⁴liɯ³¹²、dʑyɛ²²³ʑiŋ³¹xa⁰。aʔ⁵pɛ⁰, ŋo⁴⁴tsoʔ⁴uei²²³iʔ⁴kei⁰ȵiɛ³¹tɕʰiŋ²⁴nɛ³¹, sɿ⁴⁴xuã²⁴iʔ⁵lɛʔ⁰loʔ²³tsʰɿ⁴⁵, tei⁴⁵iʔ⁵lɛʔ⁰fəŋ⁴⁴ʑioʔ²³pi⁴⁴kɑɔ⁴⁵iəɯ⁴⁴ȵiɛ²²³tɕiəɯ²⁴, ŋo⁴⁴tsoʔ⁴uei²²³koʔ⁵nɛ³¹tsɥ⁴⁴iɑɔ⁴⁵biɛ²²³dzɿ²²³kɔ̃⁴¹, ɕiã⁴⁴pɔ̃²⁴gi³¹pɑɔ⁴⁴liɯ³¹loʔ²³li³¹², pɔ̃²⁴gi³¹dʑyɛ²²³ʑiŋ³¹loʔ²³li³¹²。aʔ⁵pɛ⁰, ŋo⁴⁴ȵiɛ³¹tɕʰiŋ²⁴nɛ³¹oʔ²³tsʰɿ⁴⁴ȵi⁰, tsei⁴⁵tsʰɿ⁴⁴mo⁴¹iəɯ⁴⁴ki⁴⁴ʑyeiʔ²³ȵiɛ³¹kei⁰liəɯ²²³dʑyɛ³¹²。aʔ⁵pɛ⁰, ŋo⁴⁴ȵi⁰iʔ²³tsa⁴⁵kɑɔ⁴⁵loʔ²³kʰi⁴⁵, xa⁰, iʔ⁴da²²³dʑyɛ³¹iʔ⁴da²²³, yŋ²²³o³¹kei⁰iʔ⁵lɛʔ⁰fəŋ⁴⁴ʑioʔ²³ȵi⁰, biɛ²²³tu²⁴fuʔ⁵uei²²³liəɯ³¹seiʔ⁵lɑɔ⁰。

作为年轻人，我喜欢传统乐器，对风俗也略有研究，就是想把这些传统文化保留下来，传承下去。我想我作为年轻人学会这些，接下来至少能再传承几十年，之后再一代一代继续传承下去，云和的这些传统风俗就不会失传了。

（2017 年 7 月 30 日，云和，发音人：褚炜）

(四)方言青女

当地情况

大势＝人好！我今日呢，先跟大势＝人介绍记我人云和个几样特色产品。第一个，便是我人云和个木制玩具。云和个木制玩具呢，已经有四十多年个发展历史哇，渠是我人全国呢，最大个一个木制玩具生产基地。零三年个时间呢，还乞中国个轻工业阿＝个联合会呢，正式命名为中国木制玩具城。可以讲呢，我人云和人都好粒＝个喜欢乙个玩具，弗管是大人、细根＝儿，都是十分喜欢个。目前呢，木制玩具牢＝云和县个乙个发展也十分好个。

dɔ²²³sɿ²⁴ nɛ³¹ xəɯ⁴¹！ ŋuo⁴⁴ kɛ²⁴ naʔ²³ ȵiº , ɕiɛ²⁴ kɛ⁴⁴ dɔ²²³ sɿ²⁴ nɛ³¹ kɔ⁴⁴ ziɑɔ²²³ tsɿ⁴⁵ ŋou⁴⁴ nɛ³¹ yŋ²²³ uo³¹ keiº ki⁴⁴ iã²²³ daʔ²³ saʔ⁵ tsʰã⁴⁴ pʰiŋ⁴¹ 。 di²²³ iʔ⁵ kei⁴⁵ , bɛ²²³ dzɿ²²³ ŋuo⁴⁴ nɛ³¹ yŋ²²³ uo³¹ keiº məɯʔ²³ tsɿ⁴⁵ u ã³¹ dzʮ²²³ 。 yŋ²²³ uo³¹ keiº məɯʔ²³ tsɿ⁴⁵ u ã³¹ dzʮ²²³ ȵiº , i⁴⁴ tɕiŋ²⁴ iəɯ⁴⁴ sɿ⁴⁵ ʑyeiʔ²³ tu²⁴ ȵiɛ³¹ keiº fɔʔ⁴ tɕiɛ⁴⁴ liʔ²³ sɿ⁴¹ uaº , ɡiʔ²²³ dzɿ²²³ ŋuo⁴⁴ nɛ³¹ ʑyɛ³¹ kuaʔ⁵ ȵiº , tsei⁴⁵ du²²³ keiº iʔ⁴ kei⁴⁵ məɯʔ²³ tsɿ⁴⁵ u ã³¹ dzʮ²²³ sɛ⁴⁴ tsʰã⁴⁴ tsɿ²⁴ di²²³ 。 liŋ³¹ s ã²⁴ ȵiɛ³¹ keiº zɿ²²³ k ã²⁴ ȵiº , a²²³ kʰa⁴⁴ tɕioŋ²⁴ kuaʔ⁵ keiº tɕʰiŋ²⁴ koŋ⁴⁴ ȵiɛʔ²³ aʔ⁴ keiº liɛ²²³ ɛʔ²³ uei²²³ ȵiº , tɕiŋ⁴⁴ ɕiʔ⁵ miŋ²²³ miŋ³¹ uei²²³ tɕioŋ²⁴ kuaʔ⁵ məɯʔ²³ tsɿ⁴⁵ u ã³¹ dzʮ²²³ ʑiŋ³¹² 。 kʰu⁴⁴ i⁴¹ k ɔ̃⁴⁴ ȵiº , ŋuo⁴⁴ nɛ³¹ yŋ²²³ uo²²³ nɛ³¹ tu²⁴ xəɯ⁴¹ lɛʔº keiº sɿ⁴⁴ xu ã²⁴ iʔ⁴ kei⁴⁵ u ã³¹ dzʮ²²³ , fuʔ⁵ ku ã⁴¹ dzɿ²²³ du²²³ nɛ³¹ 、sɿ⁴⁴ kɛ⁴⁴ ȵi⁴⁵ , tu²⁴ dzɿ²²³ ʑyeiʔ²³ fəŋ²⁴ sɿ⁴⁴ xu ã²⁴ keiº 。 məɯʔ²³ ʑiɛ²²³ ȵiº , məɯʔ²³ tsɿ⁴⁵ u ã³¹ dzʮ²²³ lɑɔ³¹ yŋ²²³ uo³¹ yɛ²²³ keiº iʔ⁴ kei⁴⁵ fɔʔ⁴ tɕiɛ⁴⁴ a²²³ ʑyeiʔ²³ fəŋ²⁴ xəɯ⁴⁴ keiº 。

大家好，今天我先向大家介绍我们云和的几样特色产品。第一，介绍我们云和的木制玩具。云和的木制玩具已经有 40 多年的发展历史了。云和是我国最大的木制玩具生产基地，2003 年被中国轻工业联合会正式命名为中国木制玩具城。可以说,我们云和人是很喜欢玩具的,不管是小孩还是大人,都很喜欢。目前,木制玩具在云和县发展得很好。

第二样,我乐讲个呢,便是我人个云和雪梨。雪梨呢,牢⁼云和呢,已经有五百六十多年个乙个种植历史哇,渠跟一般个雪梨还是弗一样个。渠每个果呢,都有一斤到两斤左右,好粒⁼大个,顶大个一个水果,还可以达到三点五斤左右。渠个汁好粒⁼多,吃记还好粒⁼甜。一家大小都坐起,大势⁼人切出来分起吃,好粒⁼个享受。

di²²³ ɲi²²³ i ã²²³ , ŋuo⁴⁴ ŋɑɔ²²³ k ɔ̃⁴⁴ kei⁰ ɲi⁰ , bɛ²²³ dzɿ²²³ ŋuo⁴⁴ nɛ³¹ kei⁰ yŋ²²³ uo³¹ ɕyɛʔ⁴li³¹² 。 ɕyɛʔ⁴li³¹ ɲi⁰ , lɑɔ³¹ yŋ²²³ uo³¹ ɲi⁰ , i⁴⁴ tɕiŋ²⁴ iəɯ⁴⁴ ŋ⁴⁴ paʔ⁵ləɯ²²³ ʑyeiʔ²³tu²⁴ ɲiɛ³¹ kei⁰ iʔ⁴kei⁴⁵ tɕioŋ⁴⁵ dʑiʔ²³ liʔ²³ sɿ⁴¹ ua⁰ , gi²²³ kɛ²⁴ iʔ⁴ pɛ²⁴ kei⁰ ɕyɛʔ⁴li³¹ a²²³ dzɿ²²³ fuʔ⁴iʔ⁴i ã²²³ kei⁰ 。 gi²²³ mei⁴⁴ kei⁴⁵ kuo⁴⁴ ɲi⁰ , tu²⁴ iəɯ⁴⁴ iʔ⁴tɕiŋ²⁴ təɯ⁴⁴ la⁴⁴ tɕiŋ²⁴ tsu⁴⁴ iəɯ²²³ , xəɯ⁴¹ lɛʔ⁰ du²²³ kei⁴⁵ , tiŋ⁴¹ du²²³ kei⁰iʔ⁴kei⁴⁵sɿ⁴⁴ kuo⁴¹ , a²²³ kʰu⁴⁴ i⁴¹ dɔʔ²³ təɯ⁴⁴ s ã²⁴ tiɛ⁴⁴ ŋ⁴⁴ tɕiŋ²⁴ tsu⁴⁴ iəɯ²²³ 。 gi²²³ kei⁰tseiʔ⁵xəɯ⁴¹ lɛʔ⁰tu²⁴ , tɕʰiʔ⁵tsɿ⁰a²²³ xəɯ⁴¹ lɛʔ⁰diɛ³¹² , iʔ⁴ kuo²⁴ du²²³ ɕiɑɔ⁴⁴tu²⁴ zu²²³ tsʰɿ⁴¹ , dɔ²²³ sɿ²⁴ nɛ³¹ tɕʰiɔʔ⁵tɕʰyɛʔ⁵li³¹ fəŋ²⁴ tsʰɿ⁴⁴ tɕʰiʔ⁵ , xəɯ⁴¹ lɛʔ⁰kei⁰ɕi ã⁴⁴ ʑiəɯ²²³ 。

第二,介绍我们云和的雪梨。雪梨在我们云和已经有560多年的种植历史。它和一般的雪梨不一样,一个云和雪梨就有1—2斤重,个儿很大,最大的雪梨一个就可以达到3.5斤重。它的汁水很多,很甜。将雪梨切开来,一家大小围坐在一起分着吃,真是享受。

第三样,我乐讲个呢,便是我人云和个黑木耳。云和个黑木耳呢,可以讲是我人云和个一样土特产,渠也是农业产品之一。渠个肉哇好粒⁼厚,渠个外观呢也好粒⁼生好,渠颜色也是比较深个。木耳呢,烧之前呢乐摅来浸记,渠浸个时间呢,还是乐长滴儿,吃起口感十分个爽。渠个营养丰富险,比如讲呢,渠个阿⁼个铁跟阿⁼个钙个含量十分高,大势⁼人也都喜欢险,还是呢,食用菌底面顶有营养个一样产品。所以讲呢,云和人归来嬉个时间,还有呗,外地游客过来个时间,都会买滴儿去,带出去。

di²²³ s ã²⁴ i ã²²³ , ŋuo⁴⁴ ŋɑɔ²²³ k ɔ̃⁴⁴ kei⁰ n̠i⁰ , bɛ²²³ dzɹ²²³ ŋuo⁴⁴ nɛ³¹ yŋ²²³ uo³¹ kei⁰ xɛʔ⁴ məɯ²²³ mi⁴¹ 。 yŋ²²³ uo³¹ kei⁰ xɛʔ⁴ məɯ²²³ mi⁴¹ n̠i⁰ , kʰu⁴⁴ i⁴¹ k ɔ̃⁴⁴ dzɹ²²³ ŋuo⁴⁴ nɛ³¹ yŋ²²³ uo³¹ kei⁰ iʔ⁴ i ã²²³ tʰu⁴⁴ daʔ²³ tsʰ ã⁴¹ , gi²²³ a²²³ dzɹ²²³ noŋ³¹ n̠iɛ²²³ tsʰ ã⁴⁴ pʰiŋ⁴¹ tsɹ⁴⁴ iʔ⁵ 。 gi²²³ kei⁰ n̠iəɯʔ²³ ua⁰ xəɯ⁴¹ lɛʔ⁰ gəɯ²²³ , gi²²³ kei⁰ ua²²³ ku ã²⁴ n̠i⁰ a²²³ xəɯ⁴¹ lɛʔ⁰ s ã²⁴ xəɯ⁴¹ , gi²²³ ŋ ã²²³ saʔ⁵ a²²³ dzɹ²²³ pi⁴⁴ kɑɔ⁴⁵ tsʰ əŋ²⁴ kei⁰ 。 məɯ²²³ mi⁴¹ n̠i⁰ , ɕiɑɔ²⁴ tsɹ⁴⁴ ʑiɛ³¹ n̠i⁰ ŋɑɔ²²³ iəʔ⁵ li³¹ tsəŋ⁴⁵ tsɹ⁴⁵ , gi²²³ tsəŋ⁴⁵ kei⁰ zɹ²²³ k ã²⁴ n̠i⁰ , a²²³ dzɹ²²³ ŋɑɔ²²³ de³¹ tiŋ⁴⁵ , tɕʰiʔ⁵ tsʰ ɹ⁴⁴ kʰəɯ⁴⁴ kɛ⁴⁴ ʑyeiʔ²³ fəŋ²⁴ kei⁰ s ɔ̃⁴¹ 。 gi²²³ kei⁰ iŋ²²³ i ã⁴¹ fəŋ²⁴ fu⁴⁵ ɕiɛ⁴¹ , pi⁴⁴ lu³¹ k ɔ̃⁴⁴ n̠i⁰ , gi²²³ kei⁰ aʔ⁴ kei⁴⁵ tʰiɛʔ⁵ kɛ²⁴ aʔ⁴ kei⁴⁵ ka⁴⁵ kei⁰ ã³¹ li ã²²³ ʑyeiʔ²³ fəŋ²⁴ kəɯ²⁴ , dɔ²²³ sɹ²⁴ nɛ³¹ a²²³ tu²⁴ sɹ⁴⁴ xu ã²⁴ ɕiɛ⁴¹ , a²²³ dzɹ²²³ n̠i⁰ , zɹ²²³ i ɔ̃²²³ tɕyŋ²³ ti⁴⁴ miɛ²²³ tiŋ⁴¹ iəɯ⁴⁴ iŋ²²³ i ã⁴¹ kei⁰ iʔ⁴ i ã²²³ tsʰ ã⁴⁴ pʰiŋ⁴¹ 。 su⁴⁴ i⁴¹ k ɔ̃⁴⁴ n̠i⁰ , yŋ²²³ uo²²³ nɛ³¹ kuei²⁴ li³¹ sɹ²⁴ kei⁰ zɹ²²³ k ã²⁴ , a²²³ iəɯ⁴⁴ pɛ⁰ , ua²²³ di³¹ iəɯ³¹ kʰaʔ⁵ kuo⁴⁵ li³¹ kei⁰ zɹ²²³ k ã²⁴ , tu²⁴ uei²²³ mɔ²²³ tiŋ⁴⁵ kʰi⁴⁵ , tɔ⁴⁵ tɕʰyɛʔ⁴ kʰi⁴⁵ 。

第三,介绍我们云和的黑木耳。黑木耳是我们云和的土特产。它的肉很厚,外观很美,颜色很深。烧木耳之前先得用水浸泡,浸泡的时间得长些,这样吃起来口感更脆爽。黑木耳营养丰富,铁和钙的含量很高,大家都很喜欢吃,是食用菌里最有营养的产品之一。所以,云和人回老家,或者外地游客来云和游玩的时候,都会买些黑木耳带走。

第四个呢,我乐讲个是,我人个云和湖个阿⁼个野生鱼。云和湖个野生鱼啊，是牢=我人个云和仙宫湖景区底头，也是牢=野生鱼个阿=个垂钓基地，好粒=人呢会去阿=埲钓鱼。钓上来的鱼呢，渠个肉哇，口感是十分个好个，渠底面个野生鱼个种类也是十分个多，有青鱼呀、军鱼呀、鳜鱼呀，乙粒=呢有一百多种个野生鱼，大势=人也都好粒=喜欢。

di²²³ sɿ⁴⁴ kei⁴⁵ n̠i⁰ , ŋuo⁴⁴ ŋɑɔ²²³ k ɔ̃⁴⁴ kei⁰ dzɿ²²³ , ŋuo⁴⁴ nɛ³¹ kei⁰ yŋ²²³ uo²²³ u³¹ kei⁰ aʔ⁴ kei⁰ iɔ⁴⁴ sɛ²⁴ n̠y²⁴ 。 yŋ²²³ uo²²³ u³¹ kei⁰ iɔ⁴⁴ sɛ²⁴ n̠y²⁴ a⁰ , dzɿ²²³ lɑɔ³¹ ŋuo⁴⁴ nɛ³¹ kei⁰ yŋ²²³ uo³¹ ɕie⁴⁴ koŋ⁴⁴ u³¹ tɕiŋ⁴⁴ tsʰɿ²⁴ ti⁴⁴ dɯ⁰ , a²²³ dzɿ²²³ lɑɔ³¹ iɔ⁴⁴ sɛ²⁴ n̠y²⁴ kei⁰ aʔ⁴ kei⁴⁵ dzɿ³¹ tiɔ⁴⁵ tsɿ²⁴ di²²³ , xɯ⁴¹ lɛʔ⁰ nɛ³¹ n̠i⁰ uei²²³ kʰi⁴⁴ aʔ⁵ lɔʔ⁰ tiɔ⁴⁴ n̠y²⁴ 。 tiɔ⁴⁵ dʑiã²²³ li³¹ kei⁰ n̠y²⁴ n̠i⁰ , ɡi²²³ kei⁰ n̠iəɯʔ²³ ua⁰ , kʰəɯ⁴⁴ kɛ⁴⁴ dzɿ²²³ ʑyeiʔ²³ fəŋ²⁴ kei⁰ xɯ⁴¹ kei⁰ , ɡi²²³ ti⁴⁴ mie²²³ kei⁰ iɔ⁴⁴ sɛ²⁴ n̠y²⁴ kei⁰ tɕiɔ̃⁴⁴ lei²²³ a²²³ dzɿ²²³ ʑyeiʔ²³ fəŋ²⁴ kei⁰ tu²⁴ , iəɯ⁴⁴ tɕʰiŋ⁴⁴ n̠y²⁴ ia⁰ 、 tɕyŋ⁴⁴ n̠y²⁴ ia⁰ 、 kuei⁴⁴ n̠y²⁴ ia⁰ , iʔ⁵ lɛʔ⁰ n̠i⁰ iəɯ⁴⁴ iʔ⁴ paʔ⁵ tu²⁴ tɕi ɔ̃⁴⁵ kei⁰ iɔ⁴⁴ sɛ²⁴ n̠y²⁴ , dɔ²²³ sɿ²⁴ nɛ³¹ a²²³ tu²⁴ xɯ⁴¹ lɛʔ⁰ sɿ⁴⁴ xu ã²⁴ 。

第四，介绍我们云和的野生鱼。云和的野生鱼生长在云和的仙宫湖里，仙宫湖是野生鱼的垂钓基地，很多人会去那里钓鱼。从仙宫湖里钓上来的鱼口感很好，种类也很多，有青鱼、军鱼、鳜鱼等一百多种，大家可喜欢了。

最末呢，我还乐讲记我人云和个小顺石。云和个小顺石呀，渠阿=个颜色好粒=个生好，渠有红色、白色、黄色弗共个颜色，渠个质地是最好个。渠阿=个东西呢，有微透明个，还有全透明个，大势=人也觉着，乙个好粒=好，可以雕刻，渠雕刻起个样子呢，还是十分生好个。渠个品种也是十分个多，比如讲呢，有小顺红、小顺晶，还有呗是黄冻、白冻一百多种，最有代表个呢，便是小顺红乙样品种。

tsei⁴⁵ mɛʔ²³ n̠i⁰ , ŋuo⁴⁴ a²²³ ŋɑɔ²²³ k ɔ̃⁴⁴ tsɿ⁴⁵ ŋuo⁴⁴ nɛ³¹ yŋ²²³ uo³¹ kei⁰ ɕiɑɔ⁴⁴ʑyŋ²²³ʑiʔ²³。yŋ²²³uo³¹kei⁰ɕiɑɔ⁴⁴ʑyŋ²²³ʑiʔ²³iɑ⁰，gi²²³ɑʔ⁵kei⁰ŋã²²³ sɑʔ⁵ xəɯ⁴¹lɛʔ⁰kei⁰sɛ²⁴xəɯ⁴¹，gi²²³iəɯ⁴⁴oŋ³¹sɑʔ⁵、bɑʔ²³sɑʔ⁵、uã³¹sɑʔ⁵fuʔ⁴ dʑioŋ²²³kei⁰ŋã²²³sɑʔ⁵，gi²²³kei⁰tsɛiʔ⁵di²²³dʑɿ²²³tsɛi⁴⁵xəɯ⁴¹kei⁰。gi²²³ɑʔ⁵ kei⁰toŋ⁴⁴ɕi²⁴n̩i⁰，iəɯ⁴⁴uei²⁴tʰəɯ⁴⁵miŋ³¹kei⁰，a²²³iəɯ⁴⁴ʑyɛ³¹tʰəɯ⁴⁵miŋ³¹ kei⁰，dɔ²²³sɿ²⁴nɛ³¹a²²³koʔ⁵dʑiɔʔ²²³，iʔ⁵kei⁰xəɯ⁴¹lɛʔ⁰xəɯ⁴¹，kʰu⁴⁴i⁴¹tiɑɔ⁴⁴ kɑʔ⁵，gi²²³tiɑɔ⁴⁴kɑʔ⁵tsʰɿ⁴⁴kei⁰iã²²³tsɿ⁴¹n̩i⁰，a²²³dʑɿ²²³ʑyeiʔ²³fəŋ²⁴sɛ²⁴ xəɯ⁴¹kei⁰。gi²²³kei⁰pʰiŋ⁴⁴tɕiɔ̃⁴⁴a²²³dʑɿ²²³ʑyeiʔ²³fəŋ²⁴kei⁰tu²⁴，pi⁴⁴lu³¹ kɔ̃⁴⁴n̩i⁰，iəɯ⁴⁴ɕiɑɔ⁴⁴ʑyŋ²²³oŋ³¹、ɕiɑɔ⁴⁴ʑyŋ²²³tɕiŋ²⁴，a²²³iəɯ⁴⁴pɛ⁰dʑɿ²²³ uã³¹toŋ⁴⁵、bɑʔ²³toŋ⁴⁵iʔ⁴pɑʔ⁵tu²⁴tɕiɔ̃⁴¹，tsɛi⁴⁵iəɯ⁴⁴da²²³piɑɔ⁴¹kei⁰n̩i⁰，bɛ²²³dʑɿ²²³ɕiɑɔ⁴⁴ʑyŋ²²³oŋ³¹iʔ⁵iã²²³pʰiŋ⁴⁴tɕiɔ̃⁴¹。

第五，介绍我们云和的小顺石。云和的小顺石颜色很漂亮，有红色、白色、黄色各种不同的颜色，质地也很好。小顺石有微透明的和全透明的，可以用来雕刻，并且能雕刻成很漂亮的物件。小顺石的品种很多，有小顺红、小顺晶，还有黄冻、白冻等一百多种，最有代表就是小顺红这种品种。

接落去呢，我跟大势⁼人介绍记我人云和个一粒⁼小吃。嗯，大势⁼人都好粒⁼喜欢个，第一样，便是有名个油筒饼。油筒饼个做法还是十分简单个，弗过呢，大势⁼人都喜欢秋天跟冬天个时间做。因为呢，乙个是乐油泡⁼起个，比较热，热天吃呢也弗贵⁼合适。秋天跟冬天乙个时间呢，我人个冬瓜啊、菜头啊、南瓜阿⁼些儿，正正好成熟个时间，茶油也正好上市，大势⁼人便想着乐去做油筒饼。

tɕiɛʔ⁵loʔ²³kʰi⁴⁴n̩i⁰，ŋuo⁴¹kɛ⁴⁴dɔ²²³sɿ²⁴nɛ³¹kɔ⁴⁴ʑiɑɔ²²³tsɿ⁴⁵ŋo⁴⁴nɛ³¹ yŋ²²³uo³¹kei⁰iʔ⁴lɛʔ⁰ɕiɑɔ⁴⁴tɕʰiʔ⁵。əŋ⁴⁴，dɔ²²³sɿ²⁴nɛ³¹tu²⁴xəɯ⁴¹lɛʔ⁰sɿ⁴⁴xuã²⁴ kei⁰，di²²³iʔ⁵iã²²³，bɛ²²³dʑɿ²²³iəɯ⁴¹miŋ³¹kei⁰iəɯ²²³doŋ²²³piŋ⁴¹。iəɯ²²³ doŋ²²³piŋ⁴⁴kei⁰tsuo⁴⁴fɔʔ⁵a²²³dʑɿ²²³ʑyeiʔ²³fəŋ²⁴kã⁴⁴tã²⁴kei⁰，fuʔ⁴kuo⁴⁵ ȵi^{0},dɔ^{223} sɿ^{24} nɛ^{31} tu^{24} sɿ^{44} xuã^{24} tɕ^{h}iəɯ^{24} t^{h}iɛ^{24} kɛ^{44} toŋ^{24} t^{h}iɛ^{24} kei^{0} zɿ^{223} kã^{24} tsuo^{45}。iŋ^{44} uei^{223} ȵi^{0},iʔ^{5} kei^{0} dzɿ^{223} ŋɑɔ^{223} iəɯ^{31} p^{h}ɑɔ^{45} ts^{h}ɿ^{41} kei^{0},pi^{44} kɑɔ^{45} ȵiɛʔ^{23},ȵiɛʔ^{23} t^{h}iɛ^{24} tɕ^{h}iʔ^{5} nɛ^{0} a^{223} fuʔ^{4} tsaʔ^{5} ɛʔ^{23} ɕiʔ^{5}。tɕ^{h}iəɯ^{24} t^{h}iɛ^{24} kɛ^{44} toŋ^{24} t^{h}iɛ^{24} iʔ^{5} kei^{0} zɿ^{223} kã^{24} ȵi^{0},ŋuo^{44} nɛ^{31} kei^{0} toŋ^{44} kuo^{24} a^{0}、ts^{h}a^{44} dəɯ^{31} a^{0}、nuɛ^{223} kuo^{24} aʔ^{5} ɕiŋ^{0},tɕiŋ^{44} tɕiŋ^{45} xəɯ^{44} ʑiŋ^{31} ʑiəɯʔ^{23} kei^{0} zɿ^{223} kã^{24},dzuo^{223} iəɯ^{31} a^{223} tɕiŋ^{45} xəɯ^{44} dʑiã^{223} zɿ^{223},dɔ^{223} sɿ^{24} nɛ^{31} bɛ^{223} ɕiã^{44} dʑiɔʔ^{23} ŋɑɔ^{223} k^{h}i^{44} tsuo^{44} iəɯ^{223} doŋ^{223} piŋ^{41}。

其次，介绍我们云和的小吃。较受欢迎的云和小吃中，第一种就是有名的油筒饼。大家都喜欢在秋天、冬天制作油筒饼。因为油炸的食品吃了容易上火，所以不适合在春天、夏天吃。秋天、冬天的时候，冬瓜、萝卜、南瓜这些果蔬刚好成熟，新鲜茶油也刚好上市，大家就想到应该开始炸油筒饼了。

做油筒饼个乙个做法还是比较简单个。首先呢，我人乐有一个模具，乙个模具喊油筒提，阿$^{=}$个提呢，乐有两三个准备好，还乐准备个平底锅。我人首先呢，牢$^{=}$锅底面油倒滴儿去，倒到一半色$^{=}$左右，等阿$^{=}$个油加热。热到一定程度个时间呢，我人帮阿$^{=}$个油筒提啊，倒上一滴儿糯米粉，糯米粉倒上滴儿，园到油底面热一记。稍微有滴儿暖个时间，便帮阿$^{=}$个油筒提底头个阿$^{=}$个糯米粉啊，亦倒出来。乙色$^{=}$个时间呢，油筒饼个外壳已经做起哇，我人再牢$^{=}$阿$^{=}$个壳底面啊，园阿$^{=}$粒$^{=}$菜头丝啊、南瓜啊，乙粒$^{=}$料阿$^{=}$些儿园粒$^{=}$底去，正正好园平，乐满出来，再牢$^{=}$阿$^{=}$埲上面呢，倒一滴儿滴儿个糯米粉，再园到阿$^{=}$个油底头去泡$^{=}$。

tsuo^{44} iəɯ^{223} doŋ^{223} piŋ^{44} kei^{0} iʔ^{5} kei^{0} tsuo^{44} fɔʔ^{5} a^{223} dzɿ^{223} pi^{44} kɑɔ^{44} kã^{44} tã^{24} kei^{0}。ɕiəɯ^{44} ɕiɛ^{24} ȵi^{0},ŋuo^{44} nɛ^{31} ŋɑɔ^{223} iəɯ^{44} iʔ^{4} kei^{45} mu^{31} dzʮ^{223},iʔ^{5} kei^{0} mu^{31} dzʮ^{223} xã^{45} iəɯ^{223} doŋ^{223} di^{312},aʔ^{5} kei^{0} di^{31} ȵi^{0},ŋɑɔ^{223} iəɯ^{44} la^{44}

sã⁴⁴ kei⁴⁵ tɕyŋ⁴¹ bi²²³ xəɯ⁴¹ ，a²²³ ŋɑɔ²²³ tɕyŋ⁴¹ bi²²³ kei⁴⁵ biŋ²²³ ti⁴⁴ ku²⁴ 。
ŋuo⁴⁴ nɛ³¹ ɕiəɯ⁴⁴ ɕiɛ²⁴ n̠i⁰，lɑɔ³¹ ku²⁴ ti⁴⁴ miɛ²²³ iəɯ³¹ təɯ⁴⁴ tiŋ⁴⁵ kʰi⁴⁵，təɯ⁴⁵
təɯ⁴⁴ iʔ⁴ pɛ⁴⁵ saʔ⁵ tsu⁴⁴ iəɯ²²³，tɛ⁴⁴ aʔ⁵ kei⁰ iəɯ³¹ kuo⁴⁴ n̠iɛʔ²³ 。n̠iɛʔ²³ təɯ⁴⁴
iʔ⁴ diŋ²²³ ʑiŋ³¹ du²²³ kei⁰ zɿ²²³ kã²⁴ n̠i⁰，ŋuo⁴⁴ nɛ³¹ pɔ̃²⁴ aʔ⁵ kei⁰ iəɯ²²³ doŋ²²³
di³¹ a⁰，təɯ⁴⁵ dʑi ã²²³ iʔ⁴ tiŋ⁴⁵ nu²²³ mi⁴⁴ fəŋ⁴¹，nu²²³ mi⁴⁴ fəŋ⁴¹ təɯ⁴⁵ dʑi ã²²³
tiŋ⁴⁵，kʰɔ̃⁴⁵ təɯ⁴⁵ iəɯ³¹ ti⁴⁴ miɛ²²³ n̠iɛʔ²³ iʔ⁴ tsɿ⁴⁵ 。sɑɔ⁴⁴ uei²²³ iəɯ⁴⁴ tiŋ⁴⁵ nəŋ⁴⁴
kei⁰ zɿ²²³ kã²⁴，bɛ²²³ pɔ̃²⁴ aʔ⁵ kei⁰ iəɯ²²³ doŋ²²³ di³¹ ti⁴⁴ dəɯ⁰ kei⁰ aʔ⁵ kei⁰ nu²²³
mi⁴⁴ fəŋ⁴¹ a⁰，iʔ²³ təɯ⁴⁵ tɕʰyɛʔ⁵ li³¹² 。iʔ⁵ saʔ⁵ kei⁰ zɿ²²³ kã²⁴ n̠i⁰，iəɯ²²³ doŋ²²³
piŋ⁴¹ kei⁰ ua²²³ kʰoʔ⁵ i⁴⁴ tɕiŋ²³ tsuo⁴⁵ tsʰɿ⁴⁴ ua⁰，ŋuo⁴⁴ nɛ³¹ tsa⁴⁵ lɑɔ³¹ aʔ⁵ kei⁰
kʰoʔ⁵ ti⁴⁴ miɛ²²³ a⁰，kʰɔ̃⁴⁵ aʔ⁵ lɛʔ⁰ tsʰa⁴⁴ dəɯ³¹ sɿ²⁴ a⁰、nuɛ²²³ kuo²⁴ a⁰，iʔ⁵ lɛʔ⁰
liɑɔ³¹ aʔ⁵ ɕiŋ⁰ kʰɔ̃⁴⁵ lɛʔ⁰ ti⁴⁴ kʰi⁴⁵，tɕiŋ⁴⁴ tɕiŋ⁴⁵ xəɯ⁴⁴ kʰɔ̃⁴⁵ biŋ³¹²，ŋɑɔ²²³ mɛ⁴⁴
tɕʰyɛʔ⁵ li³¹²，tsa⁴⁵ lɑɔ³¹ aʔ⁵ lɔʔ⁰ dʑi ã²²³ miɛ²²³ n̠i⁰，təɯ⁴⁵ iʔ⁴ tiŋ⁴⁴ tiŋ⁴⁵ kei⁰ nu²²³
mi⁴⁴ fəŋ⁴¹，tsa⁴⁵ kʰɔ̃⁴⁵ təɯ⁴⁵ aʔ⁵ kei⁰ iəɯ³¹ ti⁴⁴ dəɯ⁰ kʰi⁴⁴ pʰɑɔ⁴⁵ 。

　　炸油筒饼的工序比较简单。首先需要一种模具，这个模具叫油筒提。要准备好两三个油筒提，再准备一个平底锅。先往锅里倒油，大概倒入半锅油，等油加热后，在油筒提里倒入一点糯米粉，然后再放到油里烫一下，稍微有点热时，就将油筒提里的糯米粉倒出来。这时候，油筒饼的壳身已形成，再把萝卜丝、南瓜丝等馅儿放进去。需要注意的是，馅儿要与筒饼壳身齐平，不要满出来，还要盖上一层薄薄的糯米粉封顶，再放进油锅里炸。

　　油泡=起以后呢，等阿=上面阿=层有滴儿滴儿变黄了以后，我人再帮渠倒出来，倒到油底泡=。整个油筒饼相去颜色变成阿=个金黄色，差弗多黄黄个阿=个时间，便可以帮渠捞上来。捞上来园上面油摘=记，我人便可以吃呀。热个时间吃呢，味道是十分好个，大势=人都好粒=喜欢。

iəɯ³¹ pʰɑɔ⁴⁵ tsʰʅ⁴⁴ i⁴⁴ u⁴¹ ȵi⁰ , tɛ⁴⁴ aʔ⁵ dʑi ã²²³ miɛ²²³ aʔ⁵ ʑɛ³¹ iəɯ⁴⁴ tiŋ⁴⁵
tiŋ⁴⁵ piɛ⁴⁵ u ã³¹ lɑɔ⁰ i⁴⁴ u⁴¹ , ŋuo⁴⁴ nɛ³¹ tsa⁴⁵ p ɔ̃²⁴ gi³¹ təɯ⁴⁵ tɕʰyɛʔ⁵ li³¹² , təɯ⁴⁵
təɯ⁴⁴ iəɯ³¹ li³¹ pʰɑɔ⁴⁵ 。 tɕiŋ⁴⁴ kei⁴⁵ iəɯ²²³ doŋ²²³ piŋ⁴¹ ɕia⁴⁵ kʰi⁴⁴ ŋ ã²²³
saʔ⁵ piɛ⁴⁵ ʑiŋ³¹ aʔ⁵ kei⁰tɕiŋ⁴⁴ u ã³¹ saʔ⁵ , tsʰɑɔ⁴⁵ fuʔ⁴ tu²⁴ u ã³¹ u ã³¹ kei⁰ aʔ⁵ kei⁰ ʑʅ²²³
k ã²⁴ , bɛ²²³ kʰu⁴⁴ i⁴¹ p ɔ̃²⁴ gi³¹ lu²²³ dʑi ã²²³ li³¹² 。 lu²²³ dʑi ã²²³ li³¹ kʰ ɔ̃⁴⁴ dʑi ã²²³
miɛ²²³ iəɯ³¹ tsaʔ⁵ tsʅ⁴⁵ , ŋuo⁴⁴ nɛ³¹ bɛ²²³ kʰu⁴⁴ i⁴¹ tɕʰiʔ⁵ ia⁰ 。 ȵiɛʔ²³ kei⁰ ʑʅ²²³
k ã²⁴ tɕʰiʔ⁵ ȵi⁰ , mi²²³ dɑɔ²²³ dʑʅ²²³ ʑyei²³ fəŋ²⁴ xəɯ⁴⁴ kei⁰ , dɔ²²³ sʅ²⁴ nɛ³¹ tu²⁴
xəɯ⁴¹ lɛʔ⁰ sʅ⁴⁴ xu ã²⁴ 。

等上面一层糯水粉变黄之后，再倒到油锅里滚炸。当饼色现出
金黄色时，就可以捞出了。捞出沥油之后的油筒饼要趁热享用，味
道很好，大家都很喜欢吃。

第二个呢，我乐跟你人讲个是煎雀①。煎雀呢，还是我人家家
户户过年个时间，都会做个一样食品。渠阿⁼个外壳呢，是有滴ⱼ脆
脆个，底面呢是嫩嫩个，喵起来也弗会黏口，大势⁼人也好粒⁼喜欢。
渠个做法还是好粒⁼简单个，渠个主要成分呢，主要便是用番薯跟
乙个糯米粉做起个。

di²²³ ȵi²²³ kei⁴⁵ ȵi⁰ , ŋuo⁴¹ ŋɑɔ²²³ kɛ⁴⁴ ȵi⁴¹ nɛ³¹ k ɔ̃⁴⁴ kei⁰ dʑʅ²²³ tɕiɛ⁴⁴
ɕiɔʔ⁵ 。 tɕiɛ⁴⁴ ɕiɔʔ⁵ ȵi⁰ , a²²³ dʑʅ²²³ ŋuo⁴⁴ nɛ³¹ kuo⁴⁴ kuo²⁴ u²²³ u²²³ kuo⁴⁴ ȵiɛ³¹
kei⁰ ʑʅ²²³ k ã²⁴ , tu⁴⁴ uei²²³ tsuo⁴⁵ kei⁰ iʔ⁴ i ã²²³ ɕiʔ²³ pʰiŋ⁴¹ 。 gi²²³ aʔ⁴ kei⁴⁵ ua²²³
kʰoʔ⁵ ȵi⁰ , dʑʅ²²³ iəɯ⁴⁴ tiŋ⁴⁵ tsʰei⁴⁵ tsʰei⁴⁵ kei⁰ , ti⁴⁴ miɛ²²³ ȵi⁰dʑʅ²²³ nuɛ²²³
nuɛ²²³ kei⁰ , ŋuɛʔ²³ tsʰʅ⁴⁴ li³¹ a²²³ fuʔ⁵ uei²²³ ȵiɛ²²³ kʰəɯ⁴¹ , dɔ²²³ sʅ²⁴ nɛ³¹ a²²³
xəɯ⁴¹ lɛʔ⁰ sʅ⁴⁴ xu ã²⁴ 。 gi²²³ kei⁰tsuo⁴⁴ fɔʔ⁵ a²²³ dʑʅ²²³ xəɯ⁴¹ lɛʔ⁰ k ã⁴⁴ t ã²⁴

---

① 当地一般将该小吃叫作“煎雀”，因其形状似小麻雀的身子且用油煎，故
得名。“雀”[ɕiɔʔ⁵]的今读声母与规律不符，本书从俗写作“煎雀”。

kei^{0},gi^{223} kei^{0} tsɥ^{44} iɑɔ^{41} ʑiŋ^{31} fəŋ^{45} ȵi^{0},tsɥ^{44} iɑɔ^{41} bɛ^{223} dzɿ^{223} iɔ̃^{223} fã^{44} dzɿ^{31} kɛ^{24} iʔ^{5} kei^{0} nu^{223} mi^{44} fəŋ^{41} tsuo^{45} tsʰɿ^{44} kei^{0}。

我要介绍的第二种小吃是煎雀。煎雀是我们云和过年时家家户户都会制作的一种食品。它外壳脆脆的,里面嫩嫩的,咬下去也不会粘嘴巴,大家很喜欢吃。它的主要原料是番薯和糯米粉,制作方法也很简单。

我人呢,首先乐帮番薯煠熟,皮剥了,变成番薯酱样子,再帮糯米粉阿⁼些儿加底去,掬成团,差弗多弗糯儿弗硬个时间呢,帮渠切成一根一根个,差弗多手指头拇样子乙色⁼大粒,然后帮渠索索轮,园到油底面去泡⁼。乙个油呢,我人云和人都好粒⁼喜欢用茶油泡⁼,因为乙个茶油啊,第一个呢比较健康,第二个呢还比较营养,阿⁼个第三呢,阿⁼个香味还是十分好个,泡⁼出来个阿⁼个煎雀,阿⁼个香味更好。我人帮阿⁼个切成个煎雀阿⁼个形状啊,园到阿⁼个油底面去泡⁼,等渠全部都浮上油面个时间,外壳个颜色,都变成黄色偏红个阿⁼种颜色之后,便可以帮渠捞上来,园上面呢油摘⁼记,便可以吃哇。大势⁼人细根⁼儿啊、老人家啊,过年头个时间去家家户户,都有一样个煎雀,大势⁼人都好粒⁼喜欢个。

ŋuo^{44} nɛ^{31} ȵi^{0}, ɕiəɯ^{44} ɕiɛ^{24} ŋɑɔ^{223} pɔ̃^{24} fã^{44} dzɿ^{31} zɔʔ^{23} ʑiəɯʔ^{23}, bi^{31} poʔ^{5} lɑɔ^{0}, piɛ^{45} ʑiŋ^{31} fã^{44} dzɿ^{31} tɕã^{45} iã^{223} tsɿ^{41}, tsa^{45} pɔ̃^{24} nu^{223} mi^{44} fəŋ^{41} aʔ^{5} ɕiŋ^{0} kʰuo^{24} ti^{44} kʰi^{45}, ȵiəɯʔ^{23} ʑiŋ^{31} dəŋ^{312}, tsʰɑɔ^{45} fuʔ^{4} tu^{24} fuʔ^{4} noŋ^{45} fuʔ^{4} ŋɛ^{223} kei^{0} zɿ^{223} kã^{24} ni^{23}, pɔ̃^{24} gi^{31} tɕʰiɔʔ^{5} ʑiŋ^{31} iʔ^{4} kɛ^{24} iʔ^{4} kɛ^{24} kei^{0}, tsʰɑɔ^{45} fuʔ^{4} tu^{24} ɕiəɯ^{44} tsɿ^{44} dəɯ^{31} muo^{31} iã^{223} tsɿ^{44} iʔ^{5} saʔ^{0} du^{223} lɛʔ^{5}, lã^{223} əɯ^{41} pɔ̃^{24} gi^{31} soʔ^{5} soʔ^{5} ləŋ^{312}, kʰɔ̃^{45} təɯ^{45} iəɯ^{31} ti^{44} miɛ^{223} kʰi^{44} pʰɑɔ^{45}。iʔ^{5} kei^{0} iəɯ^{41} ni^{23}, ŋuo^{44} nɛ^{31} yŋ^{223} uo^{223} nɛ^{31} tu^{24} xəɯ^{41} lɛʔ^{0} sɿ^{44} xuã^{24} iɔ̃^{223} dzuo^{223} iəɯ^{31} pʰɑɔ^{45}, iŋ^{24} uei^{31} iʔ^{5} kei^{0} dzuo^{223} iəɯ^{31} a^{0}, di^{223} iʔ^{5} kei^{45} ȵi^{0} pi^{44} kɑɔ^{44} tɕiɛ^{44}

kʰɔ̃²⁴, di²²³ n̠i²²³ kei⁴⁵ n̠iºa²²³ pi⁴⁴ kɑɔ⁴⁴ iŋ²²³ iã⁴¹, aʔ⁴keiºdi²²³ s ã²⁴ n̠iº,
aʔ⁴keiºɕiã²⁴ mi²²³ a²²³ dzɻ²²³ ʐyeiʔ²³ fəŋ²⁴ xɯ⁴⁴ keiº, pʰɑɔ⁴⁵ tɕʰyeʔ⁵li³¹
keiºaʔ⁴keiºtɕiɛ⁴⁴ɕiɔʔ⁵, aʔ⁴keiºɕiã²⁴ mi²²³ ka⁴⁵ xɯ⁴¹。 ŋuo⁴⁴ nɛ³¹ pɔ̃²⁴ aʔ⁵
keiºtɕʰiɔʔ⁵ʐiŋ³¹ keiºtɕiɛ⁴⁴ ɕiɔʔ⁵aʔ⁴keiºiŋ²²³ dzɻɔ̃²²³ aº, kʰ ɔ⁴⁵təɯ⁴⁵ aʔ⁴keiº
iəɯ³¹ti⁴⁴miɛ²²³ kʰi⁴⁴ pʰɑɔ⁴⁵, tɛ⁴⁴ ɡi³¹ ʐyɛ³¹ bu²²³ tu²⁴ vu³¹ dzi ã²²³ iəɯ⁴¹ miɛ²²³
keiºzɻ²²³ kã²⁴, ua²²³ kʰoʔ⁵keiºŋ ã²²³ saʔ⁵, tu²⁴ piɛ⁴⁵ʐiŋ³¹ u ã³¹ saʔ⁵ pʰiɛ²⁴ oŋ³¹
keiºaʔ⁵tɕiɔ̃⁴¹ŋã²²³ saʔ⁵tsɻ⁴⁴ u⁴¹, bɛ²²³ kʰu⁴⁴ i⁴¹pɔ̃²⁴ɡi³¹ lu²²³ dzi ã²²³li³¹², kʰ ɔ⁴⁴
dzi ã²²³ miɛ²²³ n̠iºiəɯ³¹ tsaʔ⁵tsɻ⁴⁵, bɛ²²³ kʰu⁴⁴ i⁴¹tɕʰiʔ⁵uaº。 dɔ²²³ sɻ²⁴ nɛ³¹ sɻ⁴⁴
kɛ⁴⁴ n̠i⁴⁵ aº、lɑɔ⁴⁴ nɛ²²³ kuo²⁴ aº, kuo⁴⁴ n̠iɛ³¹ dəɯ³¹ keiºzɻ²²³ kã²⁴ kʰi⁴⁴ kuo⁴⁴
kuo²⁴ u²²³ u²²³, tu²⁴ iəɯ⁴⁴ iʔ⁴i ã²²³ keiºtɕiɛ⁴⁴ ɕiɔʔ⁵, dɔ²²³ sɻ²⁴ nɛ³¹ tu²⁴ xəɯ⁴¹
lɛʔ⁵sɻ⁴⁴ xu ã²⁴ keiº。

　　先把番薯煮熟，剥皮，捣碎，再把糯米粉加进去，揉成团。等到
不软不硬刚刚好的时候，将它切成大拇指大小，然后揉搓成圆条状，
再放到油里炸。我们云和人都很喜欢用茶油炸，因为这茶油啊，第
一比较健康，第二比较营养，第三香味浓郁，炸出来的煎雀喷喷香。
把切好的煎雀雏形放到茶油里炸，等到全部浮上来，外壳的颜色变
成黄色偏红的时候就可以捞上来，沥油之后就可以吃了。新年初始
的时候，家家户户都做煎雀，不管是小孩子还是大人，大家都很
喜欢。

　　接落去呢，我跟大势＝人介绍记我人云和个几个景点。我人云
和个生态啊，环境方面啊，都是十分好个，我带你人去嬉记相么，云
和有责＝粒＝地方好嬉滴儿。

tɕiɛʔ⁵loʔ²³ kʰi⁴⁴ n̠iº, ŋuo⁴¹ kɛ⁴⁴ dɔ²²³ sɻ²⁴ nɛ³¹ kɔ⁴⁴ ʐiɑɔ²²³ tsɻ⁴⁵ ŋuo⁴⁴ nɛ³¹
yŋ²²³ uo³¹ keiºki⁴⁴ kei⁴⁵ tɕiŋ⁴⁴ tiɛ⁴¹。 ŋuo⁴⁴ nɛ³¹ yŋ²²³ uo³¹ keiºsɛ²⁴ tʰa⁴⁵ aº,
u ã³¹tɕiŋ⁴⁵ f ɔ̃²⁴ miɛ²²³ aº, tu²⁴ dzɻ²²³ ʐyeiʔ²³ fəŋ²⁴ xɯ⁴⁴ keiº, ŋuo⁴¹ tɔ⁴⁵ n̠i⁴¹

nɛ³¹ kʰi⁴⁴ sʅ²⁴ tsʅ⁴⁵ ɕiã⁴⁵ mɛ⁰ , yŋ²²³ uo³¹ iəɯ⁴⁴ tsaʔ⁵ lɛʔ⁰ di²²³ fɔ̃²⁴ xəɯ⁴⁴ sʅ⁴ tiŋ⁴⁵。

　　最后,介绍我们云和的景点。云和的生态环境很好,我给大家介绍一下云和有哪几个地方比较好玩。

　　第一个呢,我跟大势⁼人讲个呢,是我人个云和梯田。云和梯田啊,可以讲是大势⁼人呢都会来个,好粒⁼游客呢,走到云和来第一个乐去个地方,便是云和梯田。云和梯田呢,你可以大势⁼开车来,车啊,从云和县城到崇头镇呢,乐开十把廿分钟便到哇。如果你无开车呢,你便到云和个阿⁼个车站去坐阿⁼个公交车,乙个呢,也乐半个小时也便到哇。到云和梯田啊,先到崇头镇阿⁼个镇政府个对面,阿⁼埳有个游客中心。游客中心买票,外地人呢,是八十块一个人,本地人呢,是凭身份证呢是免费个。到云和梯田上面呢,我人乐相乙个风景,如果你运气好啊,遇着乙个云雾牢⁼阿⁼个山底面呢,是十分生好个,拍出来个照片呢,也是十分个好相。好粒⁼阿⁼个喜欢拍照片个人啊,都会到乙埳来,到梯田呢弗分季节,你随便责⁼时间来呢,弗一样个风景你都可以相着。

di²²³ iʔ⁵ kei⁴⁵ ɲi⁰ , ŋuo⁴¹ kɛ²⁴ dɔ²²³ sʅ²⁴ nɛ³¹ kɔ̃⁴⁴ kei⁰ ɲi⁰ , dzʅ²²³ ŋuo⁴⁴ nɛ³¹ kei⁰ yŋ²²³ uo³¹ tʰi⁴⁴ diɛ³¹² 。 yŋ²²³ uo³¹ tʰi⁴⁴ diɛ³¹ a⁰ , kʰu⁴⁴ i⁴¹ kɔ̃⁴⁴ dzʅ²²³ dɔ²²³ sʅ²⁴ nɛ³¹ ɲi⁰ tu²⁴ uei²²³ li³¹ kei⁰ , xəɯ⁴¹ lɛʔ⁰ iəɯ⁴¹ kʰaʔ⁵ ɲi⁰ , tsəɯ⁴¹ təɯ⁴⁵ yŋ²²³ uo³¹ li³¹ di²²³ iʔ⁵ kei⁴⁵ ŋɑɔ²²³ kʰi⁴⁵ kei⁰ di²²³ f ɔ̃²⁴ , bɛ²²³ dzʅ²²³ yŋ²²³ uo³¹ tʰi⁴⁴ diɛ³¹² 。 yŋ²²³ uo³¹ tʰi⁴⁴ diɛ³¹ ɲi⁰ , ɲi⁴¹ kʰu⁴⁴ i⁴¹ dɔ²²³ sʅ²⁴ kʰei⁴⁴ tɕʰio²⁴ li³¹² , tɕʰio²⁴ a⁰ , dzi ɔ̃³¹ yŋ²²³ uo³¹ yɛ²²³ ʑiŋ³¹ təɯ⁴⁴ zi ã²²³ dəɯ³¹ tsəŋ⁴⁵ ɲi⁰ , ŋɑɔ²²³ kʰei²⁴ ʑyeiʔ²³ po⁴¹ ɲiɛ²²³ fəŋ²⁴ tɕi ɔ̃²⁴ bɛ²²³ təɯ⁴⁵ ua⁰ 。 lu²²³ kuo⁴⁴ ɲi⁴⁴ m⁴⁵ kʰei⁴⁴ tɕʰio²⁴ ɲi⁰ , ɲi⁴¹ bɛ²²³ təɯ⁴⁴ yŋ²²³ uo³¹ kei⁰ aʔ⁴ kei⁰ tɕʰio²⁴ dz ã²²³ kʰi⁴⁵ zu²²³ aʔ⁴ kei⁰ koŋ⁴⁴ kɑɔ⁴⁴ tɕʰio²⁴ , iʔ⁴ kei⁴⁵ ɲi⁰ , a²²³ ŋɑɔ²²³ pɛ⁴⁵ kei⁰ ɕiɑɔ⁴⁴ zʅ²³ a²²³ bɛ²²³ təɯ⁴⁵ ua⁰ 。 təɯ⁴⁴ yŋ²²³ uo³¹ tʰi⁴⁴ diɛ³¹ a⁰ , ɕiɛ²⁴ təɯ⁴⁵ zi ɔ̃²²³ dəɯ³¹ tsəŋ⁴⁵ aʔ⁴ kei⁰ tsəŋ⁴⁵ tɕiŋ⁴⁵ fu⁴⁴ kei⁰ tei⁴⁴ miɛ²²³，aʔ⁵ lɔʔ⁰ iəɯ⁴⁴ kei⁴⁵ iəɯ⁴¹ kʰaʔ⁵ tɕiɔŋ⁴⁴ səŋ²⁴。iəɯ⁴¹ kʰaʔ⁵ tɕiɔŋ⁴⁴ səŋ²⁴ mɔ⁴⁴ pʰiɑɔ⁴⁵，ua²²³ di²²³ nɛ³¹ n̩i⁰，dzɻ²²³ pɔʔ⁵ ʐyeiʔ²³ kʰuei⁴⁵ iʔ⁴ ki⁴⁵ nɛ³¹²，pɛ⁴⁴ di²²³ nɛ³¹ n̩i⁰，dzɻ²²³ biŋ³¹ səŋ⁴⁴ vəŋ²²³ tɕiŋ⁴⁵ n̩i⁰ dzɻ²²³ miɛ⁴⁴ fi⁴⁵ kei⁰。təɯ⁴⁴ yŋ²²³ uo³¹ tʰi⁴⁴ diɛ³¹ dʑiã²²³ miɛ²²³ n̩i⁰，ŋuo⁴⁴ nɛ³¹ ŋɑɔ²²³ ɕiã⁴⁴ iʔ⁴ kei⁴⁵ fəŋ⁴⁴ tɕiŋ⁴¹，lu²²³ kuo⁴⁴ n̩i⁴⁴ yŋ²²³ tsʰɻ⁴⁵ xəɯ⁴¹ aʔ⁰，yʔ²²³ dʑieʔ²³ iʔ⁴ kei⁴⁵ yŋ³¹ m²²³ lɑɔ³¹ aʔ⁵ kei⁰ sã²⁴ ti⁴⁴ miɛ²²³ n̩i⁰，dzɻ²²³ ʐyeiʔ²³ fəŋ²⁴ sɛ²⁴ xəɯ⁴¹ kei⁰，pʰaʔ⁵ tɕʰyɛʔ⁵ li³¹ kei⁰ tɕiɑɔ⁴⁴ pʰiɛ⁴⁵ n̩i⁰，a²²³ dzɻ²²³ ʐyeiʔ²³ fəŋ²⁴ kei⁰ xəɯ⁴⁴ ɕiã⁴⁵。xəɯ⁴¹ lɛʔ⁰ aʔ⁵ kei⁰ sɻ⁴⁴ xu ã²⁴ pʰaʔ⁴ tɕiɑɔ⁴⁴ pʰiɛ⁴⁵ kei⁰ nɛ³¹ aʔ⁰，tu²⁴ uei²²³ təɯ⁴⁴ iʔ⁵ tɔʔ⁰ li³¹²，təɯ⁴⁴ tʰi⁴⁴ diɛ³¹ n̩i⁰ fuʔ⁵ fəŋ²⁴ tsɻ⁴⁴ tɕiɛʔ⁵，n̩i⁴⁴ zɥ³¹ biɛ²²³ tsaʔ⁵ zɻ²²³ kã²⁴ li³¹ n̩i⁰，fuʔ⁵ iʔ⁴ iã²²³ kei⁰ fəŋ⁴⁴ tɕiŋ⁴¹ n̩i⁴⁴ tu²⁴ kʰu⁴⁴ i⁴¹ ɕiã⁴⁵ dʑiɔʔ²³。

我给大家介绍的第一个景点是云和梯田。云和梯田是大部分游客都会游览的景点。许多游客到了云和，首先就去云和梯田。大家可以自驾前往，从云和县城到崇头镇只要 10—20 分钟的车程。如果不自驾，那么你可以到云和车站乘坐公交车，也只需半个小时就可以到达目的地。要去云和梯田游玩，游客可以先到崇头镇镇政府对面的游客中心买票，外地人是 80 元一张门票，本地人凭身份证可以免票。云和梯田上看到的风景很美，拍出的照片也很美。如果运气好，遇到云雾缭绕山间，那景色就更加漂亮了。很多摄影爱好者一年四季都会来这里摄影，因为在不同的季节可以欣赏到不同的风景。

春天个时间啊，阿ᵘ个水田底面个水满上来，还是十分生好个。热天个时间呢，正正好阿ᵘ个稻种上去，绿绿个一片，相上去，拍出来么，便是绿绿个，好粒ᵘ清爽。秋天个时间啊，阿ᵘ个呢稻正正好熟哇，大势ᵘ人割稻还无割了个时间，黄黄个一片啊，乙个风景呢，亦是跟之前呢弗一样个。特别是冬天断⸗雪天个时间，阿⸗个风景啊，特别个好，好粒⸗游客呢，冬天都喜欢到上面来去相雪景。因为上面个海拔比较高，一年呢，可能可以断⸗着好几回个雪，云和县个人啊，外面无断⸗雪，大势⸗人都会赶底头去相雪。

tɕʰyŋ²⁴tʰiɛ²⁴kei⁰zʅ²²³ ka²⁴aˀ⁰，aʔ⁵kei⁰sy⁴⁴diɛ³¹ti⁴⁴miɛ²²³ kei⁰sy⁴¹mɛ⁴¹ dʑiã²²³ li³¹²，a²²³dzʅ²²³ zyei²²³ fəŋ²⁴sɛ²⁴xɯ⁴¹kei⁰。ɲiɛʔ²³tʰiɛ²⁴kei⁰zʅ²²³ ka²⁴ɲi⁰，tɕiŋ⁴⁴tɕiŋ⁴⁵xɯ⁴⁴aʔ⁵kei⁰dɑɔ²²³tɕi⁰⁴⁵dʑiã²²³kʰi⁰，lioʔ²³lioʔ²³kei⁰iʔ⁴pʰiɛ⁴⁵，ɕiã⁴⁵dʑiã²²³kʰi⁰，pʰaʔ⁵tɕʰyɛʔ⁵li³¹mɛ⁰，bɛ²²³dzʅ²²³lioʔ²³lioʔ²³kei⁰，xɯ⁴¹lɛʔ⁰tɕʰiŋ⁴⁴sã⁴¹。tɕʰiɯ²⁴tʰiɛ²⁴kei⁰zʅ²²³ka²⁴aˀ⁰，aʔ⁵kei⁰ɲi⁰dɑɔ²²³tɕiŋ⁴⁴tɕiŋ⁴⁵xɯ⁴⁴ziɯʔ²²³uaˀ⁰，dɔ²²³sʅ²⁴nɛ³¹kuɛʔ⁴kəɯʔ⁵a²²³m⁴⁵kuɛʔ⁵lɑɔ⁰kei⁰zʅ²²³ka²⁴，uã²²³uã³¹kei⁰iʔ⁴pʰiɛ⁴⁵aˀ⁰，iʔ⁵kei⁰fəŋ⁴⁴tɕiŋ⁴¹ɲi⁰，iʔ²³dzʅ²²³kɛ²⁴tsʅ⁴⁴ziɛ³¹ɲi⁰fuʔ⁵iʔ⁴iã²²³kei⁰。daʔ²³biɛʔ²³dzʅ²²³toŋ²⁴tʰiɛ²⁴dəŋ²²³ɕyɛʔ⁴tʰiɛ²⁴kei⁰zʅ²²³ka²⁴，aʔ⁵kei⁰fəŋ⁴⁴tɕiŋ⁴¹aˀ⁰，daʔ²³biɛʔ²³kei⁰xɯ⁴¹，xɯ⁴¹lɛʔ⁰iɯ⁴¹kʰaʔ⁵ɲi⁰，toŋ²⁴tʰiɛ²⁴tu²⁴sʅ⁴⁴xuã²⁴təɯ⁴⁴dʑiã²²³miɛ²²³li³¹kʰi⁴⁵ɕiã⁴⁴ɕyɛʔ⁵tɕiŋ⁴¹。iŋ²⁴uei³¹dʑiã²²³miɛ²²³kei⁰xa⁴⁴bɔʔ²³pi⁴⁴kɑɔ⁴⁴kəɯ²⁴，iʔ⁴ɲiɛ³¹ɲi⁰，kʰu⁴⁴nɛ³¹ku⁴⁴i⁴¹dəŋ²²³dzɪɔʔ²³xɯ⁴¹ki⁴⁴uei²²³kei⁰ɕyɛʔ⁵，yŋ²²³uo³¹yɛ²²³kei⁰nɛ³¹aˀ⁰，ua²²³miɛ²²³m⁴⁵dəŋ²²³ɕyɛʔ⁵，dɔ²²³sʅ²⁴nɛ³¹tu²⁴uei²²³kuɛ⁴⁴ti⁴⁴dəɯ⁰kʰi⁴⁴ɕiã⁴⁴ɕyɛʔ⁵。

春天的时候，水田里水盈盈的，很美；夏天的时候，水田里刚好种着稻子，一片碧绿，拍出的照片满目皆绿，很清爽；秋天的时候，稻子成熟、未收割的时候，一片黄澄澄的，这风景和以前又不一样；冬天的时候，若是遇上下雪天，风景特别好，很多人都喜欢去梯田上赏雪景。因为梯田的海拔比较高，一年会下好几场雪，云和县城没下雪时，大家都会赶到梯田去赏雪。

牢⸗梯田上面最高个地方便是白鹤尖，白鹤尖呢海拔呢，可以讲云和山峰底面顶高个一个地方。上面已经有个风力发电个项目做好了，上面个大风车十分个生好，上面大势＝人上去呢，可以相风车，亦可以大势＝人徛阿＝个山上面露营，好粒＝生好。照片拍出来啊，再加上日头照来个时间，加上乙个云雾，可以讲乙个照片跟风景宣传是一模一样个。

laɔ³¹tʰi⁴⁴diɛ³¹dʑiɑ̃²²³ miɛ²²³tsei⁴⁵kəɯ²⁴kei⁰di²²³fɔ̃²⁴bɛ²²³dzɿ²²³baʔ²³ ŋoʔ²³tɕiɛ²⁴, baʔ²³ ŋoʔ²³tɕiɛ²⁴ ɳiˀxa⁴⁴bɔʔ²³ɳiˀ, ku⁴⁴i⁴¹kɔ̃⁴⁴yŋ²²³uo³¹sɑ̃⁴⁴ fəŋ²⁴ti⁴⁴miɛ²²³tiŋ⁴⁴kəɯ²⁴keiˀiʔˀkei⁴⁵di²²³fɔ̃²⁴。dʑiɑ̃²²³miɛ²²³i⁴⁴tɕiŋ²⁴ iəɯ⁴⁴kei⁴⁵fəŋ⁴⁴li²³fɔʔˀdiɛ²²³keiˀɔ̃²²³məɯʔ²³tsuo⁴⁵xɯɯ⁴⁴laɔˀ, dʑiɑ̃²²³ miɛ²²³keiˀdu²²³fəŋ⁴⁴tɕʰio²⁴ʐyeiʔ²³fəŋ²⁴keiˀsɛ²⁴xɯɯ⁴¹, dʑiɑ̃²²³miɛ²²³dɔ²²³ sɿ²⁴nɛ³¹dʑiɑ̃²²³kʰiˀɳiˀ。ku⁴⁴i⁴¹ɕiɑ̃⁴⁴fəŋ⁴⁴tɕʰio²⁴, iʔ²³ku⁴⁴i⁴¹dɔ²²³sɿ²⁴nɛ³¹ gei²²³aʔˀkei⁴⁵sɑ̃²⁴dʑiɑ̃²²³miɛ²²³lu²²³iŋ³¹², xɯɯ⁴¹lɛʔˀsɑ̃²⁴xɯɯ⁴¹。tɕiaɔ⁴⁴ pʰiɛ⁴⁵pʰaʔˀtɕʰyɛʔˀli³¹aˀ, tsa⁴⁵kuo²⁴dʑiɑ̃²²³naʔ²³dəɯ³¹tɕiaɔ⁴⁵li³¹keiˀzɿ²²³ kɑ̃²⁴, kuo²⁴dʑiɑ̃²²³iʔˀkei⁴⁵yŋ³¹m²²³, ku⁴⁴i⁴¹kɔ̃⁴⁴iʔˀkei⁴⁵tɕiaɔ⁴⁴pʰiɛ⁴⁵kɛ²⁴ fəŋ⁴⁴tɕiŋ⁴¹ɕyɛ²⁴dʑyɛ³¹dzɿ²²³iʔ⁵mu³¹iʔ⁵iɑ̃²²³keiˀ。

梯田上面最高的地方是白鹤尖，白鹤尖是云和最高的山峰。在那儿建有一个风力发电项目，上面的大风车很漂亮，上去之后可以看风车，还可以在山上露营。山顶上特别"出片"，当有阳光又有云雾时，拍出来的照片就像风景宣传片一样。

第二个呢，我乐带大势＝人去相记，我人长汀个阿＝个沙滩哈。乙个长汀沙滩呢，是细根＝儿比较喜欢去个，上面个乙个沙啊，都是从外地运来个哈，阿＝个沙呢，踏上去也十分个舒服，可以讲呢，牢云和也可以有去沙滩个感觉，细根＝儿呢，都喜欢帮玩具阿＝些儿带上去，乙记个热天啊，中日午呢可能比较热，底面个游客比较少滴儿，但是呢，三四点以后啊，日头落去了滴儿滴儿儿，大势＝人便底去嬉哇。牢⁼底面呢，细根⁼儿便可以牢⁼阿⁼埲搞沙，搞水阿⁼些儿，大人呢，可以到阿⁼边埲去租阿⁼粒⁼烧烤个阿⁼粒⁼架，大势⁼人牢⁼阿⁼埲烧烤，聊聊天，好粒⁼细根⁼儿一起嬉嬉，还是一个弗错个选择。

di^{223} ȵi^{223} kei^{45} ȵi^{0}，ŋuo^{41} ŋɑɔ^{223} tɔ^{45} dɔ^{223} sɿ^{24} nɛ^{31} kʰi^{44} ɕiã^{45} tsɿ^{0}，ŋuo^{44} nɛ^{31} dʑiã^{223} tʰiŋ^{24} kei^{0} aʔ^{5} kei^{0} suo^{44} tʰã^{24} xa^{0}。iʔ^{4} kei^{45} dʑiã^{223} tʰiŋ^{24} suo^{44} tʰã^{24} ȵi^{0}，dzɿ^{223} sɿ^{44} kɛ^{44} ȵi^{45} pi^{44} kɑɔ^{44} sɿ^{44} xuã^{24} kʰi^{45} kei^{0}，dʑiã^{223} miɛ^{223} kei^{0} iʔ^{4} kei^{0} suo^{24} a^{0}，tu^{24} dzɿ^{223} dʑiɔ̃^{223} ua^{223} di^{31} yŋ^{223} li^{31} kei^{0} xa^{0}，aʔ^{5} kei^{0} suo^{24} ȵi^{0}，dɔʔ^{23} dʑiã^{223} kʰi^{0} a^{223} ʑyeiʔ^{23} fəŋ^{24} kei^{0} ɕy^{44} vəɯʔ^{23}，ku^{44} i^{41} kɔ̃^{44} ȵi^{0}，lɑɔ^{31} yŋ^{223} uo^{31} a^{223} ku^{44} i^{41} iəɯ^{44} kʰi^{44} suo^{44} tʰã^{24} kei^{0} kɛ^{44} koʔ^{5}，sɿ^{44} kɛ^{44} ȵi^{45} ȵi^{0}，tu^{24} sɿ^{44} xuã^{24} pɔ̃^{24} uã^{31} dzʮ^{223} aʔ^{5} ɕiŋ^{0} tɔ^{45} dʑiã^{223} kʰi^{0}，iʔ^{5} tsɿ^{45} kei^{0} ȵiɛʔ^{23} tʰiɛ^{24} a^{0}，toŋ^{44} naʔ^{23} ŋ^{41} ȵi^{0} kʰu^{44} nɛ^{31} pi^{44} kɑɔ^{45} ȵiɛʔ^{23}，ti^{44} miɛ^{223} kei^{0} iəɯ^{41} kʰaʔ^{5} pi^{44} kɑɔ^{45} ɕiɑɔ^{44} tiŋ^{45}，dã^{223} zɿ^{223} ȵi^{0}，sã^{44} sɿ^{44} tiɛ^{44} i^{44} u^{41} a^{0}，naʔ^{23} dəɯ^{31} loʔ^{23} kʰi^{45} lɑɔ^{0} tiŋ^{45} tiŋ^{45} ȵi^{45}，dɔ^{223} sɿ^{24} nɛ^{31} bɛ^{223} ti^{44} kʰi^{45} sɿ^{24} ua^{0}。lɑɔ^{31} ti^{44} miɛ^{223} ȵi^{0}，sɿ^{44} kɛ^{44} ȵi^{45} bɛ^{223} ku^{44} i^{41} lɑɔ^{31} aʔ^{4} lɔʔ^{5} kɑɔ^{44} suo^{24}，kɑɔ^{44} sʮ^{41} aʔ^{5} ɕiŋ^{0}，du^{223} nɛ^{31} ȵi^{0}，ku^{44} i^{41} təɯ^{44} aʔ^{5} piɛ^{24} lɔʔ^{5} kʰi^{44} tsu^{24} aʔ^{5} lɛʔ^{0} ɕiɑɔ^{44} kəɯ^{44} kei^{0} aʔ^{5} lɛʔ^{0} kuo^{45}，dɔ^{223} sɿ^{24} nɛ^{31} lɑɔ^{31} aʔ^{4} lɔʔ^{5} ɕiɑɔ^{44} kəɯ^{41}，liɑɔ^{223} liɑɔ^{223} tʰiɛ^{24}，xəɯ^{41} lɛʔ^{0} sɿ^{44} kɛ^{44} ȵi^{45} iʔ^{4} tsʰɿ^{45} sɿ^{24} sɿ^{24}，a^{223} dzɿ^{223} iʔ^{4} kei^{45} fuʔ^{4} tsʰu^{45} kei^{0} ɕyɛ^{44} tsaʔ^{5}。

我给大家介绍的第二个景点是长汀沙滩。这里的沙子都是从外地运来的，踩上去很舒服，人们在云和也可以感受到沙滩的风情。小孩子比较喜欢去那里，还可以带一些玩具去玩。现在是夏天，中午比较热，游客会少一点，但是等到三四点钟之后，太阳下去一点儿，大家就会去那里游玩了。小孩子在那儿可以玩沙子、玩水等；大人们可以从附近租来烧烤架，在那儿烧烤、聊天。

再接落去呢，我还乐带大势⁼人，去相相我人个云和个仙宫湖景区啊。仙宫湖个景区呢，可以讲乙粒⁼个风景啊十分好。云和个仙宫湖啊，是浙江省个第三大个人工湖，乙个人工湖个环境十分个优美，大势⁼人呢，可以牢⁼阿⁼埭坐船过去，到阿⁼个岛上面去嬉。上面呢，有滑索阿⁼些儿阿⁼粒⁼项目，还有一个水上活动区，牢⁼底面呢，可以游泳。乙个水质啊十分个好，好粒⁼人热天呢，会选择去阿⁼埭游泳，好粒⁼好搞。

tsa⁴⁵ tɕieʔ⁵ loʔ²³ kʰi⁴⁴ n̠i⁰，ŋuo⁴⁴ a²²³ ŋɑɔ²²³ tɔ⁴⁴ dɔ²²³ sʅ²⁴ nɛ³¹，kʰi⁴⁴ ɕi ã⁴⁵ ɕi ã⁴⁵ ŋuo⁴⁴ nɛ³¹ kei⁰ yŋ²²³ uo³¹ kei⁰ ɕiɛ⁴⁴ koŋ⁴⁴ u³¹ tɕiŋ⁴⁴ tsʰ ʮ²⁴ a⁰。ɕiɛ⁴⁴ koŋ⁴⁴ u³¹ kei⁰ tɕiŋ⁴⁴ tsʰ ʮ²⁴ n̠i⁰，kʰu⁴⁴ i⁴¹ k ɔ̃⁴⁴ iʔ⁵ lɛʔ⁰ kei⁰ fəŋ⁴⁴ tɕiŋ⁴¹ a⁰ ʐyeiʔ²³ fəŋ²⁴ xɯ⁴¹。yŋ²²³ uo³¹ kei⁰ ɕiɛ⁴⁴ koŋ⁴⁴ u³¹ a⁰，dzʅ²²³ tɕiɛʔ⁵ k ɔ̃²⁴ sɛ⁴¹ kei⁰ di²²³ s ã²⁴ du²²³ kei⁰ nɛ³¹ koŋ²⁴ u³¹²，iʔ⁴ kei⁴⁵ nɛ³¹ koŋ²⁴ u³¹ kei⁰ u ã³¹ tɕiŋ⁴⁵ ʐyeiʔ²³ fəŋ²⁴ kei⁰ iəɯ⁴⁴ mi⁴¹，dɔ²²³ sʅ²⁴ nɛ³¹ n̠i⁰，kʰu⁴⁴ i⁴¹ lɑɔ³¹ aʔ⁴ lɔʔ⁵ zu²²³ ʐyɛ³¹ kuo⁴⁴ kʰi⁴⁵，təɯ⁴⁴ aʔ⁵ kei⁰ təɯ⁴⁴ dzi ã²²³ miɛ²²³ kʰi⁴⁴ sʅ²⁴。dzi ã²²³ miɛ²²³ n̠i⁰，iəɯ⁴⁴ uaʔ²³ soʔ⁵ aʔ⁵ ɕiŋ⁰ aʔ⁵ lɛʔ⁰ ɔ̃²²³ məɯʔ²³，a²²³ iəɯ⁴⁴ iʔ⁵ kei⁰ sʮ⁴⁴ dzi ã²²³ uaʔ²³ doŋ²²³ tsʰ ʮ²⁴，lɑɔ³¹ ti⁴⁴ miɛ²²³ n̠i⁰，kʰu⁴⁴ i⁴¹ iəɯ²²³ ioŋ⁴¹。iʔ⁴ kei⁴⁵ sʮ⁴⁴ tseiʔ⁵ a⁰ ʐyeiʔ²³ fəŋ²⁴ kei⁰ xɯ⁴¹，xɯ⁴¹ lɛʔ⁰ nɛ³¹ n̠iɛʔ²³ tʰiɛ²⁴ n̠i⁰，uei²²³ ɕyɛ⁴⁴ tsaʔ⁵ kʰi⁴⁵ aʔ⁴ lɔʔ⁵ iəɯ²²³ ioŋ⁴¹，xɯ⁴¹ lɛʔ⁰ xəɯ⁴⁴ kɑɔ⁴¹。

　我给大家介绍的第三个景点是仙宫湖景区。云和仙宫湖的风景很美，它是浙江省第三大人工湖，环境十分优美。大家可以乘船去湖中小岛游玩，岛上有滑索等项目，还有一个水上活动区，可以游泳。那里水质很好，夏天有很多人会去那儿游泳，可好玩了。

　乙记云和有个理念啊，便是讲县城同景区是一样个。云和个县城个整体环境呗，已经十分好哇，云和个溪，你相阿⁼个浮云溪人行道阿⁼些儿做起了，大势⁼人饭吃了以后呢，便会走出来，走走路哇，散散步乙色⁼，大势⁼人聊聊天。乌日头灯亮起个时间，乙个水满满个,水上面倒影乙个灯啊,十分个生好。所以讲呢,乙个乌日头云和县城,便是个景区样子。

iʔ⁵tsɿ⁴⁵ yŋ²²³ uo³¹ iəɯ⁴⁴ kei⁰li⁴⁴ ȵiɛ²²³ a⁰, bɛ²²³ dzɿ²²³ k ɔ̃⁴⁴ yɛ²²³ ʑiŋ³¹ doŋ²²³tɕiŋ⁴⁴ tsʰ ɥ⁴⁴ dzɿ²²³ iʔ⁴i ã²²³ kei⁰。 yŋ²²³ uo³¹ kei⁰yɛ²²³ ʑiŋ³¹ kei⁰tɕiŋ⁴⁴ tʰi⁴⁴ u ã³¹ tɕiŋ⁴⁵ pɛ⁰, i⁴⁴tɕiŋ²⁴ ʐyeiʔ²³ fəŋ²⁴ xəɯ⁴⁴ ua⁰, yŋ²²³ uo³¹ kei⁰tsʰɿ²⁴, ȵi⁴⁴ɕi ã⁴⁴ aʔ⁵kei⁴⁵ vu²²³ yŋ³¹ tsʰɿ²⁴ nɛ²²³ ɛ³¹ dɑɔ²²³ aʔ⁵ɕiŋ⁰tsuo⁴⁵ tsʰɿ⁴⁵ lɑɔ⁰, dɔ²²³sɿ²⁴nɛ³¹ vã²²³tɕʰiʔ⁵lɑɔ⁰i⁴⁴u⁴¹ȵi⁰, bɛ²²³ uei²²³tsəɯ⁴⁴tɕʰyɛʔ⁵li³¹², tsəɯ⁴⁴ tsəɯ⁴⁴lu²²³ua⁰, s ã⁴⁴s ã⁴⁴bu²²³iʔ⁵saʔ⁵, dɔ²²³sɿ²⁴nɛ³¹liɑɔ²²³liɑɔ²²³tʰiɛ²⁴。 uei⁴⁴ȵi⁴⁴dəɯ³¹tɛ²⁴li ã²²³tsʰɿ⁴⁴kei⁰zɿ²²³k ã²⁴, iʔ⁴kei⁴⁵sɥ⁴⁴mɜ⁴⁴mɛ⁴¹kei⁰, sɥ⁴⁴dziã̃²²³miɛ²²³təɯ⁴⁵iŋ⁴⁵iʔ⁴kei⁴⁵tɛ²⁴a⁰, ʐyeiʔ²³fəŋ²⁴kei⁰sɛ²⁴xəɯ⁴¹。 su⁴⁴i⁴¹k ɔ̃⁴⁴ȵi⁰, iʔ⁴kei⁴⁵uei⁴⁴ȵi⁴⁴dəɯ³¹yŋ²²³uo³¹yɛ²²³ʑiŋ³¹, bɛ²²³dzɿ²²³kei⁴⁵tɕiŋ⁴⁴tsʰɥ²⁴iã²²³tsɿ⁴¹。

现在云和有一个理念,就是县城和景区一个样。云和县城的整体环境已经很好了。就说云和的溪,你看浮云溪两边的人行道建成之后,大家吃完饭之后就会出来散步、聊天。晚上,灯亮起来的时候,在浮云溪中形成的倒影非常美丽。所以说,晚上的云和县城也是一个风景区。

(2017 年 7 月 28 日,云和,发音人:陈晶)

二、对　话

对话人:

老邱——邱裕森,方言老男

赵姐——赵美云,方言老女

小褚——褚　炜,方言青男

传统节日

老邱：今日我人来讲讲云和个风俗。首先呢，从清明讲起，清明包蓬
馂开始到醮亲，你人讲哪生゠啊？

kɛ²⁴naʔ²³ ŋo⁴⁴nɛ³¹li³¹kɔ̃⁴⁴kɔ̃⁴⁴yŋ²²³o³¹kei⁰fəŋ⁴⁴zioʔ²³。ɕiəɯ⁴⁴ɕiɛ²⁴
n̩i⁰，ziɔ̃³¹tɕʰiŋ⁴⁴miŋ³¹kɔ̃⁴⁴tsʰ1̩⁰，tɕʰiŋ⁴⁴miŋ³¹pɑɔ⁴⁴bəŋ²²³iɛ²⁴kʰei²⁴
s1̩⁴¹təɯ⁴⁴tɕiɑɔ⁴⁴tɕʰiŋ²⁴，n̩i⁴⁴nɛ³¹kɔ̃⁴⁴nɛ²²³sɛ²⁴ɔ⁰？

今天我们一起说说云和的风俗。首先从清明开始介绍，先介
绍做青团，再介绍扫墓，你们觉得如何？

小褚：好噶。清明呗包蓬馂哈，包蓬馂呗，媛主客人便乐去掐蓬啊，
哈！头个把月。

xəɯ⁴⁴ka⁰。tɕʰiŋ⁴⁴miŋ³¹pɛ⁰pɑɔ⁴⁴bəŋ²²³iɛ²⁴xa⁰，pɑɔ⁴⁴bəŋ²²³iɛ²⁴
pɛ⁰，yɛ⁴⁴tsʮ⁴⁴kʰaʔ⁵nɛ³¹bɛ²²³ŋɑɔ²²³kʰi⁴⁴kʰɔʔ⁴bəŋ³¹ɔ⁰，xa⁰！dəɯ³¹
kei⁴⁵po⁴¹n̩yɛʔ²³。

好的。清明要做青团，做青团前个把月女人们就要去摘鼠曲
草、艾草了吧！

赵姐：是噶，头个把月，便菜篮啊、塑料袋阿゠些儿摵起呗，一龙人带
记去呗，亦摵来好像是当搞样子喏。亦蓬掐掐，大势゠人聊天
聊聊啊，哈！还觉着有意思险个。阿゠个蓬出起呗，通田岸都
是。掐归来了以后呢，哪生゠制作，你人有滴儿懂弗啦算？觉
着乐帮渠煤起来个，哈！

dz1̩²²³ka⁰，dəɯ³¹kei⁴⁵po⁴¹n̩yɛʔ²³，bɛ²²³tsʰa⁴⁵lã³¹a⁰，su⁴⁴liɑɔ²²³da²²³
aʔ⁵ɕiŋ⁰guã²²³tsʰ1̩⁴⁴pɛ⁰，iʔ⁴liɔ̃³¹nɛ³¹tɔ⁴⁵ts1̩⁴⁴kʰi⁴⁴pɛ⁰，iʔ²³iɔʔ⁵li³¹
xəɯ⁴¹ziã²²³dz1̩²²³tɔ̃⁴⁴kɑɔ⁴¹iã⁴⁵ts1̩⁴¹nɔ⁰。iʔ²³bəŋ³¹kʰɔʔ⁵kʰɔʔ⁵，
də²²³s1̩²⁴nɛ³¹liɑi³¹tʰiɛ²⁴liɑɔ³¹liɑi⁰ɔ⁰，xa⁰！a²²³koʔ⁵dʑiɔʔ⁰iəɯ⁴¹i⁴⁴
s1̩⁴⁵ɕiɛ⁴¹kei⁰。aʔ⁴kei⁰bəŋ³¹tɕyɛʔ⁵tsʰ1̩⁴⁴pɛ⁰，tʰoŋ⁴⁴diɛ³¹uɛ²²³tu²⁴
dz1̩²²³。kʰɔʔ⁵kuei²⁴li³¹lɑɔ⁰i⁴⁴u⁴⁴n̩i⁰，nɛ²²³sɛ²⁴ts1̩⁴⁴tso⁴⁵，n̩i⁴⁴nɛ³¹

iəɯ⁴¹ tiŋ⁴⁵ toŋ⁴¹ fuʔ²⁴ la⁰ suɛ⁴⁵ ?　koʔ⁵ dziɔʔ⁰ ŋaɔ²²³ mɔ̃²⁴ gi³¹ zɔʔ²³ tsʰɿ⁴¹
li³¹ kei⁰ , xa⁰ !

是的,清明前个把月大家就提着菜篮子、塑料袋,一起去采摘
鼠曲草、艾草,就像去玩一样。大家一边采摘一边聊天,非常
有意思。田埂上到处长满了鼠曲草、艾草。采摘回家之后,怎
么制作青团,你们知道吗? 要先放水里煮吧!

老邱:嗯,蓬馍乙个东西呢,是比较难做个,乙个程序还比较多。馅
嘞,蓬馍坯嘞,都相当难做。

ŋ⁴¹ , bəŋ²²³ iɛ²⁴ iʔ²⁴ kei⁰ noŋ⁴⁴ sɿ²⁴ n̠i⁰ , dzɿ²²³ pi⁴⁴ kaɔ⁴⁵ nã̃³¹ tso⁴⁵ kei⁰ ,
iʔ²⁴ kei⁰ dziŋ³¹ ʑy²²³ a²²³ pi⁴⁴ kaɔ⁴⁵ tu²⁴ . ã²²³ lɛ⁰ , bəŋ²²³ iɛ²⁴ pʰei²⁴ lɛ⁰ ,
tu²⁴ ɕiã⁴⁴tɔ̃²⁴nã̃³¹ tso⁴⁵ 。

嗯,青团这东西,是比较难做的,工序比较多。馅啊,青团坯
啊,都相当难做。

小褚:阿=个蓬掐归来呢,乐余记先弗啦? 我觉得余起呗,再撤去抈
了呗撤去冰起来,哈!

aʔ⁵ kei⁰ bəŋ³¹ kʰɔʔ⁵ kuei²⁴ li³¹ n̠i⁰ , ŋaɔ²²³ tsʰuɛ²⁴ tsɿ⁴¹ ɕiɛ²⁴ fuʔ²⁴ la⁰ ?
ŋo⁴⁴ koʔ⁵ tiʔ⁰ tsʰuɛ²⁴ tsʰɿ⁴¹ pɛ⁰ , tsa⁴⁵ iɔʔ⁵ kʰi⁴⁴ n̠ioʔ²³ laɔ⁰ pɛ⁰ iɔʔ⁵ kʰi⁴⁴
piŋ²⁴ tsʰɿ⁴¹ li³¹ , xa⁰ !

鼠曲草、艾草摘回来得先焯水吧? 我记得焯水之后要再拿去
揉搓,之后得放冰箱吧!

赵姐:你赶弗逮呗冰起来呢,赶得逮着呗便抈了呗撤去做。米粉乐
磨起来,撤阿=埮去轧。哦嗬! 轧坯时节都排队嘞,我人去都
轧险呗嘞,有粒=人老早呗三四点钟呗走去排队。

n̠i⁴⁴ kuɛ⁴¹ fuʔ²⁴ da²²³ pɛ⁰ piŋ²⁴ tsʰɿ⁴¹ li³¹ n̠i⁰ , kuɛ⁴¹ tiʔ²⁴ da²²³ dziɔʔ²³
pɛ⁰ bɛ²²³ n̠ioʔ²³ laɔ⁰ pɛ⁰ iɔʔ⁵ kʰi⁴⁴ tso⁴⁵ 。 mi⁴⁴ fəŋ⁴¹ ŋaɔ²²³ m²²³ tsʰɿ⁴⁴ li⁰ ,
iɔʔ⁵ aʔ²⁴tɔʔ⁰ kʰi⁴⁴ gɔʔ²³ 。 o⁴⁵ xo³¹ ! gɔʔ²³ pʰei²⁴ zɿ³¹ tɕiɛʔ⁵ tu²⁴ bɔ³¹ dei²²³

lɛ^{0}，ŋo^{44} nɛ^{31} kʰi^{45} tu^{24} gɔʔ^{23} ɕiɛ^{41} pɛ^{0} lɛ^{0}，iəɯ^{44} lɛʔ^{0} nɛ^{31} lɑɔ^{223} tsɑɔ^{41} pɛ^{0} sã^{44} sɿ^{44} tiɛ^{44} tɕiɔ̃^{24} pɛ^{0} tsəɯ^{44} kʰi^{44} bɔ^{31} dei^{223}。

你来不及做就先放冰箱，来得及就可以先揉搓。米粉得事先磨好，还要去碾青团坯。哦！碾坯时得排队，很挤的，有些人可早了，三四点钟就去排队。

小褚：我去排过，我妈喊我三点多天还无光便爬⁼起去排队。

ŋo^{44} kʰi^{44} bɔ^{31} ko^{45}，ŋo^{44} ma^{24} xã^{45} ŋo^{44} sã^{24} tiɛ^{44} tu^{24} tʰiɛ^{24} a^{223} m^{45} kɔ̃^{24} bɛ^{223} bo^{31} tsʰɿ^{44} kʰi^{44} bɔ^{31} dei^{223}。

我去过，我妈叫我三点左右天还没亮就去排队。

赵姐：闹险个，轧蓬饖坯阿⁼两日着。

nɑɔ^{223} ɕiɛ^{41} kei^{0}，gɔʔ^{23} bəŋ^{223} iɛ^{24} pʰei^{24} aʔ^{5} la^{44} naʔ^{23} dʑiɔʔ^{23}。

碾青团坯那几天是很热闹的。

小褚：乙两回都好像轧好个有好买啊，哈！

iʔ^{5} la^{44} uei^{31} tu^{24} xəɯ^{44} ʑiã^{223} gɔʔ^{23} xəɯ^{44} kei^{0} iəɯ^{41} xəɯ^{44} mɔ^{41} ɔ^{0}，xa^{0}！

现在青团坯可以买了！

赵姐：买来阿⁼个无色⁼好吃个，[弗会]韧个，特⁼自轧起韧粒⁼个哈！阿⁼个，喏，是噶，我人处年年都包蓬饖个，帮阿⁼粒⁼邻舍啊，朋友家阿⁼些$_{儿}$喊来呗，趁生⁼个机会呗，大势⁼人坐落来呗，讲讲笑啊，哈！阿⁼呗，多联络联络感情喏，包蓬饖时节呗。

mɔ^{41} li^{31} aʔ^{4} kei^{0} m^{45} saʔ^{5} xəɯ^{44} tɕʰiʔ^{5} kei^{0}，fei^{45} ȵiŋ^{223} kei^{0}，daʔ^{23} zɿ^{223} gɔʔ^{23} tsʰɿ^{44} ȵiŋ^{223} lɛʔ^{0} kei^{0} xa^{0}！ aʔ^{4} kei^{0}，nɔ^{223}，dzɿ^{223} ka^{0}，ŋo^{44} nɛ^{31} tsʰɥ^{45} ȵiɛ^{31} ȵiɛ^{31} tu^{24} pɑɔ^{44} bəŋ^{223} iɛ^{24} kei^{0}，pɔ̃^{24} aʔ^{5} lɛʔ^{0} liŋ^{31} ɕio^{45} ɔ^{0}，bɛ^{223} iəɯ^{44} ko^{24} aʔ^{5} ɕiŋ^{0} xã^{45} li^{31} pɛ^{0}，tsʰəŋ^{45} sɛ^{24} kei^{0} tsɿ^{24} uei^{223} pɛ^{0}，dɔ^{223} sɿ^{24} nɛ^{31} zu^{223} loʔ^{23} li^{31} pɛ^{0}，kɔ̃^{44} kɔ̃^{44} tɕʰiɑɔ^{45} a^{0}，xa^{0}！ aʔ^{5} pɛ^{0}，tu^{24} liɛ^{31} loʔ^{23} liɛ^{31} loʔ^{23} kɛ^{223} ʑiŋ^{31} nɔ^{0}，pɑɔ^{44} bəŋ^{223} iɛ^{24} zɿ^{31} tɕiɛʔ^{5} pɛ^{0}。

买来的不好吃，韧性不够。喏，我们家年年都是自己包青团，叫上邻居、朋友,趁这个包青团的机会,大家聚在一起说说笑笑,还可以增进感情。

小褚:正正好是出笋哈! 阿˭两日。

tɕiŋ⁴⁴tɕiŋ⁴⁵xəɯ⁴⁴dzʅ²²³tɕʰyɛʔ²⁴ɕyŋ⁴¹xa⁰! aʔ⁵la⁴⁴naʔ²³。

那几天刚好是长笋的时候。

赵姐:对险,对险! 嗯!

tei⁴⁵ɕiɛ⁴¹,tei⁴⁵ɕiɛ⁴¹! ŋ⁴¹!

很对,很对! 嗯!

小褚:都是笋园底去包弗啦? 笋啊,香菇阿˭些ㄦ哈,馅着呗,还有菜头丝弗啦?

tu²⁴dzʅ²²³ɕyŋ⁴¹kʰɔ̃⁴⁵ti⁴⁴kʰi⁴⁴paɔ²⁴fuʔ⁵la⁰? ɕyŋ⁴¹a⁰,ɕiã⁴⁴ku²⁴aʔ⁵ɕiŋ⁰xa⁰,ã²²³dziɔʔ²³pɛ⁰,a²²³iəɯ⁴⁴tsʰa⁴⁴dəɯ²²³sʅ²⁴fuʔ⁵la⁰?

是不是都是用笋做青团馅ㄦ? 用笋、香菇、萝卜丝这些做馅ㄦ吧?

赵姐:菜头丝,盐肉。

tsʰa⁴⁴dəɯ²²³sʅ²⁴,iɛ²²³n̠iəɯʔ²³。

萝卜丝,咸肉。

小褚:噢,你人媛主客人更晓得个。

ɔ²⁴,n̠i⁴⁴nɛ³¹yɛ⁴⁴tsɣ⁴⁴kʰaʔ⁵nɛ³¹ka⁴⁵ɕiaɔ⁴⁴tiʔ⁵kei⁰。

你们女的懂得多一些。

老邱:蓬馂乙个东西啰,在历史来讲呢,几粒˭朝代落来,我你云和人一直都牢˭埆做牢。阿˭呗,乙个蓬馂呢,确实好吃个。

bəŋ²²³iɛ²⁴iʔ⁵kei⁰noŋ⁴⁴sʅ²⁴lo⁰,za²²³li²³sʅ⁴⁴li³¹kɔ̃⁴⁴n̠i⁰,ki⁴⁵lɛʔ⁰dziɑɔ³¹da²²³loʔ²³li³¹²,ŋo⁴⁴n̠i⁴¹yŋ²²³o²²³nɛ³¹iʔ⁴dziʔ²³tu²⁴laɔ³¹tɔʔ⁰tso⁴⁵laɔ³¹²。aʔ⁵pɛ⁰,iʔ⁵kei⁰bəŋ²²³iɛ²⁴n̠i⁰,kʰoʔ²zeiʔ²³xəɯ⁴⁴tɕʰiʔ⁵kei⁰。

青团这东西,从古至今咱们云和一直要做的。再说,这青团确实好吃啊。

赵姐：对个。你人是喜欢吃咸个还是喜欢吃甜个？

tei⁴⁵ kei⁰。ȵi⁴⁴ nɛ³¹ dzʅ²²³ sʅ⁴⁴ xu ã²⁴ tɕʰi ʔ⁴ ã³¹ kei⁰ ã²²³ dzʅ²²³ sʅ⁴⁴ xu ã²⁴ tɕʰi ʔ⁴ diɛ³¹ kei⁰？

对。你们喜欢吃咸的？还是甜的？

小褚：我是都喜欢个，便是吃底去热险啊。

ŋo⁴⁴ dzʅ²²³ tu²⁴ sʅ⁴⁴ xu ã²⁴ kei⁰，biɛ²²³ dzʅ²²³ tɕʰi ʔ⁵ ti⁴⁴ kʰi⁴⁴ ȵiɛʔ²³ ɕiɛ⁴⁴ a⁰。

我都喜欢，就是吃了会上火。

老邱：咸个好吃粒⁼啰。

ã³¹ kei⁰ xɯ⁴⁴ tɕʰi ʔ⁵ lɛʔ⁰ lo⁰。

咸的更好吃。

赵姐：我人也喜欢吃咸个。咸个底面呗哈，有笋啊，盐菜啊，香菇啊，盐肉啊，园底去呗喷香个。

ŋo⁴⁴ nɛ³¹ a²²³ sʅ⁴⁴ xu ã²⁴ tɕʰi ʔ⁴ ã³¹ kei⁰。ã³¹ kei⁰ ti⁴⁴ miɛ²²³ pɛ⁰ xa⁰，iəɯ⁴⁴ ɕyŋ⁴¹ a⁰，iɛ³¹ tsʰa⁴⁵ a⁰，ɕi ã⁴⁴ ku²⁴ a⁰，iɛ²²³ ȵiəɯʔ²³ a⁰，kʰ ɔ̃⁴⁵ ti⁴⁴ kʰi⁴⁴ pɛ⁰ pʰəŋ⁴⁵ ɕi ã²⁴ kei⁰。

我也喜欢吃咸的。咸的青团呢，有笋、咸菜、香菇、腌肉等馅儿，香喷喷的。

小褚：菜头丝阿⁼些儿呢。

tsʰa⁴⁴ dəɯ²²³ sʅ²⁴ aʔ⁵ ɕiŋ⁰ ȵi⁰。

还有萝卜丝。

赵姐：噢，真好吃个，确实。

ɔ²⁴，tsəŋ²⁴ xɯ⁴⁴ tɕʰi ʔ⁵ kei⁰，kʰoʔ⁵ zeiʔ²³。

确实是美味啊。

老邱：蓬餮包好呢，我你便接落去呢是讲醮亲个事干哇。醮亲呢，是家家户户，大势⁼人呢都乐去醮亲个。

bəŋ^{223} iε^{24} pɑɔ^{24} xəɯ^{44} ȵi^{0}，ŋo^{44} ȵi^{41} biε^{223} tɕieʔ^{5} loʔ^{23} k^{h}i^{44} ȵi^{0} dzɿ^{223} kɔ̃^{44} tɕiɑɔ^{44} tɕ^{h}iŋ^{24} kei^{0} zɿ^{223} kuε^{45} ua^{0}。tɕiɑɔ^{44} tɕ^{h}iŋ^{24} ȵi^{0}，dzɿ^{223} ko^{44} ko^{24} u^{223} u^{223}，dɔ^{223} sɿ^{24} nε^{31} ȵi^{0} tu^{24} ŋɑɔ^{223} k^{h}i^{44} tɕiɑɔ^{44} tɕ^{h}iŋ^{24} kei^{0}。

包了青团，咱们接下来说说扫墓这个事情。扫墓呢，是家家户户都要去的。

小褚：都有太公头个。远了添都赶归来嘞，外国都赶归来嘞，阿$^{=}$粒$^{=}$人都乐赶归来醮亲。

tu^{24} iəɯ^{41} t^{h}ɔ^{44} koŋ^{44} dəɯ^{31} kei^{0}。yε^{44} lɑɔ^{0} t^{h}iε^{24} tu^{24} kuε^{44} kuei^{24} li^{31} lε^{0}，ua^{223} kuaʔ^{5} tu^{24} kuε^{44} kuei^{24} li^{31} lε^{0}，aʔ^{5} lεʔ^{0} nε^{31} tu^{24} ŋɑɔ^{223} kuε^{44} kuei^{24} li^{31} tɕiɑɔ^{44} tɕ^{h}iŋ^{24}。

都要祭祀祖先的。即使很远都要赶回来，连在国外的那些人都要赶回来扫墓。

赵姐：嗯，你人处祖先个坟徛远弗哦？近啊？远哦？

ŋ^{41}，ȵi^{44} nε^{31} ts^{h}ɥ^{45} tsu^{44} ɕiε^{24} kei^{0} vəŋ^{31} ga^{223} yε^{44} fuʔ^{4} o^{0}？dʑiŋ^{223} a^{0}？yε^{44} o^{0}？

嗯，你们家的祖坟远吗？

老邱：乡下噶，都牢$^{=}$。

ɕiã^{44} io^{44} ka^{0}，tu^{24} lɑɔ^{312}。

都在乡下。

小褚：我人是都是处后山阿$^{=}$些儿，也专门特$^{=}$自处茶籽山阿$^{=}$些儿葬起，多险个。

ŋo^{44} nε^{31} dzɿ^{223} tu^{24} dzɿ^{223} ts^{h}ɥ^{44} u^{44} sã^{24} aʔ^{5} ɕiŋ^{0}，a^{223} tɕyε^{24} məŋ^{31} daʔ^{23} zɿ^{223} ts^{h}ɥ^{45} dzo^{31} tsɿ^{44} sã^{24} aʔ^{4} ɕiŋ^{24} tsɔ̃^{45} ts^{h}ɿ^{41}，tu^{24} ɕiε^{41} kei^{0}。

我们家祖坟是在屋后山，也有很多人家是葬在自己家的茶山的。

赵姐：我处呗，嗯，也是噶，我人是我伯个坟便是牢$^{=}$阿$^{=}$埯公墓。

ŋo⁴⁴tsʰ ʯ⁴⁵pɛ⁰, ŋ⁴¹, a²²³dzʅ²²³ka⁰, ŋo⁴⁴nɛ³¹dzʅ²²³ŋo⁴⁴paʔ⁵kei⁰vəŋ³¹ bɛ²²³dzʅ²²³laɔ³¹aʔ⁵tɔʔ⁰koŋ²⁴m²²³。

我家也是的，但我爸的坟在公墓。

小褚：公墓呗更方便乙两回醮亲。

koŋ²⁴m²²³pɛ⁰ka⁴⁵fɔ̃²⁴biɛ²²³iʔ⁵la⁴⁴uei³¹tɕiɑɔ⁴⁴tɕʰin²⁴。

公墓呢，现在方便扫墓。

赵姐：我嬷、公个坟呢，便是牢〓黄水碓阿〓底面个山上面。

ŋo⁴⁴mo²⁴、koŋ²⁴kei⁰vəŋ³¹ n̠i⁰, bɛ²²³dzʅ²²³laɔ³¹ɔ̃³¹sʯ⁴⁴tei⁴⁵aʔ⁵ti⁴⁴ miɛ²²³kei⁰sã²⁴dʑiã²²³miɛ²²³。

我奶奶、爷爷的坟就在黄水碓那里头的山上。

老邱：醮亲呢，一般呢都带细根〓儿去嘚，因为都乐帮细根〓儿带去呢，相相我你个祖先，祖先个坟，乞下一代呢接得落去。乐帮坟地开〓干净，烧纸乐昋起。

tɕiɑɔ⁴⁴tɕʰin²⁴n̠i⁰, iʔ⁴pɛ²⁴n̠i⁰tu²⁴tɔ⁴⁴sʅ⁴⁴kɛ⁴⁴n̠i⁴⁵kʰi⁴⁴ko⁰, iŋ²⁴uei²²³ tu²⁴ŋɑɔ²²³mɔ̃²⁴sʅ⁴⁴kɛ⁴⁴n̠i⁴⁵tɔ⁴⁵kʰi⁴⁴n̠i⁰, ɕiã⁴⁵ɕiã⁴⁵ŋo⁴⁴n̠i⁴¹kei⁰tsu⁴⁴ ɕie²⁴, tsu⁴⁴ɕie²⁴kei⁰vəŋ³¹², kʰa⁴⁴io⁴⁴iʔ⁴da²²³n̠i⁰tɕiɛʔ⁵tiʔ⁵loʔ²³kʰi⁴⁵。 ŋɑɔ²²³mɔ̃²⁴vəŋ³¹n̠i⁰kʰei⁴⁵kuɛ²⁴ʑiŋ²²³, ɕiɑɔ⁴⁴tsʅ⁴¹ŋɑɔ²²³kʰɛʔ⁵tsʰ ʯ⁴¹。

扫墓一般都要把小孩子带去，因为要把小孩子带去看看，让他们记住祖先的墓地，代代相传。还要清理墓地，在墓地四周压上黄表纸。

赵姐：烧纸是讲乐一个位置昋三张阿〓色〓个，哈！有讲究个嘞，昋烧纸哪生〓昋。

ɕiɑɔ⁴⁴tsʅ⁴¹dzʅ²²³kɔ̃⁴⁴ŋɑɔ²²³iʔ⁴kei⁰uei²²³tsʅ⁴⁵kʰɛʔ⁵sã²⁴tiã²⁴aʔ⁴saʔ⁰ kei⁰, xa⁰！iəu⁴⁴kɔ̃⁴⁴tɕiəu⁴⁵kei⁰lɛ⁰, kʰɛʔ⁵ɕiɑɔ⁴⁴tsʅ⁴¹nɛ²²³sɛ²⁴kʰɛʔ⁵。

黄表纸一般是一个位置压三张，对吧！如何压黄表纸是有讲究的。

小褚：阿＝个草阿＝些儿都乐割干净哈！树是无好剬个，讲哈！

a?⁴kei⁰tsʰɑɔ⁴¹a?⁵ɕiŋ²⁴tu²⁴ŋɑɔ²²³kuɛ?⁵kuɛ²⁴ʑiŋ²²³xa⁰！ zʮ²²³dzʅ²²³

m̃⁴⁵xəɯ⁴¹tsʰei⁴⁵kei⁰，kɔ̃⁴¹xa⁰！

杂草要清理干净，但据说树是不能砍的，对吧！

赵姐：树无好剬。

zʮ²²³m̃⁴⁵xəɯ⁴¹tsʰei⁴⁵。

树不能砍。

小褚：树是无好动个，哈！

zʮ²²³dzʅ²²³m̃⁴⁵xəɯ⁴¹doŋ²²³kei⁰，xa⁰！

树是不能动的！

赵姐：便是狼萁阿＝些儿割割了喏。

bɛ²²³dzʅ²²³lɔ̃³¹i²⁴a?⁵ɕiŋ⁰kuɛ?⁵kuɛ?⁵lɑɔ⁰nɔ²²³。

只需把芒萁之类的割了。

小褚：狼萁啊，草阿＝些儿，芒竿呢，割割了呢，生芒竿着呗。

lɔ̃³¹i²⁴a⁰，tsʰɑɔ⁴¹a?⁵ɕiŋ²⁴，məŋ³¹kuɛ²⁴ɲi⁰，kuɛ?⁵kuɛ?⁵lɑɔ⁰ɲi⁰，sɛ²⁴

məŋ³¹kuɛ²⁴dziɔ?²³pɛ⁰。

芒萁啊，茅草啊，这些得割了。

赵姐：乞我认为是，唁烧纸是责＝意思呢？乞别人相着，嗷，乙个坟是

有主个，哈！

kʰa⁴⁵ŋo⁴⁴ɲiŋ²²³uei³¹dzʅ²²³，kʰɛ?⁵ɕiɑɔ⁴⁴tsʅ⁴¹dzʅ²²³tsa?⁵i⁴⁴sʅ⁴⁵ɲi⁰？

kʰa⁴⁴biɛ?²³nɛ³¹ɕi ã̃⁴⁵dziɔ?²³，ɔ²⁴，i?⁵kei⁰vəŋ³¹dzʅ²²³iɯ⁴⁴tsʮ⁴¹

kei⁰，xa⁰！

在墓地四周压黄表纸是什么意思呢？是让人们见到这些就知

道这块坟地是有主的，是吧！

小褚：亦乐醮祭啰。

i?²³ŋɑɔ²²³tɕiɑɔ⁴⁴tsʅ⁴⁵lo⁰。

所以得要扫墓。

赵姐:乙色=个意思,事实是。啯烧纸是乙色=个意思。

i?⁵sa?⁰kei⁰i⁴⁴sʅ⁴⁵ , zʅ²²³ zei?²³ dzʅ²²³ 。 kʰɛ?⁵ ɕiɑɒ⁴⁴tsʅ⁴¹ dzʅ²²³ i?⁵sa?⁰
kei⁰i⁴⁴sʅ⁴⁵ 。

在墓地四周压黄表纸确实是这个意思。

老邱:坟个东西啰,弗去醮祭着啰,下年呢,别人呢觉得你乙个坟呢,
无主了哇。乐啯烧纸喏,乙个是主要原因。

vəŋ³¹ kei⁰noŋ⁴⁴sʅ²⁴lo⁰ , fu?⁵kʰi⁴⁴tɕiɑɒ⁴⁴tsʅ⁴⁵ dziɔ?²³ lo⁰ , io⁴⁴ȵiɛ³¹
ȵi⁰ , biɛ?²³nɛ³¹ȵi⁰ko?⁵ti?⁴ȵi⁴⁴i?⁵kei⁰vəŋ³¹ȵi⁰ , m⁴⁵tsʮ⁴¹lɑɒ⁴¹ua⁰ 。
ŋɑɒ²²³kʰɛ?⁵ɕiɑɒ⁴⁴tsʅ⁴¹nɔ²²³ , i?⁵kei⁰dzʅ²²³tsʮ⁴⁴iɑɒ⁴⁵ȵyɛ³¹iŋ²⁴ 。

如果不去扫墓,以后呢,别人就会觉得这座坟是没有主的。 压
黄表纸,主要是这个原因。

赵姐:嗷,乙人相得着喏,哈!

ɔ²⁴ , kʰa⁴⁴nɛ³¹ɕia͂⁴⁵ti?⁵dziɔ?²³nɔ²²³ , xa⁰ !

嗯,能让人知道这是坟墓!

小褚:阿=呗,一般是前三后四①都有法醮哈! 云和是啊？

a?⁵pɛ⁰ , i?⁴pɛ²⁴dzʅ²²³ʑiɛ³¹sã²⁴u⁴⁴sʅ⁴⁵tu²⁴iəɯ⁴⁴fɔ?⁴tɕiɑɒ⁴⁵xa⁰ ! yŋ²²³
o³¹dzʅ²²³a⁰ ?

云和扫墓的时间,一般可以安排在清明节前三天、后四天吧？

赵姐:嗷,对险,对险,有讲究个,前三后四个。

ɔ²⁴ , tei⁴⁵ɕiɛ⁴¹ , tei⁴⁵ɕiɛ⁴¹ , iəɯ⁴⁴kɔ͂⁴⁴tɕiəɯ⁴⁵kei⁰ , ʑiɛ³¹sã²⁴u⁴⁴sʅ⁴⁵kei⁰ 。

嗯,很对,很对。有讲究,清明节前三天、后四天。

老邱:照云和个风俗习惯,是前三后四,欸。

tɕiɑɒ⁴⁴yŋ²²³o³¹kei⁰fəŋ⁴⁴ʑiɔ?²³ʑyei?²³kuã⁴⁵ , dzʅ²²³ʑiɛ³¹sã²⁴u⁴⁴sʅ⁴⁵ , ɛ⁰ 。

① 前三后四:清明前三天与清明后四天。

　　按照云和的风俗习惯，是清明节前三天、后四天。

小褚：一般前三后四醮亲呗，阿⁼呗，清明日阿⁼日呗，处底有上间着呗，还乐园处底去做祭神哈！七碗菜八碗饭阿⁼色⁼烧起来呗。

iʔ⁴ pɛ²⁴ ziɛ³¹ sã²⁴ uꜜ⁴ sʅ⁴⁵ tɕiɑɔ⁴⁴ tɕʰiŋ²⁴ pɛ⁰, aʔ⁵ pɛ⁰, tɕʰiŋ⁴⁴ miŋ³¹ naʔ²³ aʔ⁵ naʔ²³ pɛ⁰, tsʰɥ⁴⁴ti⁴¹ iəɯ⁴⁴ dziã²²³ kã²⁴ dziɔʔ²³ pɛ⁰, a²²³ ŋɑɔ²²³ kʰɔ̃⁴⁵ tsʰɥ⁴⁵ti⁴¹ kʰi⁴⁴ tsɔ⁴⁴ tsʅ⁴⁴ zəŋ³¹ xa⁰！tsʰeiʔ⁵ uã⁴⁴ tsʰa⁴⁵ pɔʔ⁵ uã⁴⁴ vã²²³ aʔ⁵ saʔ⁰ ɕiɑɔ²⁴ tsʰʅ⁴¹ li³¹ pɛ⁰.

　　一般是清明节前三天、后四天扫墓。清明节那天，若是家里设有中堂的，还要去祭神吧！得准备七碗菜八碗饭。

老邱：对险哇！

tei⁴⁵ ɕiɛ⁴¹ ua⁰！

很对！

小褚：摆阿⁼上间香火桌上头呗，纪念个意义喏，乞大势⁼人嘞儿囡啊，子孙阿⁼些ⱼ啊，有坐落来个理由啰，我想想是。

pɔ⁴⁴ aʔ⁵ dziã²²³ kã²⁴ ɕiã⁴⁴ xo⁴¹ tioʔ⁵ dziã²²³ dəɯ³¹ pɛ⁰, tsʅ⁴⁵ n̠iɛ³¹ kei⁰ i⁴⁵ n̠i²²³ nɔ⁰, kʰa⁴⁴ dɔ²²³ sʅ²⁴ nɛ³¹ lɛ⁰ n̠i²⁴ nɛ²⁴ a⁰, tsʅ⁴⁴ suɛ²⁴ aʔ⁵ ɕiŋ⁰ a⁰, iəɯ⁴⁴ zu²²³ loʔ²³ li³¹ kei⁰ li⁴⁴ iəɯ³¹ lo⁰, ŋo⁴⁴ ɕiã⁴⁴ ɕiã⁴⁵ dzʅ²²³.

　　七碗菜八碗饭摆在中堂的条案上。我想，这样做的意义在于让子孙后代都团聚在一起。

赵姐：后生儿都比我人粒⁼还懂粒⁼喏，我呢做祭神真弗懂。做祭神有责⁼讲究噶？乐几根香啊？是几碗饭啊？几碗菜啊？有没有规定？

u⁴⁴ sɛ⁴⁴ n̠i⁴⁵ tu⁴⁴ pi⁴⁴ ŋo⁴⁴ lɛʔ⁰ nɛ³¹ a²²³ toŋ⁴¹ lɛʔ⁰ nɔ²²³, ŋo⁴⁴ ni⁴⁴ tsɔ⁴⁴ tsʅ⁴⁴ zəŋ³¹ tsəŋ²⁴ fu⁴ toŋ⁴¹. tsɔ⁴⁴ tsʅ⁴⁴ zəŋ³¹ iəɯ⁴⁴ tsaʔ⁵ kɔ̃⁴⁴ tɕiəɯ⁴⁵ ka⁰？ŋɑɔ²²³ ki⁴¹ kɛ²⁴ ɕiã²⁴ a⁰？dzʅ²²³ ki⁴⁴ uã⁴⁴ vã²²³ a⁰？ki⁴⁴ uã⁴⁴ tsʰa⁴⁵ a⁰？iəɯ⁴⁴ m̩⁴⁵ iəɯ⁴⁴ kuei²⁴ diŋ²²³？

年轻人比我们还懂呢，祭神我真的不懂。祭神有什么讲究？
需要几根香？几碗饭？几碗菜？有没有规定？

小褚：菜呗总归是乐凑单数呢，五碗，七碗，九碗，十一碗，阿⁼色⁼呢。

tsʰa⁴⁵pɛ⁰tsoŋ⁴⁴kuei²⁴dzʅ²²³ŋɑɔ²²³tsʰəɯ⁴⁴tã²⁴su⁴⁵n̠i⁰,ŋ⁴⁴uã⁴⁴,tsʰei⁵
uã⁴⁴,tɕiəɯ⁴⁴uã⁴⁴,ʑyeiʔ²²³iʔ⁵uã⁴⁴,aʔ⁴saʔ⁰n̠i⁰。

祭神的时候，菜的碗数必须是单数，五碗、七碗、九碗、十一碗，
是这样的。

赵姐：阿⁼呗，荤啊？素啊？有规定弗啊？

aʔ⁵pɛ⁰,xuɛ²⁴a⁰? su⁴⁵a⁰? iəɯ⁴⁴kuei²⁴diŋ²²³fuʔ⁵ɔ⁰?

那么，用荤菜，还是素菜？有没有规定呢？

小褚：基本上都是荤更多个，素菜更无人用粒⁼。

tsʅ⁴⁴pɛ⁴⁴dʑiã²²³tu²⁴dzʅ²²³xuɛ²⁴ka⁴⁵tu²⁴kei⁰,su⁴⁴tsʰa⁴⁵ka⁴⁵m⁴⁵nɛ³¹
ioŋ²²³lɛʔ⁰。

基本上是荤菜更多，很少人用素菜。

赵姐：乞我认为是，感觉乐素滴ₗ阿⁼色⁼个。

kʰa⁴⁵ŋo⁴⁴n̠iŋ²²³uei³¹dzʅ²²³,kɛ⁴⁴koʔ⁵ŋɑɔ²²³su⁴⁵tiŋ⁴⁵aʔ⁴saʔ⁵kei⁰。

我还以为要素一点呢。

老邱：清明节啰，有粒⁼地方呢还乐集会。你好比是共一个姓个人，
大势⁼人坐在一起，凑在一起摆个几粒⁼桌来集会，过去来讲
是分饼，喊祠堂饼。

tɕʰiŋ⁴⁴miŋ³¹tɕieʔ⁵lo⁰,iəɯ⁴⁴lɛʔ⁰di²²³fɔ̃²⁴n̠i⁰a²²³ŋɑɔ²²³dʑiʔ²³uei²²³。
n̠i⁴⁴xəɯ⁴⁴pi⁴¹dzʅ²²³dʑiɔ̃²²³iʔ⁴kei⁴⁵ɕiŋ⁴⁵kei⁰nɛ³¹²,dɔ²²³sʅ²⁴nɛ³¹zu²³¹
za²²³iʔ⁴tsʰʅ⁴¹,tsʰəɯ⁴⁴za²²³iʔ⁴tsʰʅ⁴¹pɔ⁴¹kei⁴⁵ki⁴¹lɛʔ⁰tioʔ⁵li³¹dʑiʔ²³
uei²²³,ko⁴⁵tsʰ ɥ⁴⁵li³¹kɔ̃⁴⁴dzʅ²²³fəŋ⁴⁴piŋ⁴¹,xã⁴⁵zʅ²²³dɔ̃³¹piŋ⁴¹。

清明节的时候，有些地方还要集会。比如同一个姓的人，大家
团聚一起，要摆好几桌。以前叫作"分饼"，分"祠堂饼"。

赵姐:阿ᵈ个饼乐做起来哈！

aʔ⁵kei⁰piŋ⁴¹ŋɑɔ²²³tso⁴⁵tsʰ ʅ⁴¹li³¹xa⁰！

那得先做饼吧！

老邱:乙个饼呢,过去呢是做嘸,乙记呢是买哇。阿ᵈ呗,特别是细根ᵈ儿呢,乐分乙个祠堂饼个啰。

iʔ⁵kei⁰piŋ⁴⁴n̠i⁰,ko⁴⁵tsʰ ɥ⁴⁵n̠i⁰dzʅ²²³tso⁴⁵ko⁰,iʔ⁴tsʅ⁴⁵n̠i⁰dzʅ²²³mɔ⁴¹ua⁰。aʔ⁵pɛ⁰,daʔ²³biɛʔ²³dzʅ²²³sʅ⁴⁴kɛ⁴⁴n̠i⁴⁵n̠i⁰,ŋɑɔ²²³fəŋ²⁴iʔ⁵kei⁰zʅ²²³dɔ̃³¹piŋ⁴¹kei⁰lo⁰。

这个饼,以前是自己做的,现在都是买的。饼要分给小孩子吃。

赵姐:噢,真我还无听着过。

ɔ²⁴,tsəŋ²⁴ŋo⁴⁴a²²³m⁴⁵tʰiŋ⁴⁴dziɔʔ²³ko⁰。

哦,我还真没听说过。

老邱:噢,乙个是一种风俗习惯,乙个分饼呢,还乐年纪最大个人分,渠牢ᵈ乙个家族底面地位最高个。分乞阿ᵈ粒ᵈ细根ᵈ儿,大势ᵈ人平均每个人有两块,阿ᵈ色ᵈ嘸。

ɔ²⁴,iʔ⁵kei⁰dzʅ²²³iʔ⁴tɕiɔ̃⁴⁴fəŋ⁴⁴ʑioʔ²³ʐyeiʔ²³kuã⁴⁵,iʔ⁵kei⁰fəŋ⁴⁴piŋ⁴⁴n̠i⁰,a²²³ŋɑɔ²²³n̠iɛ²²³tsʅ⁴⁴tsei⁴⁵du²²³kei⁰nɛ³¹fəŋ²⁴,gi²²³lɑɔ³¹iʔ⁵kei⁰ko⁴⁴zəɯʔ²³ti⁴⁴miɛ²²³di²²³uei²²³tsei⁴⁵kəɯ²⁴kei⁰。fəŋ⁴⁴kʰa⁴⁴aʔ⁵lɛʔ⁰sʅ⁴⁴kɛ⁴⁴n̠i⁴⁵,dɔ²²³sʅ²⁴nɛ³¹biŋ²²³tɕyŋ²⁴mei⁴⁴kei⁰nɛ³¹iəɯ⁴⁴la⁴⁴kʰuei⁴⁵,aʔ⁵saʔ⁰ko⁰。

这是一种风俗习惯,还得由年龄最大的人来分饼,这个人在这个家族里的地位是最高的。要把饼分给小孩,每人两块,就是这样子。

小褚:哦,乙个我人真晓弗责ᵈ得个。

o⁴⁵,iʔ⁵kei⁰ŋo⁴⁴nɛ³¹tsəŋ²⁴ɕiɑɔ⁴⁴fu⁴tsaʔ⁵tiʔ⁵kei⁰。

哦,这个我真的不知道。

赵姐:哦,乙个喊祠堂饼个啰,我还无听着过个,第一次听着有祠堂饼乙色⁼回事。

o⁴⁵ , iʔ⁵ kei⁰ xã⁴⁵ zʅ²²³ dɔ̃³¹ piŋ⁴¹ kei⁰ lo⁰ , ŋo⁴⁴ a²²³ m⁴⁵ tʰiŋ⁴⁵ dʑiɔʔ²²³ ko⁴⁵ kei⁰ , di²²³ iʔ⁵ tsʰʅ⁴⁵ tʰiŋ⁴⁵ dʑiɔʔ²²³ iəɯ⁴⁴ zʅ²²³ dɔ̃³¹ piŋ⁴¹ iʔ⁵ saʔ⁰ uei³¹ zʅ²²³ 。

哦,这个叫祠堂饼,以前我也没听说,这是第一次听到祠堂饼这事儿。

小褚:阿⁼呗,清明过了呗便是端午嘞哈!

aʔ⁵ pɛ⁰ , tɕʰiŋ⁴⁴ miŋ³¹ ko⁴⁴ lɑɔ⁰ pɛ⁰ bɛ²²³ dzʅ²²³ tuɛ⁴⁴ ŋ⁴¹ lɛ⁰ xa⁰ !

清明过了之后,就要过端午了吧!

老邱:清明过了呗乐过端午了呢。

tɕʰiŋ⁴⁴ miŋ³¹ ko⁴⁴ lɑɔ⁰ pɛ⁰ ŋɑɔ²²³ ko⁴⁴ tuɛ⁴⁴ ŋ⁴¹ lɑɔ⁰ n̠i⁰ 。

清明过后,就要过端午了。

小褚:端午亦乐挂门头个哈!挂责⁼东西啊?大势⁼人处都乐挂起了个?

tuɛ⁴⁴ ŋ⁴¹ iʔ²³ ŋɑɔ²²³ go²²³ məŋ²²³ dəɯ³¹ kei⁰ xa⁰ ! go²²³ tsaʔ⁵ noŋ⁴⁴ sʅ²⁴ a⁰ ? dɔ²²³ sʅ²⁴ nɛ³¹ tsʰ ɥ⁴⁵ tu²⁴ ŋɑɔ²²³ go²²³ tsʰʅ⁴⁴ lɑɔ⁰ kei⁰ ?

哦!端午节的时候,门上要挂什么呢?每户人家门上都要挂的?

赵姐:阿⁼个喊责⁼事啊?菖蒲?艾?

aʔ⁴ kei⁰ xã⁴⁴ tsaʔ⁵ zʅ²²³ a⁰ ? tɕʰiã⁴⁴ bu³¹² ? uei³¹² ?

那个叫什么?菖蒲?艾?

小褚:菖蒲,艾哈!各人处门头挂起,便是让阿⁼粒⁼邪气阿⁼些儿也挖⁼弗底来,是讲,啊!

tɕʰiã⁴⁴ bu³¹² , uei³¹ xa⁰ ! koʔ⁵ nɛ³¹ tsʰ ɥ⁴⁵ məŋ²²³ dəɯ³¹ go²²³ tsʰʅ⁴⁴ , bɛ²²³ dzʅ²²³ n̠i ã²²³ aʔ⁴ lɛʔ⁰ zio³¹ tsʰʅ⁴⁴ aʔ⁴ ɕiŋ⁴⁵ a²²³ uɔʔ⁵ fuʔ⁴ ti⁴⁴ li³¹² , dʐɿ²²³ kɔ̃⁴¹ , a⁰！

菖蒲吧！艾吧！每户人家门上挂起来，可以防止邪气入宅，是
这样的意思吧！

赵姐：嗯！是阿⁼色⁼讲个！

ŋ⁴¹ , dʐɿ²²³ aʔ⁵ saʔ⁰ kɔ̃⁴¹ kei⁰！

嗯！是那样说的！

小褚：还乐包粽嘞！我你乙底头个粽是十分好吃个，云和个粽是。

a²²³ ŋɑɔ²²³ pɑɔ²⁴ tsoŋ⁴⁵ lɛ⁰！ ŋo⁴⁴ n̠i⁴¹ iʔ⁴ti⁴⁴ dəɯ³¹ kei⁰tsoŋ⁴⁴ dʐɿ²²³
zyeiʔ²³ fəŋ⁴⁴ xəɯ⁴⁴ tɕʰiʔ⁵ kei⁰ , yŋ²²³ o³¹ kei⁰ tsoŋ⁴⁴ dʐɿ²²³ 。

还要包粽子呢！咱们云和的粽子是十分美味的。

赵姐：欸，粽呢，是乙色⁼嗝。粽箬是喏阿⁼粒⁼山头险，大山上面去剚
来个。

ɛ³¹ , tsoŋ⁴⁵ n̠i⁰ , dʐɿ²²³ iʔ⁴ saʔ⁵ ko⁰ 。 tsoŋ⁴⁴ n̠iɔʔ²³ dʐɿ²²³ nɔ²²³ aʔ⁴ lɛʔ⁰ sã⁴⁴
dəɯ³¹ ɕiɛ⁴¹ , du²²³ sã²⁴ dʑiã²²³ miɛ²²³ kʰi⁴⁴ tsʰei⁴⁵ li³¹ kei⁰ 。

包粽子呢，是这样的，包粽子的箬叶是从高山上砍来的。

小褚：去讨⁼来。

kʰi⁴⁴ tʰɑɔ⁴¹ li³¹² 。

是去摘来的。

赵姐：嗷，去讨⁼来，再担街里来卖乞我你人，先是去买来。

ɔ²⁴ , kʰi⁴⁴ tʰɑɔ⁴¹ li³¹² , tsa⁴⁴ t ã²⁴ kɔ²⁴ li⁰ li³¹ mɔ²²³ kʰa⁴⁴ ŋo⁴⁴ n̠i⁴⁴ nɛ³¹ ,
ɕiɛ²⁴ dʐɿ²²³ kʰi⁴⁴ mɔ⁴¹ li³¹² 。

对，是别人先去摘来，再挑到街上卖给咱们的，我们得去买来。

小褚：对险啊！箬乐浸起嘞，哈！买来。

tei⁴⁴ ɕiɛ⁴¹ a⁰！ n̠iɔʔ²³ ŋɑɔ²²³ tsəŋ⁴⁵ tsʰɿ⁴⁴ lɛ⁰ , xa⁰！ mɔ⁴¹ li³¹² 。

很对！买来之后，箬叶得浸在水里。

赵姐：欸，买来乐浸起来。阿⁼呗，浸起以后呢，缚乐买来喏，缚箬粽

个缚,哈!

ϵ^{31}, $m\mathfrak{o}^{41}$ li^{31} $\mathfrak{\eta}\mathfrak{a}\mathfrak{o}^{223}$ $ts\mathfrak{e}\mathfrak{\eta}^{45}$ $ts^h\mathfrak{\eta}^{44}$ li^{312}。 $a\mathfrak{P}^5$ $p\epsilon^0$, $ts\mathfrak{e}\mathfrak{\eta}^{45}$ $ts^h\mathfrak{\eta}^{44}$ i^{44} u^{41} $\mathfrak{\eta}i^0$, $bo\mathfrak{P}^{23}$ $\mathfrak{\eta}\mathfrak{a}\mathfrak{o}^{223}$ $m\mathfrak{o}^{41}$ li^{31} $n\mathfrak{o}^0$, $bo\mathfrak{P}^{23}$ $\mathfrak{\eta}i\mathfrak{o}\mathfrak{P}^{23}$ $tso\mathfrak{\eta}^{45}$ kei^0 $bo\mathfrak{P}^{23}$, xa^0!

嗯,买来之后得浸在水里。浸水之后,捆扎粽子的绳子也要买
来吧!

小褚:阿⁼个喊责⁼事嘚?

$a\mathfrak{P}^4$ kei^0 $x\tilde{a}^{44}$ $tsa\mathfrak{P}^5$ $z\mathfrak{\eta}^{223}$ ko^0?

那个叫什么?

赵姐:粽缚。像得绳阿⁼色⁼个喏! 都乐去买来,准备起,都乐浸起。

$tso\mathfrak{\eta}^{24}$ $bo\mathfrak{P}^{23}$。 $dzi\tilde{a}^{223}$ $ti\mathfrak{P}^4$ $dzi\mathfrak{\eta}^{31}$ $a\mathfrak{P}^4$ $sa\mathfrak{P}^5$ kei^0 $n\mathfrak{o}^0$! tu^{24} $\mathfrak{\eta}\mathfrak{a}\mathfrak{o}^{31}$ $k^h i^{44}$ $m\mathfrak{o}^{41}$ li^{312}, $t\mathfrak{\varphi}y\mathfrak{\eta}^{44}$ bi^{223} $ts^h\mathfrak{\eta}^{41}$, tu^{24} $\mathfrak{\eta}\mathfrak{a}\mathfrak{o}^{31}$ $ts\mathfrak{e}\mathfrak{\eta}^{45}$ $ts^h\mathfrak{\eta}^{41}$。

粽缚①。是如同绳子一样的东西,也得买来准备好,浸在
水里。

老邱:阿⁼个东西呢,是十分牢个。粽个东西呢,牢⁼我你云和来讲
呢,纪念意义还非常大个。阿⁼呗,乙个粽呢,有灰碱粽,有晚
米粽,有糯米粽,品种多险个。

$a\mathfrak{P}^5$ kei^0 non^{44} $s\mathfrak{\eta}^{24}$ $\mathfrak{\eta}i^0$, $dz\mathfrak{\eta}^{223}$ $\mathfrak{z}yei\mathfrak{P}^{23}$ $f\mathfrak{e}\mathfrak{\eta}^{44}$ $la\mathfrak{o}^{31}$ kei^0。 $tso\mathfrak{\eta}^{45}$ kei^0 non^{44} $s\mathfrak{\eta}^{24}$ $\mathfrak{\eta}i^0$, $la\mathfrak{o}^{31}$ $\mathfrak{\eta}o^{44}$ $\mathfrak{\eta}i^{41}$ $y\mathfrak{\eta}^{223}$ o^{31} li^{31} $k\mathfrak{o}^{44}$ $\mathfrak{\eta}i^0$, $ts\mathfrak{\eta}^{45}$ $\mathfrak{\eta}i\epsilon^{31}$ i^{45} $\mathfrak{\eta}i^{223}$ a^{223} fi^{24} $dzi\tilde{a}^{223}$ du^{223} kei^0。 $a\mathfrak{P}^5$ $p\epsilon^0$, $i\mathfrak{P}^5$ kei^0 $tso\mathfrak{\eta}^{45}$ $\mathfrak{\eta}i^0$, $i\mathfrak{\partial}\mathfrak{u}^{41}$ $xuei^{44}$ $t\mathfrak{\varphi}i\epsilon^{24}$ $tso\mathfrak{\eta}^{45}$, $i\mathfrak{\partial}\mathfrak{u}^{41}$ ma^{223} mi^{41} $tso\mathfrak{\eta}^{45}$, $i\mathfrak{\partial}\mathfrak{u}^{41}$ nu^{223} mi^{41} $tso\mathfrak{\eta}^{45}$, $p^h i\mathfrak{\eta}^{44}$ $t\mathfrak{\varphi}i$ $\tilde{\mathfrak{o}}^{41}$ tu^{24} $\mathfrak{\varphi}i\epsilon^{41}$ kei^0。

那东西是很牢的。粽子对于咱们云和人的端午节很有意义。
云和的粽子有很多种类,有灰碱粽、晚米粽、糯米粽等。

小褚:还有豆粽呢。

————————

① 粽缚:捆扎粽子的绳子。云和人一般用"龙须草"捆扎粽子。

a²²³iəɯ⁴¹dəɯ²²³tsoŋ⁴⁵n̩i⁰。

还有豆粽。

赵姐：赤豆粽，麦豆粽，都有。还有包法呗，有一种喊尖脚粽。

tɕʰiʔ⁴dəɯ²²³tsoŋ⁴⁵，maʔ²³dəɯ²²³tsoŋ⁴⁵，tu²⁴iəɯ⁴¹。a²²³iəɯ⁴⁴paɔ²⁴
fɔʔ⁵pɛ⁰，iəɯ⁴¹iʔ⁵tɕiɔ̃⁴¹xã⁴⁴tɕiɛ⁴⁴tɕiɔʔ⁴tsoŋ⁴⁵。

有赤豆粽、豌豆粽。从包法来分，也有很多种。有一种叫尖
脚粽。

老邱：床头粽①。

ʑiɔ̃²²³dəɯ³¹tsoŋ⁴⁵。

床头粽。

小褚：我你都是四个角嘞，我你街底人包是？

ŋo⁴⁴ni⁴⁴tu²⁴dzɻ²²³sɻ⁴⁴kei⁴⁵koʔ⁵lɛ⁰，ŋo⁴⁴ni⁴⁴kɔ²⁴ti⁴¹nɛ³¹paɔ²⁴dzɻ²²³？

咱们城里包的粽子都是四个角的吧？

赵姐：还有人包尖脚粽个。床头粽着呗，长粒⁼个。

a²²³iəɯ⁴⁴nɛ³¹paɔ²⁴tɕiɛ⁴⁴tɕiɔʔ⁴tsoŋ⁴⁵kei⁰。ʑiɔ̃²²³dəɯ³¹tsoŋ⁴⁵dziɔʔ⁰
pɛ⁰，dɛ³¹lɛʔ⁰kei⁰。

也有人包尖脚粽的，床头粽是长条形的。

小褚：哦，老长阿⁼种哈！

o³¹，lɑɔ²²³dɛ³¹aʔ⁵tɕiɔ̃⁴¹xa⁰！

哦，很长的那种吧！

赵姐：尖脚粽呢，便是一个角个哈，尖尖个阿⁼色⁼一个角，生⁼个喏。
不过，乙种呢，包个人比较少粒⁼。

tɕiɛ⁴⁴tɕiɔʔ⁴tsoŋ⁴⁵n̩i⁰，bɛ²²³dzɻ²²³iʔ⁴kei⁴⁵koʔ⁵kei⁰xa⁰，tɕiɛ⁴⁴tɕiɛ²⁴
kei⁰aʔ⁵saʔ⁴iʔ⁴kei⁴⁵koʔ⁵，sɛ⁴⁴kei⁴⁵nɔ⁰。puʔ⁴kɔ⁴⁵，iʔ⁵tɕiɔ̃⁴¹n̩i⁰，

---

① 床头粽：形似长方形枕头的粽子。旧时的枕头叫作“床头”。

pɑɔ²⁴ kei⁰ nɛ³¹ pi⁴⁴ kɑɔ⁴⁵ ɕiɑɔ⁴⁴ lɛʔ⁰。

尖脚粽是这样的，就只有一个角，一个尖尖的角。不过，包这
种粽子的人比较少。

小褚：总乐端午边便是各家人处，阿⁼个粽阿⁼些ㄦ煤起便是喷香个，
阿⁼色⁼是路边都喷⁼着个。

tsəŋ⁴¹ ŋɑɔ²²³ tuɛ⁴⁴ ŋ⁴¹ piɛ²⁴ biɛ²²³ dzʅ²²³ koʔ⁵ ko²⁴ nɛ³¹ tsʰʅ⁴⁵，aʔ⁵ kei⁰ tsoŋ⁴⁴
aʔ⁵ ɕiŋ⁰ zɔʔ²³ tsʰʅ⁴¹ bɛ²²³ dzʅ²²³ pʰəŋ⁴⁴ ɕiã²⁴ kei⁰，aʔ⁵ sɑʔ⁴ dzʅ²²³ lu²²³ piɛ⁴⁴
tu⁴⁴ pʰəŋ²⁴ dziɔʔ²³ kei⁰。

端午节时，家家户户包粽子，粽子煮起来香喷喷的，在路上都
能闻到粽香。

赵姐：欸，欸！包粽有技术嘞！照我着，我呗包弗好个。你乐弄记乙
色⁼，弄记弄记实实个包起个粽啰，[弗会]破了个。

ɛ³¹，ɛ³¹！pɑɔ²⁴ tsoŋ⁴⁵ iɯ⁴⁴ dzʅ²²³ ʑyeiʔ²³ lɛ⁰！tɕiɑɔ⁴⁵ ŋo⁴⁴ dziɔʔ²³，
ŋo⁴⁴ pɛ⁰ pɑɔ²⁴ fuʔ⁵ xɯ⁴¹ kei⁰。n̠i⁴⁴ ŋɑɔ²²³ loŋ²²³ tsʅ⁰iʔ⁵ sɑʔ⁰，loŋ²²³
tsʅ⁰ loŋ²²³ tsʅ⁰ zeiʔ²³ zeiʔ²³ kei⁰ pɑɔ²⁴ tsʰʅ⁴¹ kei⁰ tsoŋ⁴⁵ lo⁰，fei⁴⁵ pʰɔ⁴⁵
lɑɔ⁰ kei⁰。

对。包粽子需要技术的！我是包不好的。你得要压实，压实
之后包成的粽子，就不会破。

小褚：有人包起会散个。

iɯ⁴⁴ nɛ³¹ pɑɔ²⁴ tsʰʅ⁴⁴ uei²²³ sã⁴⁴ kei⁰。

有些人包的粽子会散开的。

赵姐：阿⁼呗，像我阿⁼种包了会散了个呢，人喊洗浴个，是喊洗浴
粽。便阿⁼个煤煤煤煤，便散出来喏哈，便喊洗浴粽生⁼喏。

aʔ⁵ pɛ⁰，zi ã²²³ ŋo⁴⁴ aʔ⁵ tɕi ɔ̃⁴⁴ pɑɔ²⁴ lɑɔ⁰ uei²²³ s ã⁴⁴ lɑɔ⁰ kei⁰ n̠i⁰，nɛ³¹
x ã⁴⁵ sʅ⁴⁴ ioʔ²³ kei⁰，dzʅ²²³ x ã⁴⁵ sʅ⁴⁴ ioʔ²³ tsoŋ⁴⁵。bɛ²²³ aʔ⁵ kei⁰ zɔʔ²³ zɔʔ²³
zɔʔ²³ zɔʔ²³，bɛ²²³ s ã⁴⁴ tɕʰyɛʔ⁵ li³¹ nɔ⁰ xa⁰，bɛ²²³ x ã⁴⁴ sʅ⁴⁴ ioʔ²³ tsoŋ⁴⁵

sɛ⁴⁴nɔ⁰。

像我包的粽子就会散开,被大家叫作"洗澡粽"。因为煮着煮
着就散开了,所以叫"洗澡粽"。

老邱:包粽个东西其实确实乐技术个。

paɔ²⁴tsoŋ⁴⁵kei⁰noŋ⁴⁴sʅ²⁴dzʅ²²³zeiʔ²³kʰoʔ²⁵zeiʔ²³ŋɔɔ²²³dzʅ²²³ʑyeiʔ²³
kei⁰。

包粽子确实是要技术的。

小褚:端午,我你还乐吃杨梅弗啦? 吃鸭卵啊? 吃鸡卵啊? 还乐?

tuɛ⁴⁴ŋ⁴¹,ŋo⁴⁴ɳi⁴¹a²²³ŋɔɔ²²³tɕiʔi⁴ia̍²²³mei³¹fuʔ⁴la⁰? tɕʰiʔi⁴ɔʔ⁴ləŋ⁴¹
a⁰? tɕʰiʔi⁴tsʅ⁴⁴ləŋ⁴¹a⁰? a²²³ŋɔɔ²²³?

端午节时,咱们还要吃杨梅吧? 还是得吃鸭蛋? 吃鸡蛋?

赵姐:嗷,责ᵁ东西吃了呗,蚊丝弗吓?

ɔ²⁴,tsaʔ²⁵noŋ⁴⁴sʅ²⁴tɕiʔi⁴laɔ⁰pɛ⁰,məŋ²²³sʅ²⁴fuʔ⁴xaʔ⁵?

嗯,是吃了什么就不怕蚊虫叮咬?

小褚:弗会生疖,讲哈!

fuʔ⁵uei²²³sɛ⁴⁴tɕiɛʔ⁵,kɔ̃⁴⁴xa⁰!

据说吃了不会长疥子,是吧!

赵姐:吃杨梅。

tɕʰiʔi⁴ia̍²²³mei³¹²。

吃杨梅。

老邱:吃杨梅,吃卵。

tɕʰiʔi⁴ia̍²²³mei³¹²,tɕʰiʔi⁴ləŋ⁴¹。

吃杨梅,吃蛋。

小褚:杨梅乐吃,卵还乐吃。

ia̍²²³mei³¹ŋɔɔ²²³tɕʰiʔi⁵,ləŋ⁴¹a²²³ŋɔɔ²²³tɕʰiʔi⁵。

杨梅得吃,蛋也得吃。

赵姐：哦，卵也吃个。

　　o²²³，ləŋ⁴¹a²²³tɕʰiʔ⁵kei⁰。

　　哦，蛋也要吃。

老邱：卵呢是乐煠起嘚。

　　ləŋ⁴¹ȵi⁰dzɿ²²³ŋɑɔ²²³zɔʔ²³tsʰɿ⁴⁴ko⁰。

　　蛋呢，得连壳整个煮。

小褚：煠起个白煠卵哈！

　　zɔʔ²³tsʰɿ⁴⁴kei⁰baʔ²³zɔʔ²³ləŋ⁴¹xa⁰！

　　是白煮蛋吧！

老邱：乙色⁼吃了呢弗吓蚊丝。过去，大人帮细根⁼儿呢，还乐帮
　　渠⋯⋯

　　iʔ⁵saʔ⁰tɕʰiʔ⁵lɑɔ⁰ȵi⁰fuʔ⁴xaʔ⁴məŋ²²³sɿ²⁴。ko⁴⁵tsʰy⁴⁵，du²²³nɛ³¹m̃²⁴
　　sɿ⁴⁴kɛ⁴⁴ȵi⁴⁵ȵi⁰，a²²³ŋɑɔ²²³m̃²⁴gi³¹²⋯⋯

　　吃了这些就不怕被蚊虫叮咬。过去，大人还要帮小孩⋯⋯

赵姐：卵袋①做起。

　　ləŋ⁴⁴da²²³tso⁴⁵tsʰɿ⁰。

　　做蛋袋。

老邱：弗是。

　　fuʔ⁴dzɿ²²³。

　　不是。

小褚：菖蒲，艾，煠起洗浴啊，阿⁼记。

　　tɕʰiã⁴⁴bu³¹²，uei³¹²，zɔʔ²³tsʰɿ⁴⁴sɿ⁴⁴ioʔ²³a⁰，aʔ⁵tsɿ⁰。

　　要煮菖蒲、艾叶水给小孩子洗澡。

老邱：对险哇！乐帮细根⁼儿手哇，身体呢，搽起呢，弗吓蚊丝。

————————

① 卵袋：蛋袋，端午节时挂在小孩子脖子上，寓意吉祥安康。

tei⁴⁵ ɕiɛ⁴⁴ ua⁰！ ŋɑɔ²²³ m ɔ̃²⁴ sʅ⁴⁴ kɛ⁴⁴ ɲi⁴⁵ ɕiəɯ⁴⁴ ua⁰, səŋ⁴⁴ tʰi⁴¹ ɲi⁰,
dzo³¹ tsʰʅ⁴⁴ ɲi⁰, fuʔ²⁴ xaʔ²⁴ məŋ²²³ sʅ²⁴。

非常正确！要擦洗小孩子的手、身体，使其不会被蚊虫叮咬。

赵姐：阿⁼呗，煠粽个时间呢，还有规定个，火候有滴ɻ难扣。

aʔ⁵ pɛ⁰, zɔʔ²³ tsoŋ⁴⁵ kei⁰ zʅ²²³ k ɑ̃²⁴ ɲi⁰, a²²³ iəɯ⁴⁴ kuei²⁴ diŋ²²³ kei⁰,
xo⁴⁴ əɯ²²³ iəɯ⁴⁴ tiŋ⁴⁵ nɑ̃³¹ kʰəɯ⁴⁵。

那么，煮粽子的时间也有规定的，火候有点儿难掌控。

小褚：煠粽乐煠事⁼个。

zɔʔ²³ tsoŋ⁴⁵ ŋɑɔ²²³ zɔʔ²³ zʅ²²³ kei⁰。

煮粽子得要煮透。

赵姐：煠弗事⁼个粽，吃去便［弗会］韧个，弗好吃个，便乐一次性煠
事⁼。煠时间越长越好，最好是园镬灶底面，用阿⁼个柴阿⁼
色，慢慢记ɻ焐出来焐出来，乙色⁼嗒哈！乙⁼两回人都懒了
噶，包起呗摔记高压锅压记出来，都有啊哈！

zɔʔ²³ fuʔ²⁴ zʅ²²³ kei⁰ tsoŋ⁴⁵, tɕʰiʔ⁵ kʰi⁴⁴ biɛ²²³ fei⁴⁵ ɲiŋ²²³ kei⁰, fuʔ⁵ xəɯ⁴⁴
tɕʰiʔ⁵ kei⁰, biɛ²²³ ŋɑɔ²²³ iʔ²⁴ tsʰʅ⁴⁵ ɕiŋ⁴⁵ zɔʔ²³ zʅ²²³。 zɔʔ²³ zʅ²²³ k ɑ̃²⁴ iɔʔ²³
dɛ³¹ iɔʔ²³ xəɯ⁴¹, tsei⁴⁵ xəɯ⁴⁴ dzʅ²²³ kʰ ɔ̃⁴⁵ oʔ²³ tsɑɔ⁴⁵ ti⁴⁴ miɛ²²³, i ɔ̃²²³
aʔ⁵ kei⁰ zɔ³¹ aʔ⁵ saʔ⁰, m ɑ̃²²³ m ɑ̃²²³ tɕiŋ⁴⁵ u⁴⁵ tɕʰyɛʔ⁵ li³¹ u⁴⁵ tɕʰyɛʔ⁵ li³¹²,
iʔ⁵ saʔ⁰ nɔ²²³ xa⁰！ iʔ⁵ la⁴⁴ uei²²³ nɛ³¹ tu²⁴ l ɑ̃⁴⁴ lɑɔ⁰ ka⁰, pɑɔ²⁴ tsʰʅ⁴⁴
pɛ⁰ ɕyeiʔ⁵ tsʅ⁴⁴ kəɯ⁴⁴ ɔʔ²⁴ ko²⁴ ɔʔ⁵ tsʅ⁰ tɕʰyɛʔ⁴ li³¹², tu²⁴ iəɯ⁴⁴ a⁰ xa⁰！

没煮透的粽子吃上去不会有嚼劲儿，不好吃。粽子得一次性
煮透。煮的时间越长越好，最好是这样子煮，放在柴火灶里，
用柴火慢慢煮、慢慢焖。现在的人都很懒啦，有些人将包好的
粽子直接放在高压锅里煮呢！

小褚：园阿⁼个大口镬宽慢慢记ɻ爈起，阿⁼个更好吃个嗒！

kʰ ɔ̃⁴⁵ aʔ⁵ kei⁰ du²²³ kʰəɯ⁴⁴ oʔ²³ kʰu ɑ̃⁴⁴ m ɑ̃²²³ tɕiŋ⁴⁵ əɯ²⁴ tsʰʅ⁴¹, aʔ⁵ kei⁰ ka⁴⁵ xɯ⁴⁴tɕʰiʔ⁵kei⁰nɔ⁰！

那种用柴火大灶慢慢熬煮出来的粽子更好吃！

赵姐：阿＝个又香又糯ㄦ，特别好吃阿＝种粽是。

aʔ⁵kei⁰iʔ²³ɕiã²⁴iʔ²³noŋ⁴⁵，daʔ²³bieʔ²³xɯ⁴⁴tɕʰiʔ⁵aʔ⁵tɕiɔ̃⁴⁴tsoŋ⁴⁵ dzɿ²²³。

那种粽子又香又糯，特别好吃。

老邱：接落去哦，我想下一代落去哦，大势＝人个粽都到街里买哇，都［弗会］包了哇。

tɕieʔ⁵loʔ²³kʰi⁴⁴fɔʔ⁰，ŋo⁴⁴ɕiã⁴¹io⁴⁴iʔ⁴daʔ²²³loʔ²³kʰi⁴⁴fɔʔ⁰，dɔ²²³sɿ²⁴ nɛ³¹kei⁰tsoŋ⁴⁵tu²⁴tɯ⁴⁴kɔ²⁴liʔ⁴⁴mɔ⁴¹ua⁰，tu²⁴fei⁴⁵pɑɔ²⁴lɑɔ⁰ua⁰。

我想下一代都要到街上去买粽子了，都不会包粽子了。

赵姐：嗷，［弗会］包哇，我囡人阿＝代乙记三十两岁阿＝粒＝人是，八零后呗是真［弗会］包粽啊！

ɔ²⁴，fei⁴⁵pɑɔ²⁴ua⁰，ŋo⁴⁴nɛ²⁴nɛ³¹aʔ⁵daʔ²²³iʔ⁴tsɿ⁴⁵sã²⁴ʑyeiʔ²³la⁴⁴sʮ⁴⁵ aʔ⁵lɛʔ⁰nɛ³¹dzɿ²²³，pɔʔ⁵liŋ³¹ɯ²²³peʔ⁰dzɿ²²³tsəŋ²⁴fei⁴⁵pɑɔ²⁴tsoŋ⁴⁵a⁰！

嗯，是不会包了，我女儿这一代 30 多岁的人①——80 后是不会包粽子了！

小褚：阿＝个包粽亦是阿＝个包蓬馑更省力个，更便当了个，手续更少了个喏！

aʔ⁴kei⁴⁵pɑɔ²⁴tsoŋ⁴⁵iʔ²³dzɿ²²³aʔ⁴kei⁴⁵pɑɔ⁴⁴bəŋ²²³iɛ²⁴ka⁴⁵sɛ⁴⁴liʔ²³ kei⁰，ka⁴⁵biɛ²²³tɔ̃⁴⁵lɑɔ⁰kei⁰，ɕiɯ⁴⁴ʑiɯʔ²³ka⁴⁵ɕiɑɔ⁴⁴lɑɔ⁴¹kei⁰ nɔ⁰！

包粽子比包青团更省力，更便利，工序更少啦！

赵姐：嗯，欸，省力了，蓬馑最难。

―――――――――――

① 调查时间是 2017 年，故当时的"80 后"都是 30 多岁。

ŋ³¹,ɛ⁴¹,sɛ⁴⁴liʔ²³lɑɔ⁰,bəŋ²²³iɛ²⁴tsei⁴⁵nã³¹²。

嗯,省力一些,包青团最难了。

小褚:端午呗还乐做祭神个,也是斗⁼清明阿⁼色⁼也乐摆上间。

tue⁴⁴ŋ⁴¹pɛ⁰a²²³ŋɑɔ²²³tso⁴⁴tsʅ⁴⁴zəŋ³¹kei⁰,a²²³dzʅ²²³təɯ⁴⁴tɕʰiŋ⁴⁴miŋ³¹aʔ⁵saʔ⁰a²²³ŋɑɔ²²³po⁴⁴dʑiã²²³kã²⁴。

端午节要祭神,也和清明节一样摆在中堂。

赵姐:端午也乐做噶?

tue⁴⁴ŋ⁴¹a²²³ŋɑɔ²²³tso⁴⁴ka⁰?

端午也要祭神?

小褚:做个。乙个头记清明呗算春祭呢,乙记端午呗算夏祭呢,五月
份啊哇!接落去呗,乙个秋祭呗,七月半算是"鬼儿满田墩"鬼
节喏啊。

tso⁴⁴kei⁰。iʔ⁵kei⁰dəɯ²²³tsʅ⁴⁵tɕʰiŋ⁴⁴miŋ³¹pɛ⁰sue⁴⁴tɕʰyŋ²⁴tsʅ⁴⁵ȵi⁰,iʔ⁵
tsʅ⁴⁴tue⁴⁴ŋ⁴¹pɛ⁰sue⁴⁴o²²³tsʅ⁴⁵ȵi⁰,ŋ⁴¹ȵyɛʔ²²³vəŋ²²³a⁰ua⁰!tɕiɛʔ⁵loʔ²³
kʰi⁴⁴pɛ⁰,iʔ⁵kei⁰tɕiəɯ²⁴tsʅ⁴⁵pɛ⁰,tsʰeiʔ⁴ȵyɛʔ²²³pɛ⁴⁵sue⁴⁴dzʅ²²³
kuei⁴⁴ȵi⁴⁵mɛ⁴¹diɛ²²³kʰɛ⁴⁵kuei⁴⁴tɕiɛʔ⁵nɔ⁴⁵a⁰。

是的。之前清明节呢算是春祭,现在端午呢算是夏祭,五月份
了啊!接下来的七月半就是秋祭,"鬼儿满田墩",就是民间俗
称的"鬼节"。

赵姐:嗯,云和人都是讲"七月半,鬼儿满田墩"生⁼个。

ŋ⁴¹,yŋ²²³o²²³nɛ³¹tu²⁴dzʅ²²³kõ⁴¹tsʰeiʔ⁴ȵyɛʔ²²³pɛ⁴⁵,kuei⁴⁴ȵi⁴⁵mɛ⁴¹
diɛ²²³kʰɛ⁴⁵sɛ⁴⁴kei⁰。

嗯,云和人都这样说的,"七月半,鬼儿满田墩"。

小褚:嗷,七月半也乐做祭神个喏。

ɔ²⁴,tsʰeiʔ⁴ȵyɛʔ²²³pɛ⁴⁵a²²³ŋɑɔ²²³tso⁴⁴tsʅ⁴⁴zəŋ³¹kei⁰nɔ³¹。

嗯,七月半也是要祭神的。

老邱：七月半来讲呢，还比较重视个，我你云和来讲。

tsʰei˨ n̩yɛʔ²³ pɛ⁴⁵ li³¹ kɔ̃⁴¹ n̩i⁰, a²²³ pi⁴⁴ kɑɔ⁴⁵ dʑiɔ̃²²³ zl̩²²³ kei⁰, ŋo⁴⁴ n̩i⁴¹yŋ²²³ o³¹ li³¹ kɔ̃⁴¹。

咱们云和人也是很重视七月半的。

赵姐：欸，重视个。

ɛ⁴¹, dʑiɔ̃²²³ zl̩²²³ kei⁰。

嗯，重视的。

小褚：七月半是吃责˭事啦？邱老师欸。

tsʰei˨ n̩yɛʔ²³ pɛ⁴⁵ dzl̩²²³ tɕʰiʔ⁵ tsaʔ⁵ zl̩²²³ la⁰？tɕʰiəɯ⁴⁴ lɑɔ⁴¹ sl̩⁴⁴ ɛ⁰。

七月半要吃什么，邱老师？

老邱：七月半来讲，一般都是吃千层糕。

tsʰei˨ n̩yɛʔ²³ pɛ⁴⁵ li³¹ kɔ̃⁴¹, iʔ⁴ pɛ²⁴ tu²⁴ dzl̩²²³ tɕʰiʔ⁵ tɕʰiɛ⁴⁴ zɛ²²³ kəɯ²⁴。

七月半一般都是吃千层糕。

小褚：炊糕嘞哈，乐哈！

tsʰʮ⁴⁴ kəɯ²⁴ lɛ⁰ xa⁰, ŋɑɔ²²³ xa⁰！

要蒸糕吧！

赵姐：千层糕呗有白的、黄的，两种颜色个。

tɕʰiɛ⁴⁴ zɛ²²³ kəɯ²⁴ pɛ⁰ iəɯ⁴⁴ baʔ²³ kei⁰、ɔ̃³¹ kei⁰, la⁴⁴ tɕiɔ̃⁴¹ ŋã²²³ saʔ⁵ kei⁰。

千层糕有白的、黄的两种颜色。

小褚：糕，我呗吃弗责˭来个，阿˭个东西。

kəɯ²⁴, ŋo⁴⁴ pɛ⁰ tɕʰiʔ⁵ fuʔ⁴ tsaʔ⁵ li³¹ kei⁰, aʔ⁵ kei⁰ noŋ⁴⁴ sl̩²⁴。

糕这东西，我是不怎么爱吃的。

赵姐：我是喜欢吃个。

ŋo⁴¹ dzl̩²²³ sl̩⁴⁴ xuã²⁴ tɕʰiʔ⁵ kei⁰。

我是喜欢吃的。

老邱：糕个东西是一种含义，千层糕，阿˭呗，吃了乙个糕呢，步步高，
　　　使家庭呢，便是讲每年呢步步高升阿˭色˭个意思。

kəɯ²⁴ kei⁰ noŋ⁴⁴ sʅ²⁴ dzʅ²²³ iʔ²⁴ tɕi ɔ̃⁴¹ ɛ³¹ i⁴⁵ , tɕʰiɛ⁴⁴ zɛ²²³ kəɯ²⁴ , aʔ⁵ pɛ⁰ ,
tɕʰiʔ⁵ laɔ⁰ iʔ⁵ kei⁰ kəɯ²⁴ n̠i⁰ , bu²²³ bu²²³ kəɯ²⁴ , sʅ⁴⁴ ko⁴⁴ diŋ³¹ n̠i⁰ , biɛ²²³
dzʅ²²³ k ɔ̃⁴⁴ mei⁴⁴ n̠iɛ³¹ n̠i⁰ bu²²³ bu²²³ kəɯ⁴⁴ ɕiŋ²⁴ aʔ⁵ saʔ⁰ kei⁰ i⁴⁴ sʅ⁴⁵ 。

　　　糕是有寓意的，吃了千层糕这种糕呢，家庭每年能步步高升，
　　　有这样的含义。

赵姐：哦，更上一层楼，阿˭色˭嗒。"鬼儿满田墈"责˭意思呢？事实
　　　鬼是无有个。渠粒˭人是讲乙色˭，七月半牢˭埝啰，正正好田
　　　里阿˭个稻秆嗒，一个一个隆起顿阿˭埝，相去好像鬼样。

o²²³ , ka⁴⁵ dzi ã²²³ iʔ²⁴ zɛ²²³ ləɯ³¹² , aʔ⁵ saʔ⁰ nɔ⁰ 。 kuei⁴⁴ n̠i⁴⁵ mɛ⁴¹ diɛ²²³
kʰɛ⁴⁵ tsaʔ⁵ i⁴⁴ sʅ⁴⁵ n̠i⁰ ? zʅ²²³ zeiʔ²³ kuei⁴¹ dzʅ²²³ m⁴⁵ iəɯ⁴¹ kei⁰ 。 gi²²³
lɛʔ⁰ nɛ³¹ dzʅ²²³ k ɔ̃⁴⁴ iʔ⁵ saʔ⁰ , tsʰeiʔ⁴ n̠yɛʔ²³ pɛ⁴⁵ laɔ³¹ tɔʔ⁰ lo⁰ , tɕiŋ⁴⁴
tɕiŋ⁴⁵ xəɯ⁴⁴ diɛ³¹ li⁰ aʔ²⁴ kei⁰ daɔ²²³ kuɛ⁴⁴ nɔ⁰ , iʔ²⁴ kei⁴⁵ iʔ⁵ kei⁴⁵ l ɔ̃³¹ tsʰʅ⁴⁴
təŋ⁴⁵ aʔ⁵ tɔʔ⁰ , ɕia⁴⁵ kʰi⁴⁴ xəɯ⁴⁴ zia ã²²³ kuei⁴¹ ia ã²²³ 。

　　　哦，更上一层楼的意思。"鬼儿满田墈"是什么意思呢？其实
　　　是没有鬼的，七月半的时候，田里竖立着一个个稻草束，看上
　　　去就像鬼一样。

小褚：鬼节噶，乐做祭神个嗒。

kuei⁴⁴ tɕiɛʔ⁵ ka⁰ , ŋaɔ²²³ tso⁴⁴ tsʅ⁴⁴ zəŋ³¹ kei⁰ nɔ³¹ 。

　　　鬼节呀，要祭神的。

赵姐：嗯嗯，乐做个。

ŋ³¹ ŋ³¹² , ŋaɔ²²³ tso⁴⁵ kei⁰ 。

　　　嗯嗯，要祭的。

小褚：是秋季啊嗒，阿˭时节已经是。

dzʅ²²³ tɕʰiəɯ²⁴ tsʮ⁴⁵ a⁰ nɔ⁰ , aʔ⁵ zʅ³¹ tɕiɛʔ⁵ i⁴⁴ tɕiŋ²⁴ dzʅ²²³ 。

那时节已经是秋季了。

老邱：在云和城里来讲呢，乙两回无责＝人做了啰。过去来讲，牢＝
　　乡下呢，是家家户户都做嘞，乙个节气呢也比较重视嘞。

za²²³ yŋ²²³ o³¹ ʑiŋ³¹ li⁰ li³¹ kɔ̃⁴⁴ ȵi⁰ , iʔ⁵ la⁴⁴ uei³¹ m̩⁴⁵ tsaʔ⁵ nɛ³¹ tso⁴⁵ laɔ⁰ lo⁰ 。

ko⁴⁵ tsʰʮ⁴⁵ li³¹ kɔ̃⁴¹ , laɔ³¹ ɕi ã⁴⁴ io⁴⁵ ȵi⁰ , dzʅ²²³ ko⁴⁴ ko²⁴ u²²³ u²²³ tu²⁴

tso⁴⁴ ko⁰ , iʔ⁵ kei⁰ tɕiɛʔ⁴ tsʰʅ⁴⁵ ȵi⁰ a²²³ pi⁴⁴ kaɔ⁴⁵ dziɔ̃²²³ zʅ²²³ ko⁰ 。

　　现在七月半云和城里已经没什么人祭神了，以前乡下是家家
　　户户都要祭神的，比较重视这个节气。

赵姐：欸，欸，农村呗更重视嘞，七月半是。

ɛ³¹ , ɛ³¹ , noŋ²²³ tsʰuɛ²⁴ pɛ⁰ ka⁴⁵ dziɔ̃²²³ zʅ²²³ lɛ⁰ , tsʰeiʔ⁴ ȵyɛʔ²²³ pɛ⁴⁵ dzʅ²²³ 。

　　七月半是农村更重视一些。

小褚：对个。炊糕哈！

tei⁴⁵ kei⁰ 。 tsʰʮ⁴⁴ kəɯ²⁴ xa⁰ ！

　　是的。要蒸糕吧！

小褚：七月半了便是八月半啊嘞，八月半更闹哦，还是。

tsʰeiʔ⁴ ȵyɛʔ²²³ pɛ⁴⁵ laɔ⁰ biɛ²²³ dzʅ²²³ pɔʔ⁴ ȵyɛʔ²²³ pɛ⁴⁵ a⁰ lɛ⁰ , pɔʔ⁴ ȵyɛʔ²²³

pɛ⁴⁵ ka⁴⁵ naɔ²²³ o⁰ , a²²³ dzʅ²²³ 。

　　七月半之后就是八月半了，还是八月半更热闹。

赵姐：欸，欸，八月半呢，意思呢便是讲大团圆嗻。团圆节喏，是哈！
　　嗷，吃麻糍斗＝汤圆个。

ɛ³¹ , ɛ³¹ , pɔʔ⁴ ȵyɛʔ²²³ pɛ⁴⁵ ȵi⁰ , i⁴⁴ sʅ⁴⁵ ȵi⁰ biɛ²²³ dzʅ²²³ kɔ̃⁴⁴ du²²³ duɛ²²³

yɛ³¹ nɔ⁰ 。 duɛ²²³ yɛ³¹ tɕiɛʔ⁵ nɔ⁰ , dzʅ²²³ xa⁰ ！ ɔ²⁴ , tɕʰiʔ⁵ mo²²³ zʅ³¹ təɯ⁴⁴

·tʰɔ̃⁴⁴ yɛ³¹ kei⁰ 。

　　嗯嗯，八月半是大团圆，是团圆节吧！嗯，要吃麻糍和汤圆。

小褚：月饼哦。

ȵyɛʔ²²³ piŋ⁴¹ o⁰ 。

还有月饼。

老邱：月饼是主要嘚。

ȵyɛʔ²³ piŋ⁴¹ dzʅ²²³ tsʯ⁴⁴ iɑu⁴⁵ ko⁰。

月饼是主要的。

小褚：过去无有月饼个哈！

ko⁴⁵ tsʰʯ⁴⁵ m⁴⁵ iəɯ⁴⁴ ȵyɛʔ²³ piŋ⁴¹ kei⁰ xa⁰！

以前是没有月饼的吧！

赵姐：过去无有个，嗷！嗯，做麻糍呢是乙色゠个，乡下地方个人呢，
渠个麻糍炊起呢摁来硬戳个。

ko⁴⁵ tsʰʯ⁴⁵ m⁴⁵ iəɯ⁴⁴ kei⁰，ɔ²⁴！ŋ²²³，tso⁴⁴ mo²²³ zʅ³¹ ȵi⁰ dzʅ²²³ iʔ⁵ saʔ⁰
kei⁰，ɕia̰⁴⁴ io⁴⁴ di²²³ f ɔ̃²⁴ kei⁰ nɛ³¹ ȵi⁰，gi²²³ kei⁰ mo²²³ zʅ³¹ tsʰʯ²⁴ tsʰʅ⁴⁴
ȵi⁰ iɔʔ⁵ li³¹ ŋɛ²²³ tɕiɔʔ⁵ kei⁰。

以前没有的吧！嗯，乡下吃麻糍，麻糍是这样做的，米蒸了之
后使劲杵。

小褚：舂臼ㄦ。

ioŋ⁴⁴ dzioŋ²²³。

舂臼。

赵姐：舂臼ㄦ底面阿゠色゠硬戳戳起来。

ioŋ⁴⁴ dzioŋ²²³ ti⁴⁴ miɛ²²³ aʔ⁵ saʔ⁰ ŋɛ²²³ tɕiɔʔ⁵ tɕʰiɔʔ⁵ tsʰʅ⁴⁴ li³¹²。

放在舂臼里使劲杵起来。

小褚：舂起来个哈！

ioŋ²⁴ tsʰʅ⁴⁴ li³¹ kei⁴⁵ xa⁰！

舂起来的吧！

老邱：乙个也是我你云和一种特色。

iʔ⁵ kei⁰ a²²³ dzʅ²²³ ŋo⁴⁴ ȵi⁴¹ yŋ²²³ o³¹ iʔ⁴ tɕiɔ̃⁴¹ daʔ²³ saʔ⁵。

这个也是咱们云和的一种地方特色。

赵姐：嗷，舂个，舂起个。

ɔ²⁴, ioŋ²⁴kei⁰, ioŋ²⁴tsʰ l̩⁴⁴kei⁰。

嗯，叫作"舂"，舂起来的。

小褚：阿˭个舂起个真好吃哦！

aʔ⁵kei⁰ioŋ²⁴tsʰ l̩⁴⁴kei⁰tsəŋ²⁴xɯ⁴⁴tɕʰiʔ⁵o⁰！

那舂起来的真好吃！

赵姐：阿˭个麻糍特别韧个，好吃险个。

aʔ⁵kei⁰mo²²³z l̩³¹daʔ²³biɛʔ⁵ȵiŋ²²³kei⁰, xɯ⁴⁴tɕʰiʔ⁵ɕiɛ⁴⁴kei⁰。

那种麻糍特别劲道，很好吃。

老邱：因为乡下来讲呢，乙个舂臼ㄦ呢，舂起个东西呢，特别轆粒˭，
特别糯ㄦ粒˭。

iŋ²⁴uei³¹ɕiã⁴⁴io⁴⁵li³¹kɔ⁴⁴ȵi⁰, iʔ⁵kei⁰ioŋ⁴⁴dʑioŋ²²³ȵi⁰, ioŋ²⁴tsʰ l̩⁴¹
kei⁰noŋ⁴⁴s l̩²⁴ȵi⁰, daʔ²³biɛʔ²³tʰi⁴⁵lɛʔ⁰, daʔ²³biɛʔ²³noŋ⁴⁵lɛʔ⁰。

乡下用石臼舂透后加工出来的麻糍特别细腻，特别糯。

小褚：对险，对险。

tei⁴⁵ɕiɛ⁴¹, tei⁴⁵ɕiɛ⁴¹。

非常正确，非常正确。

老邱：阿˭呗，乙个麻糍呢，确实是好吃个啰。

aʔ⁵pɛ⁰, iʔ⁵kei⁰mo²²³z l̩³¹ȵi⁰, kʰoʔ⁵zeiʔ²³dʑ l̩²²³xɯ⁴⁴tɕʰiʔ⁵kei⁰lo⁰。

这种麻糍确实美味。

小褚：麻糍，有粒˭呗是用油麻做个，有粒˭乡下是用豆粉做个，阿˭
个搦起也香险个，用阿˭个豆粉炒起。

mo²²³z l̩³¹², iəɯ⁴⁴lɛʔ⁰pɛ⁰dʑ l̩²²³iɔ̃²²³iəɯ²²³mo³¹tso⁴⁴kei⁰, iəɯ⁴⁴lɛʔ⁰ɕiã⁴⁴
io⁴¹dʑ l̩²²³iɔ̃²²³dəɯ²²³fəŋ⁴¹tso⁴⁴kei⁰, aʔ⁵kei⁰ȵiəɯʔ²³tsʰ l̩⁴⁴a²²³ɕiã²⁴
ɕiɛ⁴⁴kei⁰, iɔ̃²²³aʔ⁵kei⁰dəɯ²²³fəŋ⁴¹tsʰɑ⁴⁴tsʰ l̩⁴¹。

有些乡下人用芝麻、豆粉制作的麻糍，特别香。

赵姐:对,对。豆粉揿起便是黄个哈!

　　　tei⁴⁵,tei⁴⁵。dəɯ²²³fəŋ⁴¹ɳiəɯʔ²³tsʰ ʅ⁴⁴bɛ²²³dzʅ²²³ɔ̃³¹kei⁰xa⁰!

　　　对,对。用豆粉制作的是黄的吧!

小褚:嗷,阿＝个真好吃。

　　　ɔ²⁴,aʔ⁵kei⁰tsəŋ²⁴xəɯ⁴⁴tɕʰiʔ⁵。

　　　嗯,那个真好吃。

赵姐:油麻揿起便是黑个,两种颜色个。

　　　iəɯ²²³mo³¹ɳiəɯʔ²²³tsʰ ʅ⁴⁴bɛ²²³dzʅ²²³xɛ²ʔ⁴kei⁰,la⁴⁴tɕiɔ̃⁴¹ŋã²²³saʔ⁵kei⁰。

　　　用芝麻制作的是黑的。有两种颜色。

老邱:团圆呢,乙粒＝儿啊,囡啊,新妇啊牢＝外地,一般都会归来
　　　啊个。

　　　duɛ²²³yɛ³¹ɳi⁰,iʔ⁵lɛʔ⁰ɳi²⁴a⁰,nɛ²⁴a⁰,səŋ⁴⁴vu²³¹a⁰lɑɔ³¹ua²²³di²²³,

　　　iʔ⁴pɛ²⁴tu²⁴uei²²³kuei²⁴li³¹a⁰kei⁰。

　　　团圆节,在外工作的子女、媳妇一般都会回来。

小褚:八月半哈!

　　　pɔʔ⁴ɳyɛʔ²³pɛ⁴⁵xa⁰!

　　　因为是八月半啊!

老邱:归来,八月半是团圆节喏。

　　　kuei²⁴li³¹²,pɔʔ⁴ɳyɛʔ²³pɛ⁴⁵dzɛ²²³duɛ²²³yɛ³¹tɕiɛʔ⁵nɔ⁰。

　　　要回来,因为八月半是团圆节。

赵姐:乐相相老人家上辈人,乐归来。

　　　ŋɑɔ²²³ɕiã⁴⁴ɕiã⁴⁴lɑɔ⁴⁴nɛ²²³ko²⁴dziã²²³pei⁴⁵nɛ³¹²,ŋɑɔ²²³kuei²⁴li³¹²。

　　　得回来看望老人家和长辈。

老邱:阿＝呗,有粒＝牢＝外国呢也会归来。八月半呢,特别是月光
　　　暝,八月半个月光暝呢,月光是最大个。

　　　aʔ⁵pɛ⁰,iəɯ⁴⁴lɛʔ⁰lɑɔ³¹ua²²³kuaʔ⁵ɳi⁰a²²³uei²²³kuei²⁴li³¹²。pɔʔ⁴

ȵyɛʔ²³ pɛ⁴⁵ ȵi⁰ , daʔ²³ biɛʔ²³ dzɿ²²³ ȵyɛʔ²³ k ɔ̃²⁴ mɛ²²³ , pɔʔ⁴ ȵyɛʔ²³ pɛ⁴⁵ kei⁰ ȵyɛʔ²³ k ɔ̃²⁴ mɛ²²³ ȵi⁰ , ȵyɛʔ²³ k ɔ̃²⁴ dzɿ²²³ tsei⁴⁵ du²²³ kei⁰ 。

是的,即使是在国外的人也会回来团聚。八月半的月亮是特别亮的。

小褚:还乐相月亮哈!

a²²³ ŋɑɔ²²³ ɕia⁴⁴ ȵyɛʔ²³ liã²²³ xa⁰ !

还要赏月吧!

老邱:大势＝人吃了月饼,吃了麻糍呢,相月亮,天晴着。

dɔ²²³ sɿ²⁴ nɛ³¹ tɕhiʔ⁵ lɑɔ⁰ ȵyɛʔ²³ piŋ⁴¹ , tɕhiʔ⁵ lɑɔ⁰ mo²²³ zɿ³¹ ȵi⁰ , ɕiã⁴⁴ ȵyɛʔ²³ liã²²³ , thiɛ⁴⁴ ʑiŋ³¹ dziɔʔ²³ 。

如果是晴天,大家吃了月饼、麻糍之后还要赏月。

小褚:我是听老班辈讲,过去还乐拜月亮嘞。云和,我相着一回过,有人拜月亮。香案摆起呗,还乐水果阿＝些儿生＝摆起,囥阿＝埭拜月亮个讲。

ŋo⁴⁴ dzɿ²²³ thiŋ⁴⁴ lɑɔ⁴⁴ pã⁴⁴ pei⁴⁵ k ɔ̃⁴⁴ , ko⁴⁵ tshɥ⁴⁵ a²²³ ŋɑɔ²²³ pɔ⁴⁴ ȵyɛʔ²³ liã²²³ lɛ⁰ 。 yŋ²²³ o³¹² , ŋo⁴⁴ ɕi ã⁴⁴ dziɔʔ²³ iʔ⁴ uei²²³ ko⁴⁵ , iəɯ⁴⁴ nɛ³¹ pɔ⁴⁴ ȵyɛʔ²³ liã²²³ 。 ɕi ã²⁴ uɛ⁴⁵ pɔ⁴⁴ tshɿ⁴⁴ pɛ⁰ , a²²³ ŋɑɔ²²³ sɥ⁴⁴ ko⁴¹ aʔ⁵ ɕiŋ⁴⁴ sɛ⁴⁴ pɔ⁴⁴ tshɿ⁴¹ , kh ɔ̃⁴⁴ aʔ⁵ lɔʔ⁰ pɔ⁴⁴ ȵyɛʔ²³ liã²²³ kei⁰ k ɔ̃⁴¹ 。

我听老人家讲,以前八月半还要拜月亮。有一次我在云和看到拜月亮的了。香案摆那儿,上面摆放水果等一些东西,说是在拜月亮。

赵姐:月亮有月亮神个哈! 真!

ȵyɛʔ²³ liã²²³ iəɯ⁴⁴ ȵyɛʔ²³ liã²²³ zəŋ³¹ kei⁰ xa⁰ ! tsəŋ²⁴ !

月亮上也有月亮神的呢! 真的!

小褚:乐拜个讲。

ŋɑɔ²²³ pɔ⁴⁵ kei⁰ k ɔ̃⁴¹ 。

说是要拜的。

赵姐：我无相着过欬，乙个保证还好相个。

ŋo⁴⁴ m⁴⁵ ɕiã⁴⁴ dziɔʔ²³ ko⁴⁵ ɛ⁰，iʔ⁵ kei⁰ pɑɔ⁴⁴ tɕiŋ⁴⁵ a²²³ xɯeɯ⁴⁴ ɕiã⁴⁵ kei⁰。

我没见过，这个肯定很好看。

小褚：我相着一回过。

ŋo⁴⁴ ɕiã⁴⁴ dziɔʔ²³ iʔ⁴ uei²²³ ko⁴⁵。

我见过一次。

赵姐：乐跪落去拜弗呢？

ŋɑɔ²²³ dzʮ²²³ loʔ²³ kʰi⁴⁴ pɔ⁴⁵ fuʔ⁵ n̠i⁰？

要跪下去拜吗？

小褚：晓弗得。阿ᵈ个我便是劳ᵈ着记噶，我过道过着。

ɕiɑɔ⁴⁴ fuʔ⁴ tiʔ⁵。aʔ⁵ kei⁰ ŋo⁴⁴ biɛ²²³ dzʮ²²³ lɑɔ²²³ dziɔʔ²³ tsʮ⁴⁵ ka⁰，ŋo⁴⁴ ko⁴⁴ dɑɔ²²³ ko⁴⁵ dziɔʔ²³。

不知道。我就是无意中看到，只是路过时遇上了。

赵姐：哦，也无有详细去相哈！

o³¹，a²²³ m⁴⁵ iəɯ⁴⁴ ʑiã³¹ sʮ⁴⁵ kʰi⁴⁴ ɕiã⁴⁵ xa⁰！

嗯，也没有仔细看吧！

小褚：正正是八月半阿ᵈ日乌日拜个。月光亦光啰，便是桌摆起呗便拜月亮个讲。我讲责ᵈ事干讲。

tɕiŋ⁴⁴ tɕiŋ⁴⁵ dzʮ²²³ pɔʔ⁴ n̠yɛʔ²³ pɛ⁴⁵ aʔ⁵ naʔ²³ uei²⁴ n̠i⁴⁵ pɔ⁴⁵ kei⁰。n̠yɛʔ²³ kɔ̃²⁴iʔ²³ kɔ̃²⁴lo⁰，biɛ²²³ dzʮ²²³ tioʔ⁵ pɔ⁴¹ tsʰʮ⁴⁴ pɛ⁰ biɛ²²³ pɔ⁴⁴ n̠yɛʔ²³ liã²²³ kei⁰ kɔ̃⁴¹。ŋo⁴⁴ kɔ̃⁴⁴ tsaʔ⁵ zʮ²²³ kuɛ⁴⁵ kɔ̃⁰。

正好是八月半晚上，月光很亮，桌子摆在那儿，别人告诉我说是在拜月亮。我还以为是什么事情呢。

赵姐：云和还有粒ᵈ小节日多险嘞，尝新米啊，散猪福啊。

yŋ²²³ o³¹ a²²³ iəɯ⁴⁴ lɛʔ⁰ ɕiɑɔ⁴⁴ tɕiɛʔ⁴ naʔ²³ tu²⁴ ɕiɛ⁴¹ le⁰，ʑiã²²³ səŋ⁴⁴ mi⁴¹ a⁰,sã⁴⁴ti⁴⁴fəuʔ⁵a⁰。

云和的小节日还有很多,比如尝新米,吃杀猪宴等。

小褚:尝猪福是乐猪杀了才是尝猪福啰,弗算节日啰。

ɕiã⁴⁴ti⁴⁴fəuʔ⁵dʐ̩²²³ŋɑɔ²²³ti²⁴sɔʔ⁵lɑɔ⁰za³¹dʐ̩²²³ɕiã⁴⁴ti⁴⁴fəuʔ⁵lo⁰,fuʔ⁴suɛ⁴⁵tɕiɛʔ⁴naʔ²³lo⁰。

尝猪福是杀猪之后的聚会,不属于节日。

赵姐:阿⁼个弗算节日个哈!

aʔ⁵kei⁰fuʔ⁴suɛ⁴⁵tɕiɛʔ⁴naʔ²³kei⁰xa⁰!

这个不属于节日吧!

小褚:过去乐尝新米哈,阿⁼个谷割落来呗。我人是无相着过欸,邱老师你人可能相着过。

ko⁴⁵tsʰʮ⁴⁵ŋɑɔ²²³ʑiã²²³səŋ⁴⁴mi⁴¹xa⁰,aʔ⁵kei⁰kəuʔ⁵kuɛʔ⁵lo²³li³¹pɛ⁰。ŋo⁴⁴nɛ³¹dʐ̩²²³m̩⁴⁵ɕiã⁴⁵dʑiɔʔ²³ko⁴⁵ɛ⁰,tɕʰiəu⁴⁴lɑɔ⁴¹sʮ⁴⁴n̠i⁴⁴nɛ³¹kʰu⁴⁴nɛ³¹ɕiã⁴⁵dʑiɔʔ²³ko⁴⁵。

以前割完稻子之后要尝新米吧。我没见过,邱老师你们可能看到过。

老邱:尝新米是讲,欸,第一季稻割了以后,阿⁼个新米出来哇,大势⁼人都尝尝阿⁼个新个米,是弗是几粒⁼好吃生⁼喏。

ʑiã²²³səŋ⁴⁴mi⁴¹dʐ̩²²³kɔ̃⁴¹,ɛ³¹,di²²³iʔ⁵tsʮ⁴⁴dɑɔ²³¹kuɛʔ⁵lɑɔ⁰i⁴⁴u⁴¹,aʔ⁵kei⁰səŋ²⁴mi⁴¹tɕʰyɛʔ⁵li³¹ua⁰,dɔ²²³sʮ²⁴nɛ³¹tu²⁴ʑiã²²³ʑiã³¹aʔ⁵kei⁰səŋ²⁴kei⁰mi⁴¹,dʐ̩²²³fuʔ⁴dʐ̩²²³ki⁴⁴lɛʔ⁰xəu⁴⁴tɕʰiʔ⁵sɛ⁴⁴nɔ⁰。

尝新米是指割完第一季稻后,新米出来了,大家都尝尝这个新米的味道,是不是很好吃。

小褚:饭乐焖碗起来呗,园天井埂还乐摆记,才尝新米噶,都乐乞五谷神吃了先噶,便明年更好种生⁼个讲。

vã²²³ŋɑɔ²²³məŋ²²³uã⁴¹tsʰʮ⁴⁴li³¹pɛ⁰,kʰɔ̃⁴⁵tʰiɛ⁴⁴tɕiŋ⁴⁴lɔʔ⁰ã²²³ŋɑɔ²²³ pɔ⁴⁴ tsɿ⁴⁵ , za³¹ ʑi ã²²³ səŋ⁴⁴ mi⁴¹ ka⁰ , tu²⁴ ŋɔ²²³ kʰa⁴⁴ ŋ⁴⁴ kəɯʔ⁴ zəŋ³¹ tɕʰiʔ⁵ lɑɔ⁰ ɕie²⁴ ka⁰ , biɛ²²³ mã²²³ ȵie³¹ ka⁴⁵ xɯu⁴⁴ tɕiɔ̃⁴⁵ sɛ⁴⁴ kei⁰ kɔ̃⁰ 。

还要烧一碗新米饭摆在天井,让五谷神先吃,祈愿明年继续大丰收。

赵姐:嗯,哦哦,尝新米,实际上还是有个生⁼意义牢⁼阿⁼埂底面嗻。

ŋ³¹ , o³¹ o³¹ , ʑi ã²²³ səŋ⁴⁴ mi⁴¹ , zeiʔ²²³ tsɿ⁴⁵ dʑi ã²²³ a²²³ dzɿ²²³ iəɯ⁴⁴ kei⁴⁵ sɛ⁴⁴ i⁴⁵ ȵi²²³ lɑɔ³¹ tɔʔ⁰ ti⁴⁴ miɛ²²³ nɔ⁰ 。

嗯,尝新米蕴含着这么个意义。

小褚:阿⁼呗,八月半过了便乐过年无嚜哇? 冬至哇哈,当真。

aʔ⁵ pɛ⁰ , pɔʔ⁴ ȵyɛʔ²²³ pɛ⁴⁵ ko⁴⁵ lɑɔ⁰ biɛ²²³ ŋɔ²²³ ko⁴⁴ ȵiɛ³¹ m⁴⁵ ko⁰ ua⁰ ? toŋ²⁴ tsɿ⁴⁵ ua⁰ xa⁰ , tɔ̃⁴⁴ tsəŋ²⁴ 。

八月半之后就是过年了吗? 应该是冬至。

赵姐:冬至算是吃责⁼事? 我是真晓弗责⁼得。

toŋ²⁴ tsɿ⁴⁵ suɛ⁴⁵ dzɿ²²³ tɕʰiʔ⁴ tsaʔ⁵ zɿ²²³ ? ŋo⁴⁴ dzɿ²²³ tsəŋ²⁴ ɕiɑɔ⁴⁴ fuʔ⁴ tsaʔ⁴ tiʔ⁵ 。

冬至吃什么呢? 我不怎么了解。

老邱:冬至呢弗出年外个嗻。

toŋ²⁴ tsɿ⁴⁵ ȵi⁰ fuʔ⁴ tɕʰyɛʔ⁵ ȵie³¹ ua²²³ kei⁰ nɔ⁰ 。

俗语说"冬至不出年外"。

赵姐:冬至是具体是吃责⁻东西啦算?

toŋ²⁴ tsɿ⁴⁵ dzɿ²²³ dzɿ²²³ tʰi⁴¹ dzɿ²²³ tɕʰiʔ⁴ tsaʔ⁵ noŋ⁴⁴ sɿ²⁴ la⁰ suɛ⁴⁵ ?

冬至吃什么呢?

小褚:吃汤圆个,也是。

tɕʰiʔ⁴ tʰ ɔ̃⁴⁴ yɛ³¹ kei⁰ , a²²³ dzɿ²²³ 。

也是吃汤圆。

老邱:冬至来讲,弗出年外呢,一般杀猪了嗻。

toŋ²⁴tsʅ⁴⁵li³¹kɔ̃⁴⁴，fuʔ⁴tɕʰyɛʔ⁵n̠iɛ³¹ua²²³n̠i⁰，iʔ⁴pɛ²⁴sɔʔ⁴ti²⁴lɑɔ⁴¹nɔ⁰。

冬至年关临近，一般来说要杀猪了。

小褚：冬至还无杀猪滴儿哇？杀无嘛？

toŋ²⁴tsʅ⁴⁵a²²³m⁴⁵sɔʔ⁴ti²⁴tiŋ⁴⁵ua⁰？sɔʔ⁵m⁴⁵ko⁰？

冬至还不能杀猪吧？杀吗？

老邱：杀猪是十二月，哈！

sɔʔ⁴ti²⁴dzʅ²²³ʑyeiʔ²³n̠i²²³n̠yɛʔ²³，xa⁰！

杀猪是十二月，对吧！

小褚：冬至呢，有粒⁼人处也乐做祭神。有粒⁼人处阿⁼个坟破了些儿呢，可以冬至日来修讲，乐拣日子得个讲。

toŋ²⁴tsʅ⁴⁵n̠i⁰，iɯ⁴⁴lɛʔ⁰nɛ³¹tsʰɥ⁴⁵a²²³ŋɑɔ²²³tso⁴⁴tsʅ⁴⁴zəŋ³¹²。iɯ⁴⁴lɛʔ⁰nɛ³¹tsʰɥ⁴⁵aʔ⁵kei⁰vəŋ³¹pʰɔ⁴⁵lɑɔ⁴⁴ɕiŋ⁴⁴n̠i⁰，kʰu⁴⁴i⁴¹toŋ²⁴tsʅ⁴⁵naʔ²³li³¹ɕiəɯ²⁴kɔ̃⁰，ŋɑɔ⁴⁵kã⁴⁴naʔ²³tsʅ⁴⁴tiʔ⁵kei⁰kɔ̃⁰。

有些人家冬至也要祭神，有些人家的祖坟破旧了，不用挑日子，就可以安排在冬至日修坟。

赵姐：还有粒⁼人讲托梦来着呗，冬至走去，还讲渠忖责⁼东西便去烧迦事乞渠，阿⁼色⁼个哈！

a²²³iɯ⁴⁴lɛʔ⁰nɛ³¹kɔ̃⁴⁴tʰoʔ⁴məŋ²²³li³¹dziɔʔ²³pɛ⁰，toŋ²⁴tsʅ⁴⁵tsɯ⁴⁴kʰi⁴⁴，a²²³kɔ̃⁴⁴gi²²³tsʰuɛ⁴¹tsaʔ⁵noŋ⁴⁴sʅ²⁴biɛ²²³kʰi⁴⁴ɕiɑɔ²⁴tɕiaʔ⁵zʅ²²³kʰa⁴⁴gi²²³，aʔ⁵saʔ⁰kei⁰xa⁰！

民间有这么个说法，过世的人若托梦，那就冬至去坟前烧他需要的东西，是这样的，对吧！

小褚：也乐做祭神呗，也乐大势⁼人，处底人坐落来，也乐吃吃饭噶，也是坐落聚聚会噶，猪脚乞你剚来呗。

a²²³ŋɑɔ²²³tso⁴⁴tsʅ⁴⁴zəŋ³¹pɛ⁰，a²²³ŋɑɔ²²³dɔ²²³sʅ²⁴nɛ³¹²，tsʰɥ⁴⁵ti⁴⁴nɛ³¹ zu²²³ loʔ²³ li³¹² , a²²³ ŋɑɔ²²³ tɕʰiʔ⁵ tɕʰiʔ⁴ v a̰²²³ ka⁰ , a²²³ dzɿ²²³ zu²²³ loʔ²³ dzч²²³ dzч²²³ uei²²³ ka⁰ , ti⁴⁴ tɕiɔʔ⁵ kʰa⁴⁴ n̥i⁴⁴ tsʰei⁴⁵ li³¹ pɛ⁰ 。

也要祭神。家里人坐在一起吃饭，聚会，买来猪脚作为食材。

小褚：冬至了呗便是小年嘞，便是廿三镬灶头佛上天嘞哈！

toŋ²⁴ tsɿ⁴⁵ lɑɔ⁰ pɛ⁰ biɛ²²³ dzɿ²²³ ɕiɑɔ⁴⁴ n̥iɛ³¹ lɛ⁰ , biɛ²²³ dzɿ²²³ ŋ̍iɛ²²³ sã²⁴ oʔ²³ tsɑɔ⁴⁴ təш⁴⁴ vei²²³ dziã²²³ tʰiɛ²⁴ lɛ⁰ xa⁰ !

冬至之后就是小年，就是二十三灶神爷上天吧！

老邱：镬灶头佛上天啊，阿＝个是。

oʔ²³ tsɑɔ⁴⁴ təш⁴⁴ vei²²³ dziã²²³ tʰiɛ²⁴ a⁰ , aʔ⁴ kei⁰ dzɿ²²³ 。

是灶神爷上天。

赵姐：镬灶头佛上天之前呢，便是讲乐开＝卫生。

oʔ²³ tsɑɔ⁴⁴ təш⁴⁴ vei²²³ dziã²²³ tʰiɛ²⁴ tsɿ⁴⁴ ziɛ³¹ n̥i⁰ , biɛ²²³ dzɿ²²³ kɔ̃⁴⁴ ŋɑɔ²²³ kʰei⁴⁴ uei²²³ sɛ²⁴ 。

灶神爷上天之前要搞卫生。

小褚：乐刷尘哈！

ŋɑɔ²²³ ɕyɛʔ²⁴ dzəŋ³¹ xa⁰ !

要除尘吧！

赵姐：嗷，刷尘。厨房底面乐帮渠开＝干净喏，镬灶间喏我你是讲，镬灶间乐帮渠都开＝干净来呗。

ɔ²⁴ , ɕyɛʔ²⁴ dzəŋ³¹² 。dzч²²³ v ɔ̃³¹ ti⁴⁴ miɛ²²³ ŋɑɔ²²³ p ɔ̃²⁴ gi³¹ kʰei⁴⁵ kuɛ²⁴ ziŋ²²³ nɔ⁰ , oʔ²³ tsɑɔ⁴⁴ kã²⁴ nɔ⁰ ŋo⁴⁴ n̥i⁴¹ dzɿ²²³ kɔ̃⁴¹ , oʔ²³ tsɑɔ⁴⁴ kã²⁴ ŋɑɔ²²³ p ɔ̃²⁴ gi³¹ tu²⁴ kʰei⁴⁵ kuɛ²⁴ ziŋ²²³ li³¹ pɛ⁰ 。

嗯，除尘。厨房要弄干净，厨房咱们叫镬灶间。

小褚：廿三呗，馃啊哈，水果阿＝些儿，苹果阿＝些儿，摆垾呗，香台点起呗送渠上天呗，三十日再接落来色＝个，是色＝讲个。过去都是色＝做个，乙两回呗，连镬灶头都无了呗，也无人弄了喏，小年无色⸗闹了。

ȵiɛ²²³ sã²⁴ pɛ⁰ , ko⁴¹ a⁰ xa⁰ , sʮ⁴⁴ ko⁴¹ aʔ⁵ ɕiŋ⁴⁴ , biŋ²²³ ko⁴¹ aʔ⁵ ɕiŋ⁴⁴ , pɔ⁴⁴ lɔʔ⁵ pɛ⁰ , ɕi ã⁴⁴ da³¹ tiɛ⁴⁴ tsʰ ɻ⁴¹ pɛ⁰ soŋ⁴⁵ gi²²³ dʑi ã²²³ tʰiɛ²⁴ pɛ⁰ , s ã⁴⁴ ʑyei²²³ naʔ²³ tsa⁴⁴ tɕiɛʔ⁵ lɔ²³ li³¹ saʔ⁵ kei⁰ , dʑɻ²²³ saʔ⁵ k ɔ̃⁴⁴ kei⁰ 。 ko⁴⁵ tsʰ ʮ⁴⁵ tu²⁴ dʑɻ²²³ saʔ⁵ tso⁴⁵ kei⁰ , iʔ⁵ la⁴⁴ uei²²³ pɛ⁰ , liɛ²²³ oʔ²³ tsɑɔ⁴⁴ dəɯ³¹ tu²⁴ m⁴⁵ lɑɔ⁴¹ pɛ⁰ , a²²³ m⁴⁵ nɛ³¹ loŋ²²³ lɑɔ⁴¹ nɔ⁰ , ɕiɑɔ⁴⁴ ȵiɛ³¹ m⁴⁵ saʔ⁵ nɑɔ²²³ lɑɔ⁰ 。

二十三那天，馃、水果之类的摆上，香台点起来，说是送灶神爷上天，除夕再迎接他下来。以前都是这样做的，现在连灶台都没了，也就没人弄了，小年没以前热闹了。

老邱：乙两回无镬灶了噶。

iʔ⁵ la⁴⁴ uei²²³ m⁴⁵ oʔ²³ tsɑɔ⁴⁴ lɑɔ⁰ ka⁰ 。

现在没灶台了。

赵姐：小年是农历廿三哦？廿三？还是廿四嘞？

ɕiɑɔ⁴⁴ ȵiɛ³¹ dʑɻ²²³ noŋ³¹ liʔ²³ ȵiɛ²²³ s ã²⁴ fɔʔ⁰ ？ ȵiɛ²²³ s ã²⁴ ？ a²²³ dʑɻ²²³ ȵiɛ²²³ sɻ⁴⁵ ko⁰ ？

小年是农历二十三？还是农历二十四？

小褚：我你云和人都是过廿三个哈？廿三乌日个。

ŋo⁴⁴ ȵi⁴¹ yŋ²²³ o²²³ nɛ³¹ tu²⁴ dʑɻ²²³ ko⁴⁵ ȵiɛ²²³ s ã²⁴ kei⁰ xa⁰ ？ ȵiɛ²²³ s ã²⁴ uei²⁴ ȵi⁴⁵ kei⁰ 。

咱们云和人都是过二十三的，是吧？二十三的晚上。

老邱：嗯，廿三。

ŋ³¹ , ȵiɛ²²³ s ã²⁴ 。

嗯，二十三。

小褚：接落去呗是过年便是。

tɕiɛʔ⁵ lɔʔ²³ kʰiʔ⁴⁵ pɛ⁰ dʑɻ²²³ ko²⁴ ȵiɛ³¹ biɛ²²³ dʑɻ²²³ 。

接下来就是过年了。

老邱：过年。

ko^{24} ȵiɛ^{312}。

过年。

小褚：过年前个准备工作阿=些儿呢，乙时节你两个人讲讲哇。

ko^{24} ȵiɛ^{31} ʑiɛ^{31} kei^{0} tɕyŋ^{41} bi^{223} koŋ^{44} tsoʔ^{5} aʔ^{5} ɕiŋ^{0} ȵi^{0}，iʔ^{5} zɿ^{223} tɕiɛʔ^{5} ȵi^{44} la^{44} kei^{0} nɛ^{31} kɔ̃^{44} kɔ̃^{44} ua^{0}。

过年前的准备工作，你俩来说说。

赵姐：家庭妇女乙记呗忙欸！头个把月，便乐帮窗帘阿=些儿褪落来，所有地方个处底个，喏阿=粒=蛛蛛网阿=些儿，都乐帮渠挑落来，阿=个喊刷尘喏。

ko^{44} diŋ^{31} vu^{223} ȵy^{41} iʔ^{5} tsɿ^{44} pɛ^{0} mɔ̃^{31} ɛ^{0}！dəɯ^{31} kei^{45} po^{44} ȵyɛʔ^{23}，bɛ^{223} ŋɑɔ^{223} pɔ̃^{24} tɕ^{h}iɔ̃^{44} liɛ^{31} aʔ^{5} ɕiŋ^{44} t^{h}əŋ^{45} loʔ^{23} li^{312}，su^{44} iəɯ^{41} di^{223} fɔ̃^{24} kei^{0} ts^{h}ɥ^{45} ti^{44} kei^{0}，nɔ^{0} aʔ^{4} lɛʔ^{0} ty^{44} ty^{44} mɔ̃^{415} aʔ^{5} ɕiŋ^{0}，tu^{24} ŋɑɔ^{223} pɔ̃^{24} gi^{31} t^{h}iɑɔ^{24} loʔ^{23} li^{312}，aʔ^{5} kei^{0} xã^{44} ɕyɛʔ^{4} dzəŋ^{31} nɔ^{0}。

家庭妇女这时可忙啦！个把月前就要把窗帘取下来，家里所有地方的蜘蛛网啊灰尘啊都要清除，那就叫除尘。

小褚：刷尘，欸。

ɕyɛʔ^{4} dzəŋ^{312}，ɛ^{31}。

除尘，嗯。

赵姐：刷尘也乐拣日子个嘞，有刷尘日个嘞，嗯。阿=呗，见有角落头个，你平常时开=卫生都懒得开=阿=色=个地方着，阿=粒=喏全部都是角角头头，都乐帮渠开=出来。

ɕyɛʔ^{4} dzəŋ^{31} a^{223} ŋɑɔ^{223} kã^{44} naʔ^{23} tsɿ^{44} kei^{0} lɛ^{0}，iəɯ^{44} ɕyɛʔ^{4} dzəŋ^{31} naʔ^{23} kei^{0} lɛ^{0}，ŋ^{41}。aʔ^{5} pɛ^{0}，tɕiɛ^{45} iəɯ^{44} koʔ^{4} loʔ^{23} dəɯ^{41} kei^{0}，ȵi^{44} biŋ^{223} dʑiã^{223} zɿ^{31} k^{h}ei^{44} uei^{223} sɛ^{24} tu^{24} lã^{44} tiʔ^{4} k^{h}ei^{45} aʔ^{5} saʔ^{4} kei^{0} di^{223} fɔ̃^{24} dʑiɔʔ^{23}，

aʔ⁵lɛʔ⁰nɔ²²³ʑyɛ³¹bu²²³tu²⁴dzɿ²²³koʔ⁴koʔ⁴dəɯ²²³dəɯ²²³,tu²⁴ŋɑɔ²²³pɔ̃²⁴gi³¹kʰei⁴⁵tɕʰyɛʔ⁵li³¹²。

除尘也要挑日子,有除尘日的。得将所有平时懒得清理的角落都清理干净。

老邱: 主要是为了过年清洁噶,每一年搞一次嘞。

tsɿ⁴⁴iɑɔ⁴⁵dzɿ²²³uei³¹lɑɔ⁰ko⁴⁴n̠iɛ³¹tɕʰiŋ⁴⁴tɕiɛʔ⁵ka⁰,mei⁴⁴iʔ⁴n̠iɛ³¹kɑɔ⁴⁴iʔ⁴tsʰɿ⁴⁵lɛ⁰。

主要是为了干干净净过新年,每一年搞一次。

赵姐: 还乐洗过年被阿⁼些ₙ喏哈!

a²²³ŋɑɔ²²³sɿ⁴⁴ko⁴⁴n̠iɛ²²³bi²²³aʔ⁵ɕiŋ⁴⁴nɔ⁰xa⁰!

还要洗过年被子,等等,对吧!

小褚: 还乐逢天晴哦,阿⁼日弗见得晴个,十二月。

a²²³ŋɑɔ²²³bɔ̃²²³tʰiɛ⁴⁴ziŋ³¹o⁰,aʔ⁵naʔ²³fuʔ⁴tɕiɛ⁴⁵tiʔ⁵ziŋ³¹kei⁰,ʑyeiʔ²³n̠i²²³n̠yɛʔ²³。

还要看天气哦,过年时的十二月不一定天晴的。

赵姐: 欸欸欸,对险个。

ɛ⁴⁴ɛ⁴⁴ɛ⁴⁴,tei⁴⁵ɕiɛ⁴¹kei⁰。

嗯,很对。

小褚: 烂冬着被都晒弗出去嘞。

lã²²³toŋ²⁴dziɔʔ²³bi²²³tu²⁴sɔ⁴⁵fuʔ⁴tɕʰyɛʔ⁴kʰi⁴⁴lɛ⁰。

若是冬天天气不好,就连被子都晒不了。

赵姐: 日头开记出来,大势⁼人便尽世东西搬出去洗了个,连凳都乐拘出去擦了。碗橱底面东西都搬出来,蟑闸⁼都有个。

naʔ²³dəɯ³¹kʰei²⁴tsɿ⁴⁴tɕʰyɛʔ⁴li³¹²,dɔ²²³sɿ²⁴nɛ³¹be²²³zəŋ²²³sɿ⁴⁴noŋ⁴⁴sɿ²⁴pɛ²⁴tɕʰyɛʔ⁴kʰi⁴⁴sɿ⁴⁴lɑɔ⁰kei⁰,liɛ³¹tɛ⁴⁵tu²⁴ŋɑɔ²²³tiɑɔ⁴⁵tɕʰyɛʔ⁴kʰi⁴⁴tsʰɔʔ⁵lɑɔ⁰。uã⁴⁴dzɿ²²³ti⁴⁴miɛ²²³noŋ⁴⁴sɿ²⁴tu²⁴pɛ²⁴tɕʰyɛʔ⁴li³¹², tɕʰia̰⁴⁴zɔʔ²³tu²⁴iəɯ⁴⁴kei⁰。

一有太阳，大家就把所有东西都搬出去洗，连凳子都要搬出去
擦干净。碗橱里的东西都要搬出来清洗，因为会有蟑螂。

小褚:碗都乐洗过。

ua̰⁴¹tu²⁴ŋɑɔ²²³sɿ⁴⁴ku⁴⁵。

碗都要清洗。

赵姐:碗全部洗干净。

ua̰⁴¹ʑyɛ²²³bu²²³sɿ⁴⁴kuɛ²⁴ʑiŋ²²³。

全部碗都要清洗干净。

老邱:家具，衣裳，碗嘞，都乐重新洗一遍，洗干净以后，干干净净过
年喏。

ko²⁴dzʅ²²³，i⁴⁴ʑia̰³¹²，ua̰⁴¹lɛ⁰，tu²⁴ŋɑɔ²²³dziõ̰²²³səŋ²⁴sɿ⁴⁴iʔ⁴piɛ⁴⁵，sɿ⁴⁴
kuɛ²⁴ʑiŋ²²³i⁴⁴u⁴¹，kuɛ⁴⁴kuɛ²⁴ʑiŋ²²³ʑiŋ²²³ko⁴⁴ȵiɛ³¹nɔ⁰。

家具、衣服、碗，都要重新洗一遍，洗干净之后，干干净净过
新年。

小褚:一般性是廿三便杀猪啊啰，廿三之前便杀了个，照老规矩是，
镬灶头佛归上天之前乐杀了。

iʔ⁴pɛ²⁴ɕiŋ⁴⁵dzʅ²²³ȵiɛ²²³sa̰²⁴bɛ²²³sɔʔ⁴ti²⁴a⁰lo⁰，ȵiɛ²²³sa̰²⁴tsɿ⁴⁴ʑiɛ³¹
bɛ²²³sɔʔ⁵lɑɔ⁰kei⁰，tɕiɑɔ⁴⁴lɑɔ⁴¹kuei⁴⁴tsʅ⁴⁴dzʅ²²³，oʔ²³tsɑɔ⁴⁴təɯ⁴⁴
veiʔ²³kuei⁴⁴dzia̰²²³tʰiɛ²⁴tsɿ⁴⁴ʑiɛ³¹ŋɑɔ²²³sɔʔ⁵lɑɔ⁰。

按老规矩，二十三灶神爷上天之前要把猪杀了。

赵姐:猪杀了呗……

ti²⁴sɔʔ⁵lɑɔ⁰pɛ⁰……

猪杀了之后……

小褚:肉便轧起来泡＝肉丸。

ȵiəɯʔ²³bɛ²²³gɔʔ²³tsʰɿ⁴⁴li³¹pʰɔ⁴⁴ȵiəɯʔ²³yɛ³¹²。

　　肉绞出来，炸肉丸。

赵姐：泡꞊排骨。

　　　$p^h\mathfrak{o}^{44}b\mathfrak{o}^{223}ku\epsilon\mathsf{P}^5$。

　　　炸排骨。

小褚：阿꞊呗，盐肉啊哈，酱油肉哈！

　　　$a\mathsf{P}^5p\epsilon^0$，$i\epsilon^{223}n_{\mathfrak{z}}i\mathfrak{m}\mathsf{P}^{23}a^0xa^0$，$t\mathfrak{c}i\tilde{a}^{44}i\mathfrak{m}^{223}n_{\mathfrak{z}}i\mathfrak{m}\mathsf{P}^{23}xa^0$！

　　　腌制咸肉啊，酱油肉啊，是吧！

老邱：过年呢，过年是媛主客人十分忙个。亦乐开꞊卫生，亦乐准备
　　　过年个东西，阿꞊个吃个嘞，着个嘞，特别细根꞊儿呢是十分喜
　　　欢个。乐过年哇，都乐买套新衣裳乞渠，新鞋乞渠。还有过年
　　　个三十日暝呢，细根꞊儿呢亦乐发压岁钿。乙个压岁钿呢发了
　　　以后，阿꞊呗，新个衣裳着起，便是算过年哇。三十日暝乌日隔
　　　岁吃了，再做乙粒꞊事干喝。过去过年呢，是无有电视个，电视
　　　呢无有着呢，便是大势꞊人呢牢꞊埡放火炮，守暝，一定呢乐到
　　　十二点钟以后。阿꞊呗，十二点钟以后呢，阿꞊个火炮放了，便
　　　去睏哇，才记再来关门个，阿꞊色꞊个风俗。

　　　$ko^{44}n_{\mathfrak{z}}i\epsilon^{31}n_{\mathfrak{z}}i^0$，$ko^{44}n_{\mathfrak{z}}i\epsilon^{31}dz_{\mathfrak{l}}^{223}y\epsilon^{44}ts_{\mathfrak{l}}^{44}k^ha\mathsf{P}^5n\epsilon^{31}zyei\mathsf{P}^{23}f\mathfrak{o}\mathfrak{y}^{24}m\tilde{\mathfrak{o}}^{31}$
　　　kei^0。$i\mathsf{P}^{23}\mathfrak{y}\alpha\mathfrak{o}^{223}k^hei^{44}uei^{223}s\epsilon^{24}$，$i\mathsf{P}^{23}\mathfrak{y}\alpha\mathfrak{o}^{223}t\mathfrak{c}y\mathfrak{y}^{41}bi^{223}ko^{45}n_{\mathfrak{z}}i\epsilon^{31}$
　　　$kei^0non\mathfrak{y}^{44}s_{\mathfrak{l}}^{24}$，$a\mathsf{P}^5kei^0t\mathfrak{c}^hi\mathsf{P}^5kei^0l\epsilon^0$，$ta\mathsf{P}^5kei^0l\epsilon^0$，$da\mathsf{P}^{23}bi\epsilon\mathsf{P}^{23}s_{\mathfrak{l}}^{44}k\epsilon^{44}$
　　　$n_{\mathfrak{z}}i^{45}n_{\mathfrak{z}}i^0dz_{\mathfrak{l}}^{223}zyei\mathsf{P}^{23}f\mathfrak{o}\mathfrak{y}^{24}s_{\mathfrak{l}}^{44}xu\tilde{a}^{24}kei^0$。$\mathfrak{y}\alpha\mathfrak{o}^{223}ko^{44}n_{\mathfrak{z}}i\epsilon^{31}ua^0$，$tu^{24}$
　　　$\mathfrak{y}\alpha\mathfrak{o}^{223}m\mathfrak{o}^{44}t^h\alpha\mathfrak{o}^{45}s\mathfrak{o}\mathfrak{y}^{44}i^{44}zi\tilde{a}^{31}k^ha^{44}gi^{223}$，$s\mathfrak{o}\mathfrak{y}^{44}\mathfrak{o}^{31}k^ha^{44}gi^{223}$。$a^{223}$
　　　$i\mathfrak{m}^{44}ko^{45}n_{\mathfrak{z}}i\epsilon^{31}kei^0s\tilde{a}^{44}zyei\mathsf{P}^{23}na\mathsf{P}^{23}m\epsilon^{223}n_{\mathfrak{z}}i^0$，$s_{\mathfrak{l}}^{44}k\epsilon^{44}n_{\mathfrak{z}}i^{45}n_{\mathfrak{z}}i^0i\mathsf{P}^{23}$
　　　$\mathfrak{y}\alpha\mathfrak{o}^{223}f\mathfrak{o}\mathsf{P}^4\mathfrak{o}\mathsf{P}^4s_{\mathfrak{l}}^{45}di\epsilon^{312}$。$i\mathsf{P}^5kei^0\mathfrak{o}\mathsf{P}^4s_{\mathfrak{l}}^{45}di\epsilon^{31}n_{\mathfrak{z}}i^0f\mathfrak{o}\mathsf{P}^4l\alpha\mathfrak{o}^0i^{44}u^{41}$，$a\mathsf{P}^5p\epsilon^0$，
　　　$s\mathfrak{o}\mathfrak{y}^{44}kei^0i^{44}zi\tilde{a}^{31}ta\mathsf{P}^5ts^h\mathfrak{l}^{41}$，$bi\epsilon^{223}dz_{\mathfrak{l}}^{223}su\epsilon^{45}ko^{45}n_{\mathfrak{z}}i\epsilon^{31}ua^0$。$s\tilde{a}^{44}$
　　　$zyei\mathsf{P}^{23}na\mathsf{P}^{23}m\epsilon^{223}uei^{24}n_{\mathfrak{z}}i^{45}ka\mathsf{P}^4s_{\mathfrak{l}}^{45}t\mathfrak{c}^hi\mathsf{P}^5l\alpha\mathfrak{o}^0$，$tsa^{45}tso^{44}i\mathsf{P}^4l\epsilon\mathsf{P}^0$
　　　$z_{\mathfrak{l}}^{223}ku\epsilon^{45}ko^0$。$ko^{45}ts^h_{\mathfrak{l}}^{45}ko^{45}n_{\mathfrak{z}}i\epsilon^{31}n_{\mathfrak{z}}i^0$，$dz_{\mathfrak{l}}^{223}m^{45}i\mathfrak{m}^{44}di\epsilon^{223}z_{\mathfrak{l}}^{223}$

kei⁰ ,diɛ²²³ zʅ²²³ n̻i⁰ m⁴⁵ iəu⁴¹ dzizʔ²³ n̻i⁰ ,biɛ²²³ dzʅ²²³ dɔ²²³ sʅ²⁴ nɛ³¹ n̻i⁰ lɑɔ³¹ lɔʔ⁵ f ɔ̃⁴⁵ xo⁴⁴ pʰɑɔ⁴⁵ ,ɕiəu⁴⁴ mɛ²²³ ,iʔ²⁴ diŋ²²³ n̻i⁰ ŋɑɔ²²³ təu⁴⁴ ʑyeiʔ²²³ n̻i²²³ tiɛ⁴¹ tɕi ɔ̃²⁴ i⁴⁴ u⁴¹ 。aʔ⁵ pɛ⁰ ,ʑyeiʔ²²³ n̻i²²³ tiɛ⁴¹ tɕi ɔ̃²⁴ i⁴⁴ u⁴¹ n̻i⁰ ,aʔ⁵ kei⁰ xo⁴⁴ pʰɑɔ⁴⁵ fɔ̃⁴⁵ lɑɔ⁰ ,biɛ²²³ kʰi⁴⁴ kʰuɛ⁴⁵ ua⁰ ,za³¹ tsʅ⁴⁵ tsa⁴⁵ li³¹ kən⁴⁴ məŋ³¹ kei⁰ ,aʔ⁴ saʔ⁵ kei⁰ fəŋ⁴⁴ ʑioʔ²³ 。

过年的时候,妇女们是很忙的。又要搞卫生,又要准备年货,那些吃的、穿的,特别是小孩子喜欢的。要过年了,都要给孩子买套新衣服、新鞋。大年三十,还要给小孩子分发压岁钱。发了压岁钱,穿上新衣服,就算是过年了。大年三十,得吃了年夜饭,再做这些事情。以前过年的时候没有电视,那就大家在一起放鞭炮,守夜,一直守到 12 点钟之后。12 点钟之后,鞭炮放了,再去睡,再关门,就是这样的风俗。

小褚:初一天光呗开门也乐放哈!

tsʰu⁴⁴ iʔ⁵ tʰiɛ⁴⁴ kɔ̃²⁴ pɛ⁰ kʰei⁴⁴ məŋ³¹ a²²³ ŋɑɔ²²³ fɔ̃⁴⁵ xa⁰ !

初一早上开门也要放鞭炮的吧!

赵姐:嗷,便是开门火炮,便是开门红嗻,乙个便是喊做,嗷。

ɔ²⁴ ,biɛ²²³ dzʅ²²³ kʰei⁴⁴ məŋ³¹ xo⁴⁴ pʰɑɔ⁴⁵ ,biɛ²²³ dzʅ²²³ kʰei⁴⁴ məŋ²²³ oŋ²²³ nɔ⁰ ,iʔ⁵ kei⁰ biɛ²²³ dzʅ²²³ xã⁴⁵ tso⁰ ,ɔ²⁴ 。

嗯,就是开门鞭炮,这也叫开门红,嗯。

小褚:初一呗弗去拜年,哈! 初二呗,阿⁼粒⁼娘舅处阿⁼粒⁼上辈处呗乐去拜年,乐东西摂去呗。

tsʰu⁴⁴ iʔ⁵ pɛ⁰ fuʔ²⁴ kʰi⁴⁴ pɔ⁴⁴ n̻iɛ³¹² ,xa⁰ ! tsʰu²⁴ n̻i²²³ pɛ⁰ ,aʔ⁵ lɛʔ⁰ n̻i ã̃²²³ dziəɯ²²³ tsʰ ɥ⁴⁵ aʔ⁵ lɛʔ⁰ dzi ã̃²²³ pei⁴⁵ tsʰ ɥ⁴⁵ pɛ⁰ ŋɑɔ²²³ kʰi⁴⁴ pɔ⁴⁴ n̻iɛ³¹² ,ŋɑɔ²²³ noŋ⁴⁴ sʅ²⁴ gua ã̃²²³ kʰi⁴⁴ pɛ⁰ 。

初一不去拜年,是吧! 初二得拎着礼物去舅舅等长辈家拜年。

赵姐:初一便是拜菩萨个,亲戚处是弗去个,出门都弗去个。还有呢，人讲初一天光呢，无法呷汤个，呷记了着呢，讲一年到阴=出门都是乐断=雨。

tsʰu⁴⁴ iʔ⁵biɛ²²³ dzɿ²²³ pɔ⁴⁴ bu²²³ sɔʔ⁵kei⁰, tsʰəŋ⁴⁴ tɕʰiʔ⁵tsʰʯ⁴⁵ dzɿ²²³ fuʔ⁴kʰi⁴⁵kei⁰, tɕʰyɛʔ⁴məŋ³¹tu²⁴ fuʔ⁴kʰi⁴⁵kei⁰。 a²²³iəɯ⁴⁴ ȵi⁰, nɛ³¹ kɔ̃³¹tsʰu⁴⁴iʔ⁵tʰiɛ⁴⁴ kɔ̃²⁴ ȵi⁰, m⁴⁵fɔʔ⁵xɔʔ⁵tʰɔ̃²⁴kei⁰, xɔʔ⁵tsɿ⁴⁵laɔ⁰ dziɔʔ²²³ ȵi⁰, kɔ̃⁴⁴iʔ⁴ȵiɛ³¹təɯ⁴⁴iŋ⁴⁵ tɕʰyɛʔ⁴məŋ³¹tu²⁴ dzɿ²²³ ŋaɔ²²³dəŋ²²³y⁴¹。

初一只是拜菩萨，亲戚家是不去的，不走亲访友的。也有人说，初一早上不能喝汤，喝了之后一年到头出门都要下雨。

小褚：乐打雨，哈！

ŋaɔ²²³nɛ⁴⁴y⁴¹, xa⁰!

要淋雨，是吧！

赵姐：乐打雨个，乙色=讲个。

ŋaɔ²²³nɛ⁴⁴y⁴¹kei⁰, iʔ⁵saʔ⁰kɔ̃⁴¹kei⁰。

要淋雨，这样说的。

老邱：乙个是一种传说。

iʔ⁵kei⁰dzɿ²²³iʔ⁴tɕiɔ̃⁴¹dʐyɛ³¹ɕyɛʔ⁵。

这是一种流传下来的说法。

赵姐：嗷，一种传说喏，是。

ɔ²⁴, iʔ⁴tɕiɔ̃⁴¹dʐyɛ³¹ɕyɛʔ⁵nɔ⁰, dzɿ²²³。

嗯，是一种流传下来的说法。

小褚：初一去拜菩萨拜了呗归来呗，来来老K，抄抄麻将阿=些儿呢，初一呗。

tsʰu⁴⁴iʔ⁵kʰi⁴⁴pɔ⁴⁴bu²²³sɔʔ⁵pɔ⁴⁵laɔ⁰pɛ⁰kuei²⁴li³¹pɛ⁰, li⁴⁴li⁴⁴laɔ⁴⁴ kʰa²⁴, tsʰaɔ⁴⁴tsʰaɔ⁴⁴mo⁴⁴tɕia⁴⁵aʔ⁵ɕiŋ⁰ȵi⁰, tsʰu⁴⁴iʔ⁵pɛ⁰。

初一拜完菩萨，就玩玩扑克、搓搓麻将等。

赵姐:还有弗搭刀,刀无好搭个,地帚还无好搭个,火炮末嗒初一都
弗扫个,乐让园埇个。

a²²³ iəu⁴⁴ fuʔ⁵ kʰoʔ⁴ təu²⁴ , təu²⁴ m⁴⁵ xəu⁴⁴ kʰoʔ⁵ kei⁰ , di²²³ tɕiəu⁴¹
a²²³ m⁴⁵ xəu⁴⁴ kʰoʔ⁵ kei⁰ , xo⁴⁴ pʰɑɔ⁴⁵ mɛʔ⁵ nɔ⁰ tsʰu⁴⁴ iʔ⁵ tu²⁴ fuʔ⁴ sɔ⁵
kei⁰ , ŋɑɔ²²³ n̠iã²²³ kʰɔ̃⁴⁵ tɔʔ⁵ kei⁰ 。

还不能拿刀,刀不能动,扫帚不能动,鞭炮屑等初一都不能扫,
得让它留在地上。

老邱:正月至初五呢,算是乙个年呢,算过满哇。

tɕiŋ²⁴ n̠yɛʔ²³ tsʅ⁴⁴ tsʰu⁴⁴ ŋ⁴¹ n̠i⁰ , suɛ⁴⁴ dzʅ²²³ iʔ⁴ kei⁴⁵ n̠iɛ³¹ n̠i⁰ , suɛ⁴⁴
ko⁴⁵ mɛ⁴¹ ua⁰ 。

初五时,这个年就算过完了。

小褚:种田人应该可以做道路啊呢。

tɕiɔ̃⁴⁴ diɛ²²³ nɛ³¹ iŋ⁴⁵ ka²⁴ kʰu⁴⁴ i⁴¹ tso⁴⁴ dɑɔ²²³ lu²²³ a⁰ n̠i⁰ 。

农民应该可以干活儿了吧。

老邱:阿═呗,五日年过了以后呢,阿═个呢,便讲话嘞都随便粒═
得哇。

aʔ⁵ pɛ⁰ , ŋ⁴¹ naʔ²³ n̠iɛ³¹ ko⁴⁵ lɑɔ⁰ i⁴⁴ u⁴¹ n̠i⁰ , aʔ⁴ kei⁴⁵ n̠i⁰ , biɛ²²³ kɔ̃⁴⁴ o²²³
lɛ⁰ tu²⁴ zɥ³¹ biɛ²²³ lɛʔ⁰ tiʔ⁵ ua⁰ 。

初五年过完之后,话也可以随便讲了。

赵姐:嗯,对!

ŋ⁴¹ , tei⁴⁵ !

嗯,对!

老邱:正月十三开始,街埇来讲呢,一般都是开始送龙哇。乙个龙灯
呢,是相当长个,有降百桥═,几十桥═。乙个龙灯呢,我你云和
来讲呢,历史落来都是相当有名气个。

tɕiŋ²⁴ n̠yɛʔ²³ zyeiʔ²³ sã²⁴ kʰei⁴⁴ sʅ⁴¹ , kɔ²⁴ tɔʔ⁰ li³¹ kɔ̃⁴⁴ n̠i⁰ , iʔ⁴ pɛ²⁴ tu²⁴ dzɿ^{223} kʰei^{44} sɿ^{41} soŋ^{44} li ɔ̃^{31} ua^{0}。 iʔ^{5} kei^{0} li ɔ̃^{223} tɛ^{24} n̩i^{0}，dzɿ^{223} ɕia̰^{44} t ɔ̃^{24} de^{31} kei^{0}，iəɯ^{44} k ɔ̃^{44} paʔ^{5} dʑiɑɔ^{312}，ki^{44} ʐyeiʔ^{23} dʑiɑɔ^{312}。 iʔ^{5} kei^{0} li ɔ̃^{223} tɛ^{24} n̩i^{0}，ŋo^{44} n̩i^{41} yŋ^{223} o^{31} li^{31} k ɔ̃^{44} n̩i^{0}，li^{23} sɿ^{41} loʔ^{23} li^{31} tu^{24} dzɿ^{223} ɕia̰^{44} t ɔ̃^{24} iəɯ^{44} miŋ^{31} tsʰɿ^{45} kei^{0}。

从正月十三开始，城里要开始舞龙灯了。云和龙灯很长的，有
近百节的，几十节的，咱们云和的龙灯历来是相当有名气的。

小褚：云和阿⁼年个龙到丽水去比赛，"处州第一龙"乞我们云和人撼
　　来欤，云和龙最生好，最缚好，还有一个是最掇好。

yŋ^{223} o^{31} aʔ^{5} n̩iɛ^{31} kei^{0} li ɔ̃^{31} təɯ^{44} li^{223} sʮ^{44} kʰi^{44} pi^{44} sei^{45}，tsʰʮ^{44} tɕiəɯ^{24} di^{223} iʔ^{5} li ɔ̃^{31} kʰa^{44} ŋo^{44} nɛ^{31} yŋ^{223} o^{223} nɛ^{31} iɔʔ^{5} li^{31} ɛ^{41}，yŋ^{223} o^{223} li ɔ̃^{31} tsei^{45} sɛ^{24} xəɯ^{41}，tsei^{45} boʔ^{23} xəɯ^{41}，a^{223} iəɯ^{44} iʔ^{4} kei^{45} dzɿ^{223} tsei^{45} tuɛʔ^{5} xəɯ^{41}。

有一年丽水龙灯比赛，云和龙灯获得"处州第一龙"的称号，云
和龙灯最漂亮，扎得最好，舞得最好。

老邱：巧云村噶。
　　kʰɑɔ^{44} yŋ^{31} tsʰuɛ^{24} ka^{0}。
　　是巧云村的。

赵姐：板凳龙。
　　pã^{44} tɛ^{44} li ɔ̃^{312}。
　　板凳龙。

小褚：板凳龙噶。丽水市呗喊处州府喏，过去啊。处州十县呗，我你
　　云和县呗处州第一龙。
　　pã^{44} tɛ^{44} li ɔ̃^{31} ka^{0}。 li^{223} sʮ^{44} zɿ^{223} pɛ^{0} xã^{45} tsʰʮ^{44} tɕiəɯ^{24} fu^{41} nɔ^{0}，ko^{45} tsʰʮ^{45} a^{0}。 tsʰʮ^{44} tɕiəɯ^{24} ʐyeiʔ^{23} yɛ^{223} pɛ^{0}，ŋo^{44} n̩i^{41} yŋ^{223} o^{31} yɛ^{223} pɛ^{0} tsʰʮ^{44} tɕiəɯ^{24} di^{223} iʔ^{5} li ɔ̃^{312}。
　　是板凳龙。过去丽水市叫处州府，处州十县里，咱们云和县的

龙是处州第一龙。

老邱：乙个龙灯呢，从十三送起送到十五过，乙个三日呢都乐送嗬。
　　　乙个三日当中呢，每家人家处都有一桥⁼个，大势⁼人分归渠
　　　自负责嗬。龙头龙尾，相当壮观个，乙个龙是。

iʔ⁵kei⁰liɔ̃²²³tɛ²⁴n̠i⁰, ʑiɔ̃³¹ʐyeiʔ²³sã²⁴soŋ⁴⁵tsʰʮ⁴¹soŋ⁴⁵təɯ⁴⁴ʐyeiʔ²³
ŋ⁴¹ko⁴⁵, iʔ⁵kei⁰sã²⁴naʔ²³n̠i⁰tu²⁴ŋɑɔ²²³soŋ⁴⁵ko⁰。iʔ⁵kei⁰sã²⁴naʔ²³
tɔ̃⁴⁴tɕioŋ²⁴n̠i⁰, mei⁴⁴ko²⁴nɛ²²³ko²⁴tsʰʮ⁴⁵tu²⁴iəɯ⁴¹iʔ⁴dʑiɑɔ³¹kei⁰,
dɔ²²³sʮ²⁴ne³¹fəŋ²⁴kuei²⁴gi²²³zʮ²²³vəɯ²³tsaʔ⁵ko⁰。liɔ̃²²³dəɯ³¹²liɔ̃²²³
mi⁴¹, ɕia⁴⁴tɔ̃²⁴tsɔ̃⁴⁴kuã²⁴kei⁰, iʔ⁵kei⁰liɔ̃³¹dzʮ²²³。

舞龙灯从正月十三开始，到正月十五结束，这三天都有活动，
每户人家都要负责自己家的那一节龙身。龙灯的龙头、龙尾，
都相当壮观。

赵姐：好个，阿⁼呗，我斗⁼你从阿⁼个清明已经讲到过年哇，哈！阿⁼呗，
　　　我你云和个乙个传统个节日，也便算圆满个乞我你讲出来哇。

xəɯ⁴⁴kei⁰, aʔ⁵pɛ⁰, ŋo⁴⁴təɯ⁴⁴n̠i⁴⁴ʑiɔ̃³¹aʔ⁴kei⁴⁴tɕʰiŋ⁴⁴miŋ³¹i⁴⁴tɕiŋ²⁴
kɔ⁴⁴təɯ⁴⁴ko⁴⁴n̠iɛ³¹ua⁰, xa⁰！aʔ⁵pɛ⁰, ŋo⁴⁴n̠i⁴¹yŋ²²³o³¹kei⁰iʔ⁵kei⁰
dzʮɛ²²³tʰoŋ⁴¹kei⁰tɕiɛʔ⁴naʔ²³, a²²³biɛ²²³suɛ⁴⁵yɛ²²³mɛ⁴¹kei⁰kʰa⁴⁴
ŋo⁴⁴n̠i⁴¹kɔ⁴⁴tɕʰyɛʔ⁵liɔ̃³¹ua⁰。

好的。那么，我们从清明讲到过年，已经对云和的传统节日做
了比较完整的介绍。

　　　（2017 年 7 月 31 日，云和，发音人：邱裕森、赵美云、褚炜）

第六章　口头文化

一、歌　谣①

倒采茶

十三月，	ʑyeiʔ sã n̠yɛʔ，
倒采茶，牡丹荔枝花②，	təɯ tsʰa dzo，məɯ tã li tsɿ xo，
又一年，	iəɯ iʔ n̠iɛ，
韩公走雪，	xã koŋ tsəɯ ɕyɛʔ，
久经花开，	tɕiəɯ tɕiŋ xo kʰei，
真可怜。	tsəŋ kʰu liɛ。
天上拦雪，	tʰiɛ dziã lã ɕyɛʔ，
倒采茶，牡丹荔枝花，	təɯ tsʰa dzo，məɯ tã li tsɿ xo，
韩湘子，	xã ɕia tsɿ，

---

① 　发音人采用歌唱形式的歌谣不记录声调。唱歌谣时，入声基本舒化，为了全书统一，一般仍记[ʔ]尾。
② 　"倒采茶，牡丹荔枝花""久经花开"均为衬词。

雪拥蓝关，	ɕyeʔ ioŋ lɑ̃ kuɛ,
久经花开，	tɕiəɯ tɕiŋ xo kʰei,
马弗行。	mɔ fuʔ ʑiŋ。

十二月，	ʑyeiʔ ȵi ȵyɛʔ,
倒采茶,牡丹荔枝花，	təɯ tsʰa dzo,məɯ tɑ̃ li tsɿ xo,
过了冬，	ko liɑɔ toŋ,
十担茶笼，	ʑyeiʔ tɑ̃ dzo loŋ,
久经花开，	tɕiəɯ tɕiŋ xo kʰei,
九担空。	tɕiəɯ tɑ̃ kʰoŋ。

茶笼挂在，	dzo loŋ go za,
倒采茶,牡丹荔枝花，	təɯ tsʰa dzo,məɯ tɑ̃ li tsɿ xo,
金钩上，	tɕiŋ kəɯ dʑiɑ̃,
留来明年，	liəɯ lei mɑ̃ ȵiɛ,
久经花开，	tɕiəɯ tɕiŋ xo kʰei,
又相逢。	iəɯ ɕiɑ̃ vəŋ。

（2017 年 10 月 21 日,云和,发音人:赵美云、宋李娟）

犁田歌

正月犁田是块金歘，	tɕiŋ ȵyeʔ li diɛ zɿ kʰuei tɕiŋ ɛ,
二月犁田是块啊银。	ȵi ȵyeʔ li diɛ zɿ kʰuei a ȵiŋ。
犁田犁到是立夏边歘，	li diɛ li təɯ zɿ liʔ o piɛ ɛ,
有苗无谷莫怨啊天。	iəɯ miɑɔ m kəɯʔ moʔ yɛ a tʰiɛ。
啦啦嘞，	la la lɛ,

有苗无谷莫怨天。　　　　　iəɯ miɑɔ m kəɯʔ moʔ yɛ tʰiɛ。

采茶歌

正月采茶是新年，　　　　　tɕiŋ n̥yɛʔ tsʰa dzo zɿ səŋ n̥iɛ，
同妹牵^①手么进茶园。　　dɔ̃ ma tɕʰiɛn səɯ me tɕiŋ dzo yɛ。
茶头^②树下么来相会，　　dzo tʰəɯ ʐy ʑia me lei ɕiã uei，
一生同郎结姻缘，　　　　　iʔ səŋ dɔ̃ lɔ̃ tɕiɛʔ iŋ yɛ，
一生同郎结姻缘。　　　　　iʔ səŋ dɔ̃ lɔ̃ tɕiɛʔ iŋ yɛ。

二月采茶茶新芽，　　　　　n̥i n̥yɛʔ tsʰa dzo dzo səŋ ŋo，
同郎牵手么采山花。　　　　dɔ̃ lɔ̃ tɕʰiɛn səɯ me tsʰa sã xo。
百花摘^③来么妹头戴，　　paʔ xo tsai lei me mei tʰəɯ tai，
只^④望娇妹一枝花，　　　tsɿ mɔ̃ tɕiaɔ ma iʔ tsɿ xo，
只望娇妹一枝花。　　　　　tsɿ mɔ̃ tɕiaɔ ma iʔ tsɿ xo。

（以上 2017 年 10 月 21 日，云和，发音人：宋李娟）

十二问答

责⁼事长长呗长到天啰？ _{责=事:什么}　tsaʔ zɿ dɛ dɛ pɛ dɛ təɯ tʰiɛ lo？

---

① "牵"文读音韵母[iɛn]。
② "头"文读音声母[tʰ]。
③ "摘"文读音，记舒声韵母。
④ "只"文读音，记舒声韵母。

责⸗事长长呗到啊海个边？　　　　　tsaʔ zʅ dɛ dɛ pɛ təɯ a xa kei piɛ?

责⸗事长长呗山弯底旋啊？　　　　　tsaʔ zʅ dɛ dɛ pɛ sã uã ti ʑyɛ a?

责⸗事长长是妹面前啰？　　　　　　tsaʔ zʅ dɛ dɛ dzʅ ma miɛ ʑiɛ lo?

啦啦嘞嘞啰，　　　　　　　　　　　la la lɛ lɛ lo,

啦啦嘞嘞哩啊嘞。　　　　　　　　　la la lɛ lɛ li a lɛ.

断⸗雨长长么长到天啰，　　　　　　dəŋ y dɛ dɛ mɛ dɛ təɯ tʰiɛ lo,

溪水长长么到海边，　　　　　　　　tsʰʅ sɥ dɛ dɛ mɛ təɯ xa piɛ,

道路长长么山弯转，　　　　　　　　dɑɔ lu dɛ dɛ mɛ sã uã tɕyɛ,

丝线长长么妹面前啰。　　　　　　　sʅ ɕiɛ dɛ dɛ mɛ ma miɛ ʑiɛ lo.

啦啦嘞嘞啰，　　　　　　　　　　　la la lɛ lɛ lo,

啦啦嘞嘞哩啊嘞。　　　　　　　　　la la lɛ lɛ li a lɛ.

责⸗事花花呗生山头啰？　　　　　　tsaʔ zʅ xo xo pɛ sa sã dəɯ lo?

责⸗事花花呗水啊面个游？　　　　　tsaʔ zʅ xo xo pɛ sɥ a miɛ kei iɯ?

责⸗事花花呗街坊卖啊？　　　　　　tsaʔ zʅ xo xo pɛ kɔ fõ mɔ a?

责⸗事花花呗指心啊头啰？　　　　　tsaʔ zʅ xo xo pɛ tsʅ səŋ a dəɯ lo?

啦啦嘞嘞啰，　　　　　　　　　　　la la lɛ lɛ lo,

啦啦嘞嘞哩啊嘞。　　　　　　　　　la la lɛ lɛ li a lɛ.

大猫花花么徛山头啰，　　　　　　　du mɔ xo xo mɛ ga sã dəɯ lo,

石斑花花么水面游，　　　　　　　　ziʔ pã xo xo mɛ sɥ miɛ iɯ,

带儿花花么街坊卖，　　　　　　　　tɔ ȵi xo xo mɛ kɔ fõ mɔ,

布肚花花么指心头啰。 布肚:肚兜　　pu du xo xo mɛ tsʅ səŋ dəɯ lo.

啦啦嘞嘞啰,	la la lɛ lɛ lo,
啦啦嘞嘞哩啊嘞。	la la lɛ lɛ li a lɛ。

责＝事无骨呗生山头啰?	tsaʔ z̩ m kuɛʔ pɛ sa sã dɯ lo?
责＝事无骨呗水啊面个游?	tsaʔ z̩ m kuɛʔ pɛ sɿ a miɛ kei iəɯ?
责＝事无骨呗街坊底卖啊?	tsaʔ z̩ m kuɛʔ pɛ kɔ fɔ̃ ti mɔ a?
责＝事无骨呗软扭扭啰?	tsaʔ z̩ m kuɛʔ pɛ n̠ye n̠iəɯ n̠iəɯ lo?
啦啦嘞嘞啰,	la la lɛ lɛ lo,
啦啦嘞嘞哩啊嘞。	la la lɛ lɛ li a lɛ。

涂露无骨么倚山头啰,_{涂露:雾}	du lu m kuɛʔ mɛ ga sã dɯ lo,
蛇鱼无骨么水面游,_{蛇鱼:海蜇}	zo n̠y m kuɛʔ mɛ sɿ miɛ iəɯ,
豆腐无骨么街坊卖,	dəɯ vu m kuɛʔ mɛ kɔ fɔ̃ mɔ,
麻糍无骨么软扭扭啰。	mo z̩ m kuɛʔ mɛ n̠ye n̠iəɯ n̠iəɯ lo。
啦啦嘞嘞啰,	la la lɛ lɛ lo,
啦啦嘞嘞哩啊嘞。	la la lɛ lɛ li a lɛ。

（2017 年 10 月 21 日，云和，发音人：褚炜、赵美云）

插田歌

插田插到秧田丘,	tsʰɔʔ⁵ diɛ³¹ tsʰɔʔ⁵ təɯ⁴⁴ iã⁴⁴ diɛ³¹ tɕʰiəɯ²⁴,
谢谢情哥谢谢牛。	ʑio²²³ ʑio²²³ ʑiŋ²²³ ku²⁴ ʑio²²³ ʑio²²³ n̠iəɯ³¹².
谢谢姊妹难起早,	ʑio²²³ ʑio²²³ tsɿ⁴⁴ ma²²³ nã³¹ tsʰɿ⁴⁴ tsɑo⁴¹,
一年耕种两年收。	iʔ⁵ n̠iɛ³¹ kɛ²⁴ tɕiɔ̃⁴⁵ la⁴¹ n̠iɛ³¹ ɕiəɯ²⁴.

敬公婆

做起新妇敬公婆，　　　　tso⁴⁵tsʰʅ⁴⁴səŋ⁴⁴vu²³¹dʑiŋ²²³koŋ⁴⁴bu³¹²，

下辈之身口莫多。　　　　io⁴⁴pei⁴⁵tsʅ⁴⁴səŋ²⁴kʰɯ⁴¹moʔ²³tu²⁴。

你敬公婆十二两，　　　　n̠i⁴⁴dʑiŋ²²³koŋ⁴⁴bu³¹zyeiʔ²³n̠i²²³liã⁴¹，

公婆回敬一斤多。　　　　koŋ⁴⁴bu³¹uei³¹dʑiŋ²²³iʔ⁵tɕiŋ²⁴tu²⁴。

我有山歌百廿仓

油菜开花满田黄，　　　　iɯ⁴¹tsʰa⁴⁵kʰei⁴⁴xo²⁴mɛ⁴¹diɛ³¹⁻ɔ³¹²，

我有山歌百廿仓。百廿仓:形容多　　ŋo⁴¹iɯ⁴¹sã⁴⁴ku²⁴paʔ⁵n̠iɛ²²³tsʰɔ̃²⁴。

小小仓门开一扇，　　　　ɕiɑɔ⁴¹ɕiɑɔ⁴¹tsʰɔ̃⁴⁴məŋ³¹kʰei²⁴iʔ⁴ɕiɛ⁴⁵，

唱到早稻开花晚稻黄。　　tɕʰiã⁴⁵tɯ⁴⁴tsɑɔ⁴⁴dɑɔ²³¹kʰei⁴⁴xo²⁴mã²²³dɑɔ²³¹⁻ɔ³¹²。

枫籽落溪便药鱼

日头轮轮坐半天，轮轮:圆圆　　naʔ²³dɯ³¹ləŋ²²³ləŋ³¹zu²²³pɛ⁴⁵tʰiɛ²⁴，

水碓轮轮坐溪边。　　　　sɥ⁴⁴tei⁴⁵ləŋ²²³ləŋ³¹zu²²³tsʰʅ⁴⁴piɛ²⁴。

箬帽轮轮我郎戴，箬帽:斗笠　　n̠iɔʔ²³mɑɔ²²³ləŋ²²³ləŋ³¹ŋo⁴¹lɔ̃³¹tɔ⁴⁵，

绩篓轮轮小妹编。绩篓:针线篮　　tɕiʔ⁵kʰɔ̃²⁴ləŋ²²³ləŋ³¹ɕiɑɔ⁴⁴ma²²³piɛ²⁴。

做起绩篓花连连，　　　　tso⁴⁵tsʰʅ⁴⁴tɕiʔ⁵kʰɔ̃²⁴xo⁴⁴liɛ²²³liɛ³¹²，

四角织起古文钿。　　　　sʅ⁴⁴koʔ⁵tɕiʔ⁵tsʰʅ⁴⁴ku⁴⁴məŋ³¹diɛ³¹²。

卖乞别人两担米，　　　　mɔ²²³kʰa⁴⁴biɛʔ²³nɛ³¹la⁴¹tã⁴⁵mi⁴¹，

送乞小妹弗乐钿。　　　　sɔ̃⁴⁵kʰa⁴⁴ɕiɑɔ⁴⁴ma²²³fuʔ⁴ŋɑɔ⁴⁵diɛ³¹²。

情哥做得好绩箜，　　　　　　ʑiŋ²²³ ku²⁴ tso⁴⁵ tiʔ⁴ xəɯ⁴⁴ tɕiʔ⁵ kʰɔ̃²⁴，

小妹无钿你收回。　　　　　　ɕiaɔ⁴⁴ ma²²³ m⁴⁵ diɛ³¹ n̠i⁴¹ ɕiəɯ²⁴ uei³¹²。

上处有个十八妹，　　　　　　dʑiã²²³ tsʰ ʮ⁴⁵ iəɯ⁴⁴ kei⁴⁵ ʐyeiʔ²³ pɔʔ⁵ ma²²³，

今日帮你来做媒。　　　　　　kɛ²⁴ naʔ²³ pɔ̃²⁴ n̠i⁴¹ li³¹ tso⁴⁴ mei³¹²。

小妹说东莫说西，　　　　　　ɕiaɔ⁴⁴ ma²²³ ɕyɛʔ⁵ tɔ̃²⁴ moʔ²³ ɕyɛʔ⁵ sʮ²⁴，

枫籽落溪便药鱼。枫籽:青枫树籽　　kɔ̃⁴⁵ tsʮ⁴⁴ loʔ²³ tsʰʮ²⁴ biɛ²²³ iɔʔ²³ n̠y²⁴。

上处无有十八妹，上处:上面的人家　dʑiã²²³ tsʰ ʮ⁴⁵ m⁴⁵ iəɯ⁴⁴ ʐyeiʔ²³ pɔʔ⁵ ma²²³，

今日乐你做夫妻。　　　　　　kɛ²⁴ naʔ²³ ŋaɔ²²³ n̠i⁴⁴ tso⁴⁴ fu⁴⁴ tsʰʮ²⁴。

有心弗乐几多言

有心弗乐几多言，　　　　　　iəɯ⁴¹ səŋ²⁴ fuʔ⁴ ŋaɔ⁴⁵ ki⁴¹ tu²⁴ n̠iɛ³¹²，

有情弗乐挂嘴边。　　　　　　iəɯ⁴¹ ʑiŋ³¹ fuʔ⁴ ŋaɔ⁴⁵ go²²³ tsʮ⁴⁴ piɛ²⁴。

牡丹开花弗结籽，　　　　　　məɯ²²³ tã²⁴ kʰei⁴⁴ xo²⁴ fuʔ⁴ tɕiɛʔ⁴ tsʮ⁴¹，

蚕儿吐丝徛肚间。　　　　　　zuɛ²²³ n̠i²⁴ tʰu⁴⁴ sʮ²⁴ ga²²³ du²²³ kã²⁴。

问你弗肯我回头

问你弗肯我回头，　　　　　　məŋ²²³ n̠i⁴⁴ fuʔ⁴ kʰɛ⁴¹ ŋo⁴¹ uei²²³ dəɯ³¹²，

无法双脚跪落求。　　　　　　m⁴⁵ fɔʔ⁴ ɕiɔ̃⁴⁴ tɕiɔʔ⁵ dzʮ²³¹ loʔ²³ dziəɯ³¹²。

东坑没有西坑有，　　　　　　toŋ⁴⁴ kʰɛ²⁴ mei⁴⁵ iəɯ⁴¹ sʮ²⁴ kʰɛ²⁴ iəɯ⁴¹，

弗会坑坑断点流。断点流:　　fuʔ⁵ uei³¹ kʰɛ²⁴ kʰɛ²⁴ duɛ²²³ tiɛ⁴⁴ liəɯ³¹²。

水流干涸

（以上 2017 年 8 月 19 日，云和，发音人：赵美云）

放纸鹞

放纸鹞，	fɔŋ⁴⁴ tsɿ⁴⁴ iɑɔ²²³，
纸鹞放得高，	tsɿ⁴⁴ iɑɔ²²³ fɔŋ⁴⁵ tiʔ⁴ kəɯ²⁴，
归去吃年糕。	kuei²⁴ kʰi⁴⁴ tɕiʔ⁴ n̠iɛ²²³ kəɯ²⁴。
纸鹞放得低，	tsɿ⁴⁴ iɑɔ²²³ fɔŋ⁴⁵ tiʔ⁴ ti²⁴，
归去挟老弟。_{挟:抱}	kuei²⁴ kʰi⁴⁴ dʑiɔʔ²³ lɑɔ²²³ ti⁴⁵。

山出柴

山出柴，	sã²⁴ tɕʰyɛʔ⁴ zɔ³¹²，
田出谷。	diɛ³¹ tɕʰyɛʔ⁴ kəɯʔ⁵。
柴解板，_{解:锯}	zɔ³¹ kɔ⁴⁴ pã⁴¹，
簟打谷。	diɛ³¹ nɛ⁴⁴ kəɯʔ⁵。
板做仓，	pã⁴¹ tso⁴⁴ tsʰɔ̃²⁴，
仓齿谷。_{齿:装}	tsʰɔ̃²⁴ ti⁴⁴ kəɯʔ⁵。
谷碓米，	kəɯʔ⁵ tei⁴⁴ mi⁴¹，
米燶粥。_{燶:熬煮}	mi⁴¹ əɯ⁴⁴ tɕiəɯʔ⁵。
做道路人吃饭，_{做道路:干活儿}	tso⁴⁴ dɑɔ²²³ lu²²³ nɛ³¹ tɕʰiʔ⁴ vã²²³，
细根=儿人吃粥。_{细根=儿:小}	sɿ⁴⁴ kɛ⁴⁴ n̠i⁴⁵ nɛ³¹ tɕʰiʔ⁴ tɕiəɯʔ⁵。
孩子	

点点捽捽①

点点捽捽，	tiɛ⁴⁴tiɛ⁴⁴ɕyeiʔ⁴ɕyeiʔ⁵，
桃花梅菊。	dɑɔ³¹xo²⁴mei³¹tɕyeiʔ⁵。
上指中指，	dʑia͂²²³tsɿ⁴¹tɕioŋ²⁴tsɿ⁴¹，
下指捉出。	io⁴⁴tsɿ⁴¹tɕioʔ⁵tɕʰyɛʔ⁵。

（2017 年 7 月 28 日云和，发音人：魏以南）

今日晴

今日晴，	kɛ²⁴naʔ²³ʑiŋ³¹²，
明朝晴，	məŋ²²³tɕiɑɔ²⁴ʑiŋ³¹²，
娘娘嫁景宁。	n̠ia͂⁴⁴n̠ia͂⁴⁵io⁴⁵tɕiŋ⁴⁴n̠iŋ³¹²。
景宁姑父独只眼，	tɕiŋ⁴⁴n̠iŋ³¹²ku⁴⁴fu²⁴dəɯʔ²³tɕiʔ⁴ŋa͂⁴¹，
娘娘嫁灯盏。灯盏：无灯罩油灯的总称	n̠ia͂⁴⁴n̠ia͂⁴⁵io⁴⁵tɛ⁴⁴tsa͂⁴¹。
灯盏会漏油，	tɛ⁴⁴tsa͂⁴¹uei²²³ləɯ²²³iəɯ³¹²，
娘娘嫁酒漏。酒漏：把酒灌到细口瓶子	n̠ia͂⁴⁴n̠ia͂⁴⁵io⁴⁵tɕiəɯ⁴⁴ləɯ²²³。
的工具	
酒漏会漏酒，	tɕiəɯ⁴⁴ləɯ²²³uei²²³ləɯ²²³tɕiəɯ⁴¹，
娘娘嫁地帚。	n̠ia͂⁴⁴n̠ia͂⁴⁵io⁴⁵di²²³tɕiəɯ⁴¹。
地帚会扫地，	di²²³tɕiəɯ⁴¹uei²²³sɑɔ⁴⁴di²²³，

---

①　点兵点将游戏时念的童谣。小朋友围圈站立或坐下，一个小朋友在中间，边念童谣，边依次指点围圈的小朋友。当念到童谣最后一个字时，被点到的小朋友要表演节目。

娘娘嫁风柜。风柜:一种扇去谷物中　　　ȵiã⁴⁴ ȵiã⁴⁵ io⁴⁵ fəŋ²⁴ dʐy²²³。
　秕谷等的农具

风柜会扇谷,　　　　　　　　　　　fəŋ²⁴ dʐy²²³ uei²²³ ɕiɛ⁴⁴ kəɯ⁵,

娘娘嫁老叔。　　　　　　　　　　　ȵiã⁴⁴ ȵiã⁴⁵ io⁴⁵ lɑɔ⁴⁴ ɕiəɯʔ⁵。

老叔会打赌,　　　　　　　　　　　lɑɔ⁴⁴ ɕiəɯʔ⁵ uei²²³ nɛ⁴⁴ tu⁴¹,

娘娘便乐吃苦。　　　　　　　　　　ȵiã⁴⁴ ȵiã⁴⁵ biɛ²²³ ŋɑɔ²²³ tɕʰiʔ⁴ kʰu⁴¹。

弹棉老师

弹,弹,弹,　　　　　　　　　　　dã²²³,dã²²³,dã²²³,

弹棉老师吃空饭。　　　　　　　　　dã²²³ miɛ³¹ lɑɔ⁴⁴ sʅ²⁴ tɕʰiʔ⁴ kʰɔ²⁴ vã²²³。

嘟,嘟,嘟,　　　　　　　　　　　tu⁴⁴,tu⁴⁴,tu⁴⁵,

弹棉老师吃鸡涴。涴:粪便　　　　　dã²² miɛ³¹ lɑɔ⁴⁴ sʅ²⁴ tɕʰiʔ⁴ tsʅ²⁴ u⁴⁵。

现蚁蚁蛄逗蚂蚁

蚁蚁蛄,　　　　　　　　　　　　　ŋɔ⁴⁴ ŋɔ⁴⁴ ku²⁴,

蚁蚁弟,　　　　　　　　　　　　　ŋɔ⁴⁴ ŋɔ⁴⁴ di²²³,

你挖=出,挖=出:出来　　　　　　ȵi⁴⁴ uɔʔ⁵ tɕʰyɛʔ⁵,

我饲你,　　　　　　　　　　　　　ŋo⁴⁴ zʅ²²³ ȵi⁴¹,

你弗挖=出,　　　　　　　　　　　ȵi⁴⁴ fuʔ⁵ uɔʔ⁵ tɕʰyɛʔ⁵,

我弗饲你。　　　　　　　　　　　　ŋo⁴⁴ fuʔ⁴ zʅ²²³ ȵi⁴¹。

（以上 2017 年 10 月 21 日,云和,发音人:叶一诺、李思潼）

二、谚　语

1. 八月芥菜芽，　　　　　　pɔʔ⁴ ȵyɛʔ²³ kɔ⁴⁴ tsʰa⁴⁴ ŋo³¹²，

   值得个老鸡嫲。_{老鸡嫲：老母鸡}　dʑiʔ²³ tiʔ⁰ kiʔ⁰ lɑɔ²²³ tsɿ⁴⁴ mo³¹²。

2. 好怨弗怨怨亲眷，　　　　xəɯ⁴⁴ yɛ⁴⁵ fuʔ⁴ yɛ⁴⁵ yɛ⁴⁴ tsʰən²⁴ tɕyɛ⁴⁵，

   好愁弗愁六月无日头，　xəɯ⁴⁴ zəɯ³¹ fuʔ⁴ zəɯ³¹ ləɯʔ²³ ȵyɛʔ²³ m⁴⁵

   　　　　　　　　　　　naʔ²³ dəɯ³¹²，

   白米饭呗着鼻头。_{着：碰及}　baʔ²³ mi²²³ vã²²³ pɛ⁰ dʑiɔʔ²³ bəɯʔ²³ dəɯ³¹²。

3. 正月呗断⁼弗歇，　　　　tɕiŋ²⁴ ȵyɛʔ²³ pɛ⁰ dəŋ²²³ fuʔ⁴ ɕiɛʔ⁵，

   二月呗雷打雪。　　　　ŋ²²³ ȵyɛʔ²³ pɛ⁰ lei³¹ nɛ⁴⁴ ɕyɛʔ⁵。

4. 出门呗相天色，　　　　tɕʰyɛʔ⁴ məŋ³¹ pɛ⁰ ɕiã⁴⁴ tʰiɛ⁴⁴ saʔ⁵，

   入门呗相面色。　　　　ȵiʔ²³ məŋ³¹ pɛ⁰ ɕiã⁴⁴ miɛ²²³ saʔ⁵。

5. 亲哥弟，　　　　　　　tsʰən²⁴ ku⁴⁴ di²²³，

   明算账。　　　　　　　miŋ³¹ suɛ⁴⁴ tiã⁴⁵。

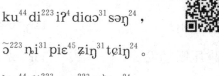

6. 哥弟一条心，　　　　　ku⁴⁴ di²²³ iʔ⁴ diɑɔ³¹ səŋ²⁴，

   黄泥变成金。　　　　　ɔ̃²²³ ȵi³¹ piɛ⁴⁵ ziŋ³¹ tɕiŋ²⁴。

7. 哥弟乐亲，　　　　　　ku⁴⁴ di²²³ ŋɑɔ²²³ tsʰən²⁴，

   糯米乐真。　　　　　　nu²²³ mi⁴¹ ŋɑɔ²²³ tsən²⁴。

8. 吃饭乐菜配，　　　　　tɕʰiʔ⁴ vã²²³ ŋɑɔ²²³ tsʰa⁴⁴ pʰei⁴⁵，

   哥弟乐搭对。_{搭对：配合得宜}　ku⁴⁴ di²²³ ŋɑɔ²²³ tɔʔ⁴ tei⁴⁵。

9. 曲弗离口，　　　　　　tɕʰioʔ⁵ fuʔ⁴ li³¹ kʰəɯ⁴¹，

拳弗离手。　　　　　　　　dʑyɛ³¹ fuʔ⁴ li³¹ ɕiəɯ⁴¹。

10. 花对花，　　　　　　　　xo²⁴ tei⁴⁵ xo²⁴，

柳对柳，　　　　　　　　liəɯ⁴¹ tei⁴⁵ liəɯ⁴¹，

破草鞋呗对地帚。　　　　pʰɔ⁴⁵ tsʰɑo⁴⁴ ɔ³¹ pɛ⁰ tei⁴⁵ di²²³ tɕiəɯ⁴¹。

11. 孝顺大人有福，　　　　　xao⁴⁴ ʑyŋ²²³ du²²³ nɛ³¹ iəɯ⁴⁴ fəɯʔ⁵，

孝顺田地有谷。　　　　　xao⁴⁴ ʑyŋ²²³ diɛ²²³ di³¹ iəɯ⁴⁴ kəɯʔ⁵。

12. 山坑无鱼，　　　　　　　sã⁴⁴ kʰɛ²⁴ m⁴⁵ ȵy²⁴，

石斑大。　　　　　　　　ziɛ²²³ pã²⁴ du²²³。

13. 山穷呗石出，　　　　　　sã²⁴ dʑioŋ³¹ pɛ⁰ ziɛʔ²³ tɕʰyɛʔ⁵，

人穷呗力出。　　　　　　nɛ³¹ dʑioŋ³¹ pɛ⁰ liʔ²³ tɕʰyɛʔ⁵。

14. 老人口热，　　　　　　　lɑɔ⁴¹ nɛ³¹ kʰəɯ⁴¹ ȵiɛʔ²³，

细根⁼儿手热。　　　　　sɿ⁴⁴ kɛ⁴⁴ ȵi⁴⁵ ɕiəɯ⁴¹ ȵiɛʔ²³。

15. 肥水弗流外人田。　　　　vi³¹ sɿ⁴¹ fuʔ⁴ liəɯ³¹ ua²²³ nɛ³¹ diɛ³¹²。

16. 后生屁股呗三蓬火，蓬:团　u⁴⁴ sɛ²⁴ pʰi⁴⁴ ku⁴¹ pɛ⁰ sã²⁴ bəŋ³¹ xo⁴¹，

炊得馒头做得糕。炊:蒸　tsʰɿ²⁴ tiʔ⁴ mɛ²²³ dəɯ³¹ tso⁴⁵ tiʔ⁴ kəɯ⁴¹。

17. 冬麦乐压，　　　　　　　təŋ²⁴ maʔ²³ ŋɑɔ²²³ ɔʔ⁵，

越压呗越发。　　　　　　iɔʔ²³ ɔʔ⁵ pɛ⁰ iɔʔ²³ fɔʔ⁵。

18. 六月断⁼雨隔田岸。　　　ləɯʔ²³ ȵyɛʔ²³ dəŋ²²³ y⁴¹ kaʔ⁴ diɛ³¹ uɛ²²³。

19. 笑一笑，　　　　　　　　tɕʰiɑɔ⁴⁵ iʔ⁴ tɕʰiɑɔ⁴⁵，

十年少。　　　　　　　　ʑyeiʔ²³ ȵiɛ³¹ ɕiɑɔ⁴¹。

愁一愁，　　　　　　　　zəɯ³¹ iʔ⁴ zəɯ³¹²，

白了头。　　　　　　　　baʔ²³ lɑɔ⁰ dəɯ³¹²。

20. 烟酒弗搭，　　　　　　　　iɛ²⁴tɕiəɯ⁴¹fuʔ⁴tɔʔ⁵,

　　日日吃鸭。　　　　　　　　naʔ²³naʔ²³tɕʰiʔ⁴ɔʔ⁵。

21. 干干净净，　　　　　　　　kuɛ⁴⁴kuɛ²⁴ʑiŋ²²³ʑiŋ²²³,

　　吃了无病。　　　　　　　　tɕʰiʔ⁴laɔ⁰m⁴⁵biŋ²²³。

22. 一个好汉三个帮，　　　　　iʔ⁴kei⁴⁵xɯɯ⁴⁴xuɛ⁴⁵sã²⁴kei⁴⁵põ²⁴,

　　一个篱笆三个桩。　　　　　iʔ⁴kei⁴⁵li⁴⁴po²⁴sã²⁴kei⁴⁵tiõ²⁴。

23. 跟着好人做好人，　　　　　kɛ²⁴dʑiɔʔ²³xɯɯ⁴⁴nɛ³¹tso⁴⁴xɯɯ⁴⁴nɛ³¹²,

　　跟着老虎会吃人。　　　　　kɛ²⁴dʑiɔʔ²³laɔ⁴⁴xu⁴¹uei²²³tɕʰiʔ⁴nɛ³¹²。

24. 山东个苹果，　　　　　　　sã⁴⁴toŋ⁴⁴kɛ⁰biŋ²²³ko⁴¹,

　　莱阳个梨，　　　　　　　　li²²³iã²²³kɛ⁰li⁴¹,

　　弗如潍坊个菜头皮。　　　　fuʔ⁵lu²²³uei²²³fõ²⁴kei⁰tsʰa⁴⁴dəɯ²²³bi³¹²。

（以上 2017 年 7 月 28 日，云和，发音人：魏以南）

三、谜　　语

做认≡猜，认≡：谜语　　　　　tso⁴⁴n̠iŋ²²³tsʰei²⁴,

做认≡猜，　　　　　　　　　tso⁴⁴n̠iŋ²²³tsʰei²⁴,

百把斧头破弗开。　　　　　　paʔ⁵po⁴⁴fu⁴⁴dəɯ²²³pʰɔ⁴⁵fuʔ⁴kʰei²⁴。

　　　　　　——水　　　　　　　　　　　　——sʮ⁴¹

水，水，　　　　　　　　　　sʮ⁴¹,sʮ⁴¹,

两头尖嘴。　　　　　　　　　la⁴⁴dəɯ³¹tɕiɛ⁴⁴tsʮ⁴¹。

　　　　　　——船　　　　　　　　　　　　——ʑyɛ³¹²

刀鞘，刀鞘，　　　　　　　　təɯ²⁴ɕiaɔ⁴⁵,təɯ²⁴ɕiaɔ⁴⁵,

两头翘翘。　　　　　　　　la⁴⁴ dɯ³¹ tɕʰiɑɔ⁴⁴ tɕʰiɑɔ⁴⁵。

　　　　——船　　　　　　　　　　　　——ʑyɛ³¹²

船，船，　　　　　　　　ʑyɛ³¹²，ʑyɛ³¹²，

两头平长。　　　　　　　　la⁴⁴ dɯ³¹ biŋ²²³ dɛ³¹²。

　　　　——枕头　　　　　　　　　　——tsəŋ⁴⁴ dəm³¹²

一个细根꞊儿三寸长，　　　i?⁴ kei⁴⁵ sᶤ⁴⁴ kɛ⁴⁴ n̩i⁴⁵ sã²⁴ tsʰuɛ⁴⁵ dɛ³¹²，

放个屁呗吓死人。　　　　fɔ̃²⁴ kei⁴⁴ pʰi⁴⁴ pɛ⁰ xa?⁵ sᶤ⁴⁴ nəŋ³¹²。

　　　　——火炮　　　　　　　　　　——xo⁴⁴ pʰɑɔ⁴⁵

双排扣，　　　　　　　　ɕiɔ̃⁴⁴ bɔ³¹ kʰɯ⁴⁵，

真弗瘦，　　　　　　　　tsəŋ²⁴ fu?⁴ səɯ⁴⁵，

走起路来闹꞊啊闹꞊。闹꞊:扭　tsəɯ⁴¹ tsʰᶤ⁴¹ lu²²³ li²²³ nəɯ²²³ a⁰ nəɯ³¹²。

头尖尖，　　　　　　　　dɯ³¹ tɕiɛ⁴⁴ tɕiɛ²⁴，

肚拖拖，　　　　　　　　du²²³ tʰɔ⁴⁴ tʰɔ²⁴，

猜得着乞你当婶奶。婶奶:叔母　tsʰei²⁴ ti?⁴ dʑiɔ?²²³ ɕiɔ kʰa⁴⁴ n̩i⁴⁴ tɔ̃⁴⁴ səŋ⁴⁴ nɔ²⁴。

　　　　——猪嫲　　　　　　　　　——ti⁴⁴ mo³¹²

高高山头一个乌鸡嫲，乌鸡嫲:　kəɯ⁴⁴ kəɯ⁴⁴ sã⁴⁴ dɯ³¹ i?⁴ kei⁰ u⁴⁴ tsᶤ⁴⁴ mo³¹²，
　　黑母鸡

客人来了满桌爬。　　　　kʰa?⁵ nɛ³¹ li³¹ lɑɔ⁰ mɛ²²³ tio?⁵ bo³¹²。

　　　　——茶壶　　　　　　　　　——dzo²²³ u³¹²

红面桶，面桶:脸盆　　　　　oŋ²²³ miɛ²²³ doŋ²³¹，

铁丝箍，　　　　　　　　　　　$t^hiɛʔ^4sๅ^{44}k^hu^{24}$，

温州上呗碧湖大。　　　　　　　$uɛ^{44}tɕiəɯ^{44}dʑiã^{223}pɛ^0piɛʔ^4u^{31}du^{223}$。

　　　　　　——脚盂　　　　　　　　　　　　——tɕiɔʔ^4y^{312}

温州橘，　　　　　　　　　　　$uɛ^{44}tɕiəɯ^{44}tɕyeiʔ^5$，

红滴滴①，　　　　　　　　　　$oŋ^{223}tiʔ^4tiʔ^5$，

底面剥皮呗外面吃。　　　　　　$ti^{44}miɛ^{223}poʔ^4bi^{31}pɛ^0ua^{223}miɛ^{223}tɕʰiʔ^5$。

　　　　　　——鸡肫　　　　　　　　　　　　——tsๅ^{44}yŋ^{24}

窸窸窣窣一担货，　　　　　　　$ɕiʔ^4ɕiʔ^4soʔ^4soʔ^4iʔ^4tã^{44}xo^{45}$，

鼻头串到串到屁股过。　　　　　$bəɯʔ^{23}dəɯ^{31}tɕʰioŋ^{24}təɯ^{44}tɕʰioŋ^{24}təɯ^{44}$
　　　　　　　　　　　　　　　　$p^hi^{44}ku^{41}ko^{45}$。

嫂嫂问你是责=货？　　　　　　$saɔ^{44}saɔ^{24}məŋ^{31}ȵi^{44}dzๅ^{223}tsaʔ^5xo^{45}$？

　　　　　　——草鞋　　　　　　　　　　　　——ts^hɑɔ^{44}ɔ^{312}

稀奇稀奇真稀奇，　　　　　　　$sๅ^{44}dzๅ^{31}sๅ^{44}dzๅ^{31}tsəŋ^{24}sๅ^{44}dzๅ^{312}$，

鼻头摵来当马骑。　　　　　　　$bəɯʔ^{23}dəɯ^{31}iəʔ^4li^{31}tɔ̃^{44}mo^{41}dzๅ^{312}$。

　　　　　　——眼镜　　　　　　　　　　　　——ŋã^{44}tɕiŋ^{45}

奇怪奇怪真奇怪，　　　　　　　$dzๅ^{31}kua^{45}dzๅ^{31}kua^{45}tsəŋ^{24}dzๅ^{31}kua^{45}$，

上岭还比落岭快。　　　　　　　$dʑiã^{223}liŋ^{223}a^{44}bi^{31}loʔ^{23}liŋ^{223}k^hua^{45}$。

　　　　　　——鼻涕　　　　　　　　　　　　——biʔ^{23}t^hi^{45}

亦长，　　　　　　　　　　　　$iʔ^{23}dɛ^{312}$，

---

①　一般来说"橘子""鸡肫"是黄色的,但本谜语使用的修饰语是表红色的
形容词。

亦扁，　　　　　　　　　iʔ²³ piɛ⁴¹，

亦方，　　　　　　　　　iʔ²³ fɔ̃²⁴，

亦圆。　　　　　　　　　iʔ²³ yɛ³¹²。

　　　　——膏药　　　　　　　——kəɯ⁴⁴ iɔʔ²³

月光光，　　　　　　　　n̠yɛʔ²³ kɔ̃⁴⁴ kɔ̃²⁴，

照四方。　　　　　　　　tɕiɑɔ⁴⁵ sʅ⁴⁴ fɔ̃²⁴。

四方山头一蓬葱，蓬:丛　　sʅ⁴⁴ fɔ̃²⁴ sã⁴⁴ dəɯ³¹ iʔ⁴ bəŋ²²³ tsʰoŋ²⁴，

一日拔三通。　　　　　　iʔ⁴ naʔ²³ bɔʔ²³ sã²⁴ tʰoŋ²⁴。

　　　　——箸　　　　　　　　——dzʅ²²³

高高山头一丘田，　　　　kəɯ⁴⁴ kəɯ⁴⁴ sã⁴⁴ dəɯ³¹ iʔ⁴ tɕʰiəɯ²⁴ diɛ³¹²，

两根白蛇一堆眠。一堆眠:一起睡　la⁴¹ kɛ⁴⁴ baʔ²³ ʑio³¹² iʔ⁴ tei²⁴ miɛ³¹²。

　　　　——灯盏　　　　　　　——tɛ⁴⁴ tsã⁴¹

青石板，　　　　　　　　tɕʰiŋ⁴⁴ ʑiʔ²³ pã̃⁴¹，

石板青，　　　　　　　　ʑiʔ²³ pã̃⁴¹ tɕʰiŋ²⁴，

石板上面出妖精。　　　　ʑiʔ²³ pã̃⁴¹ dʑiã̃²²³ miɛ²²³ tɕʰyɛʔ⁴ iɑɔ⁴⁴ tɕiŋ²⁴。

　　　　——镜　　　　　　　　——tɕiŋ⁴⁵

顶顶钩上一蓬葱，　　　　tiŋ⁴⁴ tiŋ²⁴ kəɯ²⁴ dʑiã̃²²³ iʔ⁴ bəŋ³¹ tsʰoŋ²⁴，

抓得落，抓得落:能抓下来　tso²⁴ tiʔ⁴ loʔ²³，

算弗着。算弗着:难以计算　suɛ⁴⁵ fuʔ⁴ dʑiɔʔ²³。

　　　　——头发　　　　　　　——dəɯ²²³ fɔʔ⁵

头上一个瘩＝，瘩＝:钩　　　　　　　dəɯ²²³ dʑiã²²³ iʔ⁴ kei⁴⁵ taʔ⁵，

肚皮开八坼。坼:裂缝　　　　　　　du²²³ bi³¹² kʰei⁴⁴ paʔ⁴ tsʰaʔ⁵。

来了一桌客，　　　　　　　　　li³¹ lɑɔ⁰ iʔ⁴ tioʔ⁵ kʰaʔ⁵，

大势＝一记吃，　　　　　　　　dɔ²²³ sʅ²⁴ iʔ⁴ tsʅ⁴⁴ tɕʰiʔ⁵，

吃了还相脈。相脈:相斗　　　　　tɕʰiʔ⁵ lɑɔ⁰ a³¹ ɕiã⁴⁴ pʰaʔ⁵。

　　　　——鸡盂装鸡食的器皿　　　　　——tsʅ⁴⁴ y³¹²

（以上 2017 年 7 月 28 日，云和，发音人:魏以南）

千条路，　　　　　　　　　　tɕʰiɛ²⁴ diɑɔ³¹ lu²²³，

万条坑。　　　　　　　　　　mã²²³ diɑɔ³¹ kʰɛ²⁴。

人弗走，　　　　　　　　　　nɛ³¹ fuʔ⁴ tsəɯ⁴¹，

草弗生。　　　　　　　　　　tsʰɑɔ⁴¹ fuʔ⁴ sɛ²⁴。

　　　　——处瓦屋瓦　　　　　——tsʰ ʮ⁴⁴ ŋo⁴¹

头戴鸡公冠，　　　　　　　　dəɯ³¹ tɔ⁴⁵ tsʅ⁴⁴ kɔ̃⁴⁴ kuã²⁴，

身穿白龙衫。　　　　　　　　səŋ²⁴ tɕʰyɛ²⁴ baʔ²³ liɔ̃²²³ sã²⁴。

讲话永康腔，　　　　　　　　kɔ̃⁴⁴ o²²³ ioŋ²²³ kʰɔ̃⁴⁴ tɕʰiɔ̃²⁴，

摇记摆记出沙滩。　　　　　　iɑɔ³¹ tsʅ⁴⁵ bɔ²²³ tsʅ⁴⁵ tɕʰyɛʔ⁴ so⁴⁴ tʰã²⁴。

　　　　——鹅　　　　　　　　——ŋ³¹²

两日平平坐，　　　　　　　　la⁴¹ naʔ²³ biŋ³¹ biŋ³¹ zo²³¹，

坐在桅杆头。　　　　　　　　zo²³¹ za³¹ uɛ²⁴ kuɛ²⁴ dəɯ³¹²。

夜间若无我，　　　　　　　　io²²³ kã²⁴ n̠ioʔ²³ m⁴¹ ŋo³¹²，

最吓贼来偷。　　　　　　　　tsei⁴⁵ xaʔ⁵ zaʔ²³ li³¹ tʰəɯ²⁴。

　　　　——门　　　　　　　　——məŋ³¹²

言靠青山，青又青，　　　　ȵiɛ³¹ kʰəɯ⁴⁵ tɕʰiŋ⁴⁴ s ã²⁴，tɕʰiŋ²⁴ iəɯ⁴¹ tɕʰiŋ²⁴，

两人土上说原因。　　　　la⁴¹ nɛ³¹ tʰu⁴¹ dʑiã²²³ ɕyɛʔ⁵ ȵyɛ²²³ iŋ²⁴。

三人骑牛，牛无角，　　　　sã²⁴ nɛ³¹ dʑʅ²²³ ȵiəɯ³¹² ，ȵiəɯ³¹ m⁴⁵ koʔ⁵，

草木之中有一人。　　　　tsʰɑ⁴¹ məɯʔ²³ tsʅ⁴⁴ tɕioŋ²⁴ iəɯ⁴⁴ iʔ⁴ nɛ³¹²。

　　　　——请坐奉茶　　　　——tɕʰiŋ⁴⁴ zo²³¹ vəŋ²²³ dzo³¹²

　　　　（以上 2017 年 8 月 19 日，云和，发音人：邱裕森）

四、顺口溜

云和狮象守东门

云和狮象守东门，　　　　yŋ²²³ o³¹ sʅ²⁴ ʑiã²²³ ɕiəɯ⁴⁴ toŋ²⁴ məŋ³¹²，

南有白龙守南门，　　　　nuɛ³¹ iəɯ⁴¹ baʔ²³ liɔ̃³¹² ɕiəɯ⁴⁴ nuɛ²²³ məŋ³¹²，

北有凤凰守北门，　　　　paʔ⁵ iəɯ⁴¹ vəŋ²²³ɔ̃³¹² ɕiəɯ⁴⁴ paʔ⁵ məŋ³¹²，

西有后山在守门。　　　　sʅ²⁴ iəɯ⁴¹ u⁴⁴ sã²⁴ tsa⁴⁵ ɕiəɯ⁴⁴ məŋ³¹²。

白塔山立中，　　　　baʔ²³ tʰɔʔ⁵ sã²⁴ liʔ²³ tɕioŋ²⁴，

乌龟山遥望城中，　　　　u⁴⁴ kuei⁴⁴ sã²⁴ iɑɔ³¹ mɔ̃²²³ ʑiŋ³¹ tɕioŋ²⁴，

街狗槽居中护院。　　　　kɔ⁴⁴ kəɯ⁴⁴ zɑɔ³¹ tɕy⁴⁴ tɕioŋ⁴⁴ u²²³ yɛ²²³。

弗管丈山还是七尺，　　　　fuʔ⁵ kuã⁴¹ dʑiã²²³ sã²⁴ ã²²³ dʑʅ²³¹ tsʰeiʔ⁴ tɕʰiʔ⁵，

河上上田，　　　　u²²³ dʑiã²³¹ dʑiã²²³ diɛ³¹²，

隔溪有寮。　　　　kaʔ⁴ tsʰʅ²⁴ iəɯ⁴¹ liɑɔ³¹²。

前溪，后溪，黄溪，	ʑiɛ²²³tsʰ₁²⁴,u⁴⁴tsʰ₁²⁴,ɔ̃²²³tsʰ₁²⁴,
连起三溪，	liɛ³¹tsʰ₁⁴¹sã²⁴tsʰ₁²⁴,
生五子。	sɛ²⁴ŋ⁴¹ts₁⁴¹。
大徐，小徐，前巷，	du²²³zɥ³¹²,ɕiɑɔ⁴⁴zɥ³¹²,ʑiɛ³¹ɔ̃²²³,
上街，中街，	dʑiã²²³kɔ²⁴,tɕioŋ⁴⁴kɔ²⁴,
最旺最好横街。	tsei⁴⁵ɔ̃²²³tsei⁴⁵xəɯ⁴⁴uɛ²²³kɔ²⁴。
横街有南百货，	uɛ²²³kɔ²⁴iəɯ⁴¹nuɛ³¹paʔ⁵xo⁴⁵,
烟糖酒，	iɛ²⁴dɔ̃³¹tɕiəɯ⁴¹,
五金交电和地帚。	ŋ⁴⁴tɕiŋ⁴⁴kɑɔ²⁴diɛ³¹o³¹di²²³tɕiəɯ⁴¹。
天上飞，	tʰiɛ²⁴dʑiã²²³fi²⁴,
地下走，	di²²³io⁴¹tsəɯ⁴¹,
最有名还是我处个	tsei⁴⁵iəɯ⁴¹miŋ³¹a²²³dz₁²³¹ŋo⁴⁴tsʰɥ⁴⁵ki⁰
豆腐酒。	dəɯ²²³vu²²³tɕiəɯ⁴¹。
小小云和县，	ɕiɑɔ⁴⁴ɕiɑɔ⁴⁴yŋ²²³o³¹yɛ²²³,
三爿豆腐店。	sã²⁴bã³¹dəɯ²²³vu²²³tiɛ⁴⁵。
城内打屁股，	ʑiŋ²²³na²²³nɛ⁴⁴pʰi⁴⁴ku⁴¹,
城外听得着。	ʑiŋ²²³ua²²³tʰiŋ⁴⁵tiʔ⁴dʑiəʔ²³。
风水宝地，	fəŋ⁴⁴sɥ⁴¹pɑɔ⁴¹di²²³,
无灾无难，	m⁴⁵tsa²⁴m⁴⁵nã²²³,
地震台风洪水都弗会来。	di²²³tsəŋ⁴⁵da²²³fəŋ²⁴ɔ̃²²³sɥ⁴¹tu²⁴fuʔ⁴uei²²³li³¹²。
安居乐业，	uɛ⁴⁴tsɥ⁴⁴loʔ²³ȵiɛʔ²³,

代代兴旺，　　　　　　　　da²²³ da²²³ ɕiŋ⁴⁵ɔ̃²²³ ，

白水通到，　　　　　　　　baʔ²³ sʮ⁴¹ tʰoŋ²⁴ təɯ⁴⁴ ，

小徐，大徐，黄溪和睦田，　　ɕiɑɔ⁴⁴ zʮ³¹² ，du²²³ zʮ³¹² ，ɔ̃²²³ tsʰ ɿ²⁴ o³¹ moʔ²³ diɛ³¹² ，

云和吉祥如意。　　　　　　yŋ²²³ o³¹² tɕiʔ⁴ ʑiã³¹ ȵy³¹ i⁴⁵ 。

老嬷ₙ壳

老嬷ₙ壳，_{老嬷ₙ壳：老太婆}　　　lɑɔ⁴⁴ m ɔ̃⁴⁴ kʰoʔ⁵ ，

盐戳戳，　　　　　　　　　iɛ³¹ tɕʰioʔ⁴ tɕʰioʔ⁵ ，

戳到粪缸角。_{粪缸角：茅坑角落}　tɕʰioʔ⁵ təɯ⁴⁴ pɛ⁴⁴ kɔ̃⁴⁴ koʔ⁵ 。

真弗吓龌龊，　　　　　　　tsəŋ²⁴ fuʔ⁵ xaʔ⁴ oʔ²³ tɕʰioʔ⁵ ，

讲得真慢摸。_{慢摸：磨蹭}　　kɔ̃⁴⁴ tiʔ⁴ tsəŋ²⁴ mã²²³ moʔ⁵ 。

瘌痢痢

瘌痢痢，_{瘌痢：瘌痢头}　　　loʔ²³ li⁴⁵ loʔ²³ ，

机器轧。　　　　　　　　　tsɿ²⁴ tsʰɿ⁴⁵ goʔ²³ 。

轧出血，　　　　　　　　　goʔ²³ tɕʰyɛʔ⁴ ɕyɛʔ⁵ ，

我有药。　　　　　　　　　ŋo⁴⁴ iəɯ⁴⁴ ioʔ²³ 。

责⁼样药？　　　　　　　　tsaʔ⁵ iã²²³ ioʔ²³ ？

弄堂鸡涴当膏药。　　　　　lɔ̃²²³ dɔ̃²²³ tsɿ²⁴ u⁴⁵ tɔ̃⁴⁴ kəɯ⁴⁴ ioʔ²³ 。

火笼塘

火笼塘，　　　　　　　　　xo⁴⁴ lɔ̃²²³ dɔ̃³¹² ，

火凶凶。　　　　　　　　　　　xo⁴¹ ɕiɔ̃²⁴ ɕiɔ̃²⁴。

酒呷呷，　　　　　　　　　　　tɕiəɯ⁴⁴ xɔʔ⁵ xɔʔ⁵，

肉夹夹，　　　　　　　　　　　ȵiəɯʔ²³ kɔʔ⁵ kɔʔ⁵，

想着宝贝挟牢削=。　　　　　　 ɕiã⁴⁵ dʑiɔʔ²³ pɔ⁴⁴ pei⁴⁵ dʑiɔʔ²³ lɔ³¹ ɕiɔʔ⁵。

　　挟牢削=:搂着亲

胜利伯

胜利伯，胜利伯:一种红薯　　　　　ɕiŋ⁴⁴ li²²³ paʔ⁵，

燥脿脿。燥脿脿:水分很少　　　　　sɑɔ⁴⁴ pʰaʔ⁴ pʰaʔ⁵。

无有饮汤，饮汤:米汤　　　　　　m⁴⁵ iəɯ⁴¹ iŋ⁴⁴ tʰɔ̃²⁴，

弗落格。弗落格:噎住了　　　　　 fuʔ⁵ loʔ²³ kaʔ⁵。

有人謦我，　　　　　　　　　　iəɯʔ⁴¹ nɛ³¹ zoʔ²³ ŋo²²³，

我弗吓，弗吓:不怕　　　　　　　ŋo²²³ fuʔ⁴ xaʔ⁵，

我归去告伯伯。归去:回去。　　　ŋo²²³ kuei²⁴ kʰi⁴⁵ kɑɔ⁴⁴ paʔ⁴ paʔ⁵。

　　告:告诉

吃块鲞

吃块鲞，　　　　　　　　　　　tɕʰiʔ⁴ kʰuei⁴⁴ ɕiã⁴¹，

读书强。　　　　　　　　　　　dəɯʔ²³ sʅ²⁴ ʑiã³¹²。

吃块肉，　　　　　　　　　　　tɕʰiʔ⁴ kʰuei⁴⁴ ȵiəɯʔ²³，

读书强。　　　　　　　　　　　dəɯʔ²³ sʅ²⁴ ʑiəɯʔ²³。

月光光

月光光，	ȵyɛʔ²³ kɔ̃⁴⁴ kɔ̃²⁴，
照四方，	tɕiɑɔ⁴⁵ sʅ⁴⁴ fɔ̃⁴⁴，
大姊归去相亲娘。	dɔ²²³ tsʅ⁴⁵ kuei²⁴ kʰi⁴⁴ ɕia⁴⁴ tsʰəŋ⁴⁴ ȵia̰³¹²。
亲娘讲大姊真像娘，	tsʰəŋ⁴⁴ ȵia̰³¹ kɔ̃⁴⁴ dɔ²²³ tsʅ⁴⁵ tsəŋ²⁴ zia²²³ ȵia̰³¹²，
样样好商量。	ia̰²²³ ia̰²²³ xɯ⁴⁴ ɕia⁴⁴ lia̰³¹²。
队里去领口粮，	dei²²³ li⁴⁴ kʰi⁴⁴ liŋ⁴⁴ kʰɯ⁴⁴ lia̰³¹²，
领归去包肚肠。	liŋ⁴⁴ kuei²⁴ kʰi⁴⁴ pɑɔ⁴⁴ du²²³ dʑia̰³¹²。

一根竹

一根竹，	iʔ⁴ kɛ²⁴ tiɯʔ⁵，
破两爿，破:劈	pʰɔ⁴⁵ la⁴⁴ ba̰³¹²，
布来清泉亦清凉。布:引水	pu⁴⁵ li³¹ tɕʰiŋ⁴⁴ ʑyɛ³¹ iʔ²³ tɕʰiŋ⁴⁴ lia̰³¹²。
哥弟姊妹能＝酒忙，能＝:酿	ku⁴⁴ di²²³ tsʅ⁴⁴ ma²²³ nɛ²²³ tɕiɯ⁴⁴ mɔ̃³¹²，
到了过年娶新娘。	tɯ⁴⁵ lɑɔ⁰ ko⁴⁴ ȵiɛ³¹ tɕʰy⁴⁴ səŋ⁴⁴ ȵia̰³¹²。

做新娘

做新娘，	tso⁴⁵ səŋ⁴⁴ ȵia̰³¹²，
真无做，	tsəŋ²⁴ m⁴⁴ tso⁴⁵，
带头嫁呗真罪过。罪过:可怜	tɔ⁴⁴ dɯ³¹ iɔ⁴⁴ pɛ⁰ tsəŋ²⁴ za²²³ ko⁴⁵。
日日剡柴真难过，	naʔ²³ naʔ²³ tsʰei⁴⁴ zɔ³¹ tsəŋ²⁴ na̰³¹ ko⁴⁵，

拣拣日子嫁嫁过。嫁嫁过：重新嫁	kã^{24}kã^{44}naʔ^{23}tsɿ^{41}iɔ^{24}iɔ^{44}ko^{45}。
第二嫁懵过过，懵过过：一般般	di^{223}ȵi^{223}iɔ^{45}məŋ^{41}ko^{45}ko^{0}，
日日馒头肉过过。	naʔ^{23}naʔ^{23}mɛ^{223}dəɯ^{31}ȵiəɯʔ^{23}ko^{45}ko^{0}。
剉柴洗衣弗乐做，	tsʰei^{44}zɔ^{31}sɿ^{44}i^{24}fuʔ^{4}ŋɑɔ^{45}tso^{45}，
想想还是弗好过。	ɕiã^{44}ɕiã^{44}a^{223}dzɿ^{31}fuʔ^{4}xəɯ^{44}ko^{45}。
第三嫁三十嫁，	di^{223}sã^{24}iɔ^{45}sã^{24}ʑyeiʔ^{23}iɔ^{45}，
日日睏到日头落。	naʔ^{23}naʔ^{23}kʰuɛ^{45}təɯ^{44}naʔ^{23}dəɯ^{312}loʔ^{23}。
剉柴洗衣弗乐做，	tsʰei^{44}zɔ^{31}sɿ^{44}i^{24}fuʔ^{4}ŋɑɔ^{45}tso^{45}，
而且脚儿凳架架，脚儿凳架架：脚架在凳子上，指生活很舒爽	a^{223}tɕʰi^{45}tɕiɔ^{44}ȵi^{45}tɛ^{45}ko^{45}ko^{0}，
口嘴吃记油糯=糯=。油糯=糯=：油滋滋	kʰu^{44}tsɥ^{41}tɕʰi^{5}tsɿ^{44}iəɯ^{31}no^{44}no^{45}。

出门在外

出门在外，	tɕʰyɛʔ^{5}məŋ^{31}za^{223}ua^{223}，
老嬷交代。	lɑɔ^{44}mo^{41}kɑɔ^{24}da^{223}。
少呷酒，	ɕiɑɔ^{41}xɔʔ^{4}tɕiəɯ^{41}，
多吃菜，	tu^{24}tɕʰiʔ^{4}tsʰa^{45}，
平平安安早归了。	biŋ^{223}biŋ^{223}uɛ^{44}uɛ^{24}tsɑɔ^{45}kuei^{24}liɑɔ^{0}。

（以上 2017 年 7 月 28 日，云和，发音人：魏以南）

五、吆　喝

卖豆腐

卖豆腐哦，	mɔ²²³dəɯ²²³vu²²³o⁰，
卖豆腐哦，	mɔ²²³dəɯ²²³vu²²³o⁰，
黄豆换豆腐哦，	ɔ̃²²³dəɯ²²³uã²²³dəɯ²²³vu²²³o⁰，
豆腐儿五块一碗哦。豆腐儿:	dəɯ²²³vu²²³n̠i⁴⁵ŋ⁴⁴kʰuei⁴⁵iʔ²⁴uã⁴¹o⁰。

　　连浆带渣的豆糊

换生姜糖

生姜糖哦，	sã⁴⁴tɕiã²⁴tɔ̃⁴⁵o⁰，
换生姜糖哦，	uã²²³sã⁴⁴tɕiã²⁴tɔ̃⁴⁵o⁰，
鸡毛，牙膏壳，破拖鞋哦，	tsɹ⁴⁴mɑɔ³¹，ŋo²²³kəɯ⁴⁴kʰoʔ⁵，pʰɔ⁴⁴tʰu⁴⁴ɔ³¹²o⁰，
一双换三粒哦，	iʔ²⁴ɕiɔ̃²⁴uã²²³sã²⁴lɛʔ⁵o⁰，
生姜糖哦。	sã⁴⁴tɕiã²⁴tɔ̃⁴⁵o⁰。

换　米

换米哦，	uã²²³mi⁴⁴o⁰，
卖米哦，	mɔ²²³mi⁴⁴o⁰，
早稻，糯谷哇，	tsɑɔ⁴⁴dɑɔ²³¹，nu²²³kəɯʔ⁵uɔ⁰，
乐买米人快滴来哦，	ŋɑɔ²²³mɔ²²³mi⁴⁴nɛ³¹kʰua⁴⁵tiʔ⁰li³¹o⁰，

块八一斤哦，　　　　　　　　　kʰuei⁴⁴ pɔʔ⁵ iʔ⁴tɕiŋ²⁴ o⁰，

一担五十斤哦。　　　　　　　　iʔ⁴tã²⁴ ŋ⁴⁴ ʑyeiʔ²³ tɕiŋ²⁴ o⁰。

卖米哦，　　　　　　　　　　　mɔ²²³ mi⁴⁴ o⁰，

换米哦。　　　　　　　　　　　uã²²³ mi⁴⁴ o⁰。

（以上 2017 年 7 月 28 日，云和，发音人：魏以南）

六、故　事

牛郎织女

古时节，有一个后生儿，妈伯都无有哇，一个人孤苦伶仃个，处里只有一个老牛，大势˭人都喊渠牛郎。

ku⁴¹ zɿ³¹ tɕiɛʔ⁵，iəɯ⁴⁴ iʔ⁴ kei⁴⁵ u⁴⁴ sɛ⁴⁴ ȵi⁴⁵，ma²⁴ paʔ⁵ tu²⁴ m⁴⁵ iəɯ⁴¹ ua⁰，iʔ⁴ kei⁴⁵ nɛ³¹ ku⁴⁴ kʰu⁴⁴ liŋ³¹ tiŋ²⁴ kei⁰，tsʰɿ⁴⁵ li⁰tseiʔ⁵ iəɯ⁴¹ iʔ⁴kei⁴⁵ lɑɔ⁴¹ ȵiəɯ³¹²，dɔ²²³ sɿ²⁴ nɛ³¹ tu²⁴ xã⁴⁵ gi²²³ ȵiəɯ²²³ lɔ̃³¹²。

古时候，有一个小伙子，父母都去世了，孤苦伶仃，家里只有一头老牛，大家都叫他牛郎。

牛郎靠老牛犁田过生活，斗˭老牛相依为命。老牛其实是天上个金牛星，渠喜欢牛郎勤劳善良，便想帮助渠成个家。

ȵiəɯ²²³ lɔ̃³¹ kʰəɯ⁴⁵ lɑɔ⁴¹ ȵiəɯ³¹ li²²³ die³¹ ko⁴⁴ sɛ⁴⁴ uaʔ²³，təɯ⁴⁵ lɑɔ⁴¹ ȵiəɯ³¹ ɕiã̃⁴⁴ i²⁴ uei³¹ miŋ²²³。 lɑɔ⁴¹ ȵiəɯ³¹ dzɿ²²³ zeiʔ²³ dzɿ²²³ tʰiɛ²⁴ dʑiã̃²²³ kei⁰tɕiŋ⁴⁴ ȵiəɯ³¹ ɕiɔ²⁴，gi³¹ sɿ⁴⁴ xuã²⁴ ȵiəɯ²²³ lɔ̃³¹ dʑiŋ²²³ lɑɔ³¹ ziɛ²²³ liã̃³¹²，biɛ²²³ ɕiã̃⁴⁴ pɔ̃²⁴zu²²³ gi³¹ ziŋ³¹ kei⁰ ko²⁴。

牛郎靠老牛耕地为生，与老牛相依为命。老牛其实是天上的金

牛星,因喜欢牛郎勤劳善良,所以想帮他成个家。

有一日,金牛星晓得,天上个七仙女,乐到村东边山脚下个湖里洗浴。渠便托梦乞牛郎,乐渠第二日天光早到湖边去,趁阿⁼粒⁼仙女洗浴个时节,便偷偷个搣落仙女挂记树上个一件衣裳,尽快逃归去,乙色⁼,渠便会得到一个漂亮个仙女做老嬷。

iəu⁴¹ iʔ⁴ naʔ²³, tɕiŋ⁴⁴ ȵiəu³¹ ɕiŋ²⁴ ɕiɑɔ⁴⁴ tiʔ⁵, tʰiɛ²⁴ dʑi ã²²³ keiⁿtsʰeiʔ⁴ ɕiɛ⁴⁴ ȵy⁴¹, ŋɑɔ²²³ təu⁴⁴ tsʰuɛ²⁴ təŋ⁴⁴ piɛ²⁴ sã⁴⁴ tɕioʔ⁵ ioⁿkeiⁿu³¹ li⁴¹ sɿ⁴⁴ ioʔ²³。 gi²²³ biɛ²²³ tʰoʔ⁵ məŋ²²³ kʰa⁴⁴ ȵiəu²²³ lɔ̃³¹² , ŋɑɔ²²³ gi²²³ diⁿȵi²²³ naʔ²³ tʰiɛ⁴⁴ kɔ̃⁴⁴ tsɑɔ⁴¹ təu⁴⁴ u⁴⁴ piɛ²⁴ kʰi⁴⁵, tsʰəŋ⁴⁵ aʔ⁵lɛʔⁿ ɕiɛ⁴⁴ ȵy⁴¹ sɿ⁴⁴ ioʔ²³ keiⁿzɿ³¹ tɕiɛʔ⁵, biɛ²²³ tʰəu⁴⁴ tʰəu²⁴ keiⁿioʔ⁵loʔ²³ ɕiɛ⁴⁴ ȵy⁴¹ goⁿtsɿ⁴⁵ zy²²³ dʑi ã²²³ keiⁿiʔ⁴ dʑiɛ²²³ i⁴⁴ zi ã³¹² , zəŋ²²³ kʰua⁴⁵ dɑɔ³¹ kuei²⁴ kʰi⁴⁵, iʔ⁵saʔⁿ, gi²²³ biɛ²²³ uei²²³ taʔ⁵təu⁴⁴iʔ⁴kiⁿpʰiɑɔ²⁴liã³¹ keiⁿɕiɛ⁴⁴ ȵy⁴¹ tso⁴⁵ lɑɔ⁴⁴ mo⁴¹。

有一天,金牛星得知天上的仙女们要到村东边山脚下的湖里洗澡,便托梦给牛郎,要他第二天早晨到湖边去,趁仙女们洗澡的时候,取走一件仙女挂在树上的衣裳,然后头也不回地跑回家来,就会得到一位美丽的仙女做妻子。

阿⁼呗,乙日个天光,牛郎啊,半信半疑个走到了湖边,倚麻眼光当中,相着七个美女牢⁼埫溪底搞水,渠呗,慌忙呗搣落阿⁼粒⁼美女园记树上个一件粉红色个衣裳,头也弗归个尽快个逃归处底去。

aʔ⁵ pɛⁿ, iʔ⁵naʔ²³ keiⁿtʰiɛ⁴⁴ kɔ̃²⁴ , ȵiəu²²³ lɔ̃³¹ aⁿ, pɛ⁴⁴ səŋ⁴⁵ pɛ⁴⁴ ȵi³¹ keiⁿtsəu⁴⁴ təu⁴⁵ lɑɔⁿu³¹ piɛ²⁴, ga²²³ mo⁴⁴ lɔ̃⁴⁴ kɔ̃⁴⁴ tɔ̃⁴⁵ tɕioŋ²⁴ , ɕi ã⁴⁵ dʑiɔʔⁿtsʰeiʔ⁵ keiⁿmei⁴¹ ȵy⁴¹ lɑɔ³¹ tɔʔ⁵tsʰɿ²⁴ ti⁴⁴ kɑɔ⁴¹ sɿ⁴¹ , gi²²³ pɛⁿ, xɔ̃⁴⁴ mɔ̃³¹ pɛⁿioʔ⁵loʔ²³ aʔ⁵lɛʔⁿmi⁴¹ ȵy⁴¹ kʰɔ̃⁴⁵ tsɿ⁴⁵ zy²²³ dʑi ã²²³ keiⁿiʔ⁴ dʑiɛ²²³ fəŋ⁴⁴ oŋ³¹ saʔ⁵keiⁿi⁴⁴ zi ã³¹² , dəu³¹ a²²³ fuʔ⁴kuei²⁴ keiⁿzəŋ²²³ kʰua⁴⁵ keiˀ⁰ dɑɔ³¹ kuei²⁴ tsʰ ʅ⁴⁵ ti⁴⁴ kʰ i⁴⁵。

第二天早晨，牛郎半信半疑地到了山脚下，在朦胧晨光之中，果然看见七个美女在湖中戏水，他立即拿起树上的一件粉红色衣裳，飞快地跑回家。

乙个呢，乞渠撼走衣裳个美女便是织女。当日暝里，织女偷偷个走到了牛郎处里，两个人便成了恩爱夫妻。

iˀ⁵ kiˀ⁰ ȵiˀ⁰，kʰa⁴⁴ gi²²³ iɔˀ⁵ tsəɯ⁰ i⁴⁴ ʑi ã̠³¹ keiˀ⁰ mi⁴¹ ȵy⁴¹ biɛ²²³ dzʅ²²³ tɕiˀ⁵ ȵy⁴¹。t ɔ̃⁴⁴ na²³ mɛ²²³ liˀ⁰，tɕiˀ⁵ ȵy⁴¹ tʰ əɯ⁴⁴ tʰ əɯ²⁴ keiˀ⁰ tsəɯ⁴⁴ təɯ⁴⁵ lɑɔ⁰ ȵiəɯ²²³ l ɔ̃³¹ tsʰ ʅ⁴⁵ liˀ⁰，la⁴⁴ keiˀ⁰ nəŋ³¹ biɛ²²³ ʑiŋ³¹ lɑɔ⁰ əŋ²⁴ a⁴⁵ fu⁴⁴ tsʰ ʅ²⁴。

这个被抢走衣裳的仙女就是织女。当天夜里，她轻轻敲开牛郎家的门，两人做了恩爱夫妻。

时间过得快弗过了，一转眼三年过去了，牛郎斗゠织女生了一个儿一个囡，两个细根゠儿，一家人生活得相当快乐。但是呢，织女私自落凡个事干乞玉王大帝晓得了哇。有一日，天上呗火゠线゠光゠去了，风呗老大个刮来，雨啊老大个断゠来，织女单记呗无了，两个细根゠儿叫起呗乐寻妈，牛郎慌得起呗晓弗得哪生゠好。

zʅ²²³ k ã̠²⁴ ko⁴⁵ tiˀ⁵ kʰua⁴⁵ fuˀ⁴ ko⁴⁵ lɑɔ⁰，iˀ⁵ tɕɣɛ⁴¹ ŋ ã̠⁴¹ s ã̠²⁴ ȵiɛ³¹ ko⁴⁴ kʰ i⁴⁵ lɑɔ⁰，ȵiəɯ²²³ l ɔ̃³¹ təɯ⁴⁴ tɕiˀ⁵ ȵy⁴¹ sɛ⁴⁴ lɑɔ⁰ iˀ⁴ keiˀ⁰ ȵi²⁴ iˀ⁴ keiˀ⁰ nɛ²⁴，la⁴⁴ keiˀ⁰ sʅ⁴⁴ kɛ⁴⁴ ȵi⁴⁵，iˀ⁴ ko²⁴ nɛ³¹ sɛ⁴⁴ ua²³ tiˀ⁰ ɕia ã̠⁴⁴ t ɔ̃²⁴ kʰua⁴⁴ loˀ²³。d ã̠²²³ zʅ²²³ ȵiˀ⁰，tɕiˀ⁵ ȵy⁴¹ sʅ²⁴ zʅ²²³ loˀ²³ v ã̠³¹ keiˀ⁰ zʅ²²³ kuɛ⁴⁵ kʰa⁴⁴ ȵioˀ²³ i ɔ̃³¹ dɔ²²³ ti⁴⁵ ɕiɑɔ⁴⁴ tiˀ⁵ lɑɔ⁰ ua⁰。iəɯ⁴¹ iˀ⁴ naˀ²³，tʰie²⁴ dʑi ã̠²²³ pɛˀ xo²⁴ ɕiɛ⁴⁵ k ɔ̃⁴⁵ xəɯ⁰ lɑɔ⁰，fəŋ²⁴ pɛˀ⁰ lɑɔ²²³ du²²³ keiˀ⁰ kuaˀ⁵ li³¹²，y⁴¹ aˀ⁰ lɑɔ²²³ du²²³ keiˀ⁰ dəŋ²²³ li³¹²，tɕiˀ⁵ ȵy⁴¹ t ã̠²⁴ tsʅ⁴⁵ pɛˀ⁰ m⁴⁵ lɑɔ⁰，la⁴⁴ keiˀ⁰ sʅ⁴⁴ kɛ⁴⁴ ȵi⁴⁵ iɑɔ⁴⁵ tsʰ ʅ pɛˀ⁰ ŋɑɔ²²³ zəŋ³¹ ma²⁴，ȵiəɯ²²³ l ɔ̃³¹ x ɔ̃²⁴ taˀ⁵ tsʰ ʅ⁴¹ pɛˀ⁰ ɕiɑɔ⁴⁴ fuˀ⁴ tiˀ⁵ nɛ²²³ sɛ²⁴ xəɯ⁴¹。

　　一转眼三年过去了，牛郎和织女生了一男一女，日子过得很开心。但是，织女私自下凡的事被玉皇大帝知道了。有一天，天上电闪雷鸣，并刮起大风，下起大雨，织女瞬间不见了。两个孩子哭着要妈妈，牛郎急得不知如何是好。

　　乙时节，阿⁼个老牛啊单记开口啊："你乐难过，你帮我角撇落来，渠会变成两个箩箕，你呢，帮两个细根⁼儿园底去，乙色⁼，便可以到天宫去寻织女哇。"牛郎正牢⁼埖奇怪，阿⁼个角呗踩落来了讲，常真变成两个箩箕，牛郎赶紧帮两个细根⁼儿园底去，用扁担担起来。乙时节，觉着一阵清风吹来，阿⁼个箩箕呢，常真出了一对翼髈一样飞起啊讲，腾云驾雾个向天宫飞去。飞记，飞记，相相便乐追上织女哇，亦乞王母娘娘发现记了，王母娘娘拔落头上个一根金钗，对牢牛郎斗⁼织女中央心划记去，单记变出一根波涛滚滚个天河，阔记着呗相弗着对面，帮牛郎斗⁼织女都隔开了！

iʔ⁵zɿ³¹tɕiɛʔ⁵, aʔ⁵kei⁴⁵laɔ⁴¹ȵiɯɯ³¹a⁰tã²⁴tsɿ⁴⁵kʰei⁴⁴kʰɯɯ⁴¹a⁰:ȵi⁴⁴ŋaɔ⁴⁵nã³¹ko⁴⁵, ȵi⁴⁴pɔ̃²⁴ŋo⁴⁴koʔ⁵iɔ⁵loʔ²³li³¹², gi³¹uei²²³piɛ⁴⁵ziŋ³¹la⁴⁴kei⁰lɔ³¹i²⁴, ȵi⁴⁴ȵi⁰, pɔ̃²⁴la⁴⁴kei⁰sɿ⁴⁴kɛ⁴⁴ȵi⁴⁵kʰɔ̃⁵ti⁴¹kʰi⁴⁵, iʔ⁵saʔ⁰, biɛ²²³kʰu⁴⁴i⁴¹tɯɯ⁴⁴tʰiɛ⁴⁴koŋ²⁴kʰi⁴⁴zəŋ³¹tɕiʔ⁵ȵy⁴¹ua⁰. ȵiɯɯ²²³lɔ̃³¹tɕiŋ⁴⁵laɔ³¹tɔʔ⁰dzɿ³¹kua⁴⁵, aʔ⁴kei⁰koʔ⁵pɛ⁰lei²²³loʔ²³li³¹laɔ⁰kɔ̃⁰, dzi ã²²³tsəŋ²⁴piɛ⁴⁵ziŋ³¹la⁴⁴kei⁰lɔ³¹i²⁴, ȵiɯɯ²²³lɔ̃³¹kue⁴⁴tɕiŋ⁴¹mɔ̃²⁴la⁴⁴kei⁰sɿ⁴⁴kɛ⁴⁴ȵi⁴⁵kʰɔ̃⁵ti⁴¹kʰi⁴⁵, iɔ̃²²³piɛ⁴⁴tã⁴⁵tã²⁴tsʰɿ⁴¹li³¹². iʔ⁵zɿ³¹tɕiɛʔ⁵, koʔ⁵dziɔʔ²³iʔ⁴tsəŋ²²³tɕʰiŋ⁴⁴fəŋ²⁴tsʰɿ²⁴li³¹², aʔ⁴kei⁰lɔ³¹i²⁴ȵi⁰, dzi ã²²³tɕiŋ²⁴tɕʰyɛ⁵laɔ⁰iʔ⁴tei⁴⁵iɛʔ²³pʰɔ̃⁴¹iʔ⁴i ã²²³fi²⁴tsʰɿ⁴⁴a⁰kɔ̃⁵, dəŋ³¹yŋ³¹kɔ⁴⁵mu²²³kei⁰ɕi ã⁴⁴tʰiɛ⁴⁴kʰoŋ²⁴fi²⁴kʰi⁰. fi²⁴tsɿ⁰, fi²⁴tsɿ⁰, ɕi ã⁴⁵ɕi ã⁴⁵biɛ²²³ŋaɔ²²³tsʅ²⁴dzi ã²²³tɕiʔ⁵ȵy⁴¹ua⁰, iʔ²³kʰa⁴⁴i ɔ̃³¹mu⁴¹ȵi ã³¹ȵi ã³¹fɔʔ⁵iɛ²²³tsɿ⁰laɔ⁰, i ɔ̃³¹mu⁴¹ȵi ã³¹ȵi ã³¹bɔʔ²³loʔ²³dɯɯ³¹dzi ã²²³kei⁰iʔ⁴kɛ²⁴tɕiŋ⁴⁴tsʰɔ̃²⁴, tei⁴⁵laɔ³¹ ȵiəɯ²²³ l ɔ̃³¹ təɯ⁴⁴ tɕi?⁵ ȵy⁴¹ ti ɔ̃⁴⁴ɔ̃⁴⁴ səŋ²⁴ ua?²³ tsʅ⁰kʰi⁰ , t ã²⁴ tsʅ⁴⁵ pie⁴⁵ tɕʰyɛ?⁵i?⁴kɜ²⁴ pu⁴⁴ tʰɑɔ²⁴ kuəŋ⁴⁴ kuəŋ⁴¹ kei⁰tʰiɛ⁴⁴ u³¹² , kʰuɔ?⁵tsʅ⁴⁵ dʑiɔ?²³ pɛ⁰ɕi ã⁴⁵ fu?²⁴dʑiɔ?²³ tei⁴⁴ miɛ²²³ , p ɔ̃²⁴ ȵiəɯ²²³ l ɔ̃³¹ təɯ⁴⁴ tɕi?⁵ ȵy⁴¹ tu⁴⁴ ka?⁵kʰei²⁴lɑɔ⁰ !

这时，那头老牛突然开口了："别难过，你把我的角拿下来，变成两个箩筐，装上两个孩子，就可以上天宫去找织女了。"牛郎正奇怪，牛角就掉到了地上，真的变成了两个箩筐。牛郎把两个孩子放到箩筐里，用扁担挑起来。这时，只觉得一阵清风吹过，箩筐像长了翅膀，突然飞了起来，带着他们腾云驾雾地向天宫飞去。飞啊，飞啊，眼看就要追上织女了，却被王母娘娘发现了，她拔下头上的一根金钗，在牛郎、织女中间一划，立刻出现一条波涛滚滚的天河，宽得望不到对岸，把小两口隔开了！

喜鹊非常同情牛郎斗⁼织女，年年农历个七月初七，成千上万个喜鹊，都会飞到天河上，一个衔牢另外一个个尾兜，搭起一根长长个鹊桥，让牛郎斗⁼织女团圆。

sʅ⁴⁴tɕʰiɔ?⁵fi²⁴zi a ã³¹ d ɔ̃²²³ ziŋ³¹ ȵiəɯ²²³ l ɔ̃³¹ təɯ⁴⁴ tɕi?⁴ ȵy⁴¹ , ȵie³¹ ȵiɛ³¹ noŋ³¹ li?²³ kei⁰tsʰei⁵ ȵyɛ?²³ tsʰu⁴⁴ tsʰei⁵ , ziŋ³¹ tɕʰiɛ²⁴ dʑi ã²²³ m ã²²³ kei⁰sʅ⁴⁴ tɕʰiɔ?⁵ , tu²⁴ uei²²³ fi²⁴ təɯ⁴⁴ tʰiɛ⁴⁴ u³¹ dʑi ã²²³ , i?⁴ kei⁴⁵ g ã³¹ lɑɔ³¹ liŋ²²³ ua²²³ i?⁴ kei⁴⁵ kei⁰ mi⁴⁴ tiəɯ²⁴ , tɔ?⁵tsʰ ʅ⁰i?⁴kɜ²⁴ dɜ³¹ dɜ³¹ kei⁰tɕʰiɔ?⁵dʑiɑɔ⁴¹ , ȵi ã²²³ ȵiəɯ²²³l ɔ̃³¹təɯ⁴⁴tɕi?⁴ȵy⁴¹due²²³ yɛ³¹² 。

喜鹊非常同情牛郎和织女。每年农历的七月初七，成千上万只喜鹊飞到天河上，一只衔着另一只的尾巴，搭起一座长长的鹊桥，让牛郎和织女团聚。

扔秤砣

从前啊，有一对夫妻开了一爿店。渠人呢，收购着，便收柴斗⁼

油，望外卖着，便是卖盐斗⁼米。店里呢有一管大秤，渠人呢，便准备了两个秤锤，一个大个，一个细个个。望底收购个时节着，渠人便用大个个秤锤摛来称。望出卖个时节呢，渠人便用细个个秤锤摛来称。

ʑĩɔ̃³¹ ʑiɛ³¹ a⁰，iəɯ⁴⁴ iʔ⁴ tei⁴⁵ fu⁴⁴ tsʰ ʅ²⁴ kʰei⁴⁵ lɑɔ⁰ iʔ⁴ bã²²³ tie⁴⁵。gi²²³ nɛ³¹ ɲiɔ⁰，ɕiəɯ²⁴ kəɯ⁴⁵ dʑiɔʔ²³，bɛ²²³ ɕiəɯ²⁴ zɔ³¹ təɯ⁴⁴ iəɯ³¹²，m ɔ̃²²³ ua²²³ mɔ²²³ dʑiɔʔ²³，bɛ²²³ dzʅ²²³ mɔ²²³ iɛ³¹ təɯ⁴⁴ mi⁴¹。tie⁴⁵ li⁰ ɲiɔ⁰ iəɯ⁴⁴ iʔ⁴ ku ã⁴¹ du²²³ tɕʰiŋ⁴⁵，gi²²³ nɛ³¹ ɲiɔ⁰，bɛ²²³ tɕyŋ⁴⁴ bi²²³ lɑɔ⁰ la⁴⁴ kei⁰ tɕʰiŋ⁴⁴ dzɥ³¹²，iʔ⁴ kei⁴⁵ du²²³ kei⁰，iʔ⁴ kei⁴⁵ sʅ⁴⁴ kei⁴⁵ kei⁰。m ɔ̃²²³ ti⁴¹ ɕiəɯ²⁴ kəɯ⁴⁵ kei⁰ zʅ³¹ tɕiɛʔ⁵ dʑiɔʔ²³，gi²²³ nɛ³¹ bɛ²²³ i ɔ̃²²³ du²²³ kei⁴⁵ kei⁰ tɕʰiŋ⁴⁴ dzɥ³¹ iɔʔ⁵ li³¹ tɕʰiŋ²⁴。m ɔ̃²²³ tɕʰyɛʔ⁵ mɔ²²³ kei⁰ zʅ³¹ tɕiɛʔ⁵ ɲiɔ⁰，gi²²³ nɛ³¹ bɛ²²³ i ɔ̃²²³ sʅ⁴⁴ kei⁴⁵ kei⁰ tɕʰiŋ⁴⁴ dzɥ³¹ iɔʔ⁵ li³¹ tɕʰiŋ²⁴。

从前，有对夫妻开了一家店，收购柴和油，出售盐和米。店里有一杆大秤，有一大一小两个秤砣。收购时用大秤砣，出售时用小秤砣。

有一日呢，有个客走来买米。渠人正用细个个秤锤称记牢个时节呢，有个客呗，摛了十余桶个茶油来收购哇，阿⁼呗乙时间哪生⁼好呢？秤锤呗调弗逮嘞。

iəɯ⁴¹ iʔ⁴ naʔ²³ ɲiɔ⁰，iəɯ⁴⁴ kei⁰ kʰaʔ⁵ tsəɯ⁴⁴ li³¹ mɔ²²³ mi⁴¹。gi²²³ nɛ³¹ tɕiŋ⁴⁵ i ɔ̃²²³ sʅ⁴⁴ kei⁴⁵ kei⁰ tɕʰiŋ⁴⁴ dzɥ³¹ tɕʰiŋ⁴⁴ tsʅ⁰ lɑɔ³¹ kei⁰ zʅ³¹ tɕiɛʔ⁵ ɲiɔ⁰，iəɯ⁴⁴ kei⁰ kʰaʔ⁵ pɛ⁰，iɔʔ⁵ lɑɔ⁰ zyɛʔ²³ y³¹ dəŋ²²³ kei⁰ dzo²²³ iəɯ³¹ li³¹ ɕiəɯ²⁴ kəɯ⁴⁵ ua⁰，aʔ⁵ pɛ⁰ iʔ⁴ zʅ²²³ k ã²⁴ nɛ²²³ sɛ²⁴ xəɯ⁴⁴ ɲiɔ⁰？tɕʰiŋ⁴⁴ dzɥ³¹ pɛ⁰ diɑɔ²²³ fuʔ⁴ da²²³ lɛ⁰。

有一天，有个客人来买米，正当他俩在用小秤砣称重的时候，又有一个客人送来十多桶茶油来卖。这时候该怎么办呢？秤砣来不及换了。

　　阿‌呗，渠个老公呗聪明弗过了。阿‌呗，对牢阿‌个柜台底面个老嬷，口嘴脈起便謷："你乙个媛主客讲，到乙记过了乐烧饭得嘞！乙粒‌客都无好吃嘞！茶哇乐泡来得！你乙个媛主客哇！乙色‌懒呗无见着过个讲，我便帮你荡荡死便算！"乙色‌讲，阿‌个细个个秤锤，"唝"响记便掷至到柜台底面去。乙个老嬷呗，先呗呆了一记，过后一想，哦，乙个保证是渠老公想出个计策。渠呗随记便謷记过去讲："你乙色‌个街狗，我乐你先謷啊，烧饭呗，我无烧呗，你还烧得个嘞！你呢忖帮我荡荡死来呗，你可以去讨年轻滴个老嬷哈！今日你无帮我荡死着，阿‌呗，你便是落到我手底哇，我乐帮你掷掷死来。"生‌样子讲。渠哩，帮大个个秤锤，"唝"响记亦掷至到柜台外面去讲。

　　aʔ⁵pɛ⁰, gi²²³kei⁰lɑɔ⁴⁴koŋ²⁴pɛ⁰tsʰoŋ⁴⁴miŋ³¹fuʔ⁴ko⁴⁵lɑɔ⁰。aʔ⁵pɛ⁰, tei⁴⁵lɑɔ³¹aʔ⁴kei⁰dzʮ²²³da³¹di⁴⁴miɛ²²⁴kei⁰lɑɔ⁴⁴mo⁴¹, kʰu⁴⁴tsʮ⁴¹pʰaʔ⁵tsʰɿ⁴⁴biɛ²²³zoʔ²³:ȵi⁴⁴iʔ⁴kei⁰yɛ⁴⁴tsʮ⁴⁴kʰaʔ⁵kɔ̃⁰, təɯ⁴⁴iʔ⁵tsɿ⁰ko⁴⁵lɑɔ⁰ŋɑɔ⁴⁵ɕiɑɔ²⁴vã²²³tiʔ⁵lɛ⁰! iʔ⁵lɛʔ⁰kʰaʔ⁵tu⁴⁴m⁴⁵xəɯ⁴⁴tɕʰiʔ⁵lɛ⁰! dzo³¹uɑ⁰ŋɑɔ⁴⁵pʰɑɔ⁴⁵li³¹tiʔ⁵! ȵi⁴⁴iʔ⁴kei⁰yɛ⁴⁴tsʮ⁴⁴kʰaʔ⁵uɑ⁰! iʔ⁵saʔ⁰lã⁴¹pɛ⁰ m⁴⁵tɕiɛ⁴⁵dziɔʔ²³ko⁴⁵kei⁰kɔ̃⁰, ŋo⁴⁴bɛ²²³pɔ̃²⁴ȵi⁴⁴dɔ̃²²³dɔ̃²²³sɿ⁴¹bɛ²²³suɛ⁴⁵! iʔ⁵saʔ⁰kɔ̃⁰, aʔ⁵ki⁰sɿ⁴⁴kei⁴⁵kei⁰tɕʰiŋ⁴⁴dzʮ³¹, koŋ⁴⁵ɕiã⁴¹tsɿ⁰bɛ²²³tsei⁵tsɿ⁴⁵təɯ⁴⁴dzʮ²²³da³¹ti⁴⁴miɛ²²³kʰi⁰。iʔ⁵kei⁰lɑɔ⁴⁴mo⁴¹pɛ⁰, ɕiɛ⁴pɛ⁰ŋa³¹lɑɔ⁰iʔ⁴tsɿ⁴⁵, ko⁴⁴u⁴¹iʔ⁴ɕiã⁴¹, o⁴¹, iʔ⁵kei⁰pɑɔ⁴⁴tɕiŋ⁴⁵dzɿ²²³gi³¹lɑɔ⁴⁴koŋ²⁴ɕiã⁴¹tɕʰyɛʔ⁴kei⁰tsɿ⁴⁴tsʰaʔ⁵。gi²²³pɛ⁰zʮ³¹tsɿ⁴⁵bɛ²²³zoʔ²³tsɿ⁰ko⁴⁴kʰi⁴⁵kɔ̃⁰:ȵi⁴⁴iʔ⁵saʔ⁰kei⁰kɔ⁴⁴kəɯ⁴¹, ŋo⁴¹ŋɑɔ²²³ȵi⁴⁴ɕiɛ²⁴zoʔ²³a⁰, ɕiɑɔ²⁴vã²²³pɛ⁰, ŋo⁴¹m⁴⁵ɕiɑɔ²⁴pɛ⁰, ȵi⁴⁴ã²²³ɕiɑɔ²⁴tiʔ⁵kei⁰lɛ⁰! ȵi⁴⁴ȵi⁰tsʰuɛ⁴⁴pɔ̃²⁴ŋo⁴¹dɔ̃²²³dɔ̃²²³sɿ⁴¹li³¹pɛ⁰, ȵi⁴⁴kʰu⁴⁴i⁴¹kʰi⁴⁴tʰɑɔ⁴⁴ȵiɛ³¹tɕʰiŋ²⁴tiʔ⁵kei⁰lɑɔ⁴⁴mo⁴¹xa⁰! kɛ²⁴na²²³ȵi⁴⁴m⁴⁵pɔ̃²⁴ŋo⁴⁴dɔ̃²²³sɿ⁴¹dziɔʔ²³, aʔ⁵pɛ⁰, ȵi⁴⁴bɛ²²³dzʮ²²³loʔ²³təɯ⁴⁴ŋo⁴⁴ɕiəɯ⁴¹ti⁴⁴uɑ⁰, ŋo⁴¹ŋɑɔ²²³pɔ̃²⁴ȵi⁴⁴tseiʔ⁵tsei⁵sɿ⁴⁴li³¹²。sɛ²⁴iã²²³tsɿ⁴⁴kɔ̃⁰。

gi²²³li⁰ , pɔ̃²⁴tu²²³kei⁴⁵kei⁰tɕʰiŋ⁴⁴dzʮ³¹ , koŋ⁴⁵ɕiã⁴¹tsʮ⁰iʔ²³tseiʔ⁵tsʮ⁴⁵tɯ⁴⁴
dzʮ²²³da³¹ua²²³miɛ²²³kʰi⁴⁵kɔ⁰ 。

老公真是聪明,他立刻对柜台里面的老婆破口大骂:"你这个女人,到现在了还不去烧饭! 客人们都没饭吃了! 也不知道去泡茶! 你这个女人啊! 没见过像你这么懒的女人,我砸死你算了!"说着,他就把小秤砣"咚"的一声砸到柜台里面。老婆呢,先是愣了一下,但很快就想到,这肯定是老公想出来的计策,她立即骂回去:"你这只狗,我要你骂啊! 我不烧饭,你不会烧啊? 你是想把我砸死了,然后就可以重新娶一个年轻的老婆吧! 今天你没把我砸死,那你就是落到我手里了,我得把你砸死!"说着,就把大秤砣"咚"的一声砸到柜台外面去。

哦嗬! 店里阿⁼粒⁼客相记着便慌来啊。乙个两公婆责⁼事干嘞? 两公婆有迦个仇恨嘞? 用秤锤生⁼掷来掷去,还乐掷死哦! 老嬷呗,便乐摅来削⁼个嘞! 乙色⁼用来掷呗,身体掷介⁼了弗讲起,亦乐伤和气。你两个人乐好好商量嘞,乐阿⁼色⁼掷嘞!

o⁴⁵xo³¹ ! tiɛ⁴⁵li⁰aʔ⁵lɛʔ⁰kʰaʔ⁵ɕiã⁴⁵tsʮ⁰dziɔʔ²³bɛ²²³xɔ̃²⁴li⁰a⁰ 。iʔ⁵kei⁰
la⁴⁴koŋ⁴⁴bu³¹tsaʔ⁵zʮ²²³kuɛ⁴⁵lɛ⁰ ? la⁴⁴koŋ⁴⁴bu³¹iɯ⁴⁴tɕiaʔ⁵kei⁰dziɯ³¹
ɛ²²³lɛ⁰ ? iɔ̃²²³tɕʰiŋ⁴⁴dzʮ³¹sɛ²⁴tseiʔ⁵li³¹tseiʔ⁵kʰi⁰ , a²²³ŋɑɔ²²³tseiʔ⁵sʮ⁴⁴o⁰ !
lɑɔ⁴⁴mo⁴¹pɛ⁰ , bɛ²²³ŋɑɔ²²³iɔʔ⁵li⁰ɕiɔʔ⁵kei⁰lɛ⁰ ! iʔ⁵sa⁰ iɔ̃²²³li³¹tseiʔ⁵pɛ⁰ ,
səŋ⁴⁴tʰi⁴⁴tseiʔ⁵gɔ²²³lɑɔ⁰fuʔ⁵kɔ̃⁴⁴tsʰʮ⁰ , iʔ²³ŋɑɔ²²³ɕiã⁴⁴o³¹tsʰʮ⁴⁵ 。n̠i⁴⁴la⁴⁴
kei⁴⁵nɛ³¹ŋɑɔ²²³xɯ⁴⁴xɯ⁴¹ɕiã⁴⁴liã³¹lɛ⁰ , ŋɑɔ⁴⁵aʔ⁵saʔ⁰tseiʔ⁵lɛ⁰ !

哦嗬! 店里的客人看到这一幕可慌了。这夫妻俩是干啥呢? 他俩有仇吗? 用秤砣这么砸来砸去,这是要砸死人的啊! 老婆是用来宠爱的。如此砸来砸去的,即使身体没砸伤,也要伤和气。客人们都劝他俩有事得好好商量,不能这样用秤砣互相砸。

渠人撒¯埠会想到，两公婆秤锤摔来摔去个时候呢，便乙个变戏法样子，便帮乙事干变记过来。渠人真想弗到欸，乙事干呗。乙两公婆呗，真是黑心个商人嘞！

gi²²³ nε³¹ tɕʰiε⁵tɔʔ⁰uei²²³ ɕi ã⁴⁴ təɯ⁴⁵，la⁴⁴ koŋ⁴⁴ bu³¹ tɕʰiŋ⁴⁴ dzʮ³¹ ɕyeiʔ⁵li³¹ ɕyeiʔ⁵kʰi⁴⁵kei⁰zʮ³¹əɯ²²³ ɳiˀ⁰，biε²²³ iʔ⁵kei⁰piε⁴⁴sʮ⁴⁴fɔʔ⁵iã²²³ tsʮ⁰，biε²²³ pɔ̃²⁴iʔ⁵zʮ²²³ kuε⁴⁵piε⁴⁵tsʮ⁰ko⁴⁵li³¹²。gi²²³ nε³¹ tsəŋ²⁴ɕi ã⁴⁴fuʔ⁴ təɯ⁴⁵ε⁰，iʔ⁵zʮ²²³ kuε⁴⁵pε⁰。iʔ⁵la⁴⁴koŋ⁴⁴bu³¹pε⁰，tsəŋ²⁴dzʮ²²³ xεʔ⁵səŋ²⁴kei⁰ɕi ã⁴⁴nε³¹lε⁰！

客人们怎么会想到，当这对夫妻将秤砣扔来扔去的时候，已经变戏法似的互换了大小秤砣。客人们是不会明白这个秘密的。这对夫妻，真是黑心商人！

　　　　　　　　　（以上 2017 年 8 月 1 日，云和，发音人：赵美云）

皇帝坟的传说

云和凤凰山顶上，有一孔坐西朝东个大坟墓。黄色个长条石板，搭起一层一层个踏步级。坟碑呢，足有两米多高，像一个王帝个宫殿样子，大势¯人都喊渠喊王帝坟。

yŋ²²³o³¹vəŋ²²³ɔ̃²²³s ã²⁴tiŋ⁴¹dʑi ã²²³，iəɯ⁴¹iʔ⁴kʰoŋ⁴⁴zu²²³sʮ²⁴dʑiɑɯ³¹toŋ²⁴kei⁰du²²³vəŋ³¹mu²²³。ɔ̃³¹saʔ⁵kei⁰dε²²³diɑɯ³¹ʑiʔ²³p ã⁴¹，tɔʔ⁵tsʰʮ⁴¹iʔ⁴zε³¹iʔ⁴zε³¹ki⁰dəʔ²³bu¹tɕiʔ⁵。vəŋ²²³pei²⁴ɳiˀ⁰，tɕioʔ⁵iəɯ⁴¹la⁴¹mi⁴¹tu²⁴kəɯ²⁴，ʑia²̃²³iʔ⁴ki⁴⁵iɔ̃³¹ti⁴⁵ki⁰koŋ²⁴diε²²³i ã²²³tsʮ⁰，dɔ²²³sʮ²⁴nε³¹tu²⁴x ã⁴⁵gi³¹x ã⁴⁵iɔ̃²²³ti⁴⁵vəŋ³¹²。

云和凤凰山顶上，有一座坐西朝东的大坟墓。黄色的长条石板搭起一级一级台阶。坟碑足有两米多高，像皇帝的宫殿一样，大家都称它皇帝坟。

　　相传，明朝国师刘基逃归青田以后，乞朱元璋处斩了。刘基个囡得知渠伯乞人杀了，悲痛万分。因为刘基个人头乞人剀了，渠囡呢，便帮伯打了一个黄金个人头，捺至尸体上。还有人讲，阿=是因为，过后朱元璋觉着特=自错杀了刘基，所以，赔了渠一个金头。阿=呗，金头园至棺材里葬至山上着，会乞人偷去了个嘞。

ɕiã⁴⁴ dʐɣɛ³¹², miŋ²²³ dʑiɑɔ³¹ kuaʔ⁵sʅ²⁴ liəɯ²²³ tsʅ²⁴ dɑɔ³¹ kuei²⁴ tɕʰiŋ⁴⁴ die³¹ i⁴⁴ u⁴¹, kʰa⁴⁴ tsʮ⁴⁴ ȵyɛ²²³ tɕi ã²⁴ tsʰu⁴⁴ ts ã⁴¹ lɑɔ⁰。liəɯ²²³ tsʅ²⁴ kiⁿ nɛ²⁴ taʔ⁵tsʅ²⁴ gi³¹ paʔ⁵kʰa⁴⁴ nɛ³¹ sɔʔ⁵lɑɔ⁰, pei²⁴ tʰoŋ⁴⁵ m ã²²³ fəŋ²⁴。iŋ²⁴ uei³¹ liəɯ²²³ tsʅ²⁴ keiⁿ nɛ³¹ dəɯ³¹ kʰa⁴⁴ nɛ³¹ tsʰei⁴⁵ lɑɔ⁰, gi³¹ nɛ²⁴ ȵiⁿ⁰, biɛ²²³ p ɔ̃²⁴ paʔ⁵nɛ⁴¹lɑɔ⁰iʔ⁴ki⁴⁵ɔ̃²²³ tɕiŋ²⁴ keiⁿ nɛ³¹ dəɯ³¹², nɔʔ²³ tsʅ⁴⁴ sʅ⁴⁴ tʰiⁿ⁴¹dʑi ã²²³。a²²³ iəɯ⁴¹ nɛ³¹ k ɔ̃⁴⁴, aʔ⁵dzʅ²²³ iŋ²⁴ uei³¹², ko⁴⁵ u⁴¹ tsʮ⁴⁴ ȵyɛ²²³ tɕi ã²⁴ koʔ⁵ dʑiɔʔ²³ daʔ²³ zʅ²²³ tsʰu⁴⁵ sɔʔ⁵lɑɔ⁰liəɯ²²³ tsʅ²⁴, su⁴¹ i⁴⁴, bei³¹ lɑɔ⁰gi³¹ iʔ⁴ki⁴⁵ tɕiŋ⁴⁴dəɯ³¹²。aʔ⁵peⁿ⁰, tɕiŋ⁴⁴dəɯ³¹ kʰ ɔ̃⁴⁵tsʅ⁴⁴ kua⁴⁴za³¹liⁿtsɔ̃⁴⁵tsʅ⁴⁴sa²⁴ dʑi ã²²³ dʑiɔʔ²³, uei²²³kʰa⁴⁴nɛ³¹tʰəɯ²⁴kʰi⁴⁵lɑɔ⁰keiⁿ leⁿ⁰。

　　相传，明朝国师刘基逃回青田以后，被朱元璋处斩了。刘基的女儿得知父亲被人杀了，悲痛万分。因为刘基的人头被砍了，他女儿就帮父亲打制了一个黄金人头，安在尸体上。也有人讲，那是因为后来朱元璋觉得自己错杀了刘基，所以赔了他一个金头。金头放在棺材里，葬在山上的话，是会被人偷走的。

　　阿=呗，刘基个囡呢便想出了一个计策。徛处州十县，各选一块风水最好个坟地，并买了十具一模一样个棺材，丧期祭奠后，分发各县同时徛半暝子时安葬。据①说，徛发送行棺时，刘基个囡非常伤心，渠还牢=金头棺材头，狠狠个咬了一口，留落了牙齿印嘞。

―――――――――

　　① 据［dzʮ²²³］，读音特殊，声母浊化。

aʔ⁵pɛ⁰，liəɯ²²³ tsʅ²⁴ kei⁰nɛ²⁴ n̠i⁰biɛ³¹ ɕi ã⁴⁴ tɕʰyɛʔ⁵laɔ⁰iʔ⁴ki⁴⁵ tsʅ⁴⁵
tsʰaʔ⁵。ga²²³ tsʰɥ⁴⁴ tɕiəɯ²⁴ ʑyeiʔ²³ yɛ²²³，koʔ⁵ɕyɛ⁴⁴ iʔ⁴kʰuei⁴⁵ fəŋ⁴⁴ sɥ⁴⁴
tsei⁴⁵xəɯ⁴¹ kei⁰vəŋ³¹ di²²³，biŋ³¹ mɔ⁴¹ laɔ⁰ʑyeiʔ²³ dzɥ²²³ iʔ⁵m²²³ iʔ⁵i ã²²³
kei⁰kuã⁴⁴za³¹²，sɔ̃⁴⁵dzʅ³¹tsʅ⁴⁵diɛ²²³əɯ⁴¹，fəŋ²⁴fɔʔ⁵koʔ⁵ yɛ²²³ dɔ̃²²³zʅ³¹ga²²³
pɛ⁴⁵mɛ³¹tsʅ⁴¹zʅ³¹uɛ²⁴tsɔ̃⁴⁵。dzɥ²²³ɕyɛʔ⁵，ga²²³fɔʔ⁴soŋ⁴⁵ɛ²²³kuã²⁴zʅ³¹²，
liəɯ²²³tsʅ²⁴kei⁰nɛ²⁴fi²⁴dʑiã²²³ɕiã⁴⁴səŋ²⁴，gi³¹a²²³laɔ³¹tɕiŋ⁴⁴dəɯ³¹kuã⁴⁴
za³¹dəɯ³¹²，xəŋ⁴¹xəŋ⁴¹kei⁰ŋuɛʔ²³laɔ⁰iʔ⁴kʰəɯ⁴¹，liəɯ³¹loʔ²³laɔ⁰ŋo²²³
tsʰʅ⁴⁴iŋ⁴⁵lɛ⁰。

于是，刘基的女儿就想出了一个计策：在处州十县各选一块风
水最好的坟地，并买了十具一模一样的棺材，丧期祭奠后，分发各
县，在子时同时安葬。据说，在出殡时，刘基的女儿非常伤心，她还
在装金头的棺材头上狠狠地咬了一口，留下了牙齿印。

传说，云和凤凰山顶个王帝坟，便是刘基坟。

dzʑyɛ³¹ɕyɛʔ⁵，yŋ²²³o³¹vəŋ²²³ɔ̃²²³s ã²⁴tiŋ⁴¹kei⁰i ɔ̃³¹ti⁴⁵vəŋ³¹²，biɛ²²³
dzʅ²²³liəɯ²²³tsʅ²⁴vəŋ³¹²。

相传，云和凤凰山顶的皇帝坟，就是刘基坟。

将军桥

阿˭两年啊，梅湾个小王帝出世以后，天上为了保护小王帝个
安全，还派了一男一女两员大将落凡。

aʔ⁵la⁴⁴n̠iɛ³¹a⁰，mei²²³u ã²⁴kei⁰ɕiaɔ⁴⁴i ɔ̃³¹ti⁴⁵tɕʰyɛʔ⁴sʅ⁴⁵i⁴⁴u⁴¹，tʰiɛ²⁴
dʑiã²²³uei²²³laɔ⁰paɔ²⁴u²²³ɕiaɔ⁴⁴i ɔ̃³¹ti⁴⁵kei⁰uɛ⁴⁴ʑyɛ³¹²，a³¹pʰɔ⁴⁵laɔ⁰iʔ⁵
nuɛ³¹iʔ⁵n̠y⁴¹la⁴¹yɛ³¹du²²³tɕiã⁴⁵loʔ²³v ã³¹²。

从前，梅湾的小皇帝出生以后，天庭为了保护小皇帝的安全，还
派了一男一女两员大将下凡。

男将军呢,便安排至靛青山个千坑村,离梅湾村有十里路个地方。小王帝乞人追杀个时节,男将军正正徛埭犁田。听着王帝逃命,帮犁牢＝田个大黄牛一挟,挟至归牛栏去。随手拔起一墩大松树,用手帮阿＝粒＝树枝脈记了,便当成武器啊。连树根都赶弗逮啄＝,背起便追。经过云坛街个时节,街两边处瓦背个处瓦片,都乞渠唰唰唰唰个拖翻落来。

nuɛ³¹ tɕia⁴⁵ tɕyŋ²⁴ n̩i⁰ , biɛ²²³ uɛ⁴⁴ bɔ³¹ tsɿ⁴⁴ diɛ²²³ tɕʰiŋ⁴⁵ sã²⁴ kei⁰ tɕʰiɛ⁴⁴ kʰɛ²⁴ tsʰuɛ²⁴ , li³¹ mei²²³ u ã²⁴ tsʰuɛ²⁴ iəɯ⁴⁴ ʑyeiʔ²³ li⁴⁴ lu³¹ ki⁰ di²²³ fɔ̃²⁴ 。 ɕiɑɯ⁴⁴ i ɔ̃³¹ ti⁴⁵ kʰa⁴⁴ nɛ³¹ tsʅ⁴⁴ sɔʔ⁵ kei⁰ zʅ²²³ tɕiɛʔ⁵ , nuɛ³¹ tɕi ã⁴⁴ tɕyŋ²⁴ tɕiŋ⁴⁴ tɕiŋ⁴⁵ ga²²³ tɔʔ⁵ li²²³ diɛ³¹² 。 tʰiŋ⁴⁵ dziɛ²²³ i ɔ̃³¹ ti⁴⁵ dɑɔ³¹ miŋ²²³ , pɔ̃²⁴ li³¹ lɑɔ²²³ diɛ³¹ kei⁰ du²²³ɔ̃²²³ n̩iəɯ³¹ iʔ⁴ gɔʔ²³ , gɔʔ²³ tsɿ⁴⁴ kuei²⁴ n̩iəɯ²²³ lã³¹ kʰi⁰ 。 zɥ³¹ ɕiəɯ⁴⁴ bɔʔ²³ tsʰɿ⁴⁴ iʔ⁴ təŋ²⁴ du²²³ zi ɔ̃³¹ zɥ²²³ , i ɔ̃²²³ ɕiəɯ⁴⁴ pɔ̃²⁴ aʔ⁵ lɛʔ⁰ zɥ²²³ tsɿ²⁴ pʰaʔ⁵ tsɿ⁴⁴ lɑɔ⁰ , biɛ²²³ t ɔ̃⁴⁵ ziŋ³¹ m⁴⁴ tsʰɿ⁴⁵ a⁰ 。 lie³¹ zɥ²²³ kɛ²⁴ tu²⁴ kuɛ⁴⁴ fuʔ⁴ da²²³ teiʔ⁵ , pei⁴⁵ tsʰɿ⁴⁴ biɛ²²³ tsʅ²⁴ 。 tɕiŋ²⁴ ko⁴⁵ yŋ²²³ dã²²³ kɔ²⁴ kei⁰ zʅ²²³ tɕiɛʔ⁵ , kɔ²⁴ la⁴⁴ piɛ²⁴ tsʰɥ⁴⁴ ŋo⁴⁴ pei⁴⁵ kei⁰ tsʰɥ⁴⁴ ŋo⁴⁴ pʰiɛ⁴⁵ , tu²⁴ kʰa⁴⁴ gi³¹ ɕiɔ⁴⁴ ɕiɔ²⁴ ɕiɔ²⁴ ɕiɔ²⁴ kei⁰ tʰɔ²⁴ fã²⁴ loʔ²³ li³¹² 。

男将军呢,就安排在靛青山的千坑村,离梅湾村有十里路。小皇帝被人追杀的时候,男将军正在犁田。听说小皇帝逃命,男将军把正在犁田的大黄牛一挟,挟回牛栏去,然后随手拔起一棵大松树,把树枝掰掉,当作武器。他连树根都来不及砍,扛起来就追。经过云坛街的时候,街两边屋檐上的瓦片,都被他扛的大松树哗啦啦地刮下来。

　　追记追记,追到重河,追错记了路,望梅源方向追去了。待渠追到崇头口个时节,消息传来,王帝已经乞人杀死徛五尺口个大桥下。将军听了,觉着对弗起王帝。气恼之下,便帮头撞至到崇头口个石桥上，当场便撞死了。

tsʅ²⁴tsʅ⁰tsʅ²⁴tsʅ⁰，tsʅ²⁴təu⁴⁴dʑioŋ²²³u³¹²，tsʅ²⁴tsʰu⁴⁵tsʅ⁴⁵lɑɔ⁰lu²²³，mɔ̃²²³mei²²³ȵyɛ³¹fɔ̃²⁴ɕiã⁴⁵tsʅ²⁴kʰi⁴⁵lɑɔ⁰。da²²³gi³¹tsʅ²⁴təu⁴⁴ʑioŋ²²³dəɯ²²³kʰəɯ⁴¹kei⁰zʅ²²³tɕiɛʔ⁵，ɕiɑɔ⁴⁴ɕiʔ⁵dʑyɛ³¹li³¹²，iɔ̃³¹ti⁴⁵i⁴⁴tɕiŋ²⁴kʰa⁴⁴nɛ³¹sɔʔ⁵sʅ⁴⁴ga²²³ŋ⁴⁴tɕʰiʔ⁴kʰəɯ⁴¹kei⁰du²²³dʑiɑɔ²²³io⁴¹。tɕiã⁴⁴tɕyŋ²⁴tʰiŋ⁴⁵lɑɔ⁰，koʔ⁵dʑiɔʔ²²³tei⁴⁵fuʔ⁵tsʰʅ⁴⁴iɔ̃³¹ti⁴⁵。tsʰʅ⁴⁵nɑɔ⁴⁴tsʅ⁴⁴io⁴¹，biɛ²²³pɔ̃²⁴dəɯ³¹dʑioŋ²²³tsʅ⁴⁴təu⁴⁴ʑioŋ²²³dəɯ³¹kʰəɯ⁴¹kei⁰ziʔ²³dʑiɑɔ³¹dʑiã²²³，tɔ̃⁴⁵dʑiã³¹biɛ²²³dʑioŋ²²³sʅ⁴¹lɑɔ⁰。

他追呀追呀，追到重河时追错了路，往梅源方向追去了。等他追到崇头口的时候，消息传来，皇帝已经被人杀死在五尺口的大桥下。将军听了，觉得对不起皇帝，气恼之下，就一头撞到崇头口的石桥上，当场就撞死了。

阿＝色＝接落来呢，大势＝人便帮乙个村取名喊撞头。时间长了，喊记喊记，喊变音记了，便变成崇头了。做后呢，崇头人呢，还帮乙座石桥改起喊"将军桥"，还牢＝桥边建造了将军殿，来纪念乙个将军。

aʔ⁵saʔ⁰tɕiɛʔ⁵loʔ²³li³¹ȵi⁰，dɔ²²³sʅ⁴⁵nɛ³¹biɛ²²³pɔ̃²⁴iʔ⁴kei⁴⁵tsʰuɛ²⁴tsʰʅ⁴¹miŋ³¹xã⁴⁵dʑioŋ²²³dəɯ³¹²。zʅ²²³kã²⁴dɛ³¹lɑɔ⁰，xã⁴⁵tsʅ⁴⁴xã⁴⁵tsʅ⁴⁴，xã⁴⁵piɛ⁴⁵iŋ²⁴tsʅ⁴⁵lɑɔ⁰，biɛ²²³piɛ⁴⁵ʑiŋ³¹ʑioŋ²²³dəɯ³¹lɑɔ⁰。tso⁴⁵u⁴⁴ȵi⁰，ʑioŋ²²³dəɯ³¹nɛ³¹ȵi⁰，a²²³pɔ̃²⁴iʔ⁵zo³¹ziʔ²³dʑiɑɔ³¹ka⁴¹tsʰʅ⁴⁴xã⁴⁴tɕiã⁴⁴tɕyŋ⁴⁴dʑiɑɔ³¹²，a²²³lɑɔ³¹dʑiɑɔ²²³piɛ²⁴tɕiɛ⁴⁵zɑɔ²²³lɑɔ⁰tɕiã⁴⁴tɕyŋ²⁴diɛ²²³，li³¹tsʅ⁴⁴ȵiɛ²²³iʔ⁴kei⁴⁵tɕiã⁴⁴tɕyŋ²⁴。

后来，大家就给这个村取名叫"撞头"。时间长了，叫着叫着，叫变音了，就变成"崇头"了。最后，崇头人还把这座石桥改叫"将军桥"，并在桥边建造了将军殿，以此纪念这个将军。

老夫妻吃狗肉

有一年冬天啊，天气便特别浸，亦快乐断͞雪来啊。有一对老官老嬷ㄦ，处里呗穷弗过了。身上个棉衣呢，亦烂亦破，床上个棉被呗，亦旧亦薄，冻记渠人呗瘦͞瘦͞零͞了。

iəɯ⁴¹ iʔ⁴ n̥iɛ³¹ toŋ²⁴ tʰiɛ²⁴ a⁰ , tʰiɛ²⁴ tsʰʅ⁴⁵ biɛ²²³ daʔ²³ biɛʔ²³ tsʰəŋ⁴⁵ , iʔ²³ kʰua⁴⁵ ŋɑɔ²²³ dəŋ²³ ɕyɛʔ⁵ li³¹ a⁰ 。 iəɯ⁴⁴ iʔ⁴ tei⁴⁵ lɑɔ⁴⁴ kuã⁴⁴ lɑɔ⁴⁴ mɔ̃⁴⁵ , tsʰʅ⁴⁵ li⁴¹ pɛ⁰ dʑioŋ³¹ fuʔ⁴ ko⁴⁵ lɑɔ⁰ 。 səŋ²⁴ dʑiã²²³ kei⁰ miɛ²²³ i²⁴ n̥i⁰ , iʔ²³ lã²²³ iʔ²³ pʰɔ⁴⁵ , ziɔ̃³¹ dʑiã²²³ kei⁰ miɛ²²³ bi²²³ pɛ⁰ , iʔ²³ dʑiəɯ²²³ iʔ²³ boʔ²³ , toŋ⁴⁵ tsʅ⁰ gi²²³ nɛ³¹ pɛ⁰ səɯ²⁴ səɯ⁴⁴ liŋ³¹ lɑɔ⁰ 。

有一年冬天，天气特别冷，又快下雪了。有一对老夫妻，家里非常穷，身上的棉衣破破烂烂的，床上的棉被又旧又薄，他俩冻得瑟瑟发抖。

有一日啊，渠两个人听讲，街狗肉吃了会暖身体讲，便帮处里全部个破衣裳破被，都撅去卖了，便买归来一个街狗。两公婆呢，便帮街狗杀记了，高高兴兴个吃了一厨街狗肉。接落来呢，便眠记乙个光光个床上眠。

iəɯ⁴¹ iʔ⁴ naʔ²³ a⁰ , gi²²³ la⁴⁴ kei⁰ nɛ³¹ tʰiŋ⁴⁵ kɔ̃⁴¹ , kɔ⁴⁴ kəɯ⁴⁴ n̥iəɯʔ²³ tɕʰiʔ⁴ lɑɔ⁰ uei²²³ nəŋ²²³ səŋ⁴⁴ tʰi⁴⁴ kɔ̃⁰ , biɛ²²³ pɔ̃²⁴ tsʰʅ⁴⁵ li⁴¹ zyɛ²²³ bu²²³ kei⁰ pʰɔ⁴⁴ i⁴⁴ ziã³¹² pʰɔ⁴⁴ bi²²³ , tu²⁴ iɔʔ⁵ kʰi⁰ mɔ²²³ lɑɔ⁰ , bɛ²²³ mɔ⁴¹ kuei²⁴ li³¹ iʔ⁴ kei⁴⁵ kɔ⁴⁴ kəɯ⁴¹ 。 la⁴⁴ koŋ⁴⁴ bu⁴⁴ n̥i⁰ , biɛ²²³ pɔ̃²⁴ kɔ⁴⁴ kəɯ⁴¹ sɔʔ⁵ tsʅ⁰ lɑɔ⁰ , kəɯ⁴⁴ kəɯ²⁴ ɕiŋ⁴⁴ ɕiŋ⁴⁵ kei⁰ tɕʰiʔ⁵ lɑɔ⁰ iʔ⁵ dzʯ³¹ kɔ⁴⁴ kəɯ⁴⁴ n̥iəɯʔ²³ 。 tɕiɛʔ⁵ loʔ²³ li³¹ n̥i⁰ , biɛ²²³ miɛ³¹ tsʅ⁰ iʔ⁵ kei⁰ kɔ̃⁴⁴ kɔ̃²⁴ kei⁰ ziɔ̃³¹ dʑiã²²³ kʰuɛ⁴⁵ 。

有一天，他俩听说吃了狗肉会暖身子，就将家里的破衣服、破被子都拿去卖了，然后买回来一只狗。夫妻俩将狗杀了，高高兴兴地吃了一餐狗肉。接着，躺在空无一物的床上睡觉。

暝里啊,阿⁼个浸浸个风吹来,冻记渠两个人呢呗,瘦⁼瘦⁼零⁼,瘦⁼瘦⁼零⁼了。老官呗开始埋怨:"渠人都讲,街狗肉吃了会暖身体,我人哪生⁼吃了滴儿都弗暖嘚?""乙个呗无变,阿⁼呗,阿⁼只有呗耐心滴儿,等到半暝三更再讲。"乙个时候呢,风呗越刮越大,从墙缝里呗"呼啊呼"吹底来,冻记老官老嬷儿呗缩成一团,手脚都冰浸个。两老呢想想无办法,只好爬⁼起啊,抬扇门板来呗当被遮讲。罪过阿⁼个门板呗,亦破亦短。老官老嬷儿呗,你拖拖,我拔拔,乞渠撞记呗鼻头血都推⁼来,连额骨头都撞破了。

mε²²³ li⁰ a⁰ , aʔ⁴ kei⁰ tsʰəŋ⁴⁴ tsʰəŋ⁴⁵ kei⁰ fəŋ²⁴ tsʰ ʮ²⁴ li³¹² , toŋ⁴⁵ tsʅ⁰ gi²²³ la⁴⁴ kei⁰ nε³¹ n̠i⁰ pε⁰ , səɯ²⁴ səɯ⁴⁴ liŋ³¹ , səɯ²⁴ səɯ⁴⁴ liŋ³¹ laɔ⁰ 。 laɔ⁴⁴ ku ã⁴⁴ pε⁰ kʰei⁴⁴ sʅ⁴¹ mɔ³¹ yε²⁴ : gi²²³ nε³¹ tu²⁴ k ɔ̃⁴¹ , kɔ⁴⁴ kəɯ⁴⁴ n̠iəɯ²²³ tɕʰiʔ⁴ laɔ⁰ uei²²³ nəŋ²²³ səŋ⁴⁴ tʰi⁴¹ , ŋo⁴⁴ nε³¹ nε²²³ sε⁴ tɕʰiʔ⁴ laɔ⁰ tiŋ⁴⁵ tu²⁴ fuʔ⁴ nəŋ⁴¹ ko⁰ ? iʔ⁵ kei⁰ pε⁰ m⁴⁵ piε⁴⁵ , aʔ⁴ pε⁰ , aʔ⁴ tsei⁵ iəɯ⁴⁴ pε⁰ nɔ²²³ səŋ²⁴ tiŋ⁴⁵ , tε⁴⁴ təɯ⁴⁴ pε⁴⁵ mε²²³ s ã⁴⁴ kε²⁴ tsa⁴⁵ k ɔ̃⁴¹ 。 iʔ⁴ kei⁰ zʅ³¹ əɯ²²³ n̠i⁰ , fəŋ²⁴ pε⁰ yεʔ²²³ kuaʔ⁵ yεʔ²³ du²²³ , z̠i ɔ̃²²³ z̠i ã³¹ vəŋ²²³ li⁰ pε⁰ xu²⁴ a⁰ xu²⁴ tsʰ ʮ²⁴ ti⁴⁴ li³¹² , toŋ⁴⁵ tsʅ⁰ laɔ⁴⁴ ku ã⁴⁴ laɔ⁴⁴ m ɔ̃⁴⁵ pε⁰ ɕiəɯ²ʔ⁴ z̠iŋ³¹ iʔ⁴ dəŋ³¹² , ɕiəɯ⁴¹ tɕiɔʔ⁵ tu²⁴ piŋ²⁴ tsʰəŋ⁴⁵ kei⁰ 。 la⁴⁴ laɔ²²³ n̠i⁰ ɕi ã⁴⁴ ɕi ã⁴⁴ m⁴⁵ b ã²²³ fɔʔ⁵ , tsei⁵ xəɯ⁴⁴ bɔ³¹ tsʰ ʮ⁴⁴ a⁰ , da³¹ ɕiε⁴⁵ məŋ³¹ pa⁴⁴ li³¹ pε⁰ t ɔ̃⁴⁴ bi³¹ tɕio²⁴ k ɔ̃⁰ 。 za²²³ ko⁴⁵ aʔ⁴ kei⁰ məŋ³¹ pa⁴¹ pε⁰ , iʔ²³ pʰɔ⁴⁵ iʔ²³ tuε⁴¹ 。 laɔ⁴⁴ ku ã⁴⁴ laɔ⁴⁴ m ɔ̃⁴⁵ pε⁰ , n̠i⁴⁴ tʰɔ²⁴ tʰɔ²⁴ , ŋo⁴¹ bɔʔ²³ bɔʔ²³ , kʰa⁴⁴ gi³¹ dʐi ɔ̃²²³ tsʅ⁰ pε⁰ bəɯʔ²²³ dəɯ³¹ ɕyεʔ⁵ tu²⁴ tʰei²⁴ li³¹² , liε³¹ ŋaʔ²³ kuεʔ⁴ dəɯ³¹ tu²⁴ dʐi ɔ̃²²³ pʰɔ⁴⁵ laɔ⁰ 。

夜里,阵阵冷风吹来,冻得他俩瑟瑟发抖。老头儿开始埋怨了:"他们都说狗肉吃了,身子就会暖和起来。我吃了怎么一点儿都不觉得暖呢?""这也没办法,只能耐心点儿,等到半夜三更再说。"这时候,风越刮越大,从墙缝里"呼呼呼"地吹进来,冻得老头儿老太婆缩成一团,手脚都冻得冰凉。两个老人实在受不了了,只好起床,抬来一扇门板，当作被子盖在身上。可惜那扇门板又破又短。老夫妻俩你拉我扯，被门板撞得流鼻血，额头也被撞破了。

第二日天光一早，乙个事干便传出去了。隔壁有个年轻人讲："讲棉衣棉被都撤乞卖了，换狗街肉吃，乙个真是大新闻哦！"讲。阿=个老嬷儿一听，慌忙讲："弗是大新门，弗是大新门嘞，全靠是破门儿。乃讲是大新门着，还弗帮我老官老嬷儿都压半死啊！"

di²²³ ȵi²²³ naʔ²³ tʰiɛ⁴⁴ kɔ̃⁴⁴ iʔ⁴tsɑɔ⁴¹, iʔ⁵keiⁿzʅ²²³ kuɛ⁴⁵ bɛ²²³ dʑyɛ³¹ tɕʰyɛʔ⁴kʰiʔ⁴⁵lɑɔ⁰. kaʔ⁴piʔ⁵iəɯ⁴⁴kei⁴⁵ȵiɛ³¹tɕʰiŋ²⁴nɛ³¹kɔ̃⁴¹ : kɔ̃⁴¹miɛ²²³i²⁴ miɛ²²³bi²²³tu²⁴iɔʔ⁵kʰa⁴⁴mɔ²²³lɑɔ⁰, uã²²³kɔ⁴⁴kəɯ⁴⁴ȵiəɯʔ²³tɕʰiʔ⁴, iʔ⁵keiⁿ tsəŋ²⁴dzʅ²²³du²²³səŋ²⁴məŋ³¹ɔ⁰ ! kɔ̃⁰. aʔ⁵keiⁿlɑɔ⁴⁴mɔ̃⁴⁵iʔ⁴tʰiŋ⁴⁵, xɔ̃²⁴mɔ̃³¹ kɔ̃⁴¹ : fuʔ⁵dzʅ²²³ du²²³ səŋ²⁴ məŋ³¹², fuʔ⁵dzʅ²²³ du²²³ səŋ²⁴ məŋ³¹ lɛ⁰, ʑyɛ³¹ kʰəɯ⁴⁵dzʅ²²³pʰɔ⁴⁴məŋ³¹ȵi²⁴. na⁴¹kɔ̃⁴⁴dzʅ²²³du²²³səŋ²⁴məŋ³¹dzɔiʔ²³, a²²³ fuʔ⁴pɔ̃²⁴ŋo⁴¹lɑɔ⁴⁴kuã̃⁴⁴lɑɔ⁴⁴mɔ̃⁴⁵tu²⁴ɔʔ⁵pɛ⁴⁵sʅ⁴¹a⁰ !

第二天一大早，这件事儿就传出去了。隔壁有个年轻人说："棉衣棉被都拿去卖了，用卖的钱买狗肉吃，这可真是大新闻哦！"老太婆一听，慌忙解释道："不是大新门，不是大新门啦，还好是破门。如果是大新门的话，那还不把我们老夫妻压得半死啊！"

（以上 2017 年 8 月 19 日，云和，发音人：赵美云）

七、曲　艺①

凤阳看相

大嫂你自听啊，	da sɑɔ ȵi dzʅ tʰiŋ ŋa,
听我说分明呀。	tʰiŋ ŋo sə? fəŋ miŋ ia。
看相看一相呀，	kʰã ɕiã kʰã i? ɕiã ia,
银子要几多呀？	ȵiŋ tsʅ iɑɔ tɕi tu ia?
啊，大嫂欸。	a,da sɑɔ ɛ。
咿噜呀哦噜呀，	i lu ia o lu ia,
银子要几多呀？	ȵiŋ tsʅ iɑɔ tɕi tu ia?
啊，大嫂欸。	a,da sɑɔ ɛ。
别人看一相呀，	biɛ? ləŋ kʰã i? ɕiã ia,
铜钱要八个呀。	doŋ tɕʰiɛ iɑɔ pa? ko ia。
你们看一相呀，	ȵi məŋ kʰã i? ɕiã ia,
银子要一封呀。	ȵiŋ tsʅ iɑɔ i? fəŋ ia。
啊，大爷欸。	a,da iɛ ɛ。
咿噜呀哦噜呀，	i lu ia o lu ia,
银子要一封呀。	ȵiŋ tsʅ iɑɔ i? fəŋ ia。
啊，大爷欸。	a,da iɛ ɛ。

---

① 演唱形式的曲艺不记录声调。

大嫂说话不中听。　　　　　da sɑɔ səʔ ua puʔ tsoŋ tʰiŋ。

什么不中听啊?　　　　　zəŋ mo puʔ tsoŋ tʰiŋ a?

别人看一相,　　　　　bieʔ ləŋ kʰã iʔ ɕiã,
铜钿要八个。　　　　　doŋ diε iɑɔ paʔ ko。
我们看一相,　　　　　ŋo məŋ kʰã iʔ ɕiã,
银子要一封。　　　　　ɳiŋ ts1 iɑɔ iʔ fəŋ。

大爷,　　　　　da iε,
一封就是八个,　　　　　iʔ fəŋ dʑiəɯ z1 paʔ ko,
八个就是一封。　　　　　paʔ ko dʑiəɯ z1 iʔ fəŋ。

(2017 年 10 月 21 日,云和,发音人:宋李娟、赵美云)

鼓词:打赌夫

一寸光阴欸呗一寸金欸,　　　　　iʔ tsʰε kɔ̃ iŋ ε pε iʔ tsʰε tɕiŋ ε,
寸金欸难买寸光阴欸。　　　　　tsʰε tɕiŋ ε nã mɔ tsʰε kɔ̃ iŋ ε。
失去了黄金呀呗有处买,　　　　　siʔ kʰi lɑɔ ɔ̃ tɕiŋ ia pε iəɯ tsʰɥ mɔ,
失去时间呗无处寻。　　　　　siʔ kʰi z1 kã pε m tsʰɥ zəŋ。
嗯,嗯,嗯……　　　　　əŋ,əŋ,əŋ …

一位姑娘人姓苏,　　　　　iʔ uei ku ɳiã ʒ ɕiŋ su,
啼啼哭哭嫁丈夫。　　　　　di di kʰɯʔ kʰɯʔ io dʑiã fu。
弗怨天啦呗弗怨地,　　　　　fuʔ yε tʰiε la pε fuʔ yε di,

弗怨堂上公公婆婆。　　　fuʔ yɛ dɔ̃ dʑiã koŋ koŋ bu bu。

第三着呗弗怨我奴自命，　　di sã dʑiɔʔ pɛ fuʔ yɛ ŋo nɔ zʅ miŋ，

单怨媒人呗大猫婆。大猫婆：　tã yɛ mei nɛ pɛ du mɑɔ bu。
　　　母老虎

哦，哦，哦……　　　　　o，o，o…

媒人啊呗都是媒人汉˭，汉˭：忽悠 mei nɛ a pɛ tu dzʅ mei nɛ xuɛ，

日日大人呗面上挑。挑：挑拨　na ʔ naʔ du nɛ pɛ miɛ dʑiã tʰiɑɔ。

一讲人才呗生得好，　　　iʔ kɔ̃ nɛ za pɛ sɛ tiʔ xəɯ，

二讲收来呗上千租。　　　ȵi kɔ̃ ɕiəɯ li pɛ dʑiã tɕʰiɛ tsu。

三讲高楼呗并大屋嘞，　　sã kɔ̃ kəɯ ləɯ pɛ biŋ dɔ əɯʔ lɛ，

四讲渠是一个财主夫哦。　　sʅ kɔ̃ gi dzʅ iʔ ki za tɕy fu o。

哦，哦，哦……　　　　　o，o，o…

种田个农夫呗弗乐乞，乞：嫁　tɕiɔ diɛ kei noŋ fu pɛ fuʔ ŋɑɔ kʰa，

做工做地呗也弗配夫。　　tso koŋ tso di pɛ a fuʔ pʰei fu。

蹩脚盲眼呗弗放乞，　　　pʰiɛʔ tɕiɑɔʔ mɛ ŋã pɛ fuʔ fɔ̃ kʰa，

弗乞许配个管油车。　　　fuʔ kʰa ɕy pʰei kei kuã iəɯ tɕʰio。

三十六行都弗乞嘞，　　　sã ʑyeiʔ ləɯʔ ɔ̃ tu fuʔ kʰa lɛ，

偏偏乞个打赌夫哦。打赌夫：赌徒 pʰiɛ pʰiɛ kʰa kei nɛ tu fu o。

哦，哦，哦……　　　　　o，o，o…

抬去呗弗到三个月，抬去：娶去　da kʰi pɛ fuʔ təɯ sã ki ȵyɛʔ，

打赌 结＝ 帝＝ 呗 真 啊 消 磨。　nɛ tu tɕiɛʔ ti pɛ tsəŋ a ɕiɑɔ m。

　　结＝帝＝:实在。消磨:糟糕

阿＝ 日 呗 打赌 呗 更 消磨，　　　a naʔ pɛ nɛ tu pɛ ka ɕiɑɔ m，

输 倒 一 新 个 风 支 炉。风支炉:三　ɕy tɑɔ iʔ səŋ kei fəŋ tsɿ lu。

　　脚小炭炉

摸 摸 米 缸 呗 米 无 一 粒，　　moʔ moʔ mi kɔ̃ pɛ mi m iʔ lɛʔ，

当 了 一 把 个 上 桌 壶。上桌壶:用　tɔ̃ lɑɔ iʔ pɔ kei dʑiɑ̃ tioʔ u。

　　来待客的上好的酒壶

摸 摸 柴 间 呗 柴 没 一 根，　　moʔ moʔ zɔ kɑ̃ pɛ zɔ mei iʔ kɛ，

又 当 一 把 个 剡 柴 斧。　　　iəu tɔ̃ iʔ pɔ kei tsʰei zɔ fu。

筛 筛 油 罐 呗 油 无 一 点，筛:倒　sɔ sɔ iəu kuɑ̃ pɛ iəu m iʔ tiɛ，

又 当 一 把 个 铜 茶 壶。　　　iəu tɔ̃ iʔ pɔ kei dɔ̃ dzo u。

百 样 东 西 呗 都 当 完，　　　paʔ iɑ̃ toŋ sɿ pɛ tu tɔ̃ yɛ，

陪 渠 天 诛 呗 吃 麦 糊。　　　bei gi tʰiɛ tɕy pɛ tɕʰiʔ maʔ u。

哦，哦，哦……　　　　　　　o，o，o …

　　　　　　　　（2017 年 7 月 30 日,云和,发音人:林土清、梅素英）

参考文献

［1］北京大学中国语言文学系语言学教研室.汉语方音字汇(第二版重排本)［M］.王福堂,修订.北京:语文出版社,2003.

［2］曹志耘,秋谷裕幸,太田斋,赵日新.吴语处衢方言研究［M］.东京:好文出版,2000.

［3］曹志耘.南部吴语语音研究［M］.北京:商务印书馆,2002.

［4］教育部语言文字信息管理司,中国语言资源保护研究中心.中国语言资源调查手册·汉语方言［M］.北京:商务印书馆,2015.

［5］雷艳萍.浙江方言资源典藏·丽水［M］.杭州:浙江大学出版社,2019.

［6］王洪钟,黄晓东,叶晗,孙宜志.中国语言资源集·浙江:词汇卷［M］.杭州:浙江大学出版社,2023.

［7］王洪钟,黄晓东,叶晗,孙宜志.中国语言资源集·浙江:口头文化卷［M］.杭州:浙江大学出版社,2023.

［8］王洪钟,黄晓东,叶晗,孙宜志.中国语言资源集·浙江:语法卷［M］.杭州:浙江大学出版社,2023.

［9］王洪钟,黄晓东,叶晗,孙宜志.中国语言资源集·浙江:语音卷［M］.杭州:浙江大学出版社,2023.

[10] 王文胜.处州方言的地理语言学研究[M].北京:中国社会科学出版社,2008.

[11] 王文胜.吴语处州方言的地理比较[M].杭州:浙江大学出版社,2012.

[12] 王文胜.吴语处州方言的历史比较[M].北京:中国社会科学出版社,2015.

[13] 云和县志编纂委员会.云和县志[M].杭州:浙江人民出版社,1996.

[14] 浙江省云和县民间文学集成办公室编.中国民间文学集成·浙江省云和县卷[M].金华:金华日报印刷厂,1989.

后 记

    2017 年 4 月 14 日，"中国语言资源保护工程·浙江省第三批语言资源保护启动会"在淳安举行。负责云和调查点的我非常荣幸地作为语保团队代表，在会上做了以"挑战·感动·收获"为主题的发言，畅谈自己两年多的语保工作感受，以及对本次调查任务的决心与展望。

    启动会结束后，我们马上通过当地媒体、公众号发布云和发音人招募信息，并于 7 月 3 日组织面试。很遗憾，这次面试只遇到了口头文化发音人魏以南和地方普通话发音人刘成元老师。之后在各方协助与推荐下，确定了老女发音人赵美云、青男发音人褚炜、青女发音人陈晶。但是课题的主角——老男发音人的物色着实费了好一番功夫。在云和老城区寻寻觅觅期间，我们无意中见到了《吴语处衢方言研究》(2000)的发音人周文斌老先生（见照片"云和方言调查现场二"，当时已是 89 周岁高龄），我刚好带着《吴语处衢方言研究》，他看了书中的照片，回忆并讲述 20 年前曹志耘老师他们调查云和话时的情景。已经 7 月下旬了，我们还未能找到完全符合语保工程老男发音人要求的人选，只能先进行青男的纸笔调查和摄录。7 月 23 日晚饭后，青男发音人有事不能摄录，我们便来到解放街散步，见一户人家大门敞开着，于是抱着试一试的态度进去和他们聊聊，想不到就遇到了合适的老男发音人邱裕森大伯（见照片"云和方言调查现场四",左起:老男儿子、老男、老男爱人、笔者)。

在云和县教育局的协调下,摄录场地安排在云和县古坊小学的录播教室。学校很新且安静,是一个挺不错的摄录场所。但因教室可能刚装修不久,气味刺鼻,加之是顶楼,犹如蒸笼,甚是炎热。于是,每天早上5点,我们就赶往教室,先开门窗通风,之后开空调降温,8点摄录时关空调以控制背景噪声。记得我们是在7月22日入中伏那天,也就是一年中最热的时候开始摄录青男视频的。让我们沮丧的是,结束了一天一晚的摄录之后,发现蓝色背景右下方有颗图钉进入了画面。虽然这仅仅是一个小小的白点儿,若不细看,甚至都不易看到这个瑕疵,但是追求完美的我们还是毅然决定第二天重新摄录。8月19日,我们初步完成了所有的调查和室内摄录。之后,老女发音人赵美云大姐脚受伤,于是延至10月20日进行室内补充摄录,10月21日进行浙江乡音口头文化的室外摄录。项目通过国家语保中心验收后,2018年1月23日,云和语言文字工作委员会组织了一个规模虽小但很有仪式感的"中国语言资源保护工程"云和方言发音人证书颁发仪式。

犹记那个春暖花开的美好季节,大家相聚在秀丽的千岛湖畔,为2017年浙江语保工程的启动吹响号角。一晃七年整过去了,所有的努力获得了应有的回报。浙江22支语保团队早就完满完成2017年语保工程的调查任务,并在验收中交出了满意的答卷。云和调查点在纸笔记录、音像视频质量方面都达到了优秀标准,获得了优秀等级。如今,当年的调查成果即将以"浙江方言资源典藏"丛书形式面世。在夜以继日、挑灯奋斗的语料整理转写过程中,2017年的一幕幕犹在眼前,在此,我向所有的支持者深表敬意和谢意!

感恩老师们对我的悉心栽培和不遗余力的指引。导师曹志耘老师、赵日新老师曾分别于1997年、1999年调查云和方言,成果见于专著《吴语处衢方言研究》。《吴语处衢方言研究》文末附有曹志耘老师写的调查笔记《云和》,之后《云和》一文又收录为《走过田野:一位方言学者的田野调查笔记》(商务印书馆 2010 年 10 月第 1 版)的第一篇。弦歌不辍,薪火相传,从 1997 年到 2017 年,整整 20 年过去了,我们心怀温暖与感动,沿着老师们开拓的田野调查之路,再赴云和记录下图文音像并茂的乡音。

　　感谢所有发音人的热心帮助,以及为此付出的艰辛劳动,他们不仅在酷暑下承担了繁重的调查摄录任务,之后多年又不厌其烦地面对我们烦琐的咨询核对工作。老男发音人邱裕森才华横溢,是个脚踏实地的实干家、出色的领导者,他创业办厂做实业,一路拼搏奋斗;同时又颇具文艺范儿,写得一手好字,会唱歌,善于组织文艺活动,如今是村老年协会会长。听他娓娓讲述个人经历,我甚是佩服他豁达的人生态度和百折不挠的创业精神,以及会写爱唱的诗意生活。老女兼口头文化发音人赵美云多才多艺,镜头感好,为我们奉献了很多精彩出色的口头文化音视频,遗憾本书只能附上小部分内容。她不仅个人表现出彩,而且是个热心的姐姐,积极为拍摄出谋划策,向我们推荐了优秀的口头文化发音人宋李娟、叶一诺、李思潼,为调查团队解决了很多困难。青男兼口头文化发音人褚炜是个阳光大男孩,他虽然年轻(当年调查时还不到语保中心规定的 25 周岁,因此我们向语保中心提交了变更申请表),却是个非常难得的发音人。他不仅发音标准,能说会道,多才多艺,而且知民俗懂民俗,一口气讲述了 19 分钟的云和丧葬风俗,是一份很难得的语料。遗憾的是,出于各种原因,本书最终忍痛割爱并未呈现。青女发音人陈晶踏实认真,精心准备 20 分钟话语讲述,围绕特色产品、特色小吃、旅游景点三方面,条理明晰、周全详细地介绍了云和当地情况。口头文化发音人魏以南是个热忱的云和万事通,调查时为课题提供了很多淳朴的、接地气的语料,调查结束后,还一直不断地接受我的线上咨询。一有云和方言的疑问,我总是首先想到给他微信留言请教,他也总是积极地予以回应,从未嫌弃我的烦扰。刘成元老师虽然只承担地普发音任务,但在发音人遴选等各环节都给予了我们极大的帮助。口头文化发音人宋李娟有着婉转圆润的金嗓子,她的歌谣和曲艺为课题增色不少。云和鼓词是云和民间主要的曲艺形式之一,感谢口头文化发音人林土清、梅素英的倾情演绎。感谢叶一诺、李思潼两位小朋友充满童真童趣的云和童谣说唱,我们看到了方言文化的传承。

感谢云和县教育局的大力支持;感谢《处州晚报》、"童话云和"公众号等当地媒体的宣传报道;感谢启明星幼儿园、云栖木屋民宿提供外景拍摄场地;感谢孙晓峰无私提供优美的云和风景照;感谢我的云和同学邹永文、蓝松梅、兰淑红、王伟锋在调查期间提供的帮助;感谢同事华国盛为室外摄录付出的辛劳;感谢我的爱人一如既往地支持我的工作,全程承担了音像摄录及后期剪辑整理工作。

感谢浙江语保团队这个亲密团结、温馨和谐的大家庭。这么多年来,大家彼此互助,一同前行,一起收获成绩。浙江省语委各位领导、浙江科技大学叶晗老师、浙江大学出版社包灵灵老师为"浙江方言资源典藏丛书"顺利出版付出了艰辛努力,浙江师范大学王洪钟老师制定"撰写规范"并早早给大家提供了样本,我在此表示衷心的感谢。感谢严谨细致的编辑田慧老师为本书编校付出的辛劳。

尽管已经尽自己最大的努力在调查写作,书中难免还会存在一些错误和疏漏,敬请各位读者不吝指正。

雷艳萍

记于丽水学院

2024.2.27